ULRICH WICKERT
(HERAUSGEBER)

DAS BUCH DER TUGENDEN

Ausgewählte Texte
aus Philosophie, Literatur,
Recht, Soziologie und Politik

WILHELM HEYNE VERLAG
MÜNCHEN

HEYNE SACHBUCH
19/599

Besuchen Sie uns im Internet:
http.//www.heyne.de

Umwelthinweis:
Dieses Buch wurde auf
chlor- und säurefreiem Papier gedruckt.

Gekürzte Taschenbuchausgabe
im Wilhelm Heyne Verlag GmbH & Co. KG, München

Printed in Germany 1998
Umschlagillustration: Thomas & Thomas/Milbert, Hamburg
Umschlaggestaltung: Atelier Adolf Bachmann, Reischach
Technische Betreuung: Sibylle Hartl
Satz: ew print & medien service gmbh, Würzburg
Druck und Verarbeitung: Elsnerdruck, Berlin

ISBN 3-453-14123-7

»Was du nicht willst, daß man dir tu',
das füg auch keinem andern zu.«
Die Goldene Regel

»Handle so, daß die Maxime deines
Willens jederzeit zugleich als
Prinzip einer allgemeinen Gesetzgebung
gelten könne.«
*Der kategorische Imperativ
von Immanuel Kant*

Inhalt

Kapitel 2
Wahrheit, Wahrhaftigkeit und Ehrlichkeit

Kapitel 5
Pflicht, Selbstverpflichtung
und Verantwortung

KAPITEL 7
MUT, TAPFERKEIT UND ZIVILCOURAGE

Kapitel 8
Toleranz

KAPITEL 9
ZUVERLÄSSIGKEIT UND TREUE

KAPITEL 10
DEMUT UND BESCHEIDENHEIT, FLEISS UND GEDULD

Anhang

Einleitung

Weshalb Tugenden modern sind

Tugenden sind modern. Diese Behauptung klingt gewagt, denn wer heute von einem tugendhaften Menschen hört, der glaubt sich ins letzte Jahrhundert zurückversetzt: Er stellt sich wahrscheinlich einen wohlgescheitelten Knaben vor; Klassenprimus ist er, Streiche verabscheut er; vielleicht trägt er auch eine Brille, einen dunklen Konfirmandenanzug und petzt; er gilt als Tugendbold, der scheinheilig alle Sittengesetze befolgt und auf andere hinabblickt. Das tugendhafte Mädchen zieht keine »Männerhosen« an, noch nicht einmal ein ärmelloses Kleid und besteht auf Keuschheit.

Tatsächlich galt die Keuschheit als Tugend. Als Benjamin Franklin seinen persönlichen Moralkatalog von dreizehn Tugenden aufstellte, zählte er darunter ganz selbstverständlich auch die Keuschheit und definierte sie in einer Art und Weise, die uns heute eher verstaubt anmutet; seine Maxime lautete: »Gebrauche die Sexualität selten und nur um der Gesundheit oder Nachkommen willen – nie zur Abstumpfung, Schwächung oder Schädigung des eigenen oder des Friedens oder Rufes eines anderen.«[1]

Doch wie soll Keuschheit noch als Maßstab des Verhaltens gelten, wenn die Kinder, kaum sind sie sexuell gereift, schon kostenlos Kondome an den Schulen erhalten und in deren Benutzung eingewiesen werden – als

Vorsorge weniger gegen Schwangerschaft als gegen die Seuche Aids.

Im strengen Ton einer schwarzgekleideten Gouvernante scheint »die Tugend« zu ermahnen: »Das gehört sich nicht!« Und deshalb versteht die Allgemeinheit heute darunter etwas, das vor allem einschränken soll. Tugend wird so zu etwas Negativem, zu bloßem Nichttun.[2] Hinter der Tugend versteckt sich, so sehen es viele, ein drohender Zeigefinger, weswegen man nicht zu tun wagt, was man heimlich gern täte. Wer Tugenden so altertümlich definiert, dem muß dieses Wort überholt und veraltet vorkommen.

Ähnliches gilt für Begriffe wie Moral (auch Sitte genannt; Moral bestimmt demnach das Verhalten des Menschen zu sich und seinen Mitmenschen, aber auch zur Natur) und Ethik (als Philosophie und Wissenschaft, die sich mit der Idee des Guten in bezug auf ein sinnvolles menschliches Leben befassen), die im täglichen Umgang und Sprachgebrauch zu wenig benutzt werden. Selbst gebildete Leute wissen immer seltener eine konkrete Antwort auf die Frage: »Was ist moralisches Handeln?« Dabei galt vor noch nicht allzu langer Zeit die Bezeichnung *tugendhaft* als ehrenvoll, und sie wurde als höchstes Lob einem Verstorbenen sogar auf den Grabstein gemeißelt.

Auch Begriffe unterliegen der Mode. Sie wechseln zwar nicht so schnell wie die jeweilige Frühlings- oder Herbstkleidung, aber doch mit den Generationen. Begriffe wirken nicht mehr modern, wenn sie historisch belastet sind oder aber nicht mehr dem Erkenntnisstand der Gesellschaft entsprechen. Wer würde sich an der Schwelle zum 21. Jahrhundert noch trauen, Tapferkeit zu fordern, wie sie bei den alten Griechen als Kardinaltugend galt?

Er würde sich lächerlich machen. Tapferkeit läßt an alte Ritter, an Soldaten, an »kriegerisches« Gehabe denken. Und recht hat, wer die von Ernst Jünger in diesem Jahrhundert geschriebenen Zeilen dafür als Beweis anführt: »In göttlichen Funken spritzt das Blut durch die Adern, wenn man zum Kampfe über die Felder klirrt im klaren Bewußtsein der eigenen Kühnheit. Unter dem Sturmschritt verwehen alle Werte der Welt wie herbstliche Blätter.«[3]

Zu den vier Kardinaltugenden gehört aber auch die Gerechtigkeit, die heute mit dem Attribut *sozial* in jeder Munde ist und zu heftigen politischen Auseinandersetzungen führt. Als Grundwert einer Demokratie wird die Gerechtigkeit bezeichnet, aber wer hätte heute noch den Mut, sie eine Tugend zu nennen? Genauso wie die Toleranz im Umgang mit ausländischen oder jüdischen Bürgern im eigenen Lande jedesmal hoch und heilig beschworen wird, wenn wieder einmal junge Deutsche einen Brandsatz gegen ein von Ausländern bewohntes Haus oder in eine Synagoge geworfen haben. Ist sie etwa keine Tugend, die Toleranz?

Viele problembewußte, sich als fortschrittlich einstufende Menschen fordern in diesen Zeiten täglich die Achtung vor der Natur, die gerechte Verteilung der Arbeit und die Gleichberechtigung der Frau, den Kampf gegen Armut und die Zweidrittelgesellschaft, den sorgsamen Umgang mit der Genforschung, verantwortliche Politiker, die keine Soldaten in den Krieg schicken, oder auch die pflegliche Behandlung von Tieren usw. All dies sind fortschrittliche Ziele, die den Namen »moralisch« verdienen und die nur verwirklicht werden können, wenn sich die Gesellschaft darauf einigt, ihr Verhalten an gewissen allgemeingültigen Normen auszurichten. Allerdings widersprechen sich manchmal mehrere jeweils moralisch begründete Forderungen. So wird in Deutschland alles, was mit dem Thema Krieg verbunden ist, auf Grund der Lehren aus der eigenen Geschichte besonders feinfühlig behandelt. Das Eingreifen der UNO-Truppen im Golf verurteilte ein großer Teil der Deutschen moralisch: Solch ein Krieg sei schlecht, da Krieg (besonders wenn er unter amerikanischem Oberkommando geführt wird) an sich schlecht ist. Ein anderer Teil der Deutschen argumentierte ebenso moralisch und kam zu dem Ergebnis: Wer den Frieden wolle, müsse für den Krieg rüsten, um Diktatoren wie Saddam Hussein abzuschrecken. Und nur wer bereit sei, einen begrenzten Krieg auch zu führen, werde den Frieden – so gut wie möglich – bewahren. Wer dies nicht tue, wird besiegt und verliert möglicherweise seine Freiheit und mit ihr einen großen Teil der gesellschaftlichen Werte einer Demokratie. In einem anderen moralischen Zwiespalt stecken diejenigen, die einen Krieg am Golf ablehnen, den Einsatz von Waffen zur Befreiung unterdrückter Völker aber rechtfertigen.

Wie schwer es ist, moralische Richtlinien aufrechtzuerhalten, zeigt die unterschiedliche Beurteilung des Bürgerkrieges im ehemaligen Jugoslawien. Selbst innerhalb der Parteien, die pazifistischen Gedanken eher nahestehen wie Sozialdemokraten und Bündnis 90/Die Grünen, war – jeweils aus moralischer Argumentation – keine Einigkeit über solch eine »Kleinigkeit« wie den Einsatz von Tornado-Kampfflugzeugen in Bosnien herbeizuführen. Die einen fürchteten eine Ausweitung des Krieges, die anderen hofften auf den Schutz der Blauhelme und damit der Bevölkerung in dem umkämpften Land. In einem ähnlichen Konflikt befindet sich, wer für die gerechte Verteilung von Arbeit plädiert, den Export von Waffen jedoch ablehnt, was wiederum zum Verlust von Arbeitsplätzen führen würde.

Noch problematischer wird die moralische Festlegung bei Fragen des Lebens. Wann, so wird immer häufiger diskutiert, darf ein Mensch als tot erklärt werden. Damit befassen sich vor allem Mediziner, weil sie den Augenblick bestimmen wollen, von dem an sie aus dem Toten gesunde Körperteile wie Niere, Leber, Herz etc. entnehmen können, um so anderen Todkranken durch die Transplantation eines Organs das Leben zu schenken. Viele Ärzte gehen davon aus, daß der Hirntod der richtige Augenblick sei, denn dann könne ein durch die Herz-Lungen-Maschine am Leben erhaltener Körper am besten für Transplantationen verwertet werden. Wenn der Sterbende sich nicht zum Organspender erklärt hat, wird die Entscheidung, ob seine gesunden Körperteile einen anderen retten, von Angehörigen und deren Gefühlen und Weltanschauung abhängen. Hat aber jemand seine Einwilligung schriftlich niedergelegt, so ist damit auch eine Aussage darüber verbunden, von welchem Zeitpunkt an Organe entnommen werden dürfen. Diese Problematik zwingt zu der unerläßlichen Beantwortung der ethischen Frage, ob ein gesunder Mensch nicht aus Solidarität gegenüber anderen (kranken) Menschen moralisch verpflichtet wäre, sich als Organspender zur Verfügung zu stellen.[4] Daraus könnte dann der Gesetzgeber Folgerungen ziehen und eine rechtlich bindende Regelung beschließen. Die könnte etwa so lauten: Die Entnahme von Organen für Transplantationen ist erlaubt, solange kein Widerspruch eingelegt wird (entweder zu Lebzeiten durch den potentiellen Spender oder nach dem Tod durch Angehörige). Und unter diesen Umständen wird man sich darauf einigen, daß der Mensch aus medizinischer Sicht tot ist, sobald das Hirn aufgehört hat zu funktionieren. Ein Organ zu entnehmen wäre dann ethisch erlaubt.

Und hier entsteht eines jener Probleme, die der Ethik wie der Moral eigen sind: Es kann bei derselben Fragestellung verschiedene Antworten geben. Sollte es moralisch erlaubt sein, den Todeszeitpunkt des Organspenders auf den Moment des Gehirntodes festzulegen, so bleibt dem Toten über diesen Moment, ja auch über den Herztod hinaus dennoch seine grundsätzliche Würde. Denn seine Würde verliert er auch als Leichnam nicht. Es bleibt bei der sittlichen Forderung: *de mortuis nihil nisi bene*[5] – auch die Würde eines Verstorbenen muß gewahrt werden. Das hat in der modernen Welt der elektronischen Kommunikation eine neue Bedeutung.

Denn Aufnahmen von Verunglückten oder Erschossenen werden immer häufiger in aller Breite im Fernsehen gezeigt. Als ein französischer Blauhelmsoldat in Sarajevo erschossen wurde, war ein Kamerateam anwesend und drehte. Von zahlreichen Fernehsendern der Welt wurde der Kopf des am Boden liegenden Soldaten in Großaufnahme gezeigt, bis der Zuschauer plötzlich sah, wie seine glasig gebrochenen Augen den Tod verkündeten. Eine solche Szene in aller Ausführlichkeit zu senden, verletzt, solange sie keine übergeordnete Bedeutung für die Nachrichtengebung hat, die Würde dieses Toten.

Tritt jemand dafür ein, ein Mensch sei erst dann tot, wenn das Herz aufhöre zu schlagen – bis zu diesem Augenblick stehe ihm das Recht an der eigenen Person zu –, dann wird er bei einer anderen Entscheidung in eine moralische Zwickmühle geraten: Er hat sich nämlich darüber klarzuwerden, wann das Leben beginnt. Mit dem ersten Herzschlag als Embryo? Darf unter diesen Umständen abgetrieben werden? Erst nach siebzig Tagen, wenn der Embryo ein Nervensystem gebildet hat? Oder überwiegt hier das Recht der Frau an der eigenen Person und dem eigenen Körper gegenüber den Rechten des anderen Lebens? Kann es überhaupt die moralische Abwägung zwischen zwei Lebensrechten geben? Jedes der vorgebrachten, einander widersprechenden Argumente kann logisch untermauert werden. Doch die jeweils anders gewählte Ausgangslage führt zu einer unterschiedlichen Schlußfolgerung, ohne daß die entgegengesetzte Meinung unmoralisch sein muß. Die Ursache dafür liegt in den Wertvorstellungen, die für die entsprechenden Beweisführungen vorausgesetzt werden. Und es gibt jeweils verschiedene Gründe, weshalb eine Person den einen oder den anderen Wert als Anfang für seine Argumentationskette wählt. Was macht es so schwer, zwischen scheinbar gleichwertigen Meinungen abzuwägen?

Erstens stehen sich gelegentlich unterschiedliche Werte oder Tugenden gegenüber – etwa Freiheit oder Gleichheit –, und es fehlt der Gesellschaft jener Maßstab, der darüber entscheidet, welcher der beiden ethischen Ansprüche im Streitfall überwiegt.

Zweitens stellt sich die Frage nach dem Grund, weshalb eine Person so und nicht anders handelt. Welcher Grund zwingt sie in die Pflicht, fordert von ihr das »Du sollst«? Moralisch kann er nur sein, wenn er an objektiven Normen gemessen werden kann und sich über die persönliche Willkür erhebt.

Drittens schließlich haben moralische Werte und Tugenden verschiedene historische Wurzeln, und man kommt häufig zu anderen ethischen Ergebnissen, je nachdem, ob man sich auf Aristoteles oder Thomas von Aquin, auf Jean-Jacques Rousseau oder Adam Smith –

und heute auf Max Weber[6] oder Jürgen Habermas[7], auf John Rawls[8] oder Friedrich A. von Hayek[9] stützt. Die unhistorische Behandlung ethischer Fragen führt jedoch in die Irre[10], besonders dann, wenn Moralphilosophen der Vergangenheit so an der gegenwärtigen Auseinandersetzung beteiligt werden, als lebten sie heute. Vergessen wir nicht, welche Erkenntnisse wir über die Jahrhunderte hinzugewonnen haben! So lehnen wir heute die Sklaverei als barbarisch ab, während sie etwa für Aristoteles unbestrittener Teil des normalen gesellschaftlichen Lebens eines griechischen Stadtstaates war. Als zeitlich näher liegendes Beispiel mag die ungerechte Verklärung der Männer gegenüber den Frauen dienen. Wer könnte heute noch ungestraft wie Arthur Schopenhauer schreiben: »Gerechtigkeit ist mehr die männliche, Menschenliebe mehr die weibliche Tugend. Der Gedanke, Weiber das Richteramt verwalten zu sehn, erregt Lachen ...«[11]

Wenn die westlichen und östlichen Gesellschaften Ende des 20. Jahrhunderts die Frage nach dem Verbleib ihrer ethischen Werte überprüfen, und zwar anhand der Normen, nach denen sie sich heute richten sollten, so hat dies zwei wesentliche Gründe: Zum einen ist das Abendland in diesem Jahrhundert mit seinen eigenen Normen schändlich umgegangen, zum anderen entfiel mit dem Zusammenbruch des Kommunismus die Ersatzbegründung für das, was als *gut* oder *böse* anzusehen war. Bis weit ins letzte Jahrhundert hinein besaßen christliche Vorstellungen von Moral eine wesentliche Bedeutung. Doch nicht zuletzt mit den barbarischen Weltkriegen (auf jeder Seite kämpfte Gott mit uns, waren *Dieu* und *God* dabei), mit der systematischen Vernichtung von Millionen Kindern, Frauen und Männern in den Konzentrationslagern und im Anschluß daran mit der unreflektierten Ernennung von *Fortschritt* und *Individualismus* zu Götzen verlor die westliche Zivilisation einen wesentlichen Teil ihrer ethischen Identität.

Zweitens machte sich statt dessen während der weltanschaulichen Auseinandersetzungen in den letzten hundert Jahren der Glaube breit, es genüge, sich auf die jeweils eigene ideologische Position zu berufen, um das Gute zu definieren. Der ideologische Gegner war stets der Böse. Der Kalte Krieg zwischen Kommunismus und Kapitalismus ist zwar in den achtziger Jahren beendet worden, aber nicht durch den Sieg des Guten über das Böse, sondern weil der praktische Versuch, die sozialen Probleme des Kapitalismus mit Hilfe der Diktatur des Proletariats zu überwinden, gescheitert ist. Und zwar versagte das gesellschaftliche Experiment, weil sich die Diktatoren der sozialistischen Staaten nicht nach den vorgegebenen ethischen Werten des sozialistischen Gedankens – etwa der Gerechtigkeit und der Gleichheit – richteten. Sie verhielten sich eher wie die Schweine in Orwells Farm der Tiere und wollten gleicher sein als das einfache Volk. So starb der Traum von einer besseren Welt in den sozialistischen Staaten, weil sie sich kein Gerüst allgemeingültiger Tugenden gebaut und danach gelebt haben. Aber auch der Westen empfand es in dieser Zeit als nicht notwendig, sich aus sich selbst heraus zu definieren, sondern ihm reichte das ihm gegenüberstehende Bild vom »Reich des Bösen«, um das eigene Verhalten als gut zu empfinden.

Nun sind in dieser Zeit der Ideologien die Worte, die Moral und Ethik ausmachen, wenig angewandt worden. So geriet die Sprache in Unordnung und mit ihr die Ethik selbst. Denn wenn die Bürger Moral als überholte Bezeichnung, Tugend als verstaubt und Pflicht als *out* betrachten, dann passen auch die Inhalte nicht mehr zusammen. Allerdings scheint ein Widerspruch darin zu liegen, daß politisch bewußte Menschen Tugenden und Moral als veraltete Begriffe abtun, gleichzeitig aber Ideale vertreten, die Tugenden sind und sich nur im Rahmen einer Ethik völlig entfalten können. Deshalb ist es notwendig, die Begriffe wiederzubeleben und ihren auf eine fortschrittliche Gesellschaft ausgerichteten Inhalt hervorzuheben. Man muß Worte wie Tugend wieder in das bewußt erkannte System der Ethik einordnen, so daß sie besser funktionieren und nicht nur Wünsche oder Ideen bleiben.

Ohne Ethik kann keine demokratische Gesellschaft bestehen. Ethik bestimmt nun einmal, was in einer Gesellschaft als *gut* oder *böse* angesehen wird, und dies zunächst im vorgesetzlichen Raum. Stellen wir uns die Ethik als ein Uhrwerk vor, das nur pünktlich läuft, wenn die Einzelteile stark genug und ihre Verbindungen festgeschraubt, gut geregelt und geschmiert sind. Eine Ethik[12] bildet sich durch die Erkenntnis einer Gesellschaft, daß sie sich auf gemeinsame Regeln verständigen muß, weshalb sie bestimmte Verhaltensweisen und Ziele als nützlich und gut, andere aber als schädlich und schlecht bezeichnet. Inhalte von Ethik und Moral sind Werte und Tugenden. Ein Wert im kaufmännischen Verständnis bedeutet Gegenwert, Geld oder Tauschwert; im ethischen Sinn versteht man unter einem Wert eine sittliche Idee oder Forderung, die zu befolgen jedes Mitglied der ethischen Gemeinschaft unabhängig von seinen eigenen Gelüsten oder Vorteilen anerkennt.

Der erste Wert einer jeden Ethik ist die *Würde des Menschen*, denn von ihrer Respektierung geht jede Entscheidung zwischen Gut und Böse aus. Die Anzahl ethischer

Werte und Tugenden läßt sich in keiner Liste abschließend aufzählen. Je nach dem Stand der Erkenntnis und dem Zustand einer Gesellschaft entwickeln sich neue Werte und Tugenden, verändern sich alte, wandeln andere ihre Bedeutung. So wurde aus der aristotelischen *Tapferkeit* die heutige *Zivilcourage*. So hat sich die *Wohlfahrt* über die Jahrhunderte hin gewandelt, wurde zur *Barmherzigkeit*, aus der zur Zeit der Französischen Revolution die *Brüderlichkeit* entstand, und die hat sich mit den aufkommenden sozialistischen Ideen zur *Solidarität* entwickelt. Die Begriffe haben sich mit den gesellschaftlichen Bedingungen verändert, der ethische Grundgedanke ist jedoch immer der gleiche geblieben.

Freiheit ist ein genauso wichtiger Wert wie *Frieden* oder *Individuum*, doch stehen ihnen in ihrer moralischen Bedeutung *Gerechtigkeit* und *Toleranz* nicht nach. Die beiden letzten Werte lassen sich auch als Tugenden bezeichnen.

Seit Platon und Aristoteles ist die *Tugend* ein Grundbegriff der Ethik. Für die griechischen Philosophen war die *Tugend* das Ideal der Erziehung des Menschen zu einer vortrefflichen Persönlichkeit. Sie bestimmt das richtige Handeln im ethischen Sinn. Unter Tugend versteht man eine Grundhaltung des Menschen. Jede Tugend ist eine »Disposition«, eine Veranlagung, die den Menschen befähigt, seine Handlungen sittlichen Motiven unterzuordnen. Tugenden, so sagt Aristoteles, sind nicht einfach angeboren, sondern sie werden durch Erfahrung eingeübt und entwickelt. Wenn jemand handelt, dann veranlaßt die Tugend, daß er die richtige Entscheidung trifft. Und der Mensch findet zur rechten Entscheidung, weil er über moralische Eigenschaften verfügt und so weiß, stets das rechte Maß zu wählen, das in der Mitte zwischen zwei falschen (extremen) Möglichkeiten liegt: »Als erstes ist zu erkennen, daß derartige Eigenschaften durch Mangel oder Übermaß zugrunde zu gehen pflegen (denn man muß vom Sichtbaren auf das Unsichtbare schließen), so wie wir es bei Kraft und Gesundheit sehen.«[13] So vernichtet übermäßiges Turnen die Kraft genauso wie zuwenig Turnen. Ebenso zerstört ein Zuviel oder Zuwenig an Speise und Trank die Gesundheit; das Angemessene dagegen schafft Gesundheit, mehrt sie und erhält sie. So verhält es sich auch mit der Besonnenheit, Tapferkeit und den übrigen Tugenden. Wer alles flieht und fürchtet und nichts aushält, der wird feige; wer aber vor gar nichts Angst hat, sondern auf alles losgeht, der wird tollkühn. Wer jede Lust auskostet und sich niemals enthält, wird zügellos; wer aber alle Lust meidet, wird stumpf wie ein Tölpel. »So gehen also Besonnenheit und Tapferkeit durch Übermaß und Mangel zugrunde, werden aber durch das Mittelmaß bewahrt.«[14] Freilich gesteht Aristoteles ein, daß nicht jede Handlung Raum für eine Mitte hat.[15] Zwar kann man sich einen Mangel an Gerechtigkeit oder Solidarität vorstellen, doch nicht ein Übermaß. Ein Mangel an Toleranz wird häufig beklagt, doch nicht ihre zu starke Anwendung.

Über die Jahrhunderte hinweg hat sich gewandelt, was unter den jeweiligen Tugenden zu verstehen ist. Zu den vier Kardinaltugenden von Plato – *Klugheit, Gerechtigkeit, Tapferkeit, Besonnenheit* – fügten Papst Gregor der Große und Thomas von Aquin für das Christentum die theologischen Tugenden – *Glaube, Hoffnung und Liebe* – hinzu. Das Verständnis von Tugend verengte sich unter dem Einfluß des Absolutismus, so daß als soziale Tugend fast ausschließlich der Gehorsam gegenüber der Autorität und ihren Befehlen angesehen wurde. Aus der Tapferkeit, die als Eigenschaft bei Aristoteles zwischen

Feigheit und Tollkühnheit lag, um als Tugend für das Gute und Rechte zu kämpfen, wurde blinder militärischer Gehorsam.

Auch nachdem die absolutistischen Monarchien in der Folge der Französischen Revolution durch republikanische Staaten abgelöst worden waren, änderte sich wenig in den vermeintlich ethischen Vorstellungen der Bürger. Gemäß den gängigen Morallehrbüchern blieb die vornehmste Aufgabe des Bürgers die unkritische Pflichterfüllung.[16] Und dies wirkt bis heute nach: Weshalb das Wort Pflicht – in der Moralphilosophie ein wichtiger Begriff – immer noch dumpf und abstoßend wirkt. Und schließlich verkam der moralische Begriff zu den »bürgerlichen Tugenden« Pünktlichkeit, Sparsamkeit und Fleiß, die heute von so manchem auch als *Sekundär*tugenden lächerlich gemacht werden.

Der Begriff der Tugend war auf individualistische und gesetzliche Definitionen verengt worden und wurde deshalb im 19. Jahrhundert vor allem von Friedrich Nietzsche hart kritisiert; und damit hat das Wort *Tugend* jenen negativen Klang erhalten, der heute bei vielen Menschen im Unterbewußtsein mitschwingt, wenn dieser Begriff moralisch benutzt wird. Denn nicht immer ist die moralische Tugend gemeint, wenn von Tugenden gesprochen wird. Die Sauberkeit etwa mag im menschlichen Zusammenleben angenehm sein, mit Ethik hat sie wenig zu tun.

Als der deutsche Philosoph Max Scheler zu Beginn des 20. Jahrhunderts eine »Rehabilitierung der Tugenden« versuchte, beklagte er die Rührseligkeit, mit der in den Jahrhunderten zuvor die Tugend unter das Volk gebracht werden sollte, was sie zu einer »alten, keifenden zahnlosen Jungfer«[17] gemacht habe. Aus Untugenden können allerdings auch fragwürdige Tugenden werden:

Was einst als Habgier negativ bezeichnet wurde, ist heute eine Wirtschaftstugend mit dem schönen Namen *Gewinnmaximierung*.

Aristoteles ging davon aus, daß jeder Mensch über drei Anlagen verfügt, die sein Handeln bestimmen: Leidenschaften, Fähigkeiten und Eigenschaften.[18] Leidenschaften sind Empfindungen, bei denen Lust oder Schmerz gefühlt werden, also: Begierde, Zorn, Angst, Mut, Neid, Freude, Liebe, Haß oder Mißgunst. Fähigkeiten erlauben uns, diese Leidenschaften als Zorn, Schmerz oder Mitleid zu empfinden. Die Eigenschaften aber steuern unser Verhalten, so daß es als richtig und gut oder falsch und böse angesehen wird. Und auch heute noch definieren Philosophen die Tugenden als Eigenschaften.[19] Sie sind Eigenschaften, die das Verhalten des Menschen auf den Weg zum Guten hin lenken. Doch wie kommt der Mensch in den Besitz dieser Eigenschaften, die doch nicht angeboren sind? Durch Lernen, Erfahren, Wissen – also durch Vernunft.

Eine Ethik besteht aus den Werten, die im vorgesetzlichen Raum das Verhalten der Menschen untereinander regeln. Die Gesetze selbst sind Ausfluß der ethischen Vorstellungen der Mitglieder einer Gesellschaft, doch da Gesetzgebungsverfahren häufig sehr mühsam sind und lange dauern, ändern sich ethische Vorstellungen schneller als gesetzliche Normen. Und je komplizierter die moderne Welt mit ihren raschen Veränderungen wird, etwa durch Erfindungen im technologischen Bereich, um so wichtiger werden ethische Vorstellungen, die das Handeln des einzelnen entsprechend der gemeinsamen vorgenommenen Festlegung von Werten und Tugenden bestimmen.

Voraussetzung für jede Ethik ist also das Streben nach

dem Guten. Was gut handeln heißt, definiert sich aus der Erkenntnis, aber auch aus Traditionen und Gebräuchen. Voraussetzung für ein moralisches Wertgefüge in einer demokratischen Gesellschaft ist, daß ethische Werte nicht autoritär festgelegt werden, auch nicht durch göttlich bestimmten Glauben, sondern durch Wissen, durch die Vernunft. Die Werte geben die ideellen Ziele vor, die Tugenden bestimmen das ideale Handeln. Doch von allein wirkt eine Ethik nicht, sondern sie bedarf gewisser Werkzeuge, um zu überzeugen. Hat nicht Aristoteles schon beklagt, daß der Mensch lieber seinen Gelüsten nachgeht, als sich maßvoll zu verhalten?

Als solches Werkzeug mögen zwei Begriffe dienen, die im heutigen Sprachgebrauch keine große Begeisterung hervorrufen: *Einsicht* und *Gehorsam*. Das Individuum muß nicht nur lernen, sondern auch verstehen, daß es nicht alles tun darf, was es könnte (und lieber möchte). Und tatsächlich fällt es leichter zu gehorchen, wenn die Einsicht vorhanden ist. Wie leicht das geht, können wir an dem in den letzten Jahren gewachsenen Umweltbewußtsein sehen. Während in den sechziger Jahren jedermann ohne Rücksicht auf die Umwelt Müll wegwarf, sortieren die Bürger ihren Müll neuerdings so verantwortungsvoll, daß die Verwerter kaum noch nachkommen. Je jünger die Menschen sind, desto *tugendhafter*, nämlich *verantwortungsvoller*, gehen sie mit der Umwelt (und dem Müll) um. In dieser Hinsicht sind sie – im Gegensatz zu den älteren Generationen – besser zu moralischem Handeln erzogen worden. Sie haben die Einsicht gewonnen, daß sie so handeln müssen, wenn sie die Natur schützen wollen. Damit streben sie das Gute an – und gehorchen vielleicht sogar; ohne es zu bemerken, erfüllen sie eine Pflicht. Sie folgen einer Vorgabe, einem moralischen Befehl, der lautet: »Du sollst den Müll nicht in die Umwelt kippen!« Allerdings empfinden sie ihre Handlung nicht als Gehorsam, denn sie folgen dem Befehl ja freiwillig.

Dies ist das Moderne an der Ethik: *Sie geht von der Freiwilligkeit aus*. Diese Freiwilligkeit entsteht durch die Einsicht in die Notwendigkeit moralischen Handelns. Ich habe die Freiheit, mich zu moralischem Handeln zu entscheiden. Wenn ich mich jedoch entschieden habe, dann trage ich auch die Verantwortung für mein Handeln. Wie aber sind die jungen Menschen zu einem tugendhafteren Verhalten gelangt als ihre Eltern? Durch Erziehung. Doch die Erziehung zum moralischen Verhalten in der Familie, in der Schule oder allgemein im Gesellschaftsleben ist nur eine Teilstrecke auf dem Weg zur Vollendung einer Person zum tugendhaften Charakter.

Gelernt wird nicht nur durch die Aufnahme von Wissen, sondern auch durch Einüben und Zwang. Einmal dadurch, daß man sich selbst in die Pflicht nimmt, wenn man eingesehen hat, daß eine andere Entscheidung als »du sollst« moralisch nicht vertretbar ist. Aber auch dadurch, daß andere unmoralisches Verhalten durch sozialen Druck strafen. Es ist bekannt, daß Mitarbeiter im Handel mehr aus ihren Läden stehlen, als es die Kunden tun. Doch der Ladendiebstahl wird in der Öffentlichkeit immer noch dem Käufer zugeschrieben. Mitarbeiter stehlen, weil sie sich nicht mit ihrem Unternehmen identifizieren, und auch deshalb, weil »alle es tun«. Mitarbeiter, die einen anderen dabei erwischen, wie er »etwas mitgehen« läßt, sagen selten: »Das tut man nicht!« Obwohl es angebracht wäre. So fehlt der soziale Druck, so stellt sich kein psychischer Zwang, kein schlechtes Gewissen, keine Scham, keine Schuld ein.

Der Autor dieser Zeilen wurde von der Polizeiakademie in Hamburg eingeladen, über den Werteverlust in unserer Gesellschaft zu sprechen. Eine Polizeiwache war in jenen Tagen wegen Unregelmäßigkeiten im Umgang mit Schwarzafrikanern ins Gerede gekommen. Deshalb wurde das Argument angeführt, um unmoralische Handlungen zu verhindern, müßten alle Mitarbeiter des Reviers auf einen Kollegen Druck ausüben, der sich Farbigen gegenüber rassistisch verhalte. Das daraufhin folgende peinliche Schweigen durchbrach schließlich ein kritischer Polizist, der schilderte, wie die anderen tatsächlich reagierten. Um die rassistischen Übergriffe des Kollegen zu mindern, verhafteten sie für ihn einige Afrikaner, damit er bei Dienstbeginn wenigstens deren Personalien aufnehmen konnte. Statt sein unmoralisches Handeln zu rügen, unterstützten sie ihn, so daß er davon ausgehen konnte, sein Treiben sei gesellschaftlich akzeptiert und damit nicht (unbedingt) böse.

Oder ein anderes Erlebnis: Das Vorstandsmitglied einer großen deutschen Versicherung erkundigte sich bei dem Autor, ob er vor Mitarbeitern dieses Unternehmens über Fragen der Werte in der Gesellschaft sprechen wolle, zumal der Versicherungsbetrug – und der lässige Umgang der Versicherungen damit – so zum Volkssport geworden sei, daß der ehrliche Versicherungsnehmer der Dumme sei, weil er für den Betrug der anderen mit erhöhten Beiträgen bestraft werde. Auf die Bemerkung des Autors, er habe seinen Hausrat bei dem betreffenden Unternehmen versichert, scherzte der Manager: »Dann können Sie ja gleich mal eine Teekanne als zerschlagen anmelden.« Er betonte allerdings, daß er damit selber tue, was er eigentlich verhindern wolle.

Diese Beispiele zeigen, daß eine Moral nicht als etwas Eigenes, von der Gesellschaft, in der sie wirkt, Abgehobenes besteht. Wertungen können von sozialen Tatsachen nicht getrennt werden. Diese Erkenntnis setzt voraus, daß sich jeder über seinen sozialen Platz in der Gesellschaft im klaren ist. Wer nicht weiß, wo er steht, wie jene Jugendlichen, die Brandsätze gegen die Heime von Ausländern werfen, ist schwer zu tugendhaftem Verhalten zu erziehen. Tugenden sind also nur ein Teil in dem großen Räderwerk, das zum Gelingen eines guten Lebens in der Gesellschaft beiträgt. Es scheint notwendig, daß der einzelne darüber nachdenkt, vielleicht umdenkt. Das Ziel einer modernen Ethik kann heute nur *die verantwortliche freie und gerechte Gesellschaft* sein. Doch ist das angestrebte Ergebnis nur zu erreichen, wenn sich aus dem moralischen Denken des einzelnen eine öffentliche Meinung bildet, die auf demokratischem Wege zu gesellschaftlichen und politischen Maßnahmen führt.

Kapitel 1

Tugend und Sitten, Ethik und Moral

Einleitung

In jenen Zeiten, in denen Lesen und Schreiben noch ein Privileg war, vermittelte eine Generation der nächsten ihr Wissen mündlich. Das Erzählen von Geschichten machte demnach einen wichtigen Teil der moralischen Erziehung aus.

»Es war einmal ...«, so beginnen die Märchen, ob sie nun erzählt oder Kindern – vielleicht vor dem Einschlafen – vorgelesen werden. Sie spielen in vergangenen Zeiten, handeln von Königen, Zwergen oder Hexen und haben immer eine »Moral von der Geschicht'«. Sie fangen im allgemeinen gut an, können dann ganz gräßlich, grausam und bös werden, enden aber meist gut. Die Hauptfiguren bleiben am Leben.

»Und wenn sie nicht gestorben sind, dann leben sie noch heute ...« In Märchen erfahren Kinder auf für sie verständliche Weise, was gut und was böse ist: »Der Volksmund« hat Beispiele dafür ersonnen – verbunden mit Strafen für diejenigen, die nicht gut handeln. Im Laufe der Jahrhunderte oder gar Jahrtausende haben die Märchen nichts an Gültigkeit eingebüßt. Nur die Art des Erzählens hat sich infolge der technischen Erfindungen geändert: mit der Erfindung der Druckkunst trat das Buch als Vermittler zwischen Erzähler und Zuhörer. Und seit der Einführung des Fernsehens gibt es für Kinder und Erwachsene wohl keinen eindrucksvolleren Erzähler als das mit Ton und Bild arbeitende elektronische Medium.

Kinder lernen durch die Eltern, durch ihre Umgebung und, sobald sie sprechen können, durch Rede und Ge-

genrede. Und schließlich erzählen sie Gehörtes nach. In hochtechnisierten Ländern verfügen sie häufig schon frühzeitig über Kassettenrecorder, die auf Wunsch immer dieselbe Geschichte wiederholen. Doch bei aller Vielfalt der Übermittlung ist eines geblieben: Kinder warten darauf, daß das Gute belohnt und das Böse bestraft wird. So ist das in unserer Zivilisation, so ist es bei den Aborigines Australiens oder den Ureinwohnern von Vanuatu. Seitdem es denkende Menschen gibt, beschäftigt sie das Problem von Gut und Böse.

Nun läßt sich aber dieselbe Geschichte auf vielfältige Weise erzählen. Davon lebt die Kunst. Ein Stoff wird von den verschiedenen Kunstgattungen zu verschiedenen Zeiten in unterschiedlichen Zivilisationen unterschiedlich ausgelegt. Auch der philosophische Ansatz wechselt. Dies soll in diesem Band genutzt werden, um sittliche Begriffe von jeweils anderen Blickwinkeln zu betrachten und so eine kritische Erkenntnis zu ermöglichen. Die hier gesammelten Texte – aus unterschiedlichen Positionen und zu unterschiedlichen Epochen geschrieben – befassen sich immer wieder mit der Frage: Wie gelingt es dem Menschen, zwischen Gut und Böse zu unterscheiden, um danach sein Handeln auszurichten.

Das Höhlengleichnis von Platon könnte heute beispielsweise so erzählt werden: In einem Zimmer sitzen Leute, die nicht wissen, daß sie gefangen sind, da sie ein anderes Leben nicht kennen. Vor ihnen steht ein großer Fernsehapparat, auf dem sie ein Programm sehen. Wenn einer von ihnen nun das Zimmer verlassen dürfte, auf die Straße gebracht würde und »an das Licht käme, dann würde er, völlig geblendet von dem Glanz, von alledem, was ihm jetzt als das Wahre angegeben wird, überhaupt nichts zu erkennen vermögen?« (siehe Platon, Das

Höhlengleichnis, S. 57 ff.). Vielen Erwachsenen fehlt heute der Maßstab zu erkennen, was wichtig oder gar richtig ist. Besonders die privaten Fernsehsender fördern den Kult der Intimität, so daß der öffentliche Bereich leer zurückbleibt. Und dort, wo er noch vorkommt, ist er nicht mehr einzuordnen.

Seitdem die Welt ihre Klarheit verloren hat, die ihr der Kalte Krieg mit seiner Einteilung in West und Ost, in Gut und Böse beschert hatte – je nachdem, auf welcher Seite man stand –, ist die Welt noch unübersichtlicher geworden. Hat nun das Ende der Geschichte eingesetzt, oder droht der Zusammenstoß der Zivilisationen? Oder aber stürzen im Westen die neuen Barbaren übereinander, entweder in den Gettos der Großstädte oder in nationalistischen Kämpfen? Besteht die Zukunft gar aus einer einzigen Umweltkatastrophe? In der Höhle stellt sich die Gegenwart vermutlich eher als Chaos oder Tollhaus dar denn als überschaubare Welt.

Es ist stets eine Kunst gewesen, zu erkennen, was das richtige ist. Kant nennt – sehr modern – denjenigen, der Kinder unterrichtet, Informator und schreibt ihm hohe Verantwortung zu. Denn Wissen ist eine Voraussetzung für ethisches Handeln. Ein Mensch mag zwar aus Gewohnheit und unbewußt Normen häufig beachten, doch nur Wissen macht ihn frei. Der Mensch hat die Neigung, sich von antimoralischen Triebfedern, vom Egoismus (siehe Schopenhauer, Über die Grundlage der Moral, S. 84 ff.), leiten zu lassen, doch wenn es ihm gelingt, sich von der Macht der Laster zu befreien, dann kontrolliert er sich selbst.

Weil der Mensch schwach ist, handeln viele Geschichten von der Versuchung. So tritt etwa die als Glückseligkeit getarnte Lust vor Herakles und verspricht ihm ein bequemes, wollüstiges Leben, während die Tugend die Mühen aufzählt, derer es bedarf, um Meister des Guten zu werden. Nach dem Motto: Je *tugendhafter* der Mensch handelt, desto *freier* ist er.

Freiheit ist heute das Hauptziel dessen, der sich selbst verwirklichen will, um das zu erreichen, was eines jeden Menschen Sehnsucht ist, nämlich glücklich zu sein. Darum haben schon die Väter der amerikanischen Verfassung das Streben nach Glück in den Rang eines Grundrechts erhoben. Wenn nun der tugendhafte Mensch frei ist, so macht es ihn glücklich, den Tugenden zu folgen.

Was aber nun Maßstäbe für gutes Handeln sind, darin unterscheiden sich die Geister. So empfiehlt es sich, alle hier gesammelten Texte kritisch zu lesen. Denn Maximen wie: »Gehorche der Obrigkeit!«, wie Matthias Claudius schreibt*, stammen aus jenen Zeiten, in denen man davon überzeugt war, daß alle Obrigkeit von Gott kommt. Wenn solche Aussagen dennoch in diesem Band enthalten sind, so deshalb, weil das Wissen dadurch vervollständigt wird.

Tugend und *Sitten*, *Ethik* und *Moral* umfassen alle Bereiche des Lebens. Doch je nach dem Zustand einer Gesellschaft ändern sich auch die Prioritäten der in ihr Lebenden. Die Armen und Rechtlosen in einer Oligarchie werden Gerechtigkeit und Solidarität mehr beanspruchen als die Wohlhabenden in einer reichen, funktionierenden Demokratie. Wenn in einem Land der Dritten Welt eine Fabrik den Lebensunterhalt vieler, sonst hungernder Menschen garantieren kann, dann ist dort wahrscheinlich den meisten gleichgültig, ob der Ruß aus dem

---

* siehe Matthias Claudius: An meinen Sohn Johannes. In: Ausgewählte Werke. Hrsg. v. Walter Munz, Stuttgart 1990, S. 89f.

Schornstein dieser Produktionsstätte die Umwelt verschmutzt. Und weil dies so ist, mündet die Frage nach der Verantwortung des Menschen für die Natur erst zu dem Zeitpunkt in eine wachsende politische Bewegung, wenn deren Anhänger sich nicht mehr um die eigene Existenz zu sorgen brauchen.

Die schwierigste moralische Frage, vor die ein Mensch gestellt werden kann, kehrt immer wieder: Riskiere ich mein Leben, um ein anderes zu retten? Viele Menschen haben es getan und tun es immer wieder. Ein Lufthansa-Pilot wurde von Terroristen erschossen, weil er es als seine Pflicht ansah, alles daranzusetzen, die Passagiere in seiner Maschine zu retten. Er hinterließ eine Frau und zwei kleine Kinder. Die Witwe sagte später: Er hat seine Pflicht getan. Sie hätte es möglicherweise nicht ertragen, wenn er zum »Feigling« geworden wäre. In ihrem Unglück ist sie ob seines *tugendhaften* Verhaltens offenbar ein wenig glücklicher.

Wilhelm Busch

Nicht artig

Man ist ja von Natur kein Engel,
Vielmehr ein Welt- und Menschenkind,
Und rings umher ist ein Gedrängel
Von solchen, die dasselbe sind.

In diesem Reich geborner Flegel,
Wer könnte sich des Lebens freun,
Würd es versäumt, schon früh die Regel
Der Rücksicht kräftig einzubläun.

Es saust der Stock, es schwirrt die Rute.
Du darfst nicht zeigen, was du bist.
Wie schad, o Mensch, daß dir das Gute
Im Grunde so zuwider ist.

Aristoteles

Über »ethische Tugenden«

Da die Glückseligkeit eine Tätigkeit der Seele gemäß der vollkommenen Tugend ist, so haben wir nun nach der Tugend zu fragen. Auf diese Weise dürften wir wohl auch hinsichtlich der Glückseligkeit klarer sehen können. Es scheint sich auch der wahrhafte Staatsmann am allermeisten um sie zu bemühen. Denn er will, daß die Bürger tugendhaft werden und den Gesetzen gehorsam; ein Vorbild dafür haben wir an den Gesetzgebern der Kreter und Spartaner, und wenn es noch andere dieser Art gegeben hat. Wenn also diese Untersuchung zur politischen Wissenschaft gehört, so ist es klar, daß wir dem Plane gemäß vorgehen, den wir uns am Anfang vorgenommen haben.

Es liegt weiterhin auf der Hand, daß wir nach der menschlichen Tugend fragen. Denn wir suchten von vornherein das menschliche Gute und die menschliche Glückseligkeit.

Als menschliche Tugend bezeichnen wir nun nicht die des Körpers, sondern die der Seele. Und die Glückseligkeit nennen wir die Tätigkeit der Seele. Wenn sich dies so verhält, dann muß offenbar der Staatsmann einigermaßen über die Seele Bescheid wissen, ebenso wie der, der die Augen heilen will oder den ganzen Körper, und zwar jener um so mehr, je ehrwürdiger und besser die Politik ist als die Medizin. Die Gebildeten unter den Ärzten bemühen sich jedenfalls sehr um die Kenntnis der

Seele. So muß also auch der Politiker nach der Seele fragen, und zwar im Hinblick auf jene Probleme und soweit es für sie notwendig ist. Denn näher darauf einzutreten macht wohl mehr Mühe, als es zum Gegenstand gehört.

Über die Seele wird einiges ausreichend in den publizierten Schriften gesagt. Dies können wir hier benutzen. So wurde gesagt, daß der eine Teil von ihr vernunftlos sei, der andere vernunftbegabt. Ob nun dies so voneinander getrennt ist wie die Teile des Körpers und überhaupt alles Teilbare, oder ob es Dinge sind, die dem Begriff nach zwei sind, ihrer Natur nach aber unlösbar miteinander verbunden wie in der Kugel das Hohle und das Gewölbte, das tut hier nichts zur Sache.

Vom Vernunftlosen ist das eine von den Pflanzen an allgemein verbreitet, nämlich dasjenige, was die Ursache der Emährung und des Wachstums ist. Eine derartige seelische Fahigkeit wird man in allen Wesen annehmen, die sich ernähren, sogar schon in den Embrya, und dann auch in den erwachsenen Wesen. Denn es ist doch das Wahrscheinlichste, daß es sich um dieselbe Fähigkeit handelt.

Die Tugend dieses Seelenteils ist eine ganz allgemeine und nicht eigentümlich menschliche. Denn dieser Teil und diese Fähigkeit scheinen vorzugsweise im Schlafe tätig zu sein. Der Edle und der Schlechte sind aber gerade im Schlafe am wenigsten unterscheidbar, wie man denn sagt, daß in der Hälfte des Lebens der Glückliche sich vom Unseligen nicht unterscheide. Dies ist auch einleuchtend: denn der Schlaf ist eine Untätigkeit der Seele, soweit sie tüchtig oder gemein heißt; es dringen höchstens vereinzelte Bewegungen in den Schlaf vor und bewirken, daß die Traumvorstellungen der Anständigen besser sind als diejenigen der Beliebigen. Aber genug davon. Von der ernährenden Seele sei weiter nichts mehr gesagt, da sie ihrer Natur nach mit der menschlichen Tugend nichts zu schaffen hat. Es scheint aber auch noch ein anderes Stück der Seele vernunftlos zu sein und dennoch irgendwie an der Vernunft teilzuhaben. Denn beim Beherrschten wie beim Unbeherrschten loben wir die Vernunft und den vernünftigen Teil der Seele. Denn er ermahnt mit Recht und zum Besten. Es findet sich aber bei den Menschen von Natur noch anderes, etwas Vernunftwidriges und was gegen die Vernunft kämpft und ihr widerstrebt. Genau so wie gelähmte Körperteile, wenn man sie nach rechts bewegen will, nach links ausschlagen, so ist es bei der Seele. Die Strebungen der Unbeherrschten gehen gerade verkehrt. Allerdings sehen wir beim Körper die verkehrten Bewegungen, bei der Seele dagegen nicht. Dennoch muß man wohl annehmen, daß es auch in der Seele etwas Vernunftwidriges gibt, das der Vernunft entgegengesetzt ist und ihr widerstrebt. In welcher Weise es von ihr verschieden ist, macht hier nichts aus. Es scheint aber auch dies an der Vernunft teilzuhaben, wie wir gesagt haben. Denn im beherrschten Menschen gehorcht es ja der Vernunft. Und vielleicht noch folgsamer ist es beim Maßvollen und Tapferen. Dort stimmt nämlich alles mit der Vernunft überein.

Auch das Unvernünftige scheint von doppelter Art zu sein. Denn das Pflanzliche hat mit der Vernunft überhaupt nichts zu tun, das Begehrende und allgemein das Strebende dagegen hat einen gewissen Anteil an ihr, sofern es ihr gehorcht und fügsam ist. So sagen wir ja auch, daß wir ein Verhältnis zum Vater und zu den Freunden haben, und meinen das Wort anders als in der Mathematik. Daß aber das Unvernünftige in gewisser Weise dem

Vernünftigen gehorcht, zeigt auch die Zurechtweisung und jede Form von Tadel und Ermahnung.

Wenn man aber behaupten will, daß auch dies Vernunft besitzt, so ist dann eben auch das Vernünftige von zweierlei Art, das eine wesentlich und in sich selbst, das andere gewissermaßen als ein dem Vater Gehorsames.

Auch die Tugend wird nun auf Grund dieser Unterscheidung aufgeteilt. Denn die einen Tugenden nennen wir verstandesmäßige, die anderen ethische: verstandesmäßige sind etwa die Weisheit, Auffassungsgabe und Klugheit, ethische die Großzügigkeit und Besonnenheit. Denn wenn wir über den Charakter reden, so sagen wir nicht, daß einer weise oder von guter Auffassungsgabe, sondern daß er friedfertig oder besonnen sei. Wir loben aber auch den Weisen wegen seines Verhaltens. Und die lobenswerten Verhaltensweisen nennen wir Tugenden.

*

Die Tugend ist also von doppelter Art, verstandesmäßig und ethisch. Die verstandesmäßige Tugend entsteht und wächst zum größeren Teil durch Belehrung; darum bedarf sie der Erfahrung und der Zeit. Die ethische dagegen ergibt sich aus der Gewohnheit; daher hat sie auch, mit einer nur geringen Veränderung, ihren Namen erhalten.

Hieraus ergibt sich auch, daß keine der ethischen Tugenden uns von Natur gegeben wird. Denn kein natürlicher Gegenstand kann andere Gewohnheiten annehmen: der Stein, der von Natur fällt, wird sich niemals gewöhnen, nach oben zu steigen, auch wenn man es tausendmal übte, ihn nach oben zu werfen; ebenso geht auch nicht das Feuer nach unten, und auch sonst läßt sich kein Wesen anders gewöhnen, als es von Natur ist. Die Tugenden entstehen in uns also weder von Natur noch gegen die Natur. Wir sind vielmehr von Natur dazu gebildet, sie aufzunehmen, aber vollendet werden sie durch die Gewöhnung.

Ferner bringen wir bei allem, was uns von Natur zukommt, zunächst die entsprechenden Fähigkeiten mit und entwickeln erst später die Tätigkeiten, wie dies an den Sinneswahrnehmungen deutlich ist: denn wir haben die Wahrnehmungen nicht dadurch erworben, daß wir viel gesehen und viel gehört haben, sondern weil wir die Wahrnehmungen zuerst besaßen, haben wir sie dann betätigt und sie uns nicht erst durch die Betätigung angeeignet. Die Tugenden dagegen erwerben wir, indem wir sie zuvor ausüben, wie dies auch für die sonstigen Fertigkeiten gilt. Denn was wir durch Lernen zu tun fähig werden sollen, das lernen wir eben, indem wir es tun: durch Bauen werden wir Baumeister und durch Kitharaspielen Kitharisten. Ebenso werden wir gerecht, indem wir gerecht handeln, besonnen durch besonnenes, tapfer durch tapferes Handeln.

Ein Beweis ist auch, was in den Staatsgemeinschaften geschieht. Denn die Gesetzgeber machen die Bürger durch Gewöhnung tugendhaft, und dies ist die Absicht jedes Gesetzgebers; wer dies nicht geschickt anstellt, der macht einen Fehler, und gerade darin unterscheidet sich eine gute von einer schlechten Verfassung.

Ferner vollziehen sich Entstehen und Vergehen jeder Tugend aus denselben Gründen und auf denselben Wegen ebenso wie die Fertigkeiten. Denn durch das Kitharaspielen entstehen die guten wie die schlechten Kitharisten, ebenso auch die Baumeister und alle übrigen. Denn wenn sie gut bauen, werden sie gute Baumeister, wenn schlecht, dann schlechte. Wenn es sich nämlich nicht so verhielte, dann bedürfte man gar keiner Lehrer, sondern alle würden von Natur gut oder schlecht. So verhält es sich also auch bei den Tugenden. Denn indem wir im Geschäftsverkehr den Menschen gegenüber handeln, werden wir, die einen gerecht, die andern ungerecht; handelnd in Gefahren und uns an Furcht oder Mut gewöhnend, werden wir tapfer oder feige. Ebenso steht es auch mit Begierde und Zorn. Die einen werden besonnen und milde, die anderen zügellos und jähzornig, die einen, weil sie sich in solchen Lagen derart verhalten, die andern, weil umgekehrt. Und mit einem Worte: die Eigenschaften entstehen aus den entsprechenden Tätigkeiten. Darum muß man die Tätigkeiten in bestimmter Weise formen. Denn von deren Besonderheiten hängen dann die Eigenschaften ab. Es kommt also nicht wenig darauf an, ob man gleich von Jugend auf an dies oder jenes gewöhnt wird; es kommt viel darauf an, ja sogar alles.

Da nun die gegenwärtige Untersuchung nicht der reinen Forschung dienen soll wie die übrigen (denn wir fragen nicht, um zu wissen, was die Tugend sei, sondern damit wir tugendhaft werden, da wir anders keinen Nutzen von ihr hätten), so müssen wir die Handlungen prüfen, wie man sie ausführen soll. Denn von ihnen hängt es entscheidend ab, daß auch die Eigenschaften entsprechend werden, wie wir eben gesagt haben.

Daß man nach rechter Einsicht handeln soll, ist allgemeiner Grundsatz und sei hier vorausgesetzt. Wir werden später noch darüber reden und fragen, was die rechte Einsicht sei und wie sie sich zu den anderen Tugenden verhält. Nur dies sei von vornherein festgestellt, daß jede Untersuchung über das Handeln im Umriß und nicht mit mathematischer Genauigkeit geführt werden darf; wie wir ja auch am Anfang gesagt haben, daß die Untersuchungen sich nach der Materie richten müssen. Im Bereich der Handlungen und des Förderlichen gibt es nichts Stabiles, wie auch nicht beim Gesunden. Dies gilt schon vom Allgemeinen und erst recht vom Einzelnen, wo sich nichts genau festlegen läßt. Weder eine Wissenschaft noch allgemeine Empfehlungen sind dafür zuständig, sondern die Handelnden selbst müssen die jeweilige Lage bedenken, ebenso wie in der Medizin und in der Steuermannskunst. Aber obschon die vorliegende Untersuchung solcher Art ist, werden wir versuchen, sie durchzuführen.

Als erstes ist zu erkennen, daß derartige Eigenschaften durch Mangel oder Übermaß zugrunde zu gehen pflegen (denn man muß vom Sichtbaren auf das Unsichtbare schließen), so wie wir es bei Kraft und Gesundheit sehen. Denn übermäßiges Turnen vernichtet die Kraft und ebenso zu wenig Turnen. Ebenso zerstören ein Zuviel oder Zuwenig an Speise und Trank die Gesundheit, das Angemessene dagegen schafft die Gesundheit, mehrt sie und erhält sie. So verhält es sich also auch bei der Besonnenheit, Tapferkeit und den übrigen Tugenden. Wer alles flieht und fürchtet und nichts aushält, der wird feige, wer aber vor gar nichts Angst hat, sondern auf alles losgeht, der wird tollkühn; und wer jede Lust auskostet und sich keiner enthält, wird zügellos, wer aber alle Lust meidet, wird stumpf wie ein Tölpel. So gehen also Besonnenheit und Tapferkeit durch Übermaß und Mangel zugrunde, werden aber durch das Mittelmaß bewahrt.

Aber nicht nur das Werden, Wachsen und Vergehen entsteht aus denselben Gründen und durch dieselben Wirkungen, sondern auch die Tätigkeiten halten sich in demselben Bereiche. Denn so ist es auch bei den sonstigen, völlig sichtbaren Eigenschaften, etwa der Kraft. Sie entsteht durch reichliche Nahrung und Aushalten vieler Strapazen, und dies kann eben gerade der Kräftige leisten. Ebenso ist es bei den Tugenden: durch die Enthaltung von Lust werden wir besonnen, und wenn wir es geworden sind, so können wir uns auch am leichtesten der Lust enthalten. Dasselbe bei der Tapferkeit: wir gewöhnen uns daran, das Furchtbare zu verachten und es zu bestehen, und werden auf diese Weise tapfer, und wenn wir es geworden sind, so werden wir wiederum am leichtesten das Schreckliche aushalten können.

Erkennbar sind die Eigenschaften an der Lust oder dem Schmerz, der die Taten begleitet. Denn wer sich der körperlichen Lüste enthält und sich eben daran freut, der ist besonnen, wer es aber ungern tut, ist zügellos; und wer Furchtbares aushält und sich daran freut oder doch keinen Schmerz empfindet, der ist tapfer, wer es dagegen mit Schmerzen tut, ist feige. So bezieht sich also die ethische Tugend auf Lust und Schmerz. Denn wegen der Lust tun wir das Schlechte, und wegen des Schmerzes versäumen wir das Gute. Also müssen wir gleich von Jugend an dazu erzogen werden, wie Platon sagt, daß wir Freude und Schmerz empfinden, wo wir sollen. Denn darin besteht die rechte Erziehung.

Wenn sich ferner die Tugenden auf Handlungen und Leidenschaften beziehen und auf jede Leidenschaft und jede Handlung Lust und Schmerz folgen, so bezieht sich auch aus diesem Grunde die Tugend auf Lust und Schmerz. Dies zeigt sich weiterhin daran, daß die Züchtigungen in diesem Bereich ausgeübt werden. Denn sie sind eine Art von Heilung, und die Heilungen werden naturgemäß durch das Entgegengesetzte vollzogen.

Ferner ist, wie wir schon vorhin sagten, jede Eigenschaft der Seele ihrer Natur nach mit dem verbunden und entspricht dem, wodurch sie besser oder schlechter geworden ist. Die Menschen werden schlecht durch Lust und Schmerz, indem sie das eine erjagen, das andere meiden, und zwar entweder was man nicht soll oder wann man nicht soll oder wie man nicht soll und wie sonst noch diese Dinge durch die Überlegung unterschieden werden. Darum bestimmt man auch die Tugenden als eine Art von Leidenschaftslosigkeit und Stille. Dies ist freilich falsch, wenn es nur so schlechthin gesagt wird, ohne beizufügen: wie man soll und wie man nicht soll und das Wann usw.

Es wird also vorausgesetzt, daß die derart bestimmte Tugend sich auf die Lust und den Schmerz im Tun des Besten bezieht und die Schlechtigkeit auf das Gegenteil.

Auch aus dem Folgenden dürfte es uns klar werden, daß sie sich auf eben diese Dinge bezieht. Wenn es nämlich drei Ziele des Erstrebens und des Meidens gibt, das Schöne, Förderliche und Angenehme, und dem gegenüber, das Häßliche, Schädliche und Schmerzhafte, so wird der Tugendhafte in all diesem das Rechte finden, der Schlechte aber in allem das Rechte verfehlen, vor allem, was die Lust betrifft. Denn diese ist allen Lebewesen gemeinsam und begleitet alles, was zur Entscheidung kommt. Denn auch das Schöne und das Förderliche erscheint angenehm.

Jetzt haben wir zu untersuchen, was die Tugend ist. Wenn es in der Seele drei Dinge gibt, die Leidenschaften, Fähigkeiten und Eigenschaften, so wird die Tugend wohl eins von diesen dreien sein. Unter Leidenschaften verstehe ich Begierde, Zorn, Angst, Mut, Neid, Freude, Liebe, Haß, Sehnsucht, Mißgunst, Mitleid und allgemein alles, bei dem Lust und Schmerz dabei sind. Fähigkeiten sind jene, durch die wir zu solchen Leidenschaften bereit sind, wie etwa, daß wir fähig sind, Zorn, Schmerz oder Mitleid zu empfinden. Die Eigenschaften endlich sind es, durch die wir uns zu den Leidenschaften richtig oder falsch verhalten. Wenn wir zum Zorn rasch und hemmungslos geneigt sind, so verhalten wir uns schlecht, wenn aber mäßig, dann richtig, und so auch bei dem anderen.

Weder Tugend noch Schlechtigkeit sind nun Leidenschaften. Wir gelten ja auch nicht auf Grund der Leidenschaften als gut oder gemein, sondern auf Grund von Tugend und Schlechtigkeit. Weiterhin werden wir nicht wegen der Leidenschaften gelobt oder getadelt (denn man lobt nicht den Ängstlichen oder den Zürnenden, und man tadelt nicht den Zürnenden überhaupt, sondern den in gewisser Weise Zürnenden), sondern beides nur wegen der Tugend oder Schlechtigkeit. Ferner zürnen wir und fürchten uns ohne Willensentscheidung, die Tugenden dagegen sind Entscheidungen oder doch nicht ohne Entscheidung. Außerdem sagen wir, daß wir durch die Leidenschaften in Bewegung versetzt werden, bei den Tugenden und Schlechtigkeiten reden wir aber nicht von Bewegung, sondern von einer bestimmten Verfassung.

Darum sind sie auch nicht Fähigkeiten. Denn wir heißen weder gut noch schlecht, weil wir zu irgendwelchen Leidenschaften fähig sind, und empfangen auch nicht deswegen Lob oder Tadel. Ferner sind wir zu etwas fähig von Natur, edel oder gemein dagegen werden wir nicht von Natur. Davon haben wir vorhin gesprochen. Wenn also die Tugenden weder Leidenschaften noch Fähigkeiten sind, so bleibt nur, daß sie Eigenschaften sind.

Was nun die Tugend gattungsmäßig ist, haben wir gesagt. Man muß aber nicht nur feststellen, daß sie eine Eigenschaft ist, sondern auch, was für eine. Es sei also gesagt, daß jede Tüchtigkeit dasjenige, wovon sie die Tüchtigkeit ist, zu guter Verfassung bringt und seine Leistung gut macht: so macht die Tüchtigkeit des Auges das Auge vollkommen und ebenso dessen Leistung. Denn durch die Tüchtigkeit des Auges sehen wir gut. Ebenso macht die Tüchtigkeit des Pferdes das Pferd brauchbar und gut zum Laufen, den Reiter zu tragen und die Feinde zu bestehen. Wenn sich dies bei allen Dingen ebenso verhält, so wäre die Tüchtigkeit des Menschen diejenige Eigenschaft, durch die einer ein tüchtiger Mensch wird und seine Leistung gut vollbringt.

Wie das zustande kommt, haben wir schon gesagt. Es wird aber auch durch folgendes klar, wenn wir betrachten, welches die Natur der Tugend ist. In jedem teilbaren Kontinuum gibt es ein Mehr, ein Weniger und ein Gleiches, und dies sowohl an und für sich wie auch im Bezug auf uns. Das Gleiche ist eine Art Mitte zwischen Übermaß und Mangel. Ich nenne die Mitte einer Sache dasjenige, was denselben Abstand von beiden Enden hat; dieses ist für alle Menschen eines und dasselbe. Die Mitte im Bezug auf uns ist das, was weder Übermaß noch Mangel aufweist; dieses ist nicht eines und nicht für alle Menschen dasselbe. So ist etwa 10 viel und 2 wenig, und so wird der Sache nach 6 als die Mitte genommen; denn der Abstand zwischen beiden Enden ist derselbe. Dies ist die Mitte in der zahlenmäßigen Bedeutung. Die Mitte im Bezug auf uns darf man aber nicht so nehmen. Denn wenn für jemanden eine Nahrung für zehn Minen viel ist und für zwei Minen wenig, so wird doch nicht der Turnlehrer nun einfach Nahrung für sechs Minen vorschreiben. Denn das kann für den Betreffenden immer noch viel oder wenig sein. Für einen Milon wird es wenig sein, für den, der erst zu turnen beginnt, ist es viel. Dasselbe gilt für Laufen oder Ringen. So wird also jeder Fachmann Übermaß und Mangel meiden und die Mitte suchen und wählen, die Mitte aber nicht der Sache nach, sondern im Bezug auf uns.

Wenn nun jede Wissenschaft ihre Leistung auf diese Weise gut zu Ende bringt, indem sie auf die Mitte sieht und die Leistungen darauf hinführt (darum pflegt man auch von den wohlgeglückten Leistungen zu sagen, daß man nichts wegnehmen oder zusetzen kann, da nämlich Übermaß und Mangel das Geglückte zerstören, das Mittelmaß es dagegen bewahrt), wenn also die guten Künstler, wie wir behaupten, im Hinblick darauf arbeiten, die Tugend aber ebenso wie die Natur noch viel genauer und besser ist als jede Kunst, so wird die Tugend wohl auf die Mitte zielen.

Ich meine dabei die ethische Tugend. Denn sie befaßt sich mit den Leidenschaften und Handlungen, und an diesen befinden sich Übermaß, Mangel und Mitte. So kann man mehr oder weniger Angst empfinden oder Mut, Begierde, Zorn, Mitleid und überhaupt Freude und Schmerz, und beides auf eine unrichtige Art; dagegen es zu tun, wann man soll und wobei man es soll und wem gegenüber und wozu und wie, das ist die Mitte und das Beste, und dies kennzeichnet die Tugend. Ebenso gibt es auch bei den Handlungen Übermaß, Mangel und Mitte. Die Tugend wiederum betrifft die Leidenschaften und Handlungen, bei welchen das Übermaß ein Fehler ist und der Mangel tadelnswert, die Mitte aber das Richtige trifft und gelobt wird. Und diese beiden Dinge kennzeichnen die Tugend. So ist also die Tugend ein Mittelmaß, sofern sie auf die Mitte zielt.

Platon

Das Höhlengleichnis

So.: Stelle dir Menschen vor in einer unterirdischen, höhlenartigen Wohnstätte mit lang nach aufwärts gestrecktem Eingang, entsprechend der Ausdehnung der Höhle. Von Kind auf sind sie in dieser Höhle festgebannt mit Fesseln an Schenkeln und Hals; sie bleiben also immer an der nämlichen Stelle und sehen nur geradeaus vor sich hin, denn durch die Fesseln werden sie gehindert, ihren Kopf herumzubewegen. Von oben her aber aus der Ferne leuchtet hinter ihnen das Licht eines Feuers. Zwischen dem Feuer aber und den Gefesselten läuft oben ein Weg hin, dem entlang eine niedrige Mauer errichtet ist ähnlich der Schranke, die die Puppenspieler vor den Zuschauern errichten, um über sie weg ihre Kunststücke zu zeigen.

Gl.: Das steht mir alles vor Augen.

So.: Längs dieser Mauer – so mußt du es dir nun weiter vorstellen – tragen Menschen allerlei Geräte vorbei, die über die Mauer hinausragen, Statuen verschiedenster Art aus Stein und Holz von Menschen und anderen Lebewesen, wobei, wie begreiflich, die Vorübertragenden teils reden, teils schweigen.

Gl.: Ein sonderbares Bild, das du da vorführst, und sonderbare Gefangene.

So. = Sokrates, Gl. = Glaukon

So.: Sie gleichen uns. Können denn zunächst solche Gefesselte von sich selbst und voneinander etwas anderes gesehen haben als die Schatten, die von dem Feuer auf die ihnen gegenüberliegende Wand der Höhle geworfen werden?

Gl.: Wie wäre das möglich, wenn sie ihr Leben lang den Kopf unbeweglich halten müssen?

So.: Und ferner: gilt von den vorübergetragenen Gegenständen nicht dasselbe?

Gl.: Was denn sonst?

So.: Wenn sie nun miteinander reden könnten, glaubst du nicht, daß sie der Meinung wären, die Benennungen, die sie dabei verwenden, kämen den Dingen zu, die sie unmittelbar vor sich sehen?

Gl.: Notwendig.

So.: Ferner: wenn der Kerker auch einen Widerhall von der gegenüberliegenden Wand her ermöglichte, meinst du da, wenn einer der Vorübergehenden gerade etwas sagte, sie würden dann die gehörten Worte einem anderen zulegen als dem jeweils vorüberziehenden Schatten?

Gl.: Nein, beim Zeus.

So.: Durchweg also würden diese Gefangenen nichts anderes für wahr halten als die Schatten der künstlichen Gegenstände.

Gl.: Notwendig.

So.: Nun betrachte den Hergang ihrer Lösung von den Banden und ihrer Heilung von dem Unverstand, wie er sich gestalten würde, wenn sich Folgendes naturgemäß mit ihnen zutrüge: wenn einer von ihnen aus den Fesseln befreit und genötigt würde, plötzlich aufzustehen, den Hals umzuwenden, sich in Bewegung zu setzen und nach dem Licht[1] emporzublicken und alles dies nur unter Schmerzen verrichten könnte und geblendet von dem Glanz nicht imstande wäre, jene Dinge zu erkennen, deren Schatten er vorher sah, was glaubst du wohl, würde er sagen, wenn man ihn versicherte, er hätte damals lauter Nichtigkeiten gesehen, jetzt aber sei er dem Seienden näher gerückt und auf Dinge hingewandt, denen mehr Sein zukäme, und sehe deshalb richtiger? Wenn man zudem noch ihn auf jedes der vorüberziehenden Dinge hinwiese und ihn nötigte, auf die Frage zu antworten, was es sei? Meinst du da nicht, er werde weder aus noch ein wissen und glauben, das vordem Geschaute sei wirklicher als das, was man ihm jetzt zeige?

GL.: Weitaus.

SO.: Und wenn man ihn nun zwänge, seinen Blick auf das Licht selbst zu richten, so würden ihn doch seine Augen schmerzen, er würde sich abwenden und wieder jenen Dingen zustreben, die er anschauen kann, und diese würde er doch für tatsächlich gewisser halten als die, die man ihm zeigte?

GL.: Ja.

SO.: Wenn man ihn nun aber von dort gewaltsam durch den holperigen und steilen Aufgang aufwärts schleppte und nicht eher ruhte, als bis man ihn an das Licht der Sonne gebracht hätte, würde er diese Gewaltsamkeit nicht schmerzlich empfinden und sich dagegen sträuben? Und wenn er an das Licht käme, dann würde er, völlig geblendet von dem Glanz, von alledem, was ihm jetzt als das Wahre angegeben wird, überhaupt nichts zu erkennen vermögen?

GL.: Nein, wenigstens für den Augenblick nicht.

SO.: Er würde sich also erst daran gewöhnen müssen, wenn es ihm gelingen soll, die Dinge da oben zu schauen. Zuerst würde er wohl am leichtesten die Schatten erkennen, darauf die Abbilder der Menschen und der übrigen Dinge im Wasser, später dann die Gegenstände selbst; in der Folge würde er dann zunächst bei Nacht die Erscheinungen am Himmel und den Himmel selbst betrachten und das Licht der Sterne und des Mondes anschauen. Das wird ihm leichter fallen, als wenn er bei Tage die Sonne und das Sonnenlicht ansehen sollte.

GL.: Gewiß.

SO.: Zuletzt dann, denke ich, wird er imstande sein, die Sonne, nicht etwa bloß ihre Spiegelbilder im Wasser oder sonst irgendwo, sondern sie selbst in voller Wirklichkeit an ihrer eigenen Stelle zu schauen und ihre Beschaffenheit zu betrachten.

GL.: Notwendig.

SO.: Und dann würde er schlußfolgernd erkennen, daß sie es ist, der wir die Jahreszeiten und die Jahresumläufe verdanken, und daß sie über allem waltet, was in der sichtbaren Welt sich befindet, und in gewissem Sinne auch die Urheberin all jener Erscheinungen ist, die sie vordem schauten.

GL.: Offenbar würde er in solcher Reihenfolge zu dieser Einsicht gelangen.

SO.: Wie nun? Meinst du nicht, er wurde in der Erinnerung an seine erste Wohnstätte, an seine dortige Weisheit und an seine damaligen Mitgefangenen sich nun glücklich preisen wegen dieser Veränderung, jene dagegen bemitleiden?

GL.: Sicherlich.

SO.: Wenn es damals aber unter ihnen gewisse Ehrungen, Lobpreisungen und Auszeichnungen gab für den, der die vorüberziehenden Schatten am schärfsten wahrnahm und sich am besten zu erinnern wußte, welche von ihnen gewöhnlich eher, welche später und welche gleichzeitig vorüberwandelten, und auf Grund dessen am sichersten zu erraten verstand, was danach sich einstellen werde, glaubst du etwa, daß er sich danach zurücksehnen und die bei ihnen durch Ehren und Macht Ausgezeichneten beneiden werde? Oder wird er nicht vielmehr nach Homer das harte Los wählen, viel lieber »einem anderen, einem unbegüterten Manne um Lohn dienen zu wollen«, und lieber alles andere über sich ergehen lassen, als im Banne jener Trugmeinungen zu stehen und ein Leben jener Art zu führen?

GL.: Ja, ich denke, er würde lieber alles andere über sich ergehen lassen als auf jene Weise leben.

SO.: Und nun bedenke auch noch Folgendes. Wenn ein solcher wieder hinabstiege in die Höhle und dort wieder seinen alten Platz einnähme, würden dann seine Augen nicht förmlich eingetaucht werden in Finsternis, wenn er plötzlich aus der Sonne dort anlangte?

GL.: Gewiß.

SO.: Wenn er nun wieder, bei noch anhaltender Trübung des Blicks, mit jenen ewig Gefesselten wetteifern müßte in der Deutung jener Schattenbilder, ehe noch seine Augen sich der jetzigen Lage wieder völlig angepaßt haben – und die Gewöhnung daran dürfte eine ziemlich erhebliche Zeit fordern –, würde er sich da nicht lächerlich machen? Würde es nicht von ihm heißen, sein Aufstieg nach oben sei schuld daran, daß er mit verdorbenen Augen wiedergekehrt sei, und schon der bloße Versuch, nach oben zu gelangen, sei verwerflich? Und wenn sie den, der es etwa versuchte, sie zu entfesseln und hinaufzuführen, irgendwie in ihre Hand bekommen und umbringen könnten, so würden sie ihn doch auch umbringen?

GL.: Sicherlich.

SO.: Dieses Gleichnis, nun, mein lieber Glaukon, mußt du seinem vollen Umfang nach mit den vorhergehenden Erörterungen in Verbindung bringen: die durch den Gesichtssinn uns erscheinende Welt setze der Wohnung im Gefängnis gleich, den Lichtschein des Feuers aber in ihr der Kraft der Sonne. Den Aufstieg nach oben aber und die Betrachtung der oberen Welt mußt du der Erhebung der Seele in das Reich des nur geistig Erkennbaren vergleichen, wenn du eine richtige Vorstellung von meiner Meinung bekommen willst, da du sie ja zu hören begehrst. Gott mag wissen, ob sie richtig ist. Was sich mir also als richtig darstellt, ist dies: in dem Bereich des Denkbaren zeigt sich zuletzt und schwer erkennbar die Idee des Guten; hat sie sich aber einmal gezeigt, so muß man schlußfolgern, daß sie für alle die Urheberin alles Rechten und Schönen ist, da sie im Bereich des Sichtbaren das Licht und dessen Herrn (die Sonne) erzeugt, im Bereich des Denkbaren aber selbst als Herrscherin waltend uns zu Wahrheit und Vernunft verhilft. Daher muß also diese Idee erkannt haben, wer einsichtig handeln will, sei es in persönlichen oder in öffentlichen Angelegenheiten.

GL.: Diese Meinung teile auch ich, soweit mir ein Urteil darüber zusteht.

Friedrich Schiller

Tugend, Liebe, Freundschaft

Heute vor fünftausend Jahren hatte Zeus die unsterblichen Götter auf dem Olympus bewirtet. Als man sich niedersetzte, entstand ein Rangstreit unter drei Töchtern Jupiters. Die *Tugend* wollte der *Liebe* vorangehen, die Liebe der Tugend nicht weichen, und die *Freundschaft* behauptete ihren Rang vor beiden. Der ganze Himmel kam in Bewegung und die streitenden Göttinnen zogen sich vor den Thron des Saturnius.

Es gilt nur *ein* Adel auf dem Olympus, rief Chronos' Sohn, und nur ein Gesetz, wonach man die Götter richtet. Der ist der Erste, der die glücklichsten Menschen macht.

Ich habe gewonnen, rief triumphierend die *Liebe.* Selbst meine Schwester die Tugend kann ihren Lieblingen keine größere Belohnung bieten als *mich* – und ob ich Wonne verbreite, das beantworte Jupiter und alle anwesenden unsterblichen Götter.

Und wie lange bestehen deine Entzückungen? unterbrach sie ernsthaft die Tugend. Wen ich mit der unverwundbaren Aegide beschütze, verlacht selbst das furchtbare Fatum, dem auch sogar die Unsterblichen huldigen. Wenn *du* mit dem Beispiel der Götter prahlst, so kann ich es auch – der Sohn des Saturnus ist sterblich, sobald er nicht tugendhaft ist.

Die Freundschaft stand von ferne, und schwieg.

Und du, kein Wort, meine Tochter? rief Jupiter – Was wirst du deinen Lieblingen Großes bieten? Nichts von dem allen, antwortete die Göttin, und wischte verstohlen eine Träne von der errötenden Wange. Mich lassen sie stehen, wenn sie glücklich sind, aber sie suchen mich auf, wenn sie leiden.

Versöhnet euch, meine Kinder, sprach jetzt der Göttervater. Euer Streit ist der schönste, den Zeus je geschlichtet hat, aber keine hat ihn verloren. Meine männliche Tochter, die *Tugend*, wird ihre Schwester *Liebe* Standhaftigkeit lehren, und die Liebe keinen Günstling beglücken, den die Tugend ihr nicht zugeführt hat. Aber zwischen euch beide trete die *Freundschaft* und hafte mir für die Ewigkeit dieses Bundes.

Zur Klassifizierung der Tugenden

Die vier Haupttugenden hat man gut aufgeteilt: die Mäßigkeit erhält den Leib, die Gerechtigkeit ernährt, die Tapferkeit wehrt, die Weisheit regiert alles. *Martin Luther*

Eine tugendhafte Handlung, die Aufopferung eigener Interessen oder seiner selbst ist das Bedürfnis einer adligen Seele, die Eigenliebe eines großmütigen Herzens, ich möchte sagen: der Egoismus eines großen Charakters. *Nicolas Sébastien de Chamfort*

Es gibt nur eine Moral, wie es nur eine Mathematik gibt; diese beiden Worte haben keinen Plural. Die Moral ist die Tochter der Gerechtigkeit und des Gewissens; eine universale Religion. (...)
Die Moral errichtet ein höheres und fürchterlicheres Tri-

bunal als das der Gesetze. Sie will nicht nur, daß wir das Böse vermeiden, sondern daß wir das Gute tun; nicht nur, daß wir tugendhaft erscheinen, sondern, daß wir es seien, denn sie gründet sich nicht auf die öffentliche Achtung, die man hintergehen kann, sondern auf unsre eigene, die niemals täuscht. (...)
Man hat die Tugenden in Klassen eingeteilt: in solche, die nur uns selbst nützen, wie Mäßigkeit, Klugheit, Wachsamkeit, und solche, die nur andern nützen, wie Gerechtigkeit, Wohltätigkeit, Opfermut. Was nur uns nützt, kann insofern keine Tugend sein, als der Mensch für sich weder tugend- noch lasterhaft sein kann; doch in der Gesellschaft ist ein kluger, mäßiger, wachsamer Mann um so geeigneter ein guter Familienvater, guter Soldat, ein guter Beamter zu sein: und so werden diese persönlichen Vorzüge Tugenden. (...) *Antoine de Rivarol*

Ich glaube (...), daß die moralische Empfindlichkeit im Menschen zu unterschiedlichen Zeiten verschieden ist, des Morgens stärker als des Abends.

Georg Christoph Lichtenberg

Sitten als Korrektiv

Die Sitten setzen sich zusammen aus Brauch und Gewohnheiten. Gebräuche machen die öffentlichen Sitten, Gewohnheiten die individuellen. Sind die öffentlichen Sitten gut, so fallen die individuellen wenig ins Gewicht, weil die Entehrung, die sie straft, ihre nachhaltigen Folgen hemmt. Sind aber die öffentlichen Sitten schlecht, so kommt den guten individuellen Sitten eine besondere Bedeutung zu. Sie werden deren Kritik, bisweilen deren

Korrektiv. Sie retten die Grundsätze durch eine Art Protest gegen das Zeitalter, bewahren das geweihte Feuer und überliefern es wie ein anvertrautes Gut der kommenden Generation. *Joseph Joubert*

*

[1820]

Wer Sittlichkeit zum alleinigen Zweck des Menschen macht, kommt mir vor wie einer, der die Bestimmung einer Uhr dann fände: daß sie nicht falsch gehe. Das erste bei der Uhr aber ist: Daß sie gehe; das Nichtfalschgehen kommt dann erst als regulative Bestimmung hinzu. Wenn das Nichtfehlen das Höchste bei Uhren wäre, so möchten die unaufgezogenen die besten sein.

[1822]

Es ist mit der Gesundheit der Seele (Moralität) wie mit der des Leibes. Ohne beide ist ein tüchtiges Leben nicht denkbar. Sie aber beide zum Zweck des Lebens machen ist eins so widersinnig als das andere. Unter den *Mitteln* stehen sie obenan.

[1933]

Die aktiven Faktoren der Menschennatur sind die Neigungen und Leidenschaften; ihr Übermaß zu hemmen, ist die Aufgabe des Sittlichen. Letzteres ist daher negativ und kann als solches nicht der Zweck des Menschen sein.

Franz Grillparzer

Johann Wolfgang von Goethe

Das Göttliche

Edel sei der Mensch,
Hilfreich und gut!
Denn das allein
Unterscheidet ihn
Von allen Wesen,
Die wir kennen.

Heil den unbekannten
Höhern Wesen,
Die wir ahnen!
Ihnen gleiche der Mensch!
Sein Beispiel lehr' uns
Jene glauben.

Denn unfühlend
Ist die Natur:
Es leuchtet die Sonne
Über Bös' und Gute,
Und dem Verbrecher
Glänzen wie dem Besten
Der Mond und die Sterne.

Wind und Ströme,
Donner und Hagel
Rauschen ihren Weg
Und ergreifen

Vorübereilend
Einen um den andern.

Auch so das Glück
Tappt unter die Menge,
Faßt bald des Knaben
Lockige Unschuld,
Bald auch den kahlen
Schuldigen Scheitel.

Nach ewigen, ehrnen,
Großen Gesetzen
Müssen wir alle
Unseres Daseins
Kreise vollenden.

Nur allein der Mensch
Vermag das Unmögliche:
Er unterscheidet,
Wählet und richtet;
Er kann dem Augenblick
Dauer verleihen.

Er allein darf
Den Guten lohnen,
Den Bösen strafen,
Heilen und retten,
Alles Irrende, Schweifende
Nützlich verbinden.

Und wir verehren
Die Unsterblichen,
Als wären sie Menschen,

Täten im großen,
der Beste im kleinen
Tut oder möchte.

Der edle Mensch
Sei hilfreich und gut!
Unermüdet schaff' er
Das Nützliche, Rechte,
Sei uns ein Vorbild
Jener geahneten Wesen!

Immanuel Kant

Von den Pflichten der Tugendhaften und Lasterhaften

Tugend ist eine Idee, und keiner kann die wahre Tugend besitzen. Ein tugendhafter Mann ist demnach ebensowenig gebräuchlich zu sagen als ein weiser Mann. Jeder strebt, sich der Tugend zu nähern, so wie der Weisheit, aber in keinem wird der höchste Grad erreicht. Wir können zwischen Tugend und Laster ein Mittleres gedenken, und das ist Untugend, welches nur im Mangel besteht. Tugend und Laster ist was Positives. Tugend ist eine Fertigkeit nach moralischen Grundsätzen, die Neigung zum Bösen zu überwinden. Oder, Tugend ist diejenige Stärke der moralischen Gesinnungen unter den Hindernissen der entgegengesetzten bösen Neigungen, da die ersten allemal das Übergewicht behalten. Also heilige Wesen sind nicht tugendhaft, weil sie keine Neigung zum Bösen zu überwinden haben, sondern ihr Wille ist dem Gesetz adäquat. Der Mensch, der nicht tugendhaft ist, ist deswegen noch nicht lasterhaft, sondern er hat nur einen Mangel der Tugend. Das Laster ist aber was Positives, der Mangel der Tugend ist aber Untugend. Eine Achtlosigkeit der moralischen Gesetze ist Untugend, aber die Verachtung der moralischen Gesetze ist Laster. Untugend ist nur, daß man das moralische Gesetz nicht tue, Laster aber, daß man das Gegenteil vom moralischen Gesetz tue. Das erste ist was Negatives, das zweite was Positives. Zum Laster gehört also sehr viel.

Man kann Gutartigkeit des Herzens haben ohne Tugend, denn die Tugend ist das Wohlverhalten aus Grundsätzen und nicht aus Instinkt. Gutartigkeit ist aber eine Übereinstimmung der Handlungen mit dem moralischen Gesetz aus Instinkt. Zur Tugend gehört viel. Die Gutartigkeit des Herzens kann angeboren sein. Tugendhaft kann aber keiner ohne Übung sein, weil die Neigung zum Bösen nach moralischen Grundsätzen muß unterdrückt und die Handlung mit dem moralischen Gesetz übereinstimmend muß gemacht werden.

Es fragt sich: Ob ein Lasterhafter tugendhaft werden kann? Es gibt eine Bösartigkeit des Gemüts, die kann nicht korrigiert werden, sondern die bleibt beständig; aber ein böser Charakter kann immer in einen guten verwandelt werden. Weil der Charakter nach Grundsätzen handelt, so kann dieser nach und nach durch gute Grundsätze vertilgt werden, daß er über die Bösartigkeit des Gemüts herrsche. So sagt man von Socrates, daß er von Natur ein böses Herz gehabt, welches er aber durch Grundsätze beherrscht hat. Menschen verraten oft in ihrem Gesicht, daß sie inkorrigibel sind und daß sie beinahe zum Galgen destiniert wären; mit solchen hält es schwer, tugendhaft zu werden. Ebenso wie ein ehrlicher und rechtschaffener Mann nicht lasterhaft werden kann, und wenn er auch in einige Laster verfällt, so kehrt er wieder zurück, weil die Grundsätze in ihm schon feste Wurzeln gefaßt haben.

Die Besserung ist von der Bekehrung zu unterscheiden. Besserung ist, wenn man anders lebt; Bekehrung aber, wenn man den festen Grundsatz und die sichere Grundlage hat, daß man niemals anders als tugendhaft leben werde. Wir bessern uns oft aus Furcht vor dem Tode und wissen nicht, ob wir gebessert oder bekehrt sind. Würden wir nur die Hoffnung haben, länger zu leben, so würde die Besserung nicht erfolgt sein. Die Bekehrung aber ist, wenn man sich fest vornimmt, man mag so lange leben, wie man will, tugendhaft zu leben. Buße ist kein gutes Wort, es kommt von Büßungen, Kasteiung her, wo man sich wegen seiner Verbrechen selbst bestraft. Wenn der Mensch erkennt, daß er strafbar ist, so straft er sich selbst und glaubt, daß ihn alsdann Gott nicht strafen wird. Alsdann büßt er. Solche Traurigkeit hilft aber keinem was. Die innere Traurigkeit über sein Vergehen und die feste Entschließung, ein besseres Leben zu führen, hilft allein was; und das ist die wahre Reue.

Der Mensch kann in Ansehung seiner Laster auf zwei Abwege geraten: In Ansehung der Niederträchtigkeit, d. i. der Brutalität, wo er sich durch Verletzung der Pflichten gegen seine Person unter das Vieh versetzt; oder in Ansehung der Bosheit, und das ist teuflisch, wo der Mensch sich Gewerbe macht, auf Bosheit zu sinnen, daher keine gute Neigung mehr ist. Hat er noch eine gute Gesinnung und Wunsch, gut zu sein, so ist er noch ein Mensch, macht er sich aber solche zur Bosheit, so ist er teuflisch.

Der Zustand des Lasters ist der Zustand der Knechtschaft unter der Macht der Neigung. Je mehr der Mensch tugendhaft ist, desto mehr frei ist er. Verstockt ist der Mensch, wenn er keinen Wunsch hat, besser zu werden. Gesellschaft der Tugend ist das Reich des Lichts, und die Gesellschaft des Lasters ist das Reich der Finsternis. So tugendhaft der Mensch immer sein mag, so sind doch in ihm Neigungen zum Bösen, und er muß immer im Kampfe stehen. Der Mensch muß sich hüten vor dem moralischen Eigendünkel, daß er sich selbst nicht für moralisch gut hält und eine vorteilhafte Meinung von sich hat. Das ist ein träumerischer Zustand, der sehr unheilbar ist. Er entspringt daher, wenn der Mensch so lange am moralischen Gesetz künstelt, bis er es seinen Neigungen und seiner Gemächlichkeit gemäß gemacht hat.

Die Tugend ist die moralische Vollkommenheit des Menschen. Mit der Tugend verknüpfen wir Kraft, Stärke und Gewalt; es ist ein Sieg über die Neigung. Die Neigung an sich selbst ist regellos, und das ist der Zustand des moralischen Menschen, selbige zu unterdrücken. Engel im Himmel können heilig sein, der Mensch kann es aber nur so weit bringen, daß er tugendhaft ist! Weil die Tugend nicht auf Instinkten, sondern auf Grundsätzen beruht, so ist die Übung der Tugend eine Übung der Grundsätze, denselben eine bewegende Kraft zu geben, daß sie überwiegend sind und sich durch nichts ableiten lassen, von ihnen abzugehen. Man muß also einen Charakter haben. Solche Stärke ist die Tugendstärke, ja die Tugend selbst. Dieser Übung setzen sich Hindernisse entgegen, welche man aber mit Religion und Regeln der Klugheit überwinden muß, wozu die Zufriedenheit des Gemüts gehört, Ruhe der Seele, frei von allem Vorwurf zu sein, wahre Ehre, Schätzung seiner selbst und anderer,

Gleichgültigkeit oder vielmehr Gleichmütigkeit und Standhaftigkeit gegen alle Übel, an denen man nicht schuldig ist. Dies sind aber nicht Quellen der Tugend, sondern nur Hilfsmittel.

Das sind die Pflichten in Ansehung der Tugendhaften.

Von der anderen Seite scheint es umsonst zu sein, mit dem Lasterhaften von Pflichten zu reden; indessen hat doch noch jeder Lasterhafte einen Begriff der Tugend in sich, er hat Verstand, das Böse einzusehen, er hat noch ein moralisches Gefühl. Denn es ist kein Bösewicht, der nicht wenigstens wünschen sollte, gut zu sein. Auf dieses moralische Gefühl kann das System der Tugend gegründet werden. Das moralische Gefühl ist aber nicht der erste Anfang der Beurteilung der Tugend, sondern das erste ist der reine Begriff der Moralität, der mit dem Gefühl muß verbunden werden. Hat der Mensch einen reinen Begriff der Moralität, so kann er darauf die Tugend gründen; dann kann er das moralische Gefühl rege machen und einen Anfang machen, moralisch zu werden. Dieser Anfang ist freilich wieder ein weites Feld, er muß anfänglich negativ sein, man muß zuerst unschuldig werden und bloß alles unterlassen, welches durch allerhand Beschäftigungen geschieht, die ihn von solcher Neigung abhalten. Dieses kann der Mensch recht gut, obgleich das Positive schwer ist.

Von den Pfichten in Ansehung der Verschiedenheit des Alters

Der Autor hat gar keine gute Ordnung getroffen, er hätte diese Pflichten können einteilen: in Ansehung der Verschiedenheit der Stände, des Geschlechts und des Alters. Der Unterschied des Geschlechts ist nicht so gering, als man wohl glaubt. Die Triebfedern beim männlichen Geschlecht sind sehr unterschieden von den Triebfedern des weiblichen. In Ansehung des Unterschieds des Geschlechts kann man in der Anthropologie nachschlagen, woraus sich dann Pflichten ziehen lassen. Was die Pflichten der Verschiedenheit des Alters betrifft, so haben wir Pflichten gegen andere nicht allein als Menschen, sondern gegen andere als unsere Mitbürger. Da kommen bürgerliche Pflichten vor. Überhaupt ist die Moral ein unerschöpflich Feld. Der Autor führt Pflichten gegen Gesunde und Kranke an, auf die Art hätten wir auch Pflichten gegen Schöne und Häßliche, gegen Große und Kleine. Das sind aber keine besonderen Pflichten, weil es nur verschiedene Zustände sind, in denen die allgemeine Menschenpflicht zu beobachten ist.

Das Alter können wir einteilen in das Alter der Kindheit, wo man sich nicht selbst erhalten kann; in das Alter des Jünglings, wo man sich selbst erhalten, seine Art erzeugen, aber nicht erhalten kann; in das männliche, wenn man sich selbst erhalten, seine Art fortpflanzen und erhalten kann. Der wilde Zustand stimmt mit der Natur überein, der bürgerliche aber nicht. Man ist im bürgerlichen Zustande alsdann noch ein Kind, obgleich man schon seine Art erzeugen kann, man kann sich aber noch nicht selbst erhalten; im wilden Zustand aber ist man alsdann schon ein Mann. Einen weitläufigeren Unterschied findet man in der Anthropologie auseinandergesetzt. Weil der bürgerliche Zustand der Natur widerstreitet, der wilde aber nicht, so meint Rousseau, daß der bürgerliche Zustand dem Zweck der Natur nicht gemäß ist; allein der bürgerliche Zustand ist doch dem Zweck der Natur gemäß. Der Zweck der Natur der frühen Mündigkeit ist zwar die Vermehrung des menschlichen Geschlechts. Würden wir im 30. Jahre mündig werden, so würde diese Zeit mit dem bürgerlichen Zustande übereinstimmen; allein alsdann würde sich das menschliche Geschlecht im wilden Zustande nicht so vermehren. Im wilden Zustande vermehrt sich das menschliche Geschlecht aus vielen Ursachen sehr schlecht, daher muß die Mündigkeit sehr frühe sein; da aber im bürgerlichen Zustande die Ursachen gehoben sind, so ersetzt der bürgerliche Zustand das, was dadurch abgeht, daß man nicht in dem Alter den Gebrauch von seiner Neigung machen kann. Die Zwischenzeit ist aber mit Lastern angefüllt.

Wie ist nun der Mensch im bürgerlichen Zustand zu bilden für die Natur und für die bürgerliche Gesellschaft? Dieses sind die zwei Zwecke der Natur: die Erziehung des Menschen in Ansehung des natürlichen und in Ansehung des bürgerlichen Zustandes. Die Regel der Erziehung ist der Hauptzweck, wodurch der Mensch im bürgerlichen Zustande gebildet wird. In der Erziehung sind zwei Stücke zu unterscheiden: die Entwicklung der natürlichen Anlagen und die Hinzusetzung der Kunst. Das erste ist die Bildung des Menschen, das zweite Unterricht oder Belehrung. Der das erste an Kindern tut, könnte der Hofmeister (Gouverneur) heißen; der aber das andere tut, Informator.

In der Bildung ist darauf zu sehen, daß sie nur negativ sei, daß man alles abhalte, was der Natur zuwider sei. Die Kunst oder Belehrung kann zweifach sein: negativ und positiv, abzuhalten und hinzuzusetzen. Das Negative der Belehrung ist, daß sich nicht Irrtümer einschleichen zu verhüten; das Positive, daß was mehreres von Kenntnissen hinzugesetzt werde. Das Negative sowohl der Belehrung als der Bildung des Geschöpfes ist die Disziplin, das Positive der Belehrung die Doktrin. Die Disziplin muß vor der Doktrin vorausgehen. Durch die Disziplin kann das Temperament und das Herz gebildet werden, der Charakter wird aber mehr durch die Doktrin gebildet.

Disziplin heißt soviel als Zucht. Durch die Zucht wird aber den Kindern nichts Neues gelehrt, sondern die regellose Freiheit eingeschränkt. Der Mensch muß diszipliniert werden, denn er ist von Natur roh und wild. Die menschlichen Anlagen sind nur durch Kunst bestimmt, gesittet zu werden. Bei Tieren entwickelt sich die Natur von selbst, bei uns aber durch Kunst. Also können wir nicht der Natur den Lauf lassen, sonst erziehen wir den Menschen wild. Disziplin ist Zwang; als Zwang ist sie aber der Freiheit entgegen, Freiheit ist aber der Wert des Menschen. Demnach muß der Jüngling durch die Disziplin dem Zwange so unterworfen werden, daß die Freiheit erhalten werde. Er muß durch Zwang, aber nicht durch sklavischen Zwang diszipliniert werden. Alle Erziehung muß also frei sein, sofern der Jüngling andere frei läßt. Der vornehmste Grund der Disziplin, worauf die Freiheit beruht, ist dieser, daß das Kind seine Verhältnisse als ein Kind einsehe, und aus dem Bewußtsein seiner Kindheit, Alters und Vermögens müssen alle Pflichten hergeleitet werden. Ein Kind muß also nicht mehr Kraft exerzieren, als seinen Jahren gemäß ist. Da es nun als ein Kind schwach ist, so muß es nicht durch Gebieten und Kommandieren vieles ausrichten können, sondern es muß alles durch Bitten zu erlangen suchen. Will es etwas mit Gewalt haben und man erfüllte einmal nur, es zu beruhigen, so exerziert es das öfter mit stärkerer Kraft und vergißt seine Kindheitsschwäche. Ein Kind muß also nicht gebieterisch erzogen werden, es muß nichts durch seinen Willen erhalten, sondern durch Gefälligkeit der anderen. Die Gefälligkeit der anderen erhält es aber dadurch, daß es sich selbst ihnen gefällig beweist. Wenn es also durch Zwang nichts erhält, so gewöhnt es sich hernach, durch Bitten und gefällige Handlungen alles zu erhalten. Wenn ein Kind in seinem Hause seinen Willen gehabt hat, so wächst es gebieterisch auf und findet hernach in der Gesellschaft allerwegen Widerstand, den es gar nicht gewohnt ist, und ist alsdann für die Gesellschaft unnütz. So wie sich die Bäume im Walde untereinander disziplinieren, indem sie die Luft zu ihrem Wachstum nicht nebeneinander, sondern über sich suchen, wo sie keinen hindern, so wachsen sie auch gerade in die Höhe; da hingegen ein Baum auf freiem Felde, wo er nicht durch andere eingeschränkt wird, ganz krüppelig wächst, hernach aber schon zu spät ist, ihn zu disziplinieren. Ebenso ist es auch mit dem Menschen. Wird er frühe diszipliniert, so wächst er mit anderen gerade auf, wird das aber versäumt, so wird er ein krüppeliger Baum. Die erste Disziplin beruht im Gehorsam. Diese kann hernach auf viele Zwecke angewandt werden, auf den Körper, auf sein Temperament, z. E. er ist auffahrend, so muß er großen Widerstand bekommen; ist er faul, so muß man auch nicht gegen ihn willfährig sein; ferner auf seine Gemütsart, dieser muß man stets widerstehen, besonders wo Bosheit, Schadenfreude, Neigung zum Zerstören und zum Quälen sich äußert. In Ansehung des Charakters ist nichts als Lüge und falsche betrügerische Gemütsart das Schädlichste. Falschheit und Lüge sind die Fehler des Charakters und sind Eigenschaften der Feigen. Darauf muß in der Erziehung sehr gesehen werden, daß es unterdrückt wird. Die Bosheit hat doch noch Stärke und darf nur diszipliniert werden, allein die geheime falsche Niederträchtigkeit hat keinen Keim des Guten mehr in sich.

Von der Disziplin oder Zucht gehen wir zur Unterweisung oder Doktrin. Diese ist dreifach: die Belehrung durch die Natur und Erfahrung, durch Erzählung und Raisonnement oder Vernünfteln. Die Belehrung durch Erfahrung ist der Grund von allem. Man muß einem Kinde nicht mehr lehren, als was es in der Erfahrung bestätigt findet und beobachten kann. Hierauf muß es angewöhnt werden, selbst zu beobachten, wodurch sich Begriffe entspinnen, die von der Erfahrung abgeleitet sind. Die Belehrung durch Erzählung setzt schon Begriffe und Beurteilung voraus. Das Vernünfteln muß nach dem Maß der Jahre eingerichtet werden. Zu Anfang muß es nur empirisch sein und nicht durch Gründe a priori, sondern durch den Effekt in der Erfahrung. Wenn es z. E. lügt, so muß man es gar nicht des Sprechens würdig halten. Es kommt besonders darauf an, wie die Erziehung den verschiedenen Jahren des Kindes angemessen sei.

In Ansehung des Alters ist die Erziehung dreifach: die Erziehung zum Kinde, zum Jünglinge und zum Mann. Die Erziehung geht immer voran und ist die Vorbereitung zu dem Alter. Die Erziehung als eine Vorbereitung zu dem Jünglingsalter ist, wenn man ihm von allem Grund angibt, zum Kindheitsalter aber kann das nicht sein. Denn Kindern werden die Sachen nur so vorgestellt, als sie sind, denn sonst fragen sie immer weg, und während der Antwort besinnen sie sich wieder auf neue Fragen. Zum Jünglingsalter gehört aber schon Vernunft. Wann fängt man an, zum Jünglingsalter vorzubereiten? In dem Alter, wo er schon nach der Natur ein Jüngling ist, d. i. ohngefähr im 10. Jahre, denn da hat er schon Überlegung. Ein Jüngling muß schon was von Anständigkeit wissen; ein Kind aber nicht, dem kann man nur sagen: »es ist nicht gebräuchlich.« Ein Jüngling muß schon Pflichten der bürgerlichen Gesellschaft haben. Hier bekommt er den Begriff der Anständigkeit, der Menschenliebe. Da ist er schon der Grundsätze fähig, dann wird Religion und Moral kultiviert; nun verfeinert er sich schon selbst und kann durch Ehre diszipliniert werden, da ein Kind nur durch Gehorsam diszipliniert wird. Der dritte Zeitpunkt ist, daß der Jüngling erzogen wird zum Eintritt in das Alter des Mannes, welcher ist, wo er sich nicht allein selbst erhalten, sondern auch seine Art fortpflanzen und erhalten kann. Im 16. Jahr ist er nun am Rande des Mannesalters, da fällt die Erziehung der Disziplinierung weg, hier lernt er seine Bestimmung mehr und mehr kennen, daher muß er die Welt kennenlernen. In diesem Eintritt in das Mannesalter muß man ihm vorreden von wahrhaften Pflichten, von der Würde der Menschheit in seiner Person und von der Schätzung der Menschheit an anderen. Hier muß die Doktrin den Charakter bilden.

Was das Verhältnis in Ansehung des Geschlechts betrifft, so ist darauf die höchste Sorgfalt zu verwenden, damit nicht die Affekte, worunter der Affekt der Geschlechterneigung der stärkste ist, gemißbraucht werde. Rousseau sagt: Ein Vater soll hier in diesem Zeitalter seinem Sohne einen vollständigen Begriff machen und es nicht als ein Geheimnis halten, er muß ihm hier seinen Verstand aufklären, die Bestimmung dieser Neigung sagen und den Schaden, der aus dem Mißbrauch derselben entsteht. Er muß ihm hier aus moralischen Gründen die Abscheulichkeit der Handlung vorstellen und die Entehrung der menschlichen Würde in seiner Person vor Augen legen. Dieses ist der delikateste und der letzte Punkt in der Erziehung. Ehe die Schulen so weit kommen, werden noch viele Laster ausgeübt werden.

Gottfried August Bürger

Das Lied vom braven Manne

Hoch klingt das Lied vom braven Mann,
Wie Orgelton und Glockenklang.
Wer hohen Muts sich rühmen kann,
Den lohnt nicht Gold, den lohnt Gesang.
Gottlob! daß ich singen und preisen kann:
Zu singen und preisen den braven Mann.

Der Tauwind kam vom Mittagsmeer,
Und schnob durch Welschland, trüb' und feucht.
Die Wolken flogen vor ihm her.
Wie wann der Wolf die Herde scheucht.
Er fegte die Felder; zerbrach den Forst!
Auf Seen und Strömen das Grundeis borst.

Am Hochgebirge schmolz der Schnee;
Der Sturz von tausend Wassern scholl;
Das Wiesental begrub ein See;
Des Landes Heerstrom wuchs und schwoll;
Hoch rollten die Wogen, entlang ihr Gleis,
Und rollten gewaltige Felsen Eis.

Auf Pfeilern und auf Bogen schwer,
Aus Quaderstein von unten auf,
Lag eine Brücke drüber her;
Und mitten stand ein Häuschen drauf,
Hier wohnte der Zöllner, mit Weib und Kind. –
»O Zöllner! o Zöllner! Entfleuch geschwind.«

Es dröhnt' und dröhnte dumpf heran,
Laut heulten Sturm und Wog' ums Haus.
Der Zöllner sprang zum Dach hinan,
Und blickt' in den Tumult hinaus. –
»Barmherziger Himmel! Erbarme dich!
Verloren! Verloren! Wer rettet mich?« –

Die Schollen rollten, Schuß auf Schuß,
Von beiden Ufern, hier und dort,
Von beiden Ufern riß der Fluß
Die Pfeiler samt den Bogen fort.
Der bebende Zöllner, mit Weib und Kind,
Er heulte noch lauter, als Strom und Wind.

Die Schollen rollten, Stoß auf Stoß,
An beiden Enden, hier und dort,
Zerborsten und zertrümmert, schoß
Ein Pfeiler nach dem andern fort.
Bald nahte der Mitte der Umsturz sich. –
»Barmherziger Himmel! Erbarme dich!« –

Hoch auf dem fernen Ufer stand
Ein Schwarm von Gaffern, groß und klein;
Und jeder schrie und rang die Hand,
Doch mochte niemand Retter sein.
Der bebende Zöllner mit Weib und Kind,
Durchheulte nach Rettung Strom und Wind. –

Wann klingst du, Lied vom braven Mann,
Wie Orgelton und Glockenklang?
Wohlan! So nenn' ihn, nenn' ihn dann!
Wann nennst du ihn, mein schönster Sang?
Bald nahet der Mitte der Umsturz sich,
O braver Mann! braver Mann! zeige dich!

Rasch galoppiert' ein Graf hervor,
Auf hohem Roß ein edler Graf.
Was hielt des Grafen Hand empor?
Ein Beutel war es, voll und straff. –
»Zweihundert Pistolen sind zugesagt
Dem, welcher die Rettung der Armen wagt.«

Wer ist der Brave? Ist's der Graf?
Sag an, mein braver Sang, sag an! –
Der Graf, beim höchsten Gott! war brav!
Doch weiß ich einen bravern Mann. –
O braver Mann! braver Mann! Zeige dich!
Schon naht das Verderben sich fürchterlich. –

Und immer höher schwoll die Flut;
Und immer lauter schnob der Wind;
Und immer tiefer sank der Mut. –
O Retter! Retter! Komm geschwind! –
Stets Pfeiler bei Pfeiler zerborst und brach.
Laut krachten und stürzten die Bogen nach.

»Hallo! Hallo! Frisch auf gewagt!«
Hoch hielt der Graf den Preis empor.
Ein jeder hört's doch jeder zagt,
Aus Tausenden tritt keiner vor.
Vergebens durchheulte, mit Weib und Kind,
Der Zöllner nach Rettung den Strom und Wind. –

Sieh, schlecht und recht, ein Bauersmann
Am Wanderstabe schritt daher,
Mit grobem Kittel angetan,
An Wuchs und Antlitz hoch und hehr.
Er hörte den Grafen; vernahm sein Wort;
Und schaute das nahe Verderben dort.

Und kühn in Gottes Namen, sprang
Er in den nächsten Fischerkahn;
Trotz Wirbel, Sturm, und Wogendrang,
Kam der Erretter glücklich an:
Doch wehe! der Nachen war allzuklein,
Der Retter von allen zugleich zu sein.

Und dreimal zwang er seinen Kahn,
Trotz Wirbel, Sturm, und Wogendrang;
Und dreimal kam er glücklich an,
Bis ihm die Rettung ganz gelang.
Kaum kamen die letzten in sichern Port;
So rollte das letzte Getrümmer fort. –

Wer ist, wer ist der brave Mann?
Sag an, sag an, mein braver Sang!
Der Bauer wagt' ein Leben dran:
Doch tat er's wohl um Goldesklang?
Denn spendete nimmer der Graf sein Gut;
So wagte der Bauer vielleicht kein Blut. –

»Hier«, rief der Graf, »mein wackrer Freund!
Hier ist dein Preis! Komm her! Nimm hin!« –
Sag an, war das nicht brav gemeint? –
Bei Gott! der Graf trug hohen Sinn. –
Doch höher und himmlischer, wahrlich! schlug
Das Herz, das der Bauer im Kittel trug.

»Mein Leben ist für Gold nicht feil.
Arm bin ich zwar, doch ess' ich satt.
Dem Zöllner werd' eur Gold zu teil,
Der Hab' und Gut verloren hat!«
So rief er, mit herzlichem Biederton,
Und wandte den Rücken und ging davon. –

Arthur Schopenhauer

Über die Grundlage der Moral

Antimoralische* Triebfedern

Die Haupt- und Grundtriebfeder im Menschen wie im Tiere ist der *Egoismus*, d. h. der Drang zum Dasein und Wohlsein. – Das deutsche Wort *Selbstsucht* führt einen falschen Nebenbegriff von Krankheit mit sich. Das Wort *Eigennutz* aber bezeichnet den Egoismus, sofern er unter Leitung der Vernunft steht, welche ihn befähigt, vermöge der Reflexion seine Zwecke *planmäßig* zu verfolgen; daher man die Tiere wohl egoistisch, aber nicht eigennützig nennen kann. Ich will also für den allgemeinen Begriff das Wort *Egoismus* beibehalten. – Dieser *Egoismus* ist im Tiere wie im Menschen mit dem innersten Kern und Wesen desselben aufs genaueste verknüpft, ja eigentlich identisch. Daher entspringen in der Regel alle seine Handlungen aus dem Egoismus, und aus diesem zunächst ist allemal die Erklärung einer gegebenen

---

* Ich erlaube mir die regelwidrige Zusammensetzung des Wortes, da »antiethisch« hier nicht bezeichnend sein würde. Das jetzt in Mode gekommene »sittlich und unsittlich« aber ist ein schlechtes Substitut für »moralisch und unmoralisch«: erstlich weil »moralisch« ein wissenschaftlicher Begriff ist, dem als solchem eine griechische oder lateinische Bezeichnung gebührt, zweitens weil »sittlich« ein schwacher und zahmer Ausdruck ist, schwer zu unterscheiden von »sittsam«, dessen populäre Benennung »zimperlich« ist. Der Deutschtümelei muß man keine Konzessionen machen.

Handlung zu versuchen; wie denn auch auf denselben die Berechnung aller Mittel dadurch man den Menschen nach irgendeinem Ziele hinzulenken sucht, durchgängig gegründet ist. Der E*goismus* ist seiner Natur nach grenzenlos: der Mensch will unbedingt sein Dasein erhalten, will es von Schmerzen, zu denen auch aller Mangel und [jede] Entbehrung gehört, unbedingt frei, will die größtmögliche Summe von Wohlsein und will jeden Genuß, zu dem er fähig ist, ja sucht wo möglich noch neue Fähigkeiten zum Genusse in sich zu entwickeln. Alles, was sich dem Streben seines Egoismus entgegenstellt, erregt seinen Unwillen, Zorn, Haß: er wird es als seinen Feind zu vernichten suchen. Er will wo möglich alles genießen, alles haben; da aber dies unmöglich ist, wenigstens alles beherrschen: »Alles für mich, und nichts für die andern« – ist sein Wahlspruch. Der Egoismus ist kolossal: er überragt die Welt. Denn wenn jedem einzelnen die Wahl gegeben würde zwischen seiner eigenen und der übrigen Welt Vernichtung; so brauche ich nicht zu sagen, wohin sie bei den allermeisten ausschlagen würde. Demgemäß macht jeder sich zum Mittelpunkte der Welt, bezieht alles auf sich und wird, was nur vorgeht, z. B. die größten Veränderungen im Schicksale der Völker, zunächst auf *sein* Interesse dabei beziehn und, sei dieses auch noch so klein und mittelbar, vor allem daran denken. Keinen größern Kontrast gibt es als den zwischen dem hohen und exklusiven Anteil, den jeder an seinem eigenen Selbst nimmt, und der Gleichgültigkeit, mit der in der Regel alle andern eben jenes Selbst betrachten; wie er ihres. Es hat sogar seine komische Seite, die zahllosen Individuen zu sehn, deren jedes wenigstens in praktischer Hinsicht sich allein für *real* hält und die andern gewissermaßen als bloße Phantome betrachtet.

Dies beruht zuletzt darauf, daß jeder sich selber *unmittelbar* gegeben ist, die andern aber ihm nur *mittelbar* durch die Vorstellung von ihnen in seinem Kopfe: und die Unmittelbarkeit behauptet ihr Recht. Nämlich infolge der jedem Bewußtsein wesentlichen Subjektivität ist jeder sich selber die ganze Welt: denn alles Objektive existiert nur mittelbar, als bloße Vorstellung des Subjekts; so daß stets alles am Selbstbewußtsein hängt. Die einzige Welt, welche jeder wirklich kennt und von der er weiß, trägt er in sich als seine Vorstellung, und ist daher das Zentrum derselben. Deshalb eben ist jeder sich alles in allem: er findet sich als den Inhaber aller Realität, und kann ihm nichts wichtiger sein als er selbst. Während nun in seiner subjektiven Ansicht sein Selbst sich in dieser kolossalen Größe darstellt, schrumpft es in der objektiven beinahe zu nichts ein, nämlich zu ungefahr ein Milliardstel der jetzt lebenden Menschheit. Dabei nun weiß er völlig gewiß, daß eben jenes über alles wichtige Selbst, dieser Mikrokosmos, als dessen bloße Modifikation oder Akzidenz der Makrokosmos auftritt, also seine ganze Welt untergehn muß im Tode, der daher für ihn gleichbedeutend ist mit dem Weltuntergange. Dieses also sind die Elemente, woraus auf der Basis des Willens zum Leben der Egoismus erwächst, welcher zwischen Mensch und Mensch stets wie ein breiter Graben liegt. Springt wirklich einmal einer darüber dem andern zu Hülfe, so ist es wie ein Wunder, welches Staunen erregt und Beifall einerntet. (...) Die Höflichkeit ist die konventionelle und systematische Verleugnung des Egoismus in den Kleinigkeiten des täglichen Verkehrs und ist freilich anerkannte Heuchelei: dennoch wird sie gefordert und gelobt; weil, was sie verbirgt, der Egoismus, so garstig ist, daß man es nicht sehn will, obschon man weiß, daß es da ist: wie man widerliche Gegenstände wenigstens durch einen Vorhang bedeckt wissen will. – Da der Egoismus, wo ihm nicht entweder äußere Gewalt, welcher auch jede Furcht, sei sie vor irdischen oder überirdischen Mächten, beizuzählen ist, oder aber die echte moralische Triebfeder entgegenwirkt, seine Zwecke unbedingt verfolgt; so würde bei der zahllosen Menge egoistischer Individuen das »bellum omnium contra omnes« [der Krieg aller gegen alle; Hobbes, ›Leviathan‹ 1, 13] an der Tagesordnung sein, zum Unheil aller. Daher die reflektierende Vernunft sehr bald die Staatseinrichtung erfindet, welche, aus gegenseitiger Furcht vor gegenseitiger Gewalt entspringend, den nachteiligen Folgen des allgemeinen Egoismus so weit vorbeugt, als es auf dem *negativen* Wege geschehn kann. Wo hingegen jene zwei ihm entgegenstehenden Potenzen nicht zur Wirksamkeit gelangen, wird er sich sofort in seiner ganzen furchtbaren Größe zeigen, und das Phänomen wird kein schönes sein. Indem ich, um ohne Weitläufigkeit die Stärke dieser antimoralischen Potenz auszudrücken, darauf bedacht war, die Größe des Egoismus mit *einem* Zuge zu bezeichnen und deshalb nach irgendeiner recht emphatischen Hyperbel suchte, bin ich zuletzt auf diese geraten: mancher Mensch wäre imstande, einen andern totzuschlagen, bloß um mit dessen Fette sich die Stiefel zu schmieren. Aber dabei blieb mir doch der Skrupel, ob es auch wirklich eine Hyperbel sei. – Der *Egoismus* also ist die erste und hauptsächlichste, wiewohl nicht die einzige Macht, welche die *moralische Triebfeder* zu bekämpfen hat. Man sieht schon hier, daß diese, um wider einen solchen Gegner aufzutreten, etwas Realeres sein muß als eine spitzfindige Klügelei oder eine aprioristische Seifenblase. – Inzwischen ist im Kriege das erste, daß man den Feind rekognosziert. In dem hevorstehenden Kampfe wird der *Egoismus* als die seiner Seite vorzüglich sich der Tugend der *Gerechtigkeit* entgegenstellen, welche nach meiner Ansicht die erste und recht eigentliche Kardinaltugend ist.

(...)

Der Egoismus kann zu Verbrechen und Untaten aller Art führen: aber der dadurch verursachte Schaden und Schmerz anderer ist ihm bloß Mittel, nicht Zweck, tritt also nur akzidentell dabei ein. Der Bosheit und Grausamkeit hingegen sind die Leiden und Schmerzen anderer Zweck an sich und dessen Erreichen Genuß. Dieserhalb machen jene eine höhere Potenz moralischer Schlechtigkeit aus. Die Maxime des äußersten Egoismus ist: »Neminem iuva, imo omnes, si forte conducit (also immer noch bedingt), laede!« Die Maxime der Bosheit ist: »Omnes, quantum potes, laede!« – Wie Schadenfreude nur theoretische Grausamkeit ist, so Grausamkeit nur praktische Schadenfreude, und diese wird als jene auftreten, sobald die Gelegenheit kommt.

Die aus den beiden angegebenen Grundpotenzen entspringenden speziellen Laster nachzuweisen wäre nur in einer ausgeführten Ethik an seinem Platz. Eine solche würde etwa aus dem Egoismus ableiten Gier, Völlerei, Wollust, Eigennutz, Geiz, Habsucht, Ungerechtigkeit, Hartherzigkeit, Stolz, Hoffart usw. – aus der *Gehässigkeit* aber Mißgunst, Neid, Übelwollen, Bosheit, Schadenfreude, spähende Neugier, Verleumdung, Insolenz, Petulanz*, Haß, Zorn, Verrat, Tücke, Rachsucht, Grausamkeit usw. – Die erste Wurzel ist mehr tierisch, die zweite mehr teuflisch. Das Vorwalten der einen oder der andern oder aber der weiterhin erst nachzuweisenden moralischen

---

* Unverschämtheit, Übermut

Triebfeder gibt die Hauptlinie in der ethischen Klassifikation der Charaktere. Ganz ohne etwas von allen dreien ist kein Mensch.

Hiermit hätte ich denn die allerdings erschreckliche Heerschau der antimoralischen Potenzen beendigt, welche an die der Fürsten der Finsternis im Pandaimonion bei *Milton* erinnert. Mein Plan brachte es jedoch mit sich, daß ich zuerst diese düstere Seite der menschlichen Natur in Betracht nähme, wodurch mein Weg freilich von dem aller andern Moralisten abweicht und dem des *Dante* ähnlich wird, der zuerst in die Hölle führt.

FRIEDRICH NIETZSCHE

Zum Begriff der Sittlichkeit der Sitte

Im Verhältnis zu der Lebensweise ganzer Jahrtausende der Menschheit leben wir jetzigen Menschen in einer sehr unsittlichen Zeit: die Macht der Sitte ist erstaunlich abgeschwächt und das Gefühl der Sittlichkeit so verfeinert und so in die Höhe getragen, daß es ebensogut als verflüchtigt bezeichnet werden kann. Deshalb werden uns, den Spätgeborenen, die Grundeinsichten in die Entstehung der Moral schwer, sie bleiben uns, wenn wir sie trotzdem gefunden haben, an der Zunge kleben und wollen nicht heraus: weil sie grob klingen! Oder weil sie die Sittlichkeit zu verleumden scheinen! So zum Beispiel gleich der *Hauptsatz*: Sittlichkeit ist nichts anderes (also namentlich *nicht mehr*!), als Gehorsam gegen Sitten, welcher Art diese auch sein mögen; Sitten aber sind die *herkömmliche* Art zu handeln und abzuschätzen. In Dingen, wo kein Herkommen befiehlt, gibt es keine Sittlichkeit; und je weniger das Leben durch Herkommen bestimmt ist, um so kleiner wird der Kreis der Sittlichkeit. Der freie Mensch ist unsittlich, weil er in allem von sich und nicht von einem Herkommen abhängen *will*: in allen ursprünglichen Zuständen der Menschheit bedeutet »böse« so viel wie »individuell«, »frei«, »willkürlich«, »ungewohnt«, »unvorhergesehen«, »unberechenbar«. Immer nach dem Maßstab solcher Zustände gemessen: wird eine Handlung getan *nicht* weil das Herkommen sie befiehlt, sondern aus anderen Motiven (zum Beispiel des individuellen Nutzens wegen), ja selbst aus eben den Motiven welche das Herkommen ehemals begründet haben, so heißt sie unsittlich und wird so selbst von ihrem Täter empfunden: denn sie ist nicht aus Gehorsam gegen das Herkommen getan worden. Was ist das Herkommen? Eine höhere Autorität, welcher man gehorcht, nicht weil sie das uns *Nützliche* befiehlt, sondern weil sie *befiehlt*. – Wodurch unterscheidet sich dies Gefühl vor dem Herkommen von dem Gefühl der Furcht überhaupt? Es ist die Furcht vor einem höheren Intellekt, der da befiehlt, vor einer unbegreiflichen, unbestimmten Macht, vor etwas mehr als Persönlichem, – es ist *Aberglaube* in dieser Furcht. – Ursprünglich gehörte die ganze Erziehung und Pflege der Gesundheit, die Ehe, die Heilkunst, der Feldbau, der Krieg, das Reden und Schweigen, der Verkehr untereinander und mit den Göttern in den Bereich der Sittlichkeit: sie verlangte, daß man Vorschriften beobachtete, *ohne an sich* als Individuum zu denken. Ursprünglich also war alles Sitte, und wer sich über sie erheben wollte, mußte Gesetzgeber und Medizinmann und eine Art Halbgott werden: das heißt, er mußte *Sitten machen*, – ein furchtbares, lebensgefahrliches Ding! – Wer ist der Sittlichste? *Einmal* der, welcher das Gesetz am häufigsten erfüllt: also, gleich dem Brahmanen, das Bewußtsein desselben überallhin und in jeden kleinen Zeitteil trägt, so daß er fortwährend erfinderisch ist in Gelegenheiten, das Gesetz zu erfüllen. *Sodann* der, der es auch in den schwersten Fällen erfüllt. Der Sittlichste ist der, welcher am meisten der Sitte *opfert*: welches aber sind die größten Opfer? Nach der Beantwortung dieser Frage entfalten sich mehrere unterschiedliche Moralen; aber der wichtigste Unterschied bleibt doch jener, welcher die Moralität der *häufigsten Erfüllung* von der der *schwersten* Erfüllung trennt. Man täusche sich über das Motiv jener Moral nicht, welche die schwerste Erfüllung der Sitte als Zeichen der Sittlichkeit fordert! Die Selbstüberwindung wird *nicht* ihrer nützlichen Folgen halber, die sie für das Individuum hat, gefordert, sondern damit die Sitte, das Herkommen herrschend erscheine, trotz allem individuellen Gegengelüst und Vorteil: der einzelne soll sich opfern, – so heischt es die Sittlichkeit der Sitte. – Jene Moralisten dagegen, welche wie die Nachfolger der *sokratischen* Fußstapfen die Moral der Selbstbeherrschung und Enthaltsamkeit dem *Individuum* als seinen eigensten Vorteil, als seinen persönlichsten Schlüssel zum Glück ans Herz legen, *machen die Ausnahme* – und wenn es uns anders erscheint, so ist es, weil wir unter ihrer Nachwirkung erzogen sind: sie alle gehen eine neue Straße unter höchlichster Mißbilligung aller Vertreter der Sittlichkeit der Sitte, – sie lösen sich aus der Gemeinde aus, als Unsittliche, und sind, im tiefsten Verstande, böse. Ebenso erschien einem tugendhaften Römer alten Schrotes jeder *Christ*, welcher »am ersten nach seiner *eigenen* Seligkeit trachtete«, – als böse. –

Überall, wo es eine Gemeinde und folglich eine Sittlichkeit der Sitte gibt, herrscht auch der Gedanke, daß die Strafe für die Verletzung der Sitte vor allem auf die Gemeinde fallt: jene übernatürliche Strafe, deren Äußerung und Grenze so schwer zu begreifen ist und mit so abergläubischer Angst ergründet wird. Die Gemeinde kann den einzelnen anhalten, daß er den nächsten Schaden, den seine Tat im Gefolge hatte, am einzelnen oder an der Gemeinde wieder gut mache, sie kann auch eine Art Rache am einzelnen dafür nehmen, daß durch ihn, als angebliche Nachwirkung seiner Tat, sich die göttlichen Wolken und Zorneswetter über der Gemeinde gesammelt haben, – aber sie empfindet die Schuld des einzelnen doch vor allem als *ihre* Schuld und trägt dessen Strafe als *ihre* Strafe –: »die Sitten sind locker geworden, so klagt es in der Seele eines jeden, wenn solche Taten möglich sind.« Jede individuelle Handlung, jede individuelle Denkweise erregt Schauder; es ist gar nicht auszurechnen, was gerade die seltneren, ausgesuchteren, ursprünglicheren Geister im ganzen Verlauf der Geschichte dadurch gelitten haben müssen, daß sie immer als die bösen und gefährlichen empfunden wurden, ja daß *sie sich selber so empfanden*. Unter der Herrschaft der Sittlichkeit der Sitte hat die Originalität jeder Art ein böses Gewissen bekommen; bis diesen Augenblick ist der Himmel der Besten noch dadurch verdüsterter, als er sein müßte.

Die »*deutsche* Tugend«

Es ist nicht zu leugnen, daß vom Ausgange des vorigen Jahrhunderts an ein Strom moralischer Erweckung durch Europa floß. Damals erst wurde die Tugend wieder beredt; sie lernte es, die ungezwungenen Gebärden der Erhebung, der Rührung finden, sie schämte sich ihrer selber nicht mehr und ersann Philosophien und Gedichte zur eigenen Verherrlichung. Sucht man nach den Quellen dieses Stromes: so findet man einmal Rousseau, aber den mythischen Rousseau, den man sich nach dem Eindrucke seiner Schriften – fast könnte man wieder sagen: seiner mythisch ausgelegten Schriften – und nach den Fingerzeigen, die er selber gab, erdichtet hatte (– er und sein Publikum arbeiteten beständig an dieser Idealfigur). Der andere Ursprung liegt in jener Wiederauferstehung des stoisch-großen Römertums, durch welche die Franzosen die Aufgabe der Renaissance auf das Würdigste weitergeführt haben. Sie gingen von der Nachschöpfung antiker Formen mit herrlichstem Gelingen zur Nachschöpfung antiker Charaktere über (...)

Wie diese doppelte Vorbildlichkeit, die des mythischen Rousseau und die jenes wiedererweckten Römergeistes, auf die schwächeren Nachbarn wirkte, sieht man namentlich an Deutschland: welches infolge seines neuen und ganz ungewohnten Aufschwunges zu Ernst und Größe des Wollens und Sich-Beherrschens zuletzt vor seiner eigenen neuen Tugend in Staunen geriet und den Begriff »deutsche Tugend« in die Welt warf, wie als ob es nichts Ursprünglicheres, Erbeigneres geben könnte als diese. Die ersten großen Männer, welche jene französische Anregung zur Größe und Bewußtheit des sittlichen Wollens auf sich überleiteten, waren ehrlicher und vergaßen die Dankbarkeit nicht. Der Moralismus Kants – woher kommt er? Er gibt es wieder und wieder zu verstehen: von Rousseau und dem wiedererweckten stoischen Rom. Der Moralismus Schillers: gleiche Quelle, gleiche Verherrlichung der Quelle. Der Moralismus Beethovens in Tönen: er ist das ewige Loblied Rousseaus, der antiken Franzosen und Schillers. Erst »der deutsche Jüngling« vergaß die Dankbarkeit, inzwischen hatte man ja das Ohr nach den Predigern des Franzosenhasses hingewendet: jener deutsche Jüngling, der eine Zeitlang mit mehr Bewußtheit, als man bei andern Jünglingen für erlaubt hält, in den Vordergrund trat. Wenn er nach seiner Vaterschaft spürte, so mochte er mit Recht an die Nähe Schillers, Fichtes und Schleiermachers denken: aber seine Großväter hätte er in Paris, in Genf suchen müssen, und es war sehr kurzsichtig zu glauben, was er glaubte: daß die Tugend nicht älter als dreißig Jahre sei. Damals gewöhnte man sich daran, zu verlangen, daß beim Worte »deutsch« auch noch so nebenbei die Tugend mißverstanden werde: und bis auf den heutigen Tag hat man es noch nicht völlig verlernt. – Nebenbei bemerkt, jene genannte moralische Erweckung hat für die *Erkenntnis* der moralischen Erscheinungen, wie sich fast erraten läßt, nur Nachteile und rückschreitende Bewegungen zur Folge gehabt. Was ist die ganze deutsche Moralphilosophie, von Kant an gerechnet, mit allen ihren französischen, englischen und italienischen Ausläufern und Nebenzüglern? Ein halbtheologisches Attentat gegen Helvetius, ein Abweisen der lange und mühsam erkämpften Freiblicke oder Fingerzeige des rechten Weges, welche er zuletzt gut ausgesprochen und zusammengebracht hat. Bis auf den heutigen Tag ist Helvetius in Deutschland der bestbeschimpfte aller guten Moralisten und guten Menschen.

Albert Camus

»...*Was treibt Sie eigentlich, sich damit zu befassen?*«
Aus: Die Pest

»(...) da die Weltordnung durch den Tod bestimmt wird, ist es vielleicht besser für Gott, wenn man nicht an ihn glaubt und dafür mit aller Kraft gegen den Tod ankämpft, ohne die Augen zu dem Himmel zu erheben, wo er schweigt.«

»Ja«, stimmte Tarrou zu, »ich verstehe. Nur werden Ihre Siege immer vorläufig bleiben, das ist alles.«

Rieux' Gesicht schien sich zu verdüstern.

»Immer, ich weiß. Das ist kein Grund, den Kampf aufzugeben.«

»Nein, das ist kein Grund. Aber nun kann ich mir vorstellen, was die Pest für Sie bedeuten muß.«

»Ja«, sagte Rieux, »eine endlose Niederlage.«

Tarrou schaute den Arzt einen Augenblick fest an, dann stand er auf und ging mit schweren Schritten zur Türe. Und Rieux folgte ihm. Er stand schon bei ihm, als Tarrou, der seine Füße zu betrachten schien, sagte:

»Wer hat Sie das alles gelehrt, Herr Doktor?«

Die Antwort kam augenblicklich:

»Das Elend.«

Rieux öffnete die Tür seines Arbeitszimmers und sagte im Gang zu Tarrou, daß er auch hinuntergehe, da er noch in die Vorstadt müsse, um nach einem seiner Kranken zu sehen. Tarrou bot ihm seine Begleitung an, und der Arzt nahm an. Am Ende des Ganges begegneten sie Frau Rieux, der der Arzt Tarrou vorstellte.

»Ein Freund«, sagte er.

»Ach!« sagte Frau Rieux, »ich freue mich sehr, Sie kennenzulernen.«

Als sie ging, drehte Tarrou sich nochmals nach ihr um. Im Flur versuchte der Arzt vergeblich, die Treppenbeleuchtung einzuschalten.

Die Stiege blieb in Finsternis getaucht. Der Arzt fragte sich, ob das die Folge einer neuen Sparmaßnahme sei. Aber das konnte man nicht wissen. Schon seit einiger Zeit ging in den Häusern und in der Stadt alles drunter und drüber. Das war vielleicht nur, weil die Hauswarte und unsere Mitbürger im allgemeinen für nichts mehr Sorge trugen.

Aber Rieux hatte keine Zeit, weiter darüber nachzugrübeln, denn hinter ihm ertönte Tarrous Stimme:

»Noch ein Wort, Herr Doktor, selbst wenn es Ihnen lächerlich erscheinen sollte: Sie haben vollkommen recht.«

Rieux zuckte die Achseln, für sich allein, in der Finsternis.

»Ich weiß es wirklich nicht. Aber Sie, was wissen Sie davon?«

»Oh«, sagte der andere gleichmütig, »ich habe nicht mehr viel zu lernen.«

Der Arzt blieb stehen, und Tarrou glitt hinter ihm auf einer Stufe aus. Um nicht zu fallen, packte er Rieux' Schulter.

»Glauben Sie, das Leben ganz zu kennen?« fragte dieser.

Die Antwort kam in der Dunkelheit, von der gleichen, ruhigen Stimme getragen: »Ja.«

Als sie auf die Straße hinaustraten, merkten sie, daß es ziemlich spät war, vielleicht elf Uhr. Die Stadt war stumm, nur von einem unfaßbaren Streichen erfüllt. In weiter Ferne ertönte das Bimmeln eines Krankenwagens. Sie stiegen ins Auto, und Rieux setzte den Motor in Gang.

»Sie müssen morgen ins Spital kommen, um sich impfen zu lassen. Aber um ein Ende zu machen, und ehe wir die Geschichte anfangen, merken Sie sich, daß Ihre Chancen, davonzukommen, nur eins zu zwei stehen.«

»Diese Schätzungen haben keinen Sinn, Herr Doktor, das wissen Sie so gut wie ich. Vor hundert Jahren hat eine Pestseuche in Persien alle Bewohner einer Stadt getötet, nur ausgerechnet den Totenwäscher nicht, der nie aufgehört hatte, seinen Beruf auszuüben.«

»Ihm ist eben die dritte Chance zugefallen, das ist alles«, sagte Rieux, und seine Stimme tönte plötzlich dumpfer. »Aber es stimmt, daß wir in dieser Beziehung noch alle zu lernen haben.«

Sie gelangten jetzt in die Vorstadt. Die Scheinwerfer leuchteten in den verlassenen Straßen. Sie hielten an. Vor dem Wagen fragte Rieux Tarrou, ob er mit hineinkommen wolle, und dieser sagte ja. Ein Widerschein des Himmels erhellte ihre Gesichter. Rieux lachte plötzlich freundschaftlich und sagte:

»Hören Sie, Tarrou, was treibt Sie eigentlich, sich damit zu befassen?«

»Ich weiß nicht. Meine Moral vielleicht.«

»Und die wäre?«

»Das Verständnis.«

Tarrou wandte sich dem Hause zu, und Rieux sah sein Gesicht nicht mehr, bis sie bei dem alten Asthmatiker standen.

Gleich am nächsten Tag machte Tarrou sich an die Arbeit und stellte eine erste Gruppe zusammen, der zahlreiche andere folgen sollten.

Der Erzähler hat indessen nicht die Absicht, diesen Hilfstruppen mehr Bedeutung zu verleihen, als sie wirklich besaßen. Es ist gewiß, daß an seiner Stelle viele unserer Mitbürger heute der Versuchung erliegen würden, die Wichtigkeit ihrer Rolle zu übertreiben. Doch ist der Erzähler eher versucht zu glauben, daß man schließlich dem Bösen eine mittelbare und machtvolle Huldigung zuteil werden läßt, wenn man die guten Taten zu sehr herausstreicht. Denn man läßt in diesem Fall vermuten, daß diese guten Taten nur deshalb so viel Wert haben, weil sie selten vorkommen, und daß Bosheit und Gleichgültigkeit bedeutend häufiger die Beweggründe der menschlichen Handlungen sind. Das ist eine Ansicht, die der Erzähler nicht teilt. Das Böse in der Welt rührt fast immer von der Unwissenheit her, und der gute Wille kann so viel Schaden anrichten wie die Bosheit, wenn er nicht aufgeklärt ist. Die Menschen sind eher gut als böse, und in Wahrheit dreht es sich gar nicht um diese Frage. Aber sie sind mehr oder weniger unwissend, und das nennt man dann Tugend oder Laster. Das trostloseste Laster ist die Unwissenheit, die alles zu wissen glaubt und sich deshalb das Recht anmaßt, zu töten. Die Seele des Mörders ist blind, und es gibt keine wahre Güte noch Liebe ohne die größtmögliche Hellsichtigkeit.

Deshalb müssen unsere Sanitätskolonnen, die dank Tarrou ins Leben gerufen wurden, mit sachlicher Befriedigung beurteilt werden. Deshalb wird der Erzähler auch kein Hoheslied auf den Willen und den Heroismus singen, denen er nur die ihnen gebührende Bedeutung beilegt. Aber er wird fortfahren, die Geschichte der Herzen aller unserer Mitbürger zu schreiben, die nun von der Pest zerrissen und von Verlangen erfüllt wurden.

Diejenigen, die sich dem Sanitätsdienst widmeten, hatten deshalb tatsächlich kein so großes Verdienst, denn sie wußten, daß sie gar nicht anders handeln konnten, und es wäre im Gegenteil unglaublich gewesen, wenn sie sich nicht dazu entschlossen hätten. Diese Gruppen halfen unseren Mitbürgern, weiter in die Pest einzudringen, und überzeugten sie teilweise davon, daß alles Nötige unternommen werden müßte, um die Krankheit zu bekämpfen, weil sie nun einmal da war. Wie die Pest so die Pflicht einiger einzelner wurde, erschien sie wirklich als das, was sie war: eine Angelegenheit, die alle anging.

Das ist gut so. Aber man beglückwünscht keinen Lehrer, weil er lehrt, daß zwei und zwei vier ist. Man wird ihn vielleicht dazu beglückwünschen, daß er diesen schönen Beruf gewählt hat. Sagen wir also, daß es löblich war, daß Tarrou und andere beschlossen hatten, zu zeigen, daß zwei und zwei vier ergibt und nicht etwas anderes: sagen wir aber auch, daß sie diesen guten Willen mit dem Lehrer und mit all denen gemein hatten, die das gleiche Herz haben wie der Lehrer und die, zur Ehre der Menschen sei es gesagt, zahlreicher sind, als angenommen wird. Dies ist wenigstens die Überzeugung des Erzählers. Er ist sich übrigens des Einwandes sehr wohl bewußt, der ihm entgegengehalten werden könnte, daß nämlich diese Männer ihr Leben aufs Spiel setzten. Aber es kommt immer ein Augenblick in der Geschichte, in dem derjenige, der zu behaupten wagt, daß zwei und zwei vier ergibt, mit dem Tode bestraft wird. Der Lehrer weiß das wohl. Und es handelt sich nicht darum, zu wissen, welche Belohnung oder Strafe auf dieser Überlegung steht. Es handelt sich darum, zu wissen, ob, ja oder nein, zwei und zwei vier ergibt.

Für jene Mitbürger, die damals ihr Leben aufs Spiel setzten, handelte es sich darum, zu entscheiden, ob sie, ja oder nein, in der Pest waren, und ob man, ja oder nein, dagegen ankämpfen mußte.

Viele neue Moralprediger verkündeten damals in unserer Stadt, daß nichts etwas tauge und man einfach auf die Knie fallen müsse. Tarrou und Rieux und ihre Freunde konnten dieses oder jenes erwidern; die Schlußfolgerung bestätigte immer, was sie schon wußten. Man mußte auf die eine oder andere Art kämpfen und nicht auf die Knie fallen. Es ging ausschließlich darum, möglichst viele Menschen vor dem Sterben und der endgültigen Trennung zu bewahren.

Dafür gab es nur ein einziges Mittel, das hieß: die Pest bekämpfen.

Diese Wahrheit war nicht bewundernswert, sie war nur folgerichtig.

Günther Anders

Lager Mauthausen

I

Der amerikanische Collegeprofessor R., Pastorensohn, Thomasiusspezialist, und ich stiegen die entsetzliche Felsentreppe hinauf, über deren nicht endenwollende Stufen vor dreißig Jahren die Lagerinsassen, von hinten zur Eile angetrieben, ächzend die riesigen Brocken aus dem Steinbruch hatten hinaufschleppen müssen. Als wir schnaufend (obwohl unbeladen) oben standen, warf R. einen Blick zurück in die Tiefe und stöhnte, seinen Kopf schüttelnd: »*Daß diese Schinder die Urenkel oder Ururenkel von Kant gewesen sind*!«

Beinahe hätte ich ihn einen Schafskopf genannt. Nicht nur deshalb, weil ich es für unwahrscheinlich hielt, daß es unter den Vorfahren dieser österreichischen Schinder Kantianer gegeben hatte. Aber unterstellt selbst, das sei der Fall gewesen, wir standen auf einem Flecken, an dem ich meine Sprache zu zügeln hatte, da er (denn auch Schändung kann heiligen) heilig war.

»Ich fürchte«, sprach ich, »Sie machen sich eine unzutreffende Vorstellung von geschichtlichem *Bleiben*. Und von *Kontinuität*. Namentlich von moralischer!«

»Was meinen Sie damit?«

»Ihre Annahme, daß Generationen durch vorangegangene modelliert werden. Oder gar humanisiert bleiben. Diese Annahme ist reine Illusion!«

»Illusion? Sie würden also behaupten, daß unsere ganze Kulturvergangenheit ...«

»... nicht unsere ist.«

»... für nichts und wieder nichts dagewesen ist?«

»Ja, für die Katz ist sie gewesen. Oder glauben Sie an Lyssenko?«

»An Lyssenko?«

»An die von Stalin geförderte Wahnidee einer ›*Vererbung erworbener Eigenschaften*‹?«

Er blickte mich verständnislos an.

»Auch in der Geschichte gibt's die nicht.«

(Pause.)

»Warum studieren wir denn dann Geschichte? Thomasius zum Beispiel? –«

»*Wir*? Habe *ich* Sie dazu ermuntert?«

»Schließlich ist das mein Beruf«, meinte er kleinlaut.

»Wird eine Sache dadurch richtig, daß sie beruflich betrieben wird?«

»Die meisten sind davon überzeugt.«

»Wird eine Sache dadurch richtig, daß die meisten von ihr überzeugt sind?«

Darauf antwortete er nicht direkt. »Wir sind also keine Erben?« fragte er statt dessen.

»Glauben Sie vielleicht, ich antworte gerne mit einem blanken Nein? Und es mache mir Spaß, nicht nur den Fortschrittsbegriff als albern zu bezeichnen, sondern auch den der Kontinuität zu löschen?«

Er spürte, daß der Boden unter seinen Füßen fortglitt.

»Oder haben Sie schon einmal gehört«, fuhr ich fort, »daß der Sohn eines Moralisten als Erbe seines Vaters auf dessen Niveau geblieben sei? Oder gar ein Urenkel auf dem Niveau seines Urgroßvaters? Von Niveauanhebung zu schweigen!«

»Es gibt also keine sittlichen Überlieferungen?«

»Hier auf diesem Platze, im ›Zentrum europäischer Barbarei‹, wagen Sie das auch nur zu fragen?«

»Keine gerade sehr tröstliche Auskunft!«

»Ich bin kein professioneller Tröster. Da müssen Sie sich schon an eine andere Fakultät wenden.«

»Verhöhnen Sie meinen Glauben?«

Ich überlegte. »Dessen U*nerschütterbarkeit*«, antwortete ich, »Menschen, die angesichts von ... Einrichtungen wie dieser hier noch unerschütterbar weiterglauben ...«

»Nun?«

Ich flüsterte. »Die ganz ernst zu nehmen, das fällt mir in der Tat ziemlich schwer.«

(Pause.)

»So hat mir das noch niemand ins Gesicht gesagt.«

»Dann war es vermutlich höchste Zeit.«

Darauf reagierte er nicht gleich. Offenbar überlegte er, ob er sich nicht zuviel vergab, wenn er bliebe. »Bedaure!« half ich ihm mit halb entschuldigender Geste. »Aber diese Dinge sind zu ernst, als daß ein höfliches Wort das letzte Wort sein dürfte.«

II

Wir schlenderten zwischen den Baracken auf und ab. Und hatten Hemmungen, das Gelände, zu dem unsere »Vorgänger« »lebenslänglich« verurteilt gewesen waren, einfach aus freien Stücken, etwa wie einen Park, durch den »Ausgang« zu verlassen.

»Den Hauptpunkt aber habe ich noch nicht berührt«,

nahm ich den Faden nach einer Weile wieder auf. Er blieb ängstlich an meiner Seite.

»Wenn Kants Ururenkel keine Kantjünger gewesen sind und ihre Mitmenschen radikal antikantisch: nämlich als bloße Mittel eingesetzt haben, so war dieser Mißbrauch gewiß schon schlimm genug. Aber das Schlimmste noch nicht. Noch schlimmer als die Unvererbbarkeit der Moral ist nämlich die Tatsache, daß sich Kants *›Sittengesetz‹ deshalb niemals hat fortsetzen lassen, weil es niemals Eigentum gewesen war*; weil es niemals Anhänger gehabt hatte und, wie schockierend das auch klingen mag, sogar mit Recht niemals« – (Und flüsternd: »Daß sich allein dasjenige forterben läßt, was einmal Eigentum gewesen war, darüber sind wir uns ja wohl einig.«)

»Sie verwirren mich total.«

»Das ist nicht ungesund. Verwirrung ist der einzige Weg, der herausführt aus scheinbarer Klarheit.«

»Was wollen Sie mir nun also wieder einreden?«

»Einreden? Nichts. Vielmehr ausreden. *Nämlich daß es jemals jemanden gegeben hat, der ›das Sittengesetz‹ anerkannt hätte. Und das gar voller Ehrfurcht.*«

»Das ist die negativistischste Behauptung, die ich je gehört habe.«

»Diesen ›Negativismus‹ – warum sagen Sie nicht freimütiger: ›Nihilismus‹? – kann ich mir erlauben. Ich habe kein schlechtes Gewissen dabei. Schlechtes Gewissen kenne ich überhaupt nicht. Das habe ich mir von euereins nie einreden lassen.«

Der Gläubige blickte mich ungläubig an.

»Mit eurer ›Moral‹ kann ich ›Negativist‹ es noch lange aufnehmen.« »Gering scheinen Sie nicht von sich zu denken«, hauchte er, halb entsetzt, halb bewundernd. Beides sinnloserweise.

»Gewiß nicht. Das hat mir auch noch niemand nachgesagt – was aber nicht bedeutet, daß ich mich für einen Gipfel halte. Erstaunlich ist allein die Tiefe des *Tals.*«

»Meinen Sie damit mich?«

»Reden wir nicht von uns. Sondern vom Thema. Von Kant und seinem Sittengesetz.«

»Das niemand je anerkannt habe.«

»›*Habe*‹? ›*Hat*‹. – Und zwar deshalb niemand, weil dieses Gesetz, dem man angeblich Folge zu leisten hat, *in der Luft geschwebt* hat; weil es ein *Phantom*, weil es *anonym* gewesen ist. Weil es dem Munde keines Machthabers entflossen ist. Und nicht nur dem keines weltlichen. Denn dem Mund eines Gottes ...«

»Gottes.«

»... ist es ja ebenfalls nicht entflossen. Was Kant da als ›Gesetz‹ bezeichnet hat, war ja, ähnlich den Gesetzen der Mathematik und Physik, ein *Gesetz ohne Setzer, ein Spruch ohne Sprecher, ein Kommando ohne Kommandanten*. Und wenn es als Allgemeingut gegolten hat, so allein deshalb, weil es in der Form ›*kategorischer Imperrativ*‹ überliefert wurde. Der aber wurde (vielleicht außer an Universitäten) einfach als Kadavergehorsam mißverstanden oder in einen solchen umfunktioniert.«

»Wie meinen Sie das?«

»Sie werden staunen, wenn ich Ihnen erzähle, aus wessen Mund ich den feierlichen Ausdruck ›kategorischer Imperativ‹ zum ersten Male gehört habe. Nicht etwa aus dem meines Vaters oder eines anderen guten Menschen oder eines guten Bürgers.«

»Sondern?«

»Aus dem Munde des *deutschen Kronprinzen*, der im Jahre 1917, als die Westfront in Frankreich zu bröckeln begann, das Wort requirierte und es uns (wir waren paramilitärisch organisierte Knaben zwischen sechzehn und siebzehn) auf dem Exerzierplatz von Charleville in einer forschen Ansprache ›ans Herz gelegt‹ hat – jawohl, ›Herz‹ hat er gesagt, mitten im Zeitalter der Herzschüsse –, womit er natürlich nichts anderes gemeint hat als eiserne Disziplin und Kadavergehorsam. Das also war von Kant übriggeblieben. Dies ist die ›Tradition‹.

Er war sprachlos.

»Aber kehren wir zur Sache zurück, zu meiner Hauptthese: zu der merkwürdigen Tatsache, daß das sogenannte ›Sittengesetz‹ ein Spruch ohne Sprecher gewesen ist. Diese Tatsache hatte nämlich zur Folge, und zwar begreiflicher-, nein: unvermeidlicher-, nein: sogar *rechtmäßigerweise, daß es niemanden gegeben hat, der es je wirklich ernst und verbindlich genommen hat.*«

Er war so verwirrt, daß er darauf nicht antwortete. Stumm stakste er weiter neben mir her.

»Lassen wir doch die Illusionen!« mahnte ich von neuem.

»Worüber denn nun wieder?«

»Darüber, *wie Menschen*, ohne daß sie etwas dafür können – denn daß ich Ihnen die Erbsünde nicht abnehme, das werden Sie ja mittlerweile ahnen –, *nun einmal sind*. Sagen wir sogar ruhig: *wir Menschen*, denn uns zwei nehme ich dabei auch nicht aus. Ist es nicht – verzeihen Sie dieses so harmlos klingende und scheinbar alles entschuldigende Wort – ungleich *natürlicher*, einem anerkannten und einschüchternden wirklichen Diktator zu gehorchen, wie es die im Lager angestellten SS-Männer getan haben, als einem Phantom?«

»Diese Frage«, flüsterte er, »ist noch befremdlicher als die vorherige.«

»Sie können doch wohl kaum bestreiten, daß für den

Durchschnittsnazi (natürlich genauso für den Durchschnitts-GI in Vietnam) als ›Sittengesetz‹ (oder als etwas, was weitere Sittengesetze überflüssig machte) dasjenige gegolten hat, was befohlen war, und als ›moralisch‹ und als ›Pflichterfüllung‹ (sofern diese Wörter überhaupt verwendet wurden), diesem ›Gesetz‹ nachzukommen.«

»Auch ich bin in Vietnam gewesen«, gab er flüsternd zu.

»Sie Ärmster!« flüsterte ich zurück.

Warum er dieses freiwillige Geständnis ablegte, warum er mich unaufgefordert wissen zu lassen wünschte, daß er sich selbst den Gewissenlosen, die Befehle für Pflichten halten, zuzählen mußte, das weiß ich nicht. Ich tat sogar so, als hörte ich sein Geständnis nicht, und lenkte auf anderes ab.

»Und wenn ich das behaupte«, fuhr ich statt dessen fort, »habe ich nicht etwa nur durchschnittliche Befehlsempfänger im Auge, sondern auch die angeblichen *Befehlsausgeber*.«

»Wen meinen Sie da zum Beispiel?«

»Nun, zum Beispiel Männer wie Hans Frank, der ja kein beliebiger SS-Mann gewesen ist, sondern Präsident der NS-›Akademie für deutsches Recht‹ und dann immerhin Generalgouverneur des besetzten Polen inclusive der dortigen Vernichtungslager.«

»Warum legen Sie gerade auf *den* einen solchen Wert?«

»Weil der in der Tat eine ganz spezielle Rolle gespielt hat. Im Zusammenhang mit unserem Hauptproblem: dem ›kategorischen Imperativ‹.«

Er schien froh darüber zu sein, daß ich ihn aus dem Allerpersönlichsten wieder herausführte.

»Der hat nämlich einen ›neuen‹ kategorischen Imperativ formuliert, indem er das bei Kant noch (oder vielleicht richtiger: schon) *anonym bleibende* Sittengesetz *›repersonalisiert‹*: nämlich durch eine befehlende Person ersetzt hat. Die Franksche ›Repersonalisierung‹ des kategorischen Imperativs (veröffentlicht in dessen ›Technik des Staates‹, 1942, S. 15) lautet: ›*Handle so, daß, wenn der Führer von deinem Handeln Kenntnis hätte, er dieses Handeln billigen würde.*‹ Keine Frage: Frank ist dadurch Millionen von Deutschen entgegengekommen, jedenfalls hat er Millionen Deutschen ›aus der Seele gesprochen‹. Denn einem abstrakten Prinzip zu gehorchen, ist eben nur einer winzigen Minderheit von Mitmenschen möglich oder erwünscht; neunundneunzig Prozent ziehen es vor, dem Befehl einer autoritären Persönlichkeit oder Gruppe Folge zu leisten, auch einer kriminellen. Vielleicht *sogar gerade einer solchen*, weil die selbstverständliche Gehorsamserwartung, die von total Gewissenlosen ausgeht, als Faszinosum wirkt. Jedenfalls ist der Jubel der Bereitschaft, der in den Sportpalästen Deutschlands den Kommandoschreiern entgegenbrandete, dem kategorischen Imperativ Kants niemals entgegengebrandet.«

III

»Und dies um so weniger«, fuhr ich nach einer Pause fort, »als es sich ja bei Kants kategorischem Imperativ nicht nur um keinen eigentlichen Befehl gehandelt hat; um keinen Befehl, der aus dem Munde eines bestimmten autorisierten Wesens gekommen wäre, sondern um einen bloßen *Konjunktiv*. Denn Kriterium der Moralität einer Handlung war ja, daß deren Maxime als das ›Prinzip einer *allgemeinen Gesetzgebung gelten könne*‹. In heutigem, von

Kants Wortwahl kaum verschiedenem Deutsch: ›daß die Maxime zum Prinzip einer allgemeinen Gesetzgebung gemacht werden *könne*.‹ – Könnte. – Glauben Sie, daß ein solcher Konjunktiv die Mehrzahl unserer Mitmenschen beeindrucken könnte? Oder auf diese verbindlich wirken könnte? Oder gar unwiderstehlich?«

Er zuckte mit den Schultern.

»Oder zu Kants Zeit, vor nahezu zweihundert Jahren, verbindlich oder unwiderstehlich habe wirken können? Ich spreche nicht von den paar Spezialisten, den Philosophieprofessoren und Theologiestudenten, die reagiert haben mögen. *Aber Ethiken wenden sich per definitionem nicht an Spezialisten*.«

»Diese Fragen habe ich mir niemals ernsthaft vorgelegt.«

»Oder konkret: Glauben Sie im Ernst, daß ein Mensch, der ins Wasser springt, um einen vor seinen Augen Ertrinkenden zu retten, oder einer, der einem Hungernden Speise oder einem Frierenden einen Mantel reicht, diesen Konjunktiv jemals im Auge gehabt hat? Oder daß es je einen Helfer gegeben hat, der sich deshalb anständig benommen hätte, weil seine Tat als Stück einer allgemeinen ›Gesetzgebung‹ hätte gelten können? Würden Sie nicht umgekehrt jeden, der sich auf Grund dieses Kriteriums anständig benähme, erbärmlich finden? Und mit Recht? Das hatte Brecht im Auge gehabt, als er, ohne je einen Buchstaben von Kant gelesen zu haben, statt für die Wörter ›sollen‹ und ›Moral‹, die er für ›pfäffisch‹ hielt, für das dem Christentum ungleich nähere Wort ›Freundlichkeit‹ plädierte.«*

---

* Siehe G. Anders: Bert Brecht, Gespräche und Erinnerungen, Zürich 1962, S. 50 ff.

IV

Wir gingen weiter stumm auf und ab. Eigentlich nur deshalb, weil wir uns nicht dazu berechtigt fühlten, dieses Gelände der Versklavten als Spaziergänger zu verlassen. Gesehen hatten wir ja längst alles. Es war nicht so viel gewesen.

»Wenn ich Sie recht verstehe«, meinte er unsicher, »sind Sie nicht nur von dem Kadavergehorsam der Lager-SS oder der Vietnam-GI's entsetzt, sondern auch von denen, die Kants phantomhaftem und nur ›konjunktivischem‹ Sittengesetz gehorchen.«

»Die Vulgarität der Nazis und den Adel Kants behandle ich natürlich nur sehr ungern als Geschwisterphänomene.«

»Aber?«

»Hören Sie mir bitte gewissermaßen nur mit halbem Ohr zu! – Eine gewisse Ähnlichkeit kann ich nämlich wirklich nur schwer abstreiten.«

»Und worin besteht diese?«

»In der *Lieblosigkeit*. Weder in dem einen noch in dem anderen Falle heißt dasjenige ›gut‹ oder gilt dasjenige als ›gut‹, was man einem Mitmenschen antut, weil diesem dadurch Gutes geschieht; oder gar, weil man, wie die deutsche Sprache es so schön ausdrückt, ›*ihm gut*‹ ist. Herzlos sind beide. Natürlich übersehe ich nicht die Tatsache, daß in der NS-Diktatur dasjenige als Pflicht betrachtet wurde, was befohlen war. Und daß bei Kant umgekehrt dasjenige befohlen war, was die Pflicht vorschrieb. Aber für Kant galt ja (was man sonderbarerweise vom Nationalsozialismus nicht sagen kann), daß als verboten all das galt, was man aus Neigung, also gerne tat, sogar weil man es aus Neigung tat. Zwar wäre es wahnsinnig, so weit zu gehen zu behaupten, daß bei Kant Moral der Grausamkeit oder der Freude an Grausamkeit oder der Freistellung von Grausamkeit entspringe; nicht ganz falsch wäre es dagegen zu behaupten, daß bei ihm eine grausame Freudelosigkeit, eine Undankbarkeit, eine *Mißgunst gegenüber der Neigung* vorherrscht. Moralisches Tun konnte in seinen Augen einer Neigung nicht nur nicht entspringen, sondern auch keiner entsprechen, weil Neigung comme telle bereits als etwas Minderwertigeres unterstellt war. Ist das human? Wie fanden Sie eine Mutter, die nicht aus Neigung, also aus *Liebe* (ein Wort, das Kant vermeidet wie die Katze den heißen Brei), gut zu ihren Kindern wäre, nein: das noch nicht einmal dürfte? Sondern allein deshalb, weil ›die Maxime ihres Handelns als Prinzip einer allgemeinen Gesetzgebung gelten könnte‹? Da lobe ich mir jede Bruthenne, die ihr Junges unter ihre Fittiche nimmt. Finden Sie die Attitüde der Kantianerin humaner als die einer Diktatur-Mutter? Wäre sie nicht – ein Wort freilich, das Kant nicht schockiert hätte – *widernatürlich*? *Eine legalistische Megäre*? Und, wenn ich das als Jude aussprechen darf, *unchristlich*?«

(Pause.)

»Sie finden also Kant ebenso unmenschlich wie den Nationalsozialismus?«

»Ebenso lieblos. Von der Nächstenliebe sind beide gleich, nämlich unendlich weit entfernt. In Kants Auge würde Zärtlichkeit, ohne die man ja zu keinem Kinde ›gut‹ sein kann und ohne die kein Kind gutartig werden kann, eo ipso unter die *Neigungen*, also ins Gebiet der ›*Sinnlichkeit*‹ fallen, damit in das der Sünde. Hätte man ihm erklärt, daß die Sinnlichkeit sogar unter die Nächstenliebe fallen kann – seine Ethik hätte vermutlich einen Schlaganfall erlitten. Gleichviel, im Effekt läuft der

›kategorische Imperativ‹ nicht minder als der diktatorische auf Menschenindifferenz hinaus. Der Menschenliebe entspringt er jedenfalls nicht.«

V

»Und unterstellt selbst«, nahm ich das Gespräch ein letztes Mal wieder auf, und ich versuchte, mindestens im *Ton* rücksichtsvoll zu bleiben, denn das Problem, das nun noch ausstand, mußte als solches bereits wie eine unüberbietbare Rücksichtslosigkeit wirken, und ich entschuldigte mich sogar, ganz gegen meinen Brauch, im vorhinein –

»Sie erschrecken mich.«

»Ja, ich fürchte, ich werde Sie erschrecken. Das tue ich nicht aus Bosheit. Aber F*ragen verlangen, zu* E*nde gedacht zu werden.*«

»Wer verlangt das? Die Fragen selber?«

Da erschrak nun *ich*. Denn diese Frage konnte nun *ich* nicht beantworten. Stieß ich hier an ein Vorurteil? An meines? An das des Philosophierenden?

»Ich bin bereit«, erklärte er wie ein zum Tode Verurteilter.

»Versuchen wir, trotz der Unmenschlichkeit der Fragen, die Freundschaft zwischen uns nicht zu gefährden!«

Er nickte unsicher. »Also?«

»Unterstellt selbst«, begann ich vorsichtig, »die dem sogenannten ›Sittengesetz‹ entsprechenden Handlungen seien ›gut‹ – wo stünde es denn geschrieben, daß es ›allgemeine Gesetzgebungen‹ geben müsse? Oder geben solle?«

Er blickte mich an, als hätte er falsch gehört.

»Gehen Sie da nicht wirklich doch ein bißchen zu

weit?« fragte er, und ich spürte, daß er diese Frage gerne geschrien hätte.

»Woran messen wir denn das?«

Das konnte nun wieder *er* nicht beantworten.

»Ich verstehe, wie schwierig es ist, philosophisch, also vorurteilsfrei zu denken. Und nicht stolz zu sein auf diese Unfähigkeit. Ein Philosoph, der unfähig bleibt, diese Unfähigkeit zu verstehen, ist kein Philosoph.«

»Das klingt sehr entgegenkommend. Danke. – Also, wo hapert es denn bei mir dieses Mal?«

»Versuchen wir also, jede Feindseligkeit zu vermeiden. Und so nüchtern wie möglich zu bleiben!«

Er nickte. Und ich begann nun mit meinem letzten Argument.

»Die Behauptung, daß es Sitten oder Gesetzgebungen oder ›kategorische Imperative‹ geben solle, die würde ja, die kann ja allein dann gelten, *wenn es selbstverständlich oder bewiesen wäre, daß es uns Menschen, nein: nicht nur uns Menschen, sondern daß es die Welt selbst geben solle.*«

Er äußerte sich nicht.

»Ist das bewiesen? Wenn ja, wodurch?«

Er runzelte seine Stirn.

»Sie kennen ja die berühmte oder berüchtigte Formel von Leibniz und Weisse, Schelling und Heidegger: »*Warum gibt es Seiendes und nicht vielmehr nichts*?«

Er nickte. »Ich hatte gedacht, Heidegger habe die erfunden.«

»Erfunden?« Ich schüttelte meinen Kopf. »Solche Fragen erfindet man nicht. Die schlagen ein.«

»Sie meinen: wie Blitze?«

»Richtig. – Aber bei Ihnen ist die Frage, von der ich fürchte (oder vielleicht hoffe), daß sie Sie erschrecken oder empören werde, und um deretwillen ich mich im vorhinein entschuldigt habe, noch nicht eingeschlagen. Ich wiederhole sie also.«

Er blieb stehen und schien wirklich Mut zu sammeln.

»Hätten wir nicht ein Recht darauf, ein *moralisches Pendant zu der,* wie Sie sagen: Heideggerschen *Formel zu formulieren*?« Und als der metaphysische Groschen noch immer nicht fiel: »Also, hätten wir nicht ein Recht darauf zu fragen: *Warum sollen wir Menschen und warum soll die Welt sein*? *Und warum sollen wir sollen*?«

Mir schien, daß die Frage nun begann, in ihn einzusinken. Er strich sich mit den Fingern durch seine Mähne und begann, schwer zu atmen.

»Denn nur dann«, erläuterte ich meine Worte, um ihm zu helfen (oder um ihn in die erforderliche Hilflosigkeit zu versetzen), »*nur dann, wenn wir uns als Seinsollende unterstellen, ist es ja einsehbar, daß wir so oder so sein oder dies oder jenes tun oder unterlassen sollen.*«

Jetzt erst begann er zu reagieren. »Sie meinen also, vielleicht brauchen wir gar nicht zu sollen?« Aber obwohl er selbst es gewesen war, der diese endlich zutreffenden Worte ausgesprochen hatte, schien er sie doch nicht ganz zu verstehen. Als Denkender und Fühlender schien er sich als Sprechendem noch nicht ganz gewachsen.

»Ja, das hatte ich gemeint.«

»Könnten wir uns nicht irgendwo hinsetzen?« bat er um sich blickend. Aber zum Wesen dieses Totengeländes gehörte es, daß es in ihm keine Bänke gab. Schließlich saßen wir auf einer der Steinstufen, auf denen sich auszuruhen unsere Vorgänger nie das Recht gehabt hatten.

»Fertig?« fragte er.

»Mein Lieber, das hängt von Ihnen ab. Der Gedankengang als solcher ist noch nicht ganz fertig.«

»Gönnen Sie mir eine kurze Pause.«

»Auch eine lange. Wir können hier auch ganz abbrechen«, antwortete ich. »Die Fortsetzung ist keine Pflicht. Sie ist nicht ›gesollt‹.«

Wir saßen eine ganze Weile.

»Nun?« fragte er schließlich.

»Unterstellt, wir *sollen* sein – was kann denn der Ausdruck ›sollen‹ hier bedeuten?«

»Wie meinen Sie das?«

»Wer ist denn hier zum Dasein der Welt und zu unserem Dasein, oder richtiger: zur Aufrechterhaltung unseres Daseins und der Existenz der Welt verpflichtet? Wir selbst?«

Das wagte er nicht zu beantworten.

»Oder sind Sie religiös tollkühn genug ...«

»Religiös tollkühn?«

»... religiös tollkühn genug, zu denken oder gar auszusprechen, daß *Gott* dazu verpflichtet sei?«

»Gott verpflichtet?«

»Sie haben recht, zurückzufragen. – Ist das ein denkbarer Gedanke? Woraufhin könnte *er* denn zu etwas verpflichtet sein?

Hieße das nicht, daß Sie ihm, den Sie doch als die Quelle der Autorität anerkennen, einen Gehorsam zumuten? Daß Sie behaupten, er unterstehe einem Imperativ? Daß dieser des Gottes Gott sei?«

Ich spürte, daß ich ihm zuviel zugemutet hatte, daß unser Gespräch zusammenbrach.

»Absurd!« rief er.

»Derartiges hat es gegeben«, versuchte ich noch einmal.

»Wo? Wann?«

»Etwa wie in dem Vertrag zwischen Abraham und seinem Gott. Durch den Gott sich ›gebunden‹ fühlte.«

Aber da er kein Jude war, besagte das für ihn noch weniger als für mich, der ich kaum mehr einer war. Und da geschah schließlich das, was viel früher schon hätte eintreten müssen: das friedliche Religionsgespräch hatte sein Ende erreicht. Heftig sprang er auf, und auch ich erhob mich, gewissermaßen um eine letzte Geste der Solidarisierung nicht zu versäumen.

»Das ist alles reiner Wahnsinn!« schrie er nun völlig unkontrolliert, und alle Argumente des Gesprächs waren ausgelöscht. »*Wir sind da*!« schrie er. »*Also sollen wir auch dasein. Ohne weiteren Kommentar*! *Basta.*«

Diese Worte waren die letzten. Dann durchschritten wir stumm das Tor in die Außenwelt, das unsere Vorgänger niemals hatten durchschreiten dürfen. Da sie nicht mehr da waren, hatten sie offenbar nicht mehr sein sollen.

Erich Kästner

Der Mensch ist gut

Der Mensch ist gut! Da gibt es nichts zu lachen!
In Lesebüchern schmeckt das wie Kompott.
Der Mensch ist. Da kann man gar nichts machen.
Er hat das, wie man hört, vom lieben Gott.

Einschränkungshalber spricht man zwar von Kriegen.
Wohl weil der letzt Krieg erst neulich war …
Doch: ließ man denn die Krüppel draußen liegen?
Die Witwen kriegten sogar Honorar!

Der Mensch ist gut! Wenn er noch besser wäre,
wär er zu gut für die bescheidne Welt.
Auch die Moral hat ihr Gesetz der Schwere:
Der schlechte Kerl kommt hoch – der Gute fällt.

Das ist so, wie es ist, geschickt gemacht.
Gott will es so. Not lehrt bekanntlich beten.
Er hat sich das nicht übel ausgedacht
und läßt uns um des Himmels Willen treten.

Der Mensch ist gut. Und darum geht's ihm schlecht.
Denn wenn's ihm besser ginge, wär er böse.
Drum betet: »Herr Direktor, quäl uns recht!«
Gott will es so. Und sein System hat Größe.

Der Mensch ist gut. Drum haut ihm in die Fresse!
Drum seid so gut: und seid so schlecht, wie's geht!
Drückt Löhne! Zelebriert die Leipziger Messe!
Der Himmel hat für sowas immer Interesse. –
Der Mensch bleibt gut, weil ihr den Kram versteht.

Günter Grass

Unser Vorhaben hieß: Nicht nur, wie man mit Messer
und Gabel, sondern mit seinesgleichen auch,
ferner mit der Vernunft, dem alltäglichen Büchsenöffner
umzugehen habe, solle gelernt werden
nach und nach.

Erzogen möge das Menschengeschlecht sich frei,
jawohl, frei selbstbestimmen, damit es,
seiner Unmündigkeit ledig, lerne, der Natur behutsam,
möglichst behutsam das Chaos
abzugewöhnen.

Im Verlauf seiner Erziehung habe das Menschengeschlecht
die Tugend mit Löffeln zu essen, fleißig den Konjunktiv
und die Toleranz zu üben,
auch wenn das schwerfalle
unter Brüdern.

Eine besondere Lektion trug uns auf,
den Schlaf der Vernunft zu bewachen,
auf daß jegliches Traumgetier
gezähmt werde und fortan der Aufklärung brav
aus der Hand fresse.

Halbwegs erleuchtet mußte das Menschengeschlecht
nun nicht mehr planlos im Urschlamm verrückt spielen,
vielmehr begann es, sich mit System zu säubern.
Klar sprach erlernte Hygiene sich aus:
Wehe den Schmutzigen!

Sobald wir unsere Erziehung fortgeschritten nannten,
wurde das Wissen zur Macht erklärt
und nicht nur auf Papier angewendet. Es riefen
die Aufgeklärten: Wehe
den Unwissenden!

Als schließlich die Gewalt, trotz aller Vernunft,
nicht aus der Welt zu schaffen war, erzog
sich das Menschengeschlecht zur gegenseitigen
Abschreckung.
So lernte es Friedenhalten, bis irgendein Zufall
unaufgeklärt dazwischenkam.

Da endlich war die Erziehung des Menschengeschlechts
so gut wie abgeschlossen. Große Helligkeit
leuchtete jeden Winkel aus. Schade, daß es danach
so duster wurde und niemand mehr
seine Schule fand.

Kapitel 2

Wahrheit, Wahrhaftigkeit und Ehrlichkeit

EINLEITUNG

Eine Moral, die auf Vernunft und nicht auf Glauben basiert, kann nur in einer Gesellschaft entstehen, die sich zur Freiheit des Denkens bekennt. Friedrich Schiller läßt in »Don Carlos« den Marquis von Posa vom König fordern: »Geben Sie Gedankenfreiheit –« (siehe S. 149). Gedankenfreiheit geht weit über die Freiheit der Meinung hinaus; denn bevor eine Meinung entstehen kann, muß man sich die Gedanken machen können, die zu der betreffenden Ansicht führen. Das ist allerdings selbst in einer aufgeklärten Demokratie schwieriger, als es zunächst scheint. Voraussetzung für Denken ist Erkennen und Wissen. Der Weg zum Erkennen führt über die Wahrheit: Wahr ist, wenn eine Aussage mit ihrem Gegenstand übereinstimmt (Bollnow, S. 204 ff.).

Nun unterscheidet man zwischen der *praktischen* und der *theoretischen* Wahrheit. Die *praktische* Wahrheit bezieht sich auf ein Handeln und ist damit ziemlich relativ, während die *theoretische* Wahrheit eine Aussage von wissenschaftlichen Messungen und damit absolut ist. Handlungen drücken stets eine subjektive Einstellung aus, da der Mensch nicht nur aus Vernunft, sondern auch aus Lust und Launen heraus handelt, die er nicht immer rational steuern kann. Dies auf sittliches Tun zu übertragen, bedeutet, daß selbst ein tugendhaftes Handeln von menschlichen Wünschen und Bedürfnissen geprägt ist. Solches wissend, ist jede moralisch handelnde Person angehalten, sich dennoch von der Wahrheit lenken zu lassen. Diese subjektive Verpflichtung zur Wahrheit nennt man Wahrhaftigkeit – ein Begriff, in dem die heute häufig geforderte Glaubwürdigkeit wiederzufinden ist.

Der Wahrheit steht die Unrichtigkeit oder Falschheit gegenüber, während Verlogenheit, Heuchelei und Verstellung als Gegenbegriffe von Wahrhaftigkeit angesehen werden. Eine bewußt gemachte, sachlich falsche Aussage ist eine Lüge, aber keine Unwahrhaftigkeit. Der Lügner gibt in einer einzelnen Aussage etwas vor, was nicht so ist. Dagegen bezeichnet Unwahrhaftigkeit nicht eine Person, die einmal lügt, sondern die grundsätzliche Haltung eines Menschen. Wahrhaftigkeit und auch Ehrlichkeit sind mit dem Verhalten der gesamten Persönlichkeit verbunden.

Verliert nun eine Person ihren wahrhaften Charakter, wenn sie lügt? In dem großen Katalog der Tugenden befindet sich auch die Höflichkeit. So kann es höflich sein, nicht die Wahrheit zu sagen. Andererseits gibt es die *ehrliche Lüge* (Bollnow, S. 210 ff.), die darin besteht, daß derjenige, der lügt, weiß, daß er die Unwahrheit sagt. Aber er nimmt die Verantwortung der Lüge auf sich. Er folgt nicht der Wahrheit, dennoch muß er deshalb nicht die Wahrhaftigkeit verlieren. Die Unwahrhaftigkeit setzt erst dort ein, wo er sich selbst belügt oder die Gegebenheiten so zurechtbiegt, daß der Lügner an seine eigene Ehrlichkeit glaubt.

Um die Wahrheit zu erkennen, muß man klug sein; denn sie wird allenthalben verhüllt oder in einem Überfluß an Informationen versteckt. Das Übermaß an Meldungen, die von einer Fülle von Medien transportiert werden, macht das Denken heute all jenen schwer, die nicht gelernt haben, das Echte vom Falschen zu unterscheiden. Boulevardzeitungen lügen über Königsfamilien und Stars, daß sich die Balken biegen. Politiker versprechen – besonders zu Wahlzeiten – Dinge, die sie – einmal an der Macht – nicht halten können oder wollen. Wenn heute der Verlust von Wahrhaftigkeit und Glaubwürdigkeit in der Politik beklagt wird, so liegt dies in einem inneren und einem äußeren Umstand begründet:

Erstens: Vielen Politikern fehlt der Mut zur Wahrhaftigkeit, weil sie am Anfang ihrer Karriere fürchten, zu viele Gegner könnten vergrätzt sein, wenn sie die Wahrheit hören. Später beziehen sie immer wieder Positionen, die sie zwar inhaltlich nicht vertreten, die aber – ihrer Meinung nach – eine Mehrheit der Wähler ansprechen und sie so an die Macht bringen oder dort halten sollen. Wahrhaftigkeit in der Politik bedeutet, nicht tun, was alle wollen, sondern nur das tun, was vernünftig ist im Sinne der Gesellschaft. Es bedeutet, nicht populistisch auf jede Mode hereinzufallen; es bedeutet, Angst nicht zu schüren oder, wo sie herrscht, sie zu bekämpfen, statt mit der Angst Politik zu treiben. Angst schaltet das Denkvermögen aus. Angst ist aber in der deutschen Politik ein immer wieder gern genutztes Mittel: Auch die politisch geschürte Angst vor vermeintlichen Naturkatastrophen gehört dazu. Da Unwissen das Entstehen von Angst erleichtert, ist es aller Wissenden Aufgabe, zu helfen, diese Lücken zu füllen.

Zweitens: Die Vermittlung von Kenntnissen über Politik und Politiker findet in der modernen Informationsgesellschaft immer weniger statt. Zwar wird viel über Politik berichtet, doch die Nebensachen verdecken immer häufiger die Hauptsachen. Ob ein Innenminister sich von jungen Männern angezogen fühlt, findet ein größeres Echo als eine sinnvolle politische Entscheidung. Streit zwischen Parteifreunden wird zum Gladiatorenkampf stilisiert. Die Laster Häme und Neid machen in der Presse mehr Umsatz als Wahrheit, Wahrhaftigkeit und Ehrlichkeit.

So geht es auch in anderen Bereichen der Gesellschaft zu: Die Werbung gaukelt ein Leben voll Wohlsein, Wohlstand und Wonne vor, wie es der Wirklichkeit nicht entspricht. Wenn das Individuum aber endlich die Widersprüche zwischen der wahren und der vorgespielten Gesellschaft erkennt, erleidet es eine Enttäuschung, die zu einem Widerspruch zwischen dem eigenen sittlichen Anspruch und der scheinbaren Moral der Gesellschaft führt. Wer diesen Widerspruch erkennt, muß ihn für andere erkennbar machen. Nur so ist es möglich, alte Werte immer wieder zu überprüfen, zu erneuern und den veränderten Zeiten anzupassen.

Es gehört Mut dazu, die Wahrheit zu sagen, wenn sie mißfällt. Deshalb ist Mut ein Element, das die Wahrheit ergänzt, ebenso wie die Rücksicht auf den, der die Wahrheit erfährt, oder aber, der die Wahrheit gar nicht erfahren will. Denn es gibt auch ein Recht auf Nicht-Wissen. So läßt sich heute mit Hilfe der Gen-Technologie ein Embryo auf biologische Fehler hin überprüfen. Ein Arzt stellte bei einer solchen Untersuchung eines Embryos fest, daß der Ehemann der Schwangeren gar nicht der Vater des Kindes sein konnte. Darf der Arzt diese Tatsache nun dem Mann mitteilen? Nein, der Ehemann hat ein Recht darauf, die Wahrheit nicht zu wissen.

Bertolt Brecht

Ich habe lange die Wahrheit gesucht

1
Ich habe lange die Wahrheit gesucht über das Leben der Menschen untereinander
Dieses Leben ist sehr verwickelt und schwer verständlich
Ich habe hart gearbeitet, um es zu verstehen, und dann
Habe ich die Wahrheit gesagt, so wie ich sie gefunden hatte.

2
Als ich die Wahrheit gesagt hatte, die so schwer zu finden war
Da war es eine allgemeine Wahrheit, die viele sagten
(Und nicht alle so schwer finden).

3
Kurze Zeit darauf kamen Leute her in großen Massen mit geschenkten Pistolen
Und schossen blind um sich auf alle, die keinen Hut aufhatten aus Armut
Und alle, die die Wahrheit gesagt hatten über sie und ihre Geldgeber
Trieben sie aus dem Land im vierzehnten Jahre der halben Republik.

4
Mir nahmen sie mein kleines Haus und meinen Wagen
Die ich schwer verdient hatte.
(Meine Möbel konnte ich noch retten.)

5
Als ich über die Grenze fuhr, dachte ich:
Mehr als mein Haus brauche ich die Wahrheit.
Aber ich brauche auch mein Haus. Und seitdem
Ist die Wahrheit für mich wie ein Haus und ein Wagen.
Und man hat sie genommen.

Friedrich Nietzsche

Was ist Wahrheit?

Wer wird sich den *Schluß* der Gläubigen nicht gefallen lassen, welchen sie gern machen: »die Wissenschaft kann nicht wahr sein, denn sie leugnet Gott. Folglich ist sie nicht aus Gott; folglich ist sie nicht wahr – denn Gott ist die Wahrheit.« Nicht der Schluß, sondern die Voraussetzung enthält den Fehler: wie, wenn Gott eben *nicht* die Wahrheit wäre, und eben dies bewiesen würde? wenn er die Eitelkeit, das Machtgelüst, die Ungeduld, der Schrecken, der entzückte und entsetzte Wahn der Menschen wäre?

Karl R. Popper

Bemerkungen über die Wahrheit

Unser Hauptziel in der Philosophie und Wissenschaft sollte die Suche nach Wahrheit sein. Rechtfertigung ist kein Ziel; Brillanz und Scharfsinn an sich sind öde. Wir sollten versuchen, die dringendsten Probleme zu sehen oder zu entdecken und sie durch Aufstellung wahrer Theorien zu lösen (oder wahrer Aussagen oder wahrer Behauptungen; wir brauchen hier nicht zu unterscheiden); jedenfalls sollten wir versuchen, Theorien aufzustellen, die der Wahrheit ein Stückchen näherkommen als die unserer Vorgänger.

Doch die Suche nach Wahrheit ist nur dann möglich, wenn wir klar und einfach reden und unnötig technische Komplikationen vermeiden. In meinen Augen ist das Streben nach Einfachheit und Durchsichtigkeit eine moralische Pflicht aller Intellektuellen: Mangel an Klarheit ist eine Sünde, Aufgeblasenheit ein Verbrechen. (Kürze ist in Anbetracht der Veröffentlichungslawine ebenfalls wichtig, aber nicht in so hohem Maße, und manchmal ist sie mit der Klarheit unvereinbar.) Oft können wir diesen Forderungen nicht gerecht werden und drücken uns nicht klar und verständlich aus, aber das zeigt nur, daß wir alle noch keine richtigen Philosophen sind.

Die Wahrheit ist objektiv und absolut: Das ist die Idee, die Alfred Tarski gegen den Relativismus verteidigt hat. Aber wir können niemals ganz sicher sein, daß wir die Wahrheit, die wir suchen, gefunden haben. *Wir dürfen die Wahrheit nicht mit der Sicherheit, mit ihrem sicheren Besitz verwechseln.* Die absolute Wahrheit wird manchmal erreicht; die Sicherheit nie: Die Suche nach Sicherheit ist verfehlt; aber wir können unsere Theorien immer strenger überprüfen.

Auch eine zweite Unterscheidung ist von größter Bedeutung: die zwischen Erkenntnis im subjektiven und im objektiven Sinn. Die Erkenntnis ist das Werk von denkenden Menschen, mit ihren subjektiv erlebten Schwierigkeiten – den *subjektiven Problemen* – und ihren Hoffnungen, die sie zur Wahrheitssuche anspornen. Aber der Inhalt ihrer Gedanken, der sprachlich in Sätzen formuliert werden kann, ist etwas Objektives: Er ist objektiv wahr und objektiv falsch. Wenn wir nach der Wahrheit suchen, so machen wir es zu unserer Aufgabe, die wahren Sätze von den falschen Sätzen zu unterscheiden, so gut wir es eben können. Unsere Aufgabe ist die rationale Kritik unserer Sätze, unserer Theorien: Unsere *objektiven Probleme* sind objektive Wahr- oder Falsch-Fragen; in der Wissenschaft sind es meist solche Fragen, die erklärende Theorien betreffen.

Die kritische Wahrheitssuche der Menschen hat ihren bisherigen Höhepunkt in den gegenwärtig so verlästerten Naturwissenschaften gefunden. Aber es muß betont werden, daß sich auch die Naturwissenschaftler oft irren und daß aus ihren Irrtümern manchmal eine naturwissenschaftliche Mode gemacht wird. Alle Menschen sind fehlbar, und unsere Suche nach objektiver Wahrheit ist bedroht von unserer Hoffnung, sie bereits gefunden zu haben.

Es ist klar, daß hier nur die sachliche, rationale Kritik helfen kann. (Die relativistische »Soziologie des Wissens« – sie ist jetzt leider Mode – verschärft diese Bedrohung.)

Subjektive Erlebnisse spielen eine entscheidend wichtige Rolle in der Wahrheitssuche, in unserer Suche nach Wissen. Aber es sind nicht die Wissenserlebnisse, die Überzeugungserlebnisse oder Glaubenserlebnisse, die so wichtig sind. Die alte Lehre, daß unser Wissen ein wohlfundierter Glaube ist, ein Fürwahrhalten, ausgestattet mit zureichenden Gründen, halte ich für verfehlt. Da es keine, oder fast keine, zureichenden Gründe gibt – kein sicheres Wissen –, so gibt es nur das, was ich *Vermutungswissen* genannt habe. So sind jene subjektiven Erlebnisse, die die größte Rolle in der Wissenschaft spielen, nicht unsere Überzeugungserlebnisse, sondern unsere Versuche, unsere Anstrengungen, der objektiven Wahrheit durch das kritische Verstehen der objektiven, der aktuellen Probleme und der objektiv vorliegenden, wissenschaftlichen Theorien, der objektiven Wahrheit näherzukommen.

Es ist die menschliche Sprache und die Schrift, die uns erlauben, unsere Probleme und Theorien objektiv zu formulieren und unabhängig von unseren Erlebnissen objektiv darzustellen; sie zu Objekten unseres kritischen Studiums zu machen und sie auf ihre Wahrheit hin zu überprüfen und kritisch zu bewerten. Wir beginnen, unsere Probleme zu verstehen und zu respektieren, wenn wir uns vergeblich bemüht haben, sie zu lösen. Und wir beginnen unsere Lösungsversuche, unsere Theorien zu verstehen, wenn wir sie mit anderen Theorien verglichen haben, mit denen sie in Wettbewerb stehen. In einem solchen Vergleich ist es unerläßlich, uns zu fragen, welche Probleme sie zu lösen versuchen und was die neuen Probleme sind, zu denen sie uns führen. Was wir beurteilen, sind einerseits die Lösungsversuche und andererseits das Interesse und die Fruchtbarkeit der neu aufgeworfenen Probleme. Die Probleme und die Theorien in ihrer Rolle als Lösungsversuche sind es, die die objektive Erkenntnis und den objektiven Erkenntnisfortschritt bestimmen: unser objektives Vermutungswissen. (...)

Weder der erkennende Mensch noch seine Wissenschaft sind im sicheren Besitze der Wahrheit. Wir sind Wahrheitssucher; wir versuchen, unsere Fehlurteile durch die strenge kritische Priifung unserer Theorien zu entdecken, um aus unseren Irrtümern zu lernen.

Aesop

Die Fabel von dem Hirtenbuben und dem Wolf

Kindisches Lügegefoppe wird in dieser Fabel gestraft. Ein törichter Knabe hütete die Schaf auf einem Berg, und gar oft schrie er, daß er seine Lust hätte, den Bauerleuten mit verstelltem Jammer: o helft mir helft mir, der Wolf ist unter den Schafen. Die Ackerleut, die nahe bei ihm waren, verließen ihre Pflüge und liefen hinzu, ihm zu helfen, und als sie sahen, daß es nichts war, gingen sie ärgerlich wieder an ihre Arbeit.

Einmal aber, so kommt der Wolf in Wahrheit gerannt

und fällt unter die Schafe, da rufet und schreit der Knab ernstlich um Hülf, aber die Bauerleut kamen nicht herbei, weil er sie zu oft mit Schimpf betrogen, der Wolf trug die Schafe davon, und der Knab ward streng gestraft von seinem Herrn.

Die Fabel vom Löwen und dem Fuchs

Großen Herren die Wahrheit sagen ist nicht jedermanns Sach.

Ein Löwe hatte einstmals etliche Gäste zu sich in seine Höhle geladen, darin es gar übel stank und sprach zu dem Wolf: Wolf, wie gefällt es dir in meinem königlichen Hause? Antwortet der Wolf: o Herr, es stinkt übel herinnen. Da fiel der Löwe über den Wolf her und zerriß ihn. Als er danach den Esel fragte, wie es ihm gefiele, da überkam den armen Esel große Furcht über des Wolfen Tod, und heuchelte und sprach: o mein Herr König, es riechet wohl allhier. Aber der Löw ward zornig und tötete den Esel auch. Als er endlich den Fuchs fragte, wie es röche in seiner Höhle, da sprach der Fuchs: ich habe den Schnupfen, o Herr, ich kann nichts riechen.

Hans Christian Andersen

Des Kaisers neue Kleider

Vor vielen Jahren lebte ein Kaiser, der so ungeheuer viel auf hübsche neue Kleider hielt, daß er all sein Geld dafür ausgab, um recht geputzt zu sein. Er kümmerte sich nicht um seine Soldaten, kümmerte sich nicht um das Theater und liebte es nicht, in den Wald zu fahren, außer um seine neuen Kleider zu zeigen. Er hatte einen Rock für jede Stunde des Tages, und wie man sonst von einem König sagt, er ist im Rate, sagte man hier immer: »Der Kaiser ist in der Kleiderkammer!«

In der großen Stadt, in der er wohnte, ging es sehr munter zu. Jeden Tag kamen viele Fremde, eines Tages kamen auch zwei Betrüger. Sie gaben sich für Weber aus und sagten, daß sie das schönste Zeug, das man sich denken könne, zu weben verständen. Nicht allein Farben und Muster wären ungewöhnlich schön, sondern die Kleider, die von dem Zeuge genäht würden, besäßen auch die wunderbare Eigenschaft, daß sie für jeden Menschen unsichtbar wären, der nicht für sein Amt tauge oder unverzeihlich dumm sei.

»Das wären ja prächtige Kleider«, dachte der Kaiser. »Wenn ich die anhätte, könnte ich ja dahinterkommen, welche Männer in meinem Reiche zu dem Amte, das sie haben, nicht taugen; ich könnte die Klugen von den Dummen unterscheiden! Ja, das Zeug muß sogleich für mich gewebt werden!« Und er gab den beiden Betrügern viel Handgeld, damit sie ihre Arbeit beginnen möchten.

Sie stellten auch zwei Webstühle auf und taten, als ob sie arbeiteten; aber sie hatten nicht das geringste auf dem Stuhle. Frischweg verlangten sie die feinste Seide und das prächtigste Gold, das steckten sie in ihre eigene Tasche und arbeiteten an den leeren Stühlen bis spät in die Nacht hinein.

»Nun möchte ich doch wohl wissen, wie weit sie mit dem Zeuge sind!« dachte der Kaiser. Aber es war ihm ordentlich beklommen zumute bei dem Gedanken, daß derjenige, der dumm war oder schlecht zu seinem Amte paßte, es nicht sehen könne. Nun glaubte er zwar, daß er für sich selbst nichts zu fürchten brauche, aber er wollte doch erst einen andern schicken, um zu sehen, wie es damit stände. Alle Menschen in der ganzen Stadt wußten, welche wunderbare Kraft das Zeug habe, und alle waren begierig zu sehen, wie schlecht oder dumm ihr Nachbar sei.

»Ich will meinen alten ehrlichen Minister zu den Webern senden!« dachte der Kaiser. »Er kann am besten sehen, wie das Zeug sich ausnimmt, denn er hat Verstand, und keiner versieht sein Amt besser als er!« –

Nun ging der alte gute Minister in den Saal hinein, wo die zwei Betrüger saßen und an den leeren Webstühlen arbeiteten. »Gott behüte uns!« dachte der alte Minister und riß die Augen auf; »ich kann ja nichts erblicken!« Aber das sagte er nicht.

Beide Betrüger baten ihn, gefälligst näher zu treten, und fragten, ob es nicht ein hübsches Muster und schöne Farben seien. Dabei zeigten sie auf den leeren Webstuhl, und der arme alte Minister fuhr fort, die Augen aufzureißen; aber er konnte nichts sehen, denn es war nichts da. »Herrgott!« dachte er, »sollte ich dumm sein? Das habe ich nie geglaubt, und das darf kein Mensch wissen!

Sollte ich nicht zu meinem Amte taugen? Nein, es geht nicht an, daß ich erzähle, ich könnte das Zeug nicht sehen!«

»Nun, Sie sagen nichts dazu?« fragte der eine, der da webte.

»Oh, es ist hübsch! Ganz allerliebst!« antwortete der alte Minister und sah durch seine Brille. »Dieses Muster und diese Farben! Ja, ich werde dem Kaiser sagen, daß es mir sehr gefällt.«

»Nun, das freut uns!« sagten beide Weber, und darauf nannten sie die Farben mit Namen und erklärten das seltsame Muster. Der alte Minister paßte gut auf, damit er dasselbe sagen könnte, wenn er zum Kaiser zurückkäme, und das tat er.

Nun verlangten die Betrüger mehr Geld, mehr Seide und mehr Gold, das sie zum Weben brauchen wollten. Sie steckten alles in ihre eigenen Taschen, auf den Webstuhl kam kein Faden, aber sie fuhren fort, wie bisher an dem leeren Webstuhle zu arbeiten.

Der Kaiser sandte bald wieder einen anderen ehrlichen Staatsmann hin, um zu sehen, wie es mit dem Weben stände und ob das Zeug bald fertig sei. Es ging ihm ebenso wie dem Minister; er schaute und schaute, weil aber außer dem leeren Webstuhle nichts da war, konnte er nichts erblicken.

»Ist das nicht ein hübsches Stück Zeug?« fragten die Betrüger und zeigten und erklärten das prächtige Muster, das gar nicht da war.

»Dumm bin ich nicht!« dachte der Mann. »Ist es also mein gutes Amt, zu dem ich nicht tauge? Das wäre lächerlich, aber man darf es sich nicht merken lassen!« und so lobte er das Zeug, das er nicht sah, und versicherte ihnen seine Freude über die schönen Farben und das herrliche Muster »Ja, es ist ganz allerliebst!« sagte er zum Kaiser.

Alle Menschen in der Stadt sprachen von dem prächtigen Zeuge.

Nun wollte der Kaiser es selbst sehen, während es noch auf dem Webstuhle war. Mit einer ganzen Schar auserwählter Männer, unter ihnen auch die beiden ehrlichen Staatsmänner, die schon früher dort gewesen waren, ging er zu den beiden listigen Betrügern hin, die nun aus Leibeskräften webten, aber ohne Faser oder Faden.

»Ist das nicht prächtig?« sagten die beiden alten Staatsmänner, die schon einmal dagewesen waren. »Sehen Eure Majestät, welches Muster, welche Farben!« Und dann zeigten sie auf den leeren Webstuhl, denn sie glaubten, daß die andern das Zeug gewiß sehen könnten.

»Was!« dachte der Kaiser,»ich sehe gar nichts! Das ist ja schrecklich! Bin ich dumm? Tauge ich nicht dazu, Kaiser zu sein? Das wäre das Schrecklichste, was mir begegnen könnte!« – »Oh, es ist sehr hübsch!« sagte er. »Es hat meinen allerhöchsten Beifall!« Und er nickte zufrieden und betrachtete den leeren Webstuhl, denn er wollte nicht sagen, daß er nichts sehen könne. Das ganze Gefolge, das er bei sich hatte, schaute und schaute und bekam nicht mehr heraus als alle andern; aber sie sagten wie der Kaiser: »Oh, das ist sehr hübsch!« Und sie rieten ihm, diese neuen prächtigen Kleider das erste Mal bei der großen Prozession, die bevorstand, zu tragen. »Herrlich, wundervoll, exzellent!« ging es von Mund zu Mund; man war allerseits innig erfreut darüber, und der Kaiser verlieh den Betrügern einen Ritterorden, im Knopfloch zu tragen, und den Titel: Kaiserliche Hofweber.

Die ganze Nacht vor dem Morgen, an dem die Prozession stattfinden sollte, saßen die Betrüger auf und hatten über sechzehn Lichter angezündet. Die Leute konnten sehen, daß sie stark beschäftigt waren, des Kaisers neue Kleider fertigzumachen. Sie taten, als ob sie das Zeug aus dem Webstuhl nähmen, sie schnitten mit großen Scheren in die Luft, sie nähten mit Nähnadeln ohne Faden und sagten zuletzt: »Nun sind die Kleider fertig!«

Der Kaiser kam mit seinen vornehmsten Kavalieren selbst dahin, und beide Betrüger hoben einen Arm in die Höhe, gerade als ob sie etwas hielten, und sagten: »Seht, hier sind die Beinkleider! Hier ist der Rock! Hier der Mantel!« und so weiter. »Es ist so leicht wie Spinnwebe, man sollte glauben, man habe nichts auf dem Leibe; aber das ist gerade der Vorzug dabei!«

»Ja!« sagten alle Kavaliere; aber sie konnten nichts sehen, denn es war nichts da.

»Belieben Eure kaiserliche Majestät jetzt Ihre Kleider allergnädigst auszuziehen«, sagten die Betrüger, »so wollen wir Ihnen die neuen anziehen, hier vor dem großen Spiegel!«

Der Kaiser legte alle seine Kleider ab, und die Betrüger taten so, als ob sie ihm jedes Stück der neuen Kleider anzögen. Sie faßten ihn um den Leib und taten, als bänden sie etwas fest, das war die Schleppe; der Kaiser drehte und wendete sich vor dem Spiegel.

»Ei, wie gut das kleidet! Wie herrlich das sitzt!« sagten alle. »Welches Muster, welche Farben! Das ist eine kostbare Tracht!« –

»Draußen stehen sie mit dem Thronhimmel, der über Eurer Majestät in der Prozession getragen werden soll«, meldete der Oberzeremonienmeister.

»Ja, ich bin fertig!« sagte der Kaiser. »Sitzt es nicht gut?« Und dann wandte er sich nochmals vor dem Spiegel, denn es sollte scheinen, als ob er seinen Schmuck recht betrachte.

Die Kammerherren, die die Schleppe tragen sollten, griffen mit den Händen nach dem Fußboden, gerade als ob sie die Schleppe aufhöben. Sie gingen und taten, als ob sie etwas in der Luft hielten; sie wagten nicht, es sich merken zu lassen, daß sie nichts sehen konnten.

So ging der Kaiser in der Prozession unter dem prächtigen Thronhimmel, und alle Menschen auf der Straße und in den Fenstern riefen: »Gott, wie sind des Kaisers neue Kleider unvergleichlich; welch herrliche Schleppe hat er am Rocke, wie schön das sitzt!« Keiner wollte es sich merken lassen, daß er nichts sah, denn dann hätte er ja nicht zu seinem Amte getaugt oder wäre sehr dumm gewesen. Keine Kleider des Kaisers hatten solches Glück gemacht wie diese.

»Aber er hat ja nichts an!« sagte endlich ein kleines Kind. »Herrgott, hört die Stimme der Unschuld!« sagte der Vater, und der eine flüsterte dem anderen zu, was das Kind gesagt hatte.

»Er hat nichts an, dort ist ein kleines Kind, das sagt, er hat nichts an!«

»Aber er hat ja nichts an!« rief zuletzt das ganze Volk. Das ergriff den Kaiser, denn es schien ihm, sie hätten recht, aber er dachte bei sich: »Nun muß ich die Prozession aushalten.« Und so hielt er sich noch stolzer, und die Kammerherren gingen und trugen die Schleppe, die gar nicht da war.

Stefan Heym

Wie es mit dem kleinen Jungen, der die Wahrheit sagte, weiterging

Alle Welt weiß, wie die Geschichte mit des Kaisers neuen Kleidern ausging. Die neuen Kleider, welche die beiden Betrüger für ihn gewebt und geschneidert hatten, wobei sie all das schöne Gold und all die schöne Seide aus dem kaiserlichen Schatzhaus in die eigene Tasche steckten, sollten herrlicher und prächtiger werden als alle Kleider, die der Kaiser je getragen hatte, und der Kaiser war berühmt für seine Kleider. Die neuen Kleider sollten sogar noch herrlicher und prächtiger sein als alle Kleider, die alle anderen Kaiser je getragen hatten, und außerdem sollten sie noch eine ganz besondere Eigenschaft haben: Wer nämlich dümmer war als erlaubt oder dem Kaiser nicht genügend treugesinnt, der sollte diese Kleider in all ihrer Pracht und Herrlichkeit nicht sehen können, sosehr er auch hinguckte. Und da keiner im Lande zugeben wollte, daß er dümmer war als erlaubt oder gar seinem Kaiser nicht genügend treugesinnt, so sagten die Leute alle, wie sie da entlang der Straße standen mit ihren Fähnchen zum Winken und ihren Tüchlein zum Wehen: »Ach«, sagten sie, »wie wunderbar schön sind doch des Kaisers neue Kleider!« oder: »Welch prachtvolle Schleppe er hat an seinem Gewande!« oder: »Wie gut alles sitzt!«, und einheitlich befanden sie: »Überhaupt ist unser Kaiser ein ganz wunderbarer Mann und ohnegleichen!« Und alle dachten sie dabei: Wenn nur keiner merkt, daß ich dümmer bin als erlaubt und dem Kaiser nicht genügend treugesinnt, um die neuen Kleider zu sehen, denn beim besten Willen sehe ich nur seine Unterhosen, und die hätten längst in die Wäsche gehört.

Bis dann der kleine Junge, der sich gar nichts dabei dachte, ausrief: »Aber er hat ja gar nichts an!«

Da stand der Kaiser nun plötzlich da und blickte auf die ausgebeulten Knie seiner Unterhosen und auf das gehäkelte Unterlätzchen auf seiner Brust, wortlos, so als hätte es ihm die Sprache verschlagen, und der Nachbar zur Linken des kleinen Jungen faßte sich ein Herz und sagte gleichfalls: »Aber er hat ja gar nichts an!«, und der Nachbar zur Rechten sagte auch: »Aber er hat ja gar nichts an!«, und dann sagten die Leute es alle und von allen Seiten, und der arme Kaiser, der doch nicht herumstehen und Maulaffen feilhalten konnte wie sein Volk, sondern seine Pflicht zu tun hatte, mußte die Zähne zusammenbeißen und weitermarschieren unter seinem kaiserlichen Thronhimmel, die ganze lange Straße hinunter, und meine Tante, die damals noch jung war und in der vordersten Reihe stand mit ihrem Tüchlein, meine Tante also sagte: »Ein Mann in Unterhosen hat immer noch, was es braucht«, und sie rief: »Hurra, Herr Kaiser!«, aber sie war die einzige. Die beiden Betrüger jedoch, die das ganze Unheil angerichtet hatten, waren um die Zeit schon über die Grenze und in einem westlichen Lande, wo sie mit dem Geld, das sie nun besaßen, und mit den Kenntnissen, die sie bewiesen hatten, eine Schule für modernes Kunstgewerbe eröffneten.

Was aber wurde aus dem kleinen Jungen, der übrigens Jens Ulrich hieß und dessen Wahrheitsliebe die Leute alle so beschämt hatte, daß sie auch plötzlich glaubten, die Wahrheit sagen zu müssen? Der kleine Junge wurde von seinem Vater an der Hand genommen, und dann ging es im Eilschritt, so daß die kleinen Beine ganz durcheinandergerieten, nach Hause, und kaum waren sie zu Hause angelangt und die Tür geschlossen, da nahm der Vater den kleinen Jungen fest zwischen seine Knie, so daß er dort stak wie in einem Schraubstock, und griff ihn bei beiden Ohren und fragte, was ihm denn eingefallen wäre, so auf einmal zu rufen: »Aber er hat ja gar nichts an!«, wo alle anderen Leute schier außer sich gewesen wären vor Bewunderung über des Kaisers neue Kleider, und ob er nicht wisse, daß man nicht gegen die herrschende Meinung zu reden habe, und als Jugendlicher schon gar nicht, und wer würde es ausbaden müssen, natürlich die Eltern. Der kleine Junge wußte nicht, was er antworten sollte, denn er hatte sich wirklich nichts dabei gedacht, als er sagte: »Aber er hat ja gar nichts an!«, und er erwartete eine Tracht Prügel von seinem Vater, das war das Mindeste, wenn nicht gar drei Tage ohne Pudding und ohne Rosinenspeise dazu. Aber er hatte auch gar keine Gelegenheit, etwas zu antworten, denn die Dinge überstürzten sich nun, und an der Tür erschallte ein Klopfen, laut und mehrere Male hintereinander, und der Vater sagte: »Da ist schon die Polizei«, und wurde ganz blaß und fing an zu schlottern, so daß der kleine Junge ihm entwischen und sich in der Ecke neben dem Schrank verstecken konnte, und dann ging die Tür auf, und ein Haufen Leute kam ins Zimmer, an ihrer Spitze der dicke Bäckermeister Möllemann, und sie riefen: »Wo ist der kleine Junge?« und: »Wo ist Jens Ulrich?« und: »Da ist er ja, in der Ecke neben dem Schrank!« und: »Was für ein allerliebstes Kind er ist!« und: »So ein braves Kerlchen!«, und der Bäckermeister Möllemann sagte: »Er hat der Freiheit eine Gasse geöffnet!«, und schritt auf Jens Ulrich zu und überreichte ihm eine Tüte voll gefüllter Küchlein als Belohnung für seine Tat. Der kleine Junge aber sagte: »Ich habe mir doch gar nichts dabei gedacht!«, und das entzückte die Leute noch mehr, und sie riefen: »Welch angenehme Bescheidenheit!« und: »Ein echtes Kind aus dem Volke!«, und meine Tante, die auch mit ins Zimmer gekommen war, sagte: »Auf den muß man ein Auge haben, aus dem wird noch etwas Großes werden.«

Und wer weiß, was noch so gesagt worden wäre an Erbaulichem über den kleinen Jens Ulrich, wenn nicht auf einmal die Polizei wirklich gekommen wäre, mit Helm und Säbel und wie sich's gehört, und gleich dahinter der Erste Minister des Kaisers, der seinerzeit auch als erster die neuen Kleider zu sehen bekommen und autoritativ erklärt hatte, wie herrlich und prächtig sie doch wären, und alle Leute warteten darauf, was nun geschehen würde, und der Vater fing wieder an zu schlottern und war drauf und dran zu versprechen, dem kleinen Jungen eine gehörige Tracht Prügel zu verabreichen, wenn's dem Herrn Kaiser gefiele, und drei Tage lang keinen Pudding und auch keine Rosinenspeise, aber da sagte der Erste Minister, der Herr Kaiser persönlich wünsche den kleinen Jungen zu sehen, der gerufen hätte: »Aber er hat ja gar nichts an!«, denn der Herr Kaiser schätze nichts höher als die Liebe zur Wahrheit, und einer, von dem es heiße, er habe der Freiheit eine Gasse geöffnet, dürfe sich natürlich auch der kaiserlichen Gunst erfreuen. Da brachen die Leute in Beifall aus und winkten mit ihren Fähnchen, und meine Tante wehte mit ihrem Tüchlein und sagte: »Einen solchen Kaiser kann man sich nur wünschen.«

Und dann stand der kleine Junge vor dem Kaiser, der nun einen eleganten Hausrock trug, mit dem kaiserlichen

Verdienstorden an himmelblauem Bande um den Hals, und der Kaiser betrachtete ihn von oben bis unten und dann wieder von unten bis oben und blinzelte mit dem linken Auge, als ob er ein Staubkörnchen darin hätte, und sagte: »Du bist also einer, der immer die Wahrheit sagt, Jens Ulrich?«

Ein anderer hätte sich nun stolz aufgerichtet und hätte gesagt: »Jawohl, Herr Kaiser«, aber der kleine Junge erinnerte sich der guten Lehren seines Vaters, zum Beispiel, wie man keine vorwitzigen Reden zu führen habe, und als Jugendlicher schon gar nicht, und er dachte an die wiederholte Tracht Prügel, die er deswegen schon bezogen hatte, und an die Tage ohne Pudding und Rosinenspeise, die es gegeben hatte, und er sagte: »Aber ich habe mir doch gar nichts dabei gedacht, Herr Kaiser!«

Der Kaiser betrachtete ihn wieder von oben bis unten und von unten bis oben und blinzelte auch wieder, aber diesmal mit dem rechten Auge, als ob er dort ebenfalls ein Staubkörnchen hätte, und sagte: »Du glaubst wohl, du bist ganz außerordentlich gescheit, Jens Ulrich?«

Ein anderer hätte nun freudig genickt und gesagt: »Jawohl, Herr Kaiser«, und dem Kaiser Beispiele gegeben von seinen Gescheitheiten, aber der kleine Junge erinnerte sich der guten Lehren seines Vaters, zum Beispiel, wie man sein Licht lieber unter den Scheffel stellen solle, statt es für jeden leuchten zu lassen, und als Jugendlicher schon sowieso, und wieder dachte er an die Prügel, die ihm zuteil geworden, und an die Tage ohne Pudding und Rosinenspeise, und er sagte: »Gescheit vielleicht nicht so sehr, Herr Kaiser, aber kreuzbrav und treuherzig, das bin ich wohl.«

Der Kaiser betrachtete den kleinen Jungen ein drittes Mal, nur blinzelte er diesmal nicht, sondern tippte mit der Spitze seines Pantoffels auf den Parkettfußboden, als wollte er prüfen, ob da auch keine Würmer im Holz wären, und dann sagte er: »Glaub bloß nicht, Jens Ulrich, ich ließe mir was vormachen und ich hätte nicht gewußt, daß meine neuen Kleider ein Gespinst aus Schein und Schatten waren. Ich weiß überhaupt alles, denn ich bin der Kaiser, und wenn ich's nicht vorher weiß, dann weiß ich's hinterher, und das ist immer noch früh genug. Aber was dich betrifft, dich ernenne ich hiermit zum Ersten Kaiserlichen Wahrheitssager, und von jetzt an wirst du mir einmal jeden Tag die Wahrheit sagen, und dafür darfst du am kaiserlichen Hofe leben und kriegst auch täglich Pudding und Rosinenspeise.« Und damit nahm der Kaiser seinen kaiserlichen Verdienstorden an himmelblauem Bande von seinem Hals und hängte ihn Jens Ulrich um den Hals; solch ein Orden, sagte der Kaiser, sei genau das Richtige für kleine Jungen, die kreuzbrav und treuherzig wären und sich nichts dabei dächten, was sie so sagten.

Da saß der kleine Junge nun da mit der Wahrheit, die er jeden Tag einmal sagen mußte, und statt immer schön auf der Straße zu spielen und herumzuhüpfen und Schabernack zu treiben, wie bei kleinen Jungen üblich, mußte er am kaiserlichen Hofe leben und die ganze Zeit darüber nachdenken, welche Wahrheiten er einem Kaiser wohl sagen könne, der alles wußte, wenn nicht schon vorher, dann hinterher. Und wie er noch so dasaß und die Stirn in Runzeln legte wie ein Waschbrett und so richtig herzinniglich wünschte, er hätte die guten Lehren seines Vaters befolgt und lieber keine vorwitzigen Reden geführt und lieber sein Licht unter den Scheffel gestellt und lieber überhaupt den Mund gehalten, statt laut auszurufen: »Aber er hat ja gar nichts an!«, da kam das kleine

Milchmädchen durch den Garten mit dem Krug Milch für den Kaiser und die Frau Kaiserin und die Prinzessin Friederike, und sie sagte zu dem kleinen Jungen: »Was sitzt du denn da und runzelst die Stirn wie ein Waschbrett?«

»Ach«, sagte der kleine Junge, »ich sitze da und runzele die Stirn wie ein Waschbrett, weil ich dem Kaiser, der alles weiß, wenn nicht schon vorher, dann hinterher, jeden Tag eine Wahrheit sagen muß; was aber ist die Wahrheit?«

»Die Wahrheit«, sagte das kleine Milchmädchen, »ist, daß die Milch von der Kuh kommt.«

Da klatschte der kleine Junge in die Hände und sagte, das sei wohl eine richtige und brauchbare Wahrheit, gegen die auch der Kaiser kaum etwas haben könne, und er werde sie dem Kaiser noch heute sagen, und da man schon bei der Wahrheit sei, habe er auch eine für das kleine Milchmädchen, nämlich daß sie das hübscheste Milchmädchen wäre im ganzen Lande mit ihren Augen, die schwarz wären wie die Kirschen im Sommer, und ihrer Haut, die weiß wäre wie die Milch in ihrem Kruge, und mit den roten Rosen rechts und links auf ihren Wangen. Und das kleine Milchmädchen sagte, nun wäre es aber Zeit, daß sie dem Kaiser und der Frau Kaiserin und der Prinzessin Friederike die Milch brächte, und sprang davon.

Am Nachmittag aber, beim kaiserlichen Tee, als der ganze Hof mit dem Ersten Minister an der Spitze dabeistand und der Kaiser von dem Ersten Kaiserlichen Wahrheitssager die Wahrheit hören wollte, sagte der kleine Junge: »Die Milch kommt von der Kuh.«

»Ach, wirklich?« sagte der Kaiser und wiegte den Kopf, als hätte er etwas ganz Überraschendes gehört, und die Leute, die von der Wahrheit des kleinen Jungen erfuhren, sagten, das wäre eine sehr richtige Wahrheit und entspräche allen Erfahrungen; die Frau Kaiserin aber sagte, so neu wäre diese Wahrheit nun denn doch nicht, und die Prinzessin Friederike rümpfte die Nase. Von da an besprach sich der kleine Junge jeden Morgen mit dem kleinen Milchmädchen, und jeden Nachmittag beim Tee sagte er dem Kaiser die letzte Wahrheit, zum Beispiel, daß die Sonne morgens aufgehe und abends unter und der Regen von oben nach unten regne und die Frösche in der Nacht lauter quakten als am Tage, und so kam es, daß die Leute in diesem Kaiserreich stets richtig informiert waren, während das in anderen Kaiserreichen durchaus nicht immer der Fall ist; nur die Frau Kaiserin hatte ständig etwas an der Wahrheit auszusetzen, und die Prinzessin Friederike rümpfte die Nase.

An diesem Nachmittag jedoch, als die kaiserliche Familie wieder beim Tee saß und der ganze Hof, mit dem Ersten Minister an der Spitze, dabeistand, sagte der Kaiser plötzlich: »Jens Ulrich, jetzt aber die Wahrheit bitte: Was hältst du von der Frau Kaiserin?«

Der kleine Junge versuchte zu überlegen, welche gute Lehre sein Vater in diesem Fall ihm wohl erteilt hätte, aber es fiel ihm nichts Erbauliches ein, und dann war ihm auf einmal wie an dem Tage, als der Kaiser in seinen neuen Kleidern, die es gar nicht gab, vor ihm vorbeimarschierte, und er sagte ganz laut und deutlich, so daß alle Leute es hören konnten: »Die Frau Kaiserin ist eine häßliche und unangenehme alte Schachtel.«

Eine Stecknadel hätte man fallen hören können, so sehr hielten die Leute den Atem an, und am Hof und im ganzen Lande dachte man, das ist nun aber das Ende des Ersten Kaiserlichen Wahrheitssagers: der Kaiser jedoch stellte seine Teetasse hin und erhob sich und blickte den kleinen Jungen an und blinzelte mit dem linken Auge, als hätte er ein Staubkörnchen darin, und dann sagte er: »Ich weiß alles, denn ich bin der Kaiser, und wenn ich's nicht vorher weiß, dann hinterher; eine Wahrheit aber ist eine Wahrheit, wenn die Zeit dafür gekommen ist, ansonsten ist sie ein Fehler und kann dich den Kopf kosten. Im übrigen«, sagte er dann noch und blickte in der Runde umher und blinzelte mit dem rechten Auge, als hätte er auch dort ein Staubkörnchen, »im übrigen glaube ich, daß ich mir eine junge hübsche Frau Kaiserin nehmen sollte, so eine wie das kleine Milchmädchen, das da hinten steht mit ihren schwarzen Augen und ihrer weißen Haut und den roten Rosen auf ihren Wangen.«

Da wußte der kleine Junge, daß er nun schon ein zweites Mal großes Glück gehabt hatte und daß die Sache ein drittes Mal sehr wohl schiefgehen mochte, und am nächsten Morgen, als das kleine Milchmädchen in den Garten kam mit ihrem Krug Milch für die kaiserliche Familie, sagte er: »Hast du denn Lust, Frau Kaiserin zu werden?« Das kleine Milchmädchen schüttelte den Kopf und fragte ihrerseits: »Hast du denn Lust, Erster Kaiserlicher Wahrheitssager zu bleiben?« Und da der kleine Junge ebenfalls den Kopf schüttelte, beschlossen sie, rasch fortzulaufen, und sie nahmen den Krug Milch und liefen ganz, ganz weit, über alle Berge, und meine Tante, die erst vor kurzem aus der Sommerfrische kam, hat sie dort gesehen, wie sie miteinander spielten und lachten, so als wären sie beide sehr glücklich.

Friedrich Schiller

»Geben Sie Gedankenfreiheit – «
Don Carlos

Der König und Marquis von Posa

Dieser geht dem König sobald er ihm gewahr wird, entgegen, und läßt sich vor ihm auf ein Knie nieder, steht auf und bleibt ohne Zeichen der Verwirrung vor ihm stehen.

KÖNIG *betrachtet ihn mit einem Blick der Verwunderung*:
Mich schon gesprochen also?
MARQUIS: Nein.
KÖNIG: Ihr machtet
Um meine Krone Euch verdient. Warum
Entziehet Ihr Euch meinem Dank? In meinem
Gedächtnis drängen sich der Menschen viel.
Allwissend ist nur Einer. Euch kam's zu,
Das Auge Eures Königes zu suchen.
Weswegen tatet Ihr das nicht?
MARQUIS: Es sind
Zween Tage, Sire, daß ich ins Königreich
Zurückgekommen.
KÖNIG: Ich bin nicht gesonnen
in meiner Diener Schuld zu stehn – Erbittet
Euch eine Gnade.
MARQUIS: Ich genieße die Gesetze.
KÖNIG: Dies Recht hat auch der Mörder.

MARQUIS: Wieviel mehr
Der gute Bürger! – Sire, ich bin zufrieden.
KÖNIG *vor sich*:
Viel Selbstgefühl und kühner Mut, bei Gott!
Doch das war zu erwarten – Stolz will ich
den Spanier. Ich mag es gerne leiden,
Wenn auch der Becher überschäumt – Ihr tratet
Aus meinen Diensten, hör ich?
MARQUIS: Einem Bessern
Den Platz zu räumen, zog ich mich zurücke.
KÖNIG: Das tut mir leid. Wenn solche Köpfe feiern,
Wieviel Verlust für meinen Staat – Vielleicht
Befürchtet Ihr, die Sphäre zu verfehlen,
Die Eures Geistes würdig ist.
MARQUIS: O nein!
Ich bin gewiß, daß der erfahrne Kenner,
In Menschenseelen, seinem Stoff, geübt,
Beim ersten Blicke wird gelesen haben,
Was ich ihm taugen kann, was nicht. Ich fühle
Mit demutsvoller Dankbarkeit die Gnade,
Die Eure königliche Majestät
Durch diese stolze Meinung auf mich häufen;
Doch – *Er hält inne.*
KÖNIG: Ihr bedenket Euch?
MARQUIS: Ich bin – ich muß
Gestehen, Sire – sogleich nicht vorbereitet,
Was ich als Bürger dieser Welt gedacht,
In Worte Ihres Untertans zu kleiden. –
Denn damals, Sire, als ich auf immer mit
Der Krone aufgehoben, glaubt ich mich
Auch der Notwendigkeit entbunden, ihr
Von diesem Schritte Gründe anzugeben.
KÖNIG: So schwach sind diese Gründe? Fürchtet Ihr

Dabei zu wagen?
MARQUIS: Wenn ich Zeit gewinne,
Sie zu erschöpfen, Sire – mein Leben höchstens.
Die Wahrheit aber setz ich aus, wenn Sie
Mir diese Gunst verweigern. Zwischen Ihrer
Ungnade und Geringschätzung ist mir
Die Wahl gelassen – Muß ich mich entscheiden,
So will ich ein Verbrecher lieber als
Ein Tor von Ihren Augen gehen.
KÖNIG *mit erwartender Miene*: Nun?
MARQUIS: – Ich kann nicht Fürstendiener sein.
Der König sieht ihn mit Erstaunen an.
Ich will
Den Käufer nicht betrügen, Sire. – Wenn Sie
Mich anzustellen würdigen, so wollen
Sie nur die vorgewogne Tat. Sie wollen
Nur meinen Arm und meinen Mut im Felde,
Nur meinen Kopf im Rat. Nicht meine Taten,
Der Beifall, den sie finden an dem Thron,
Soll meiner Taten Endzweck sein. Mir aber,
Mir hat die Tugend eignen Wert. Das Glück,
Das der Monarch mit meinen Händen pflanzte,
Erschüf ich selbst, und Freude wäre mir
Und eigne Wahl, was mir nur Pflicht sein sollte.
Und ist das Ihre Meinung? Können Sie
In Ihrer Schöpfung fremde Schöpfer dulden?
Ich aber soll zum Meißel mich erniedern,
Wo ich der Künstler könnte sein? – Ich liebe
Die Menschheit, und in Monarchieen darf
Ich niemand lieben als mich selbst.
KÖNIG: Dies Feuer
Ist lobenswert. Ihr möchtet Gutes stiften.
Wie Ihr es stiftet, kann dem Patrioten,

Dem Wesen gleich viel heißen. Suchet Euch
Den Posten aus in meinen Königreichen,
Der Euch berechtigt diesem edeln Triebe
Genugzutun.

MARQUIS: Ich finde keinen.

KÖNIG: Wie?

MARQUIS: Was Eure Majestät durch meine Hand
Verbreiten – ist das Menschenglück? – Ist das
Dasselbe Glück, das meine reine Liebe
Den Menschen gönnt? – Vor diesem Glücke würde
Die Majestät erzittern – Nein! Ein neues
Erschuf der Krone Politik – ein Glück,
Das sie noch reich genug ist auszuteilen,
Und in dem Menschenherzen neue Triebe,
Die sich von diesem Glücke stillen lassen.
In ihren Münzen läßt sie Wahrheit schlagen,
Die Wahrheit, die sie dulden kann. Verworfen
Sind alle Stempel, die nicht diesem gleichen.
Doch was der Krone frommen kann – ist das
Auch mir genug? Darf meine Bruderliebe
Sich zur Verkürzung meines Bruders borgen?
Weiß ich ihn glücklich – eh er denken darf?
Mich wählen Sie nicht, Sire, Glückseligkeit,
Die Sie uns prägen auszustreun. Ich muß
Mich weigern, diese Stempel auszugeben. –
Ich kann nicht Fürstendiener sein.

KÖNIG *etwas rasch*: Ihr seid
Ein Protestant.

MARQUIS *nach einigem Bedenken*:
Ihr Glaube, Sire, ist auch
Der meinige. *Nach einer Pause*:
Ich werde mißverstanden.
Das war es, was ich fürchtete. Sie sehen

Von den Geheimnissen der Majestät
Durch meine Hand den Schleier weggezogen.
Wer sichert Sie, daß mir noch heilig heiße,
Was mich zu schrecken aufgehört? Ich bin
Gefährlich, weil ich über mich gedacht. –
Ich bin es nicht, mein König. Meine Wünsche
Verwesen hier. *Die Hand auf die Brust gelegt.*
Die lächerliche Wut
Der Neuerung, die nur der Ketten Last,
Die sie nicht ganz zerbrechen kann, vergrößert,
Wird mein Blut nie erhitzen. Das Jahrhundert
Ist meinem Ideal nicht reif. Ich lebe
Ein Bürger derer, welche kommen werden.
Kann ein Gemälde Ihre Ruhe trüben? –
Ihr Atem löscht es aus.

KÖNIG: Bin ich der erste,
Der Euch von dieser Seite kennt?

MARQUIS: Von dieser –
Ja!

KÖNIG *steht auf, macht einige Schritte und bleibt dem* Marquis *gegenüber stehen. Vor sich:*
Neu zum wenigsten ist dieser Ton!
Die Schmeichelei erschöpft sich. Nachzuahmen
Erniedrigt einen Mann von Kopf. – Auch einmal
Die Probe von dem Gegenteil. Warum nicht?
Das Überraschende macht Glück. – Wenn Ihr
Es so verstehet, gut, so will ich mich
Auf eine neue Kronbedienung richten –
Den starken Geist –

MARQUIS: Ich höre, Sire, wie klein,
Wie niedrig Sie von Menschenwürde denken,
Selbst in des freien Mannes Sprache nur
Den Kunstgriff eines Schmeichlers sehen, und

Mir deucht, ich weiß, wer Sie dazu berechtigt,
Die Menschen zwangen Sie dazu; die haben
Freiwillig ihres Adels sich begeben,
Freiwillig sich auf diese niedre Stufe
Herabgestellt. Erschrocken fliehen sie
Vor dem Gespenste ihrer innern Größe,
Gefallen sich in ihrer Armut, schmücken
Mit feiger Weisheit ihre Ketten aus,
Und Tugend nennt man, sie mit Anstand tragen.
So überkamen Sie die Welt. So ward
Sie Ihrem großen Vater überliefert.
Wie könnten Sie in dieser traurigen
Verstümmlung – Menschen ehren?

KÖNIG: Etwas Wahres
Find ich in diesen Worten.

MARQUIS: Aber schade!
Da Sie den Menschen aus des Schöpfers Hand
In Ihrer Hände Werk verwandelten,
Und dieser neugegoßnen Kreatur
Zum Gott sich gaben – da versahen Sie's
In etwas nur: Sie blieben selbst noch Mensch –
Mensch aus des Schöpfers Hand. Sie fuhren fort
Als Sterblicher zu leiden, zu begehren;
Sie brauchen Mitgefühl – und einem Gott
Kann man nur opfern – zittern – zu ihm beten!
Bereuenswerter Tausch! Unselige
Verdrehung der Natur! – Da Sie den Menschen
Zu Ihrem Saitenspiel herunterstürzten,
Wer teilt mit Ihnen Harmonie?

KÖNIG: (Bei Gott,
Er greift in meine Seele!)

MARQUIS: Aber Ihnen
Bedeutet dieses Opfer nichts. Dafür

Sind Sie auch einzig – Ihre eigne Gattung –
Um diesen Preis sind Sie ein Gott. – Und schrecklich,
Wenn das nicht wäre – wenn für diesen Preis,
Für das zertretne Glück von Millionen,
Sie nichts gewonnen hätten! wenn die Freiheit,
Die Sie vernichtete, das einz'ge wäre,
Das Ihre Wünsche reifen kann? – Ich bitte
Mich zu entlassen; Sire. Mein Gegenstand
Reißt mich dahin. Mein Herz ist voll – der Reiz
Zu mächtig, vor dem einzigen zu stehen,
Dem ich es öffnen möchte.

Der Graf von Lerma tritt herein und spricht einige Worte leise mit dem König. Dieser gibt ihm einen Wink sich zu entfernen, und bleibt in seiner vorigen Stellung sitzen.

KÖNIG *zum Marquis, nachdem Lerma weggegangen*:
Redet aus!

MARQUIS *nach einigem Stillschweigen*:
Ich fühle, Sire – den ganzen Wert –

KÖNIG:
Vollendet!
Ihr hattet mir noch mehr zu sagen.

MARQUIS:
Sire!
Jüngst kam ich an von Flandern und Brabant –
So viele reiche, blühende Provinzen!
Ein kräftiges, ein großes Volk – und auch
Ein gutes Volk – und Vater dieses Volkes!
Das, dachte ich, das muß göttlich sein! – Da stieß
Ich auf verbrannte menschliche Gebeine –

Hier schweigt er still; seine Augen ruhen auf dem König, der es versucht, diesen Blick zu erwidern, aber betroffen und verwirrt zur Erde sieht.

Sie haben recht. Sie müssen. Daß Sie können,
Was Sie zu müssen eingesehn, hat mich
Mit schauemder Bewunderung durchdrungen.

O schade, daß, in seinem Blut gewälzt,
Das Opfer wenig dazu taugt, dem Geist
Des Opferers ein Loblied anzustimmen!
Daß Menschen nur – nicht Wesen höhrer Art –
Die Weltgeschichte schreiben! – Sanftere
Jahrhunderte verdrängen Philipps Zeiten;
Die bringen mildre Weisheit; Bürgerglück
Wird dann versöhnt mit Fürstengröße wandeln,
Der karge Staat mit seinen Kindern geizen,
Und die Notwendigkeit wird menschlich sein.

KÖNIG:
Wann, denkt Ihr, würden diese menschlichen
Jahrhunderte erscheinen, hätt ich vor
Dem Fluch des jetzigen gezittert? Sehet
In meinem Spanien Euch um. Hier blüht
Des Bürgers Glück in nie bewölktem Frieden;
Und diese Ruhe gönn ich den Flamändern.

MARQUIS *schnell*: Die Ruhe eines Kirchhofs! Und Sie hoffen
Zu endigen, was Sie begannen? hoffen,
Der Christenheit gezeitigte Verwandlung,
Den allgemeinen Frühling aufzuhalten,
Der die Gestalt der Welt verjüngt? Sie wollen
Allein in ganz Europa – sich dem Rade
Des Weltverhängnisses, das unaufhaltsam
In vollem Laufe rollt, entgegenwerfen?
Mit Menschenarm in seine Speichen fallen?
Sie werden nicht! Schon flohen Tausende
Aus Ihren Ländern froh und arm. Der Bürger,
Den Sie verloren für den Glauben, war
Ihr edelster. Mit offnen Mutterarmen
Empfängt die Fliehenden Elisabeth,
Und fruchtbar blüht durch Künste unsres Landes
Britannien! Verlassen von dem Fleiß

Der neuen Christen, liegt Grenada öde,
Und jauchzend sieht Europa seinen Feind
An selbstgeschlagnen Wunden sich verbluten.

Der König ist bewegt, der Marquis bemerkt es, und tritt einige Schritte näher.

Sie wollen pflanzen fur die Ewigkeit,
Und säen Tod? Ein so erzwungnes Werk
Wird seines Schöpfers Geist nicht überdauern.
Dem Undank haben Sie gebaut – umsonst
Den harten Kampf mit der Natur gerungen,
Umsonst ein großes königliches Leben
Zerstörenden Entwürfen hingeopfert.
Der Mensch ist mehr, als Sie von ihm gehalten.
Des langen Schlummers Bande wird er brechen,
Und wiederfordern sein geheiligt Recht.
Zu einem Nero und Busiris wirft
Er Ihren Namen, und – das schmerzt mich, denn
Sie waren gut.

KÖNIG: Wer hat Euch dessen so
Gewiß gemacht?

MARQUIS *mit Feuer*: Ja, beim Allmächtigen!
Ja – Ja – Ich wiederhol es. Geben Sie,
Was Sie uns nahmen, wieder. Lassen Sie,
Großmütig wie der Starke, Menschenglück
Aus Ihrem Füllhorn strömen – Geister reifen
In Ihrem Weltgebäude. Geben Sie,
Was Sie uns nahmen, wieder. Werden Sie
Von Millionen Königen ein König.

Er nähert sich ihm kühn, und indem er feste und feurige Blicke auf ihn richtet:

O könnte die Beredsamkeit von allen
Den Tausenden, die dieser großen Stunde
Teilhaftig sind, auf meinen Lippen schweben,

Den Strahl, den ich in diesen Augen merke,
Zur Flamme zu erheben! – Geben Sie
Die unnatürliche Vergöttrung auf,
Die uns vernichtet. Werden Sie uns Muster
Des Ewigen und Wahren. Niemals – niemals
Besaß ein Sterblicher so viel, so göttlich
Es zu gebrauchen. Alle Könige
Europens huldigen dem span'schen Namen.
Gehn Sie Europens Königen voran.
Ein Federzug von dieser Hand, und neu
Erschaffen wird die Erde. Geben Sie
Gedankenfreiheit – *Sich ihm zu Füßen werfend.*

KÖNIG *überrascht, das Gesicht weggewandt und dann wieder auf den Marquis geheftet*: Sonderbarer Schwärmer!
Doch – stehet auf – ich –

MARQUIS: Sehen Sie sich um
In seiner herrlichen Natur! Auf Freiheit
Ist sie gegründet – und wie reich ist sie
Durch Freiheit! Er, der große Schöpfer, wirft
In einen Tropfen Tau den Wurm, und läßt
Noch in den toten Räumen der Verwesung
Die Willkür sich ergetzen – Ihre Schöpfung,
Wie eng und arm! Das Rauschen eines Blattes
Erschreckt den Hern der Christenheit – Sie müssen
Vor jeder Tugend zittern. Er – der Freiheit
Entzückende Erscheinung nicht zu stören –
Er läßt des Übels grauenvolles Heer
In seinem Weltall lieber toben – ihn,
Den Künstler, wird man nicht gewahr, bescheiden
Verhüllt er sich in ewige Gesetze;
Die sieht der Freigeist, doch nicht ihn. Wozu
Ein Gott? sagt er; die Welt ist sich genug.
Und keines Christen Andacht hat ihn mehr

Als dieses Freigeists Lästerung gepriesen.
KÖNIG: Und wollet Ihr es unternehmen, dies
Erhabne Muster in der Sterblichkeit
In meinen Staaten nachzubilden?
MARQUIS: Sie,
Sie können es. Wer anders? Weihen Sie
Dem Glück der Völker die Regentenkraft,
Die – ach so lang – des Thrones Größe nur
Gewuchert hatte – Stellen Sie der Menschheit
Verlornen Adel wieder her. Der Bürger
Sei wiederum, was er zuvor gewesen,
Der Krone Zweck – ihn binde keine Pflicht,
Als seiner Brüder gleich ehrwürd'ge Rechte.
Wenn nun der Mensch, sich selbst zurückgegeben,
Zu seines Werts Gefühl erwacht – der Freiheit
Erhabne, stolze Tugenden gedeihen –
Dann, Sire, wenn Sie zum glücklichsten der Welt
Ihr eignes Königreich gemacht – dann ist
Es Ihre Pflicht, die Welt zu unterwerfen.
KÖNIG *nach einem großen Stillschweigen*:
Ich ließ Euch bis zum Ende reden – Anders
Begreif ich wohl, als sonst in Menschenköpfen,
Malt sich in diesem Kopf die Welt – auch will
Ich fremdem Maßstab Euch nicht unterwerfen.
Ich bin der erste, dem Ihr Euer Innerstes
Enthüllt. Ich glaube es, weil ich's weiß. Um dieser
Enthaltung willen, solche Meinungen,
Mit solchem Feuer doch umfaßt, verschwiegen
Zu haben bis auf diesen Tag – um dieser
Bescheidnen Klugheit willen, junger Mann,
Will ich vergessen, daß ich sie erfahren,
Und wie ich sie erfahren. Stehet auf.
Ich will den Jüngling, der sich übereilte,

Als Greis und nicht als König widerlegen.
Ich will es, weil ich's will – Gift also selbst,
Find ich, kann in gutartigen Naturen
Zu etwas Besserm sich veredeln – Aber
Flieht meine Inquisition – Es sollte
Mir leid tun –

MARQUIS: Wirklich? Sollt es das?

KÖNIG *in seinen Anblick verloren*: Ich habe
Solch einen Menschen nie gesehen. – Nein!
Nein, Marquis! Ihr tut mir zuviel. Ich will
Nicht Nero sein. Ich will es nicht sein – will
Es gegen Euch nicht sein. Nicht alle
Glückseligkeit soll unter mir verdorren.
Ihr selbst, Ihr sollet unter meinen Augen
Fortfahren dürfen, Mensch zu sein.

MARQUIS *rasch*: Und meine
Mitbürger, Sire? – Oh! nicht um mich war mir's
Zu tun, nicht meine Sache wollt ich führen.
Und Ihre Untertanen, Sire? –

KÖNIG: Und wenn
Ihr so gut wisset, wie die Folgezeit
Mich richten wird, so lerne sie an Euch
Wie ich mit Menschen es gehalten, als
Ich einen fand.

MARQUIS: Oh! der gerechteste
Der Könige sei nicht mit einem Male
Der ungerechteste – In Ihrem Flandern
Sind tausend Bessere als ich. Nur Sie –
Darf ich es frei gestehen, großer König? –
Sie sehn jetzt unter diesem sanftern Bilde
Vielleicht zum ersten Mal die Freiheit.

KÖNIG *mit gemildertem Ernst*: Nichts mehr
Von diesem Inhalt, junger Mann. – Ich weiß,

Ihr werdet anders denken, kennet Ihr
Den Menschen erst, wie ich – Doch hätt ich Euch
Nicht gern zum letztenmal gesehn. Wie fang ich
Es an, Euch zu verbinden?

MARQUIS: Lassen Sie
Mich wie ich bin. Was wär ich Ihnen, Sire,
Wenn Sie auch mich bestächen?

KÖNIG: Diesen Stolz
Ertrag ich nicht. Ihr seid von heute an
In meinen Diensten – Keine Einwendung!
Ich will es haben. *Nach einer Pause.*
Aber wie? Was wollte
Ich denn? War es nicht Wahrheit, was ich wollte?
Und hier find ich noch etwas mehr – Ihr habt
Auf meinem Thron mich ausgefunden, Marquis.
Nicht auch in meinem Hause?

Da sich der Marquis zu bedenken scheint.

Ich versteh Euch.
Doch – wär ich auch von allen Vätern der
Unglücklichste, kann ich nicht glücklich sein
Als Gatte?

MARQUIS: Wenn ein hoffnungsvoller Sohn,
Wenn der Besitz der liebenswürdigsten
Gemahlin einem Sterblichen ein Recht
Zu diesem Namen geben, Sire, so sind Sie
Der glücklichste durch beides.

KÖNIG *mit finstrer Miene*: Nein! ich bin's nicht!
Und daß ich's nicht bin, hab ich tiefer nie
Gefühlt als eben jetzt –

Mit einem Blicke der Wehmut auf dem Marquis verweilend.

MARQUIS: Der Prinz denkt edel
Und gut. Ich hab ihn anders nie gefunden.

KÖNIG: Ich aber hab es – Was er mir genommen,

Kann keine Krone mir ersetzen – Eine
So tugendhafte Königin!

MARQUIS: Wer kann
Es wagen, Sire!

KÖNIG: Die Welt! Die Lästerung!
Ich selbst! – Hier liegen Zeugnisse, die ganz
Unwidersprechlich sie verdammen; andre
Sind noch vorhanden, die das Schrecklichste
Mich fürchten lassen – Aber, Marquis – schwer,
Schwer fällt es mir, an eines nur zu glauben.
Wer klagt sie an? – Wenn sie – sie fähig sollte
Gewesen sein, so tief sich zu entehren,
O wieviel mehr ist mir zu glauben dann
Erlaubt, daß eine Eboli verleumdet?
Haßt nicht der Priester meinen Sohn und sie?
Und weiß ich nicht, daß Alba Rache brütet?
Mein Weib ist mehr wert als sie alle.

MARQUIS: Sire,
Und etwas lebt noch in des Weibes Seele,
Das über allen Schein erhaben ist
Und über alle Lästerung – Es heißt
Weibliche Tugend.

KÖNIG: Ja! das sag ich auch.
So tief, als man die Königin bezüchtigt,
Herabzusinken, kostet viel. So leicht,
Als man mich überreden möchte, reißen
Der Ehre heil'ge Bande nicht. Ihr kennt
Den Menschen, Marquis. Solch ein Mann hat mir
Schon längst gemangelt, Ihr seid gut und fröhlich,
Und kennet doch den Menschen auch – Drum hab
Ich Euch gewählt –

MARQUIS *überrascht und erschrocken*:
Mich, Sire?

KÖNIG: Ihr standet
Vor Eurem Herrn, und habt nichts für Euch selbst
Erbeten – nichts. Das ist mir neu – Ihr werdet
Gerecht sein. Leidenschaft wird Euren Blick
Nicht irren – Dränget Euch zu meinem Sohn,
Erforscht das Herz der Königin. Ich will
Euch Vollmacht senden, sie geheim zu sprechen.
Und jetzt verlaßt mich! *Er zieht eine Glocke.*

MARQUIS: Kann ich es mit einer
Erfüllten Hoffnung? – Dann ist dieser Tag
Der schönste meines Lebens.

KÖNIG *reicht ihm die Hand zum Kusse:*
Er ist kein
Verlorner in dem meinigen.

Der Marquis steht auf und geht. Graf Lerma tritt herein.
Der Ritter
Wird künftig ungemeldet vorgelassen.

Irrtum inbegriffen

Der Mensch kann nach Tugend streben, aber nicht ernstlich glauben, die Wahrheit zu finden.

Nicolas Sébastien de Chamfort

Im Zweifel, welche Meinung die wahrste sei, wähle man die ehrlichste.

Nicht mit dem Wahren und Falschen sollen wir uns vor allem beschäftigen, sondern mit dem Bösen und Guten, denn man muß den Irrtum weniger fürchten als das Böse.

Es ist leichter, sich im Schönen als im Wahren zu täuschen.

Irrtum erregt, Wahrheit beruhigt. *Joseph Joubert*

Die stillen Geister begreifen besser das Wahre, weil ein See besser die Sterne zurückstrahlt als ein Fluß.

Théodore Simon Jouffroy

Man muß sich vornehmen, wahr zu sein in all seinen Worten. Bleiben wir kompromißlos diesem Grundsatz treu, so steigern wir unsre Selbstachtung und erwerben uns Besonnenheit; die eine Tugend bringt die andre mit sich. Die Verstellung soll nicht über das Schweigen hinausgehen. *Antoine de Rivarol*

Die Welt will betrügen oder betrogen werden, darum hat die Welt mit der Wahrheit nichts zu schaffen.

Martin Luther

Bertolt Brecht

Leben des Galilei – Die »Discorsi«

1633–1642. Galileo Galilei lebt in einem Landhaus in der Nahe von Florenz, bis zu seinem Tod ein Gefangener der Inquisition.

Sechzehnhundertdreiunddreißig bis
sechzehnhundertzweiundvierzig
Galileo Galilei ist ein Gefangener der Kirche
bis zu seinem Tode.

Ein großer Raum mit Tisch, Lederstuhl und Globus. Galilei, nun alt und halbblind, experimentiert sorgfältig mit einem kleinen Holzball auf einer gekrümmten Holzschiene, im Vorraum sitzt ein Mönch auf Wache. Es wird ans Tor geklopft. Der Mönch öffnet, und ein Bauer tritt ein, zwei gerupfte Gänse tragend. Virginia kommt aus der Küche. Sie ist jetzt etwa 40 Jahre alt.

DER BAUER Ich soll die abgeben.
VIRGINIA Von wem? Ich habe keine Gänse bestellt.
DER BAUER Ich soll sagen: von jemand auf der Durchreise. *Ab. Virginia betrachtet die Gänse erstaunt. Der Mönch nimmt sie ihr aus der Hand und untersucht sie mißtrauisch. Dann gibt er sie ihr beruhigt zurück und sie trägt sie an den Hälsen zu Galilei in den großen Raum.*
VIRGINIA Jemand auf der Durchreise hat ein Geschenk abgeben lassen.
GALILEI Was ist es?
VIRGINIA Kannst du es nicht sehen?
GALILEI Nein. Er *geht hin.* Ist ein Name dabei?

VIRGINIA Nein.

GALILEI *nimmt ihr eine Gans aus der Hand*: Schwer. Ich könnte noch etwas davon essen.

VIRGINIA Du kannst doch nicht schon wieder hungrig sein, du hast eben zu Abend gegessen. Und was ist wieder mit deinen Augen los? Die müßtest du sehen vom Tisch aus.

GALILEI Du stehst im Schatten.

VIRGINIA Ich stehe nicht im Schatten. *Sie trägt die Gänse hinaus.*

GALILEI Gib Thymian zu und Äpfel.

VIRGINIA *zu dem Mönch*: Wir müssen nach dem Augendoktor schicken. Vater konnte die Gänse vom Tisch aus nicht sehen.

DER MÖNCH Ich brauche erst die Erlaubnis vom Monsignore Carpula. – Hat er wieder selber geschrieben?

VIRGINIA Nein. Er hat sein Buch mir diktiert, das wissen Sie ja. Sie haben die Seiten 131 und 132, und das waren die letzten.

DER MÖNCH Er ist ein alter Fuchs.

VIRGINIA Er tut nichts gegen die Vorschriften. Seine Reue ist echt. Ich passe auf ihn auf. *Sie gibt ihm die Gänse.* Sagen Sie in der Küche, sie sollen die Leber rösten, mit einem Apfel und einer Zwiebel. *Sie geht in den großen Raum zurück.* Und jetzt denken wir an unsere Augen und hören schnell auf mit dem Ball und diktieren ein Stückchen weiter an unserem wöchentlichen Brief an den Erzbischof.

GALILEI Ich fühle mich nicht wohl genug. Lies mir etwas Horaz.

VIRGINIA Erst vorige Woche sagte mir Monsignore Carpula, dem wir so viel verdanken – erst neulich wieder das Gemüse –, daß der Erzbischof ihn jedesmal fragt, wie dir die Fragen und Zitate gefallen, die er dir schickt. *Sie hat sich zum Diktat niedergesetzt.*

GALILEI Wie weit war ich?

VIRGINIA Abschnitt vier: Anlangend die Stellungnahme der Heiligen Kirche zu den Unruhen im Arsenal von Venedig stimme ich überein mit der Haltung Kardinal Spolettis gegenüber den aufrührerischen Seilern ...

GALILEI Ja. *Diktiert*: ... stimme ich überein mit der Haltung Kardinal Spolettis gegenüber den aufrührerischen Seilern, nämlich, daß es besser ist, an sie Suppen zu verteilen im Namen der christlichen Nächstenliebe, als ihnen mehr für ihre Schiffs- und Glockenseile zu zahlen. Sintemalen es weiser erscheint, an Stelle ihrer Habgier ihren Glauben zu stärken. Der Apostel Paulus sagt: Wohltätigkeit versaget niemals. – Wie ist das?

VIRGINIA Es ist wunderbar, Vater.

GALILEI Du meinst nicht, daß eine Ironie hineingelesen werden könnte?

VIRGINIA Nein, der Erzbischof wird selig sein. Er ist so praktisch.

GALILEI Ich verlasse mich auf dein Urteil. Was kommt als nächstes?

VIRGINIA Ein wunderschöner Spruch: »Wenn ich schwach bin, da bin ich stark.«

GALILEI Keine Auslegung.

VIRGINIA Aber warum nicht?

GALILEI Was kommt als nächstes?

VIRGINIA »Auf daß ihr begreifen möget, daß Christum liebhaben viel besser ist denn alles Wissen.« Paulus an die Epheser III, 19.

GALILEI Besonders danke ich Eurer Eminenz für das herrliche Zitat aus den Epheser-Briefen. Angeregt dadurch, fand ich in unserer unnachahmbaren Imitatio noch folgendes. *Zitiert auswendig*: »Er, zu dem das ewige Wort spricht, ist frei von vielem Gefrage.« Darf ich bei dieser Gelegenheit in eigener Sache sprechen? Noch immer wird mir vorgeworfen, daß ich einmal über die Himmelskörper ein Buch in der Sprache des Marktes verfaßt habe. Es war damit nicht meine Absicht, vorzuschlagen oder gutzuheißen, daß Bücher über so viel wichtigere Gegenstände, wie zum Beispiel Theologie, in dem Jargon der Teigwarenverkäufer verfaßt würden. Das Argument für den lateinischen Gottesdienst, daß durch die Universalität dieser Sprache alle Völker die Heilige Messe in gleicher Weise hören, scheint mir wenig glücklich, da von den niemals verlegenen Spöttern eingewendet werden könnte, keines der Völker verstünde so den Text. Ich verzichte gern auf billige Verständlichkeit heiliger Dinge. Das Latein der Kanzel, das die ewige Wahrheit der Kirche gegen die Neugier der Unwissenden schützt, erweckt Vertrauen, wenn gesprochen von den priesterlichen Söhnen der unteren Klassen mit den Betonungen des ortsansässigen Dialekts. – Nein, streich das aus.

VIRGINIA Das Ganze?

GALILEI Alles nach den Teigwarenverkäufern.

Es wird am Tor geklopft. Virginia geht in den Vorraum. Der Mönch öffnet. Es ist Andrea Sarti. Er ist jetzt ein Mann in den mittleren Jahren.

ANDREA Guten Abend. Ich bin im Begriff, Italien zu verlassen, um in Holland wissenschafftich zu arbeiten, und bin gebeten worden, ihn auf der Durchreise aufzusuchen, damit ich über ihn berichten kann.

VIRGINIA Ich weiß nicht, ob er dich sehen will. Du bist nie gekommen.

ANDREA Frag ihn. *Galilei hat die Stimme erkannt. Er sitzt unbeweglich. Virginia geht hinein zu ihm.*

GALILEI Ist es Andrea?

VIRGINIA Ja. Soll ich ihn wegschicken?

GALILEI *nach einer Pause:* Führ ihn herein.

Virginia führt Andrea herein.

VIRGINIA *zum Mönch:* Er ist harmlos. Er war sein Schüler. So ist er jetzt sein Feind.

GALILEI Laß mich allein mit ihm, Virginia.

VIRGINIA Ich will hören, was er erzählt. *Sie setzt sich.*

ANDREA *kühl:* Wie geht es Ihnen?

GALILEI Tritt näher. Was machst du? Erzähl von deiner Arbeit. Ich höre, es ist über Hydraulik.

ANDREA Fabrizius in Amsterdam hat mir aufgetragen, mich nach Ihrem Befinden zu erkundigen.

Pause.

GALILEI Ich befinde mich wohl. Man schenkt mir große Aufmerksamkeit.

ANDREA Es freut mich, berichten zu können, daß Sie sich wohl befinden.

GALILEI Fabrizius wird erfreut sein, es zu hören. Und du kannst ihn informieren, daß ich in angemessenem Komfort lebe. Durch die Tiefe meiner Reue habe ich mir die Gunst meiner Oberen so weit erhalten können, daß mir in bescheidenem Umfang wissenschaftliche Studien unter geistlicher Kontrolle gestattet werden konnten.

ANDREA Jawohl. Auch wir hörten, daß die Kirche mit Ihnen zufrieden ist. Ihre völlige Unterwerfung hat gewirkt. Es wird versichert, die Oberen hatten mit Genugtuung festgestellt, daß in Italien kein Werk mit neuen Behauptungen mehr veröffentlicht wurde, seit Sie sich unterwarfen.

GALILEI *horchend*: Leider gibt es Länder, die sich der Obhut der Kirche entziehen. Ich fürchte, daß die verurteilten Lehren dort weitergefördert werden.

ANDREA Auch dort trat infolge Ihres Widerrufs ein für die Kirche erfreulicher Rückschlag ein.

GALILEI Wirklich? *Pause*. Nichts von Descartes? Nichts aus Paris?

ANDREA Doch. Auf die Nachricht von Ihrem Widerruf stopfte er seinen Traktat über die Natur des Lichts in die Lade.

Lange Pause.

GALILEI Ich bin in Sorge einiger wissenschaftlicher Freunde wegen, die ich auf die Bahn des Irrtums geleitet habe. Sind sie durch meinen Widerruf belehrt worden?

ANDREA Um wissenschaftlich arbeiten zu können, habe ich vor, nach Holland zu gehen. Man gestattet nicht dem Ochsen, was Jupiter sich nicht gestattet.

GALILEI Ich verstehe.

ANDREA Federzoni schleift wieder Linsen, in irgendeinem Mailänder Laden.

GALILEI *lacht*: Er kann nicht Latein.

Pause.

ANDREA Fulganzio, unser kleiner Mönch, hat die Forschung aufgegeben und ist in den Schoß der Kirche zurückgekehrt.

GALILEI Ja. *Pause*.

GALILEI Meine Oberen sehen auch meiner seelischen Wiedergesundung entgegen. Ich mache bessere Fortschritte, als zu erwarten war.

ANDREA So.

VIRGINIA Der Herr sei gelobt.

GALILEI *barsch*: Sieh nach den Gänsen, Virginia.

Virginia geht zornig hinaus. Im Vorbeigehen wird sie vom Mönch angesprochen.

DER MÖNCH Der Mensch mißfällt mir.

VIRGINIA Er ist harmlos. Sie hören doch. *Im Weggehen:* Wir haben frischen Ziegenkäse bekommen.

Der Mönch folgt ihr hinaus.

ANDREA Ich werde die Nacht durch fahren, um die Grenze morgen früh überschreiten zu können. Kann ich gehen?

GALILEI Ich weiß nicht, warum du gekommen bist, Sarti. Um mich aufzustören? Ich lebe vorsichtig und ich denke vorsichtig, seit ich hier bin. Ich habe ohnedies meine Rückfälle.

ANDREA Ich möchte Sie lieber nicht aufregen, Herr Galilei.

GALILEI Barberini nannte es die Krätze. Er war selber nicht gänzlich frei davon. Ich habe wieder geschrieben.

ANDREA So.

GALILEI Ich schrieb die »Discorsi« fertig.

ANDREA Was? Die »Gespräche, betreffend zwei neue Wissenszweige: Mechanik und Fallgesetze«? Hier?

GALILEI Oh, man gibt mir Papier und Feder. Meine Oberen sind keine Dummköpfe. Sie wissen, daß eingewurzelte Laster nicht von heute auf morgen abgebrochen werden können. Sie schützen mich vor mißlichen Folgen, indem sie Seite für Seite wegschließen.

ANDREA O Gott!

GALILEI Sagtest du etwas?

ANDREA Man läßt Sie Wasser pflügen! Man gibt Ihnen Papier und Feder, damit Sie sich beruhigen! Wie konnten Sie überhaupt schreiben mit diesem Ziel vor Augen?

GALILEI Oh, ich bin ein Sklave meiner Gewohnheiten.

ANDREA Die »Discorsi« in der Hand der Mönche! Und Amsterdam und London und Prag hungern danach!

GALILEI Ich kann Fabrizius jammern hören, pochend auf sein Pfund Fleisch, selber in Sicherheit sitzend, in Amsterdam.

ANDREA Zwei neue Wissenszweige so gut wie verloren!

GALILEI Es wird ihn und einige andre ohne Zweifel erheben zu hören, daß ich die letzten kümmerlichen Reste meiner Bequemlichkeit aufs Spiel gesetzt habe, eine Abschrift zu machen, hinter meinem Rücken sozusagen, aufbrauchend die letzte Unze Licht der helleren Nächte von sechs Monaten.

ANDREA Sie haben eine Abschrift?

GALILEI Meine Eitelkeit hat mich bisher davon zurückgehalten, sie zu vernichten.

ANDREA Wo ist sie?

GALILEI »Wenn dich dein Auge ärgert, reiß es aus.« Wer immer das schrieb, wußte mehr über Komfort als ich. Ich nehme an, es ist die Höhe der Torheit, sie auszuhändigen. Da ich es nicht fertiggebracht habe, mich von wissenschaftlichen Arbeiten fernzuhalten, könnt ihr sie ebensogut haben. Die Abschrift liegt im Globus. Solltest du erwägen, sie nach Holland mitzunehmen, würdest du natürlich die gesamte Verantwortung zu schultern haben. Du hättest sie in diesem Fall von jemandem gekauft, der Zutritt zum Original im Heiligen Offizium hat.

Andrea ist zum Globus gegangen. Er holt die Abschrift heraus.

ANDREA Die »Discorsi«! *Er blättert in dem Manuskript. Liest:* »Mein Vorsatz ist es, eine sehr neue Wissenschaft aufzustellen, handelnd von einem sehr alten Gegenstand, der Bewegung. Ich habe durch Experimente einige ihrer Eigenschaften entdeckt, die wissenswert sind.«

GALILEI Etwas mußte ich anfangen mit meiner Zeit.

ANDREA Das wird eine neue Physik begründen.

GALILEI Stopf es untern Rock.

ANDREA Und wir dachten, Sie wären übergelaufen! Meine Stimme war die lauteste gegen Sie!

GALILEI Das gehörte sich. Ich lehrte dich Wissenschaft, und ich verneinte die Wahrheit.

ANDREA Dies ändert alles. Alles.

GALILEI Ja?

ANDREA Sie versteckten die Wahrheit. Vor dem Feind. Auch auf dem Felde der Ethik waren Sie uns um Jahrhunderte voraus.

GALILEI Erläutere das, Andrea.

ANDREA Mit dem Mann auf der Straße sagten wir: Er wird sterben, aber er wird nie widerrufen. – Sie kamen zurück: Ich habe widerrufen, aber ich werde leben. – Ihre Hände sind befleckt, sagten wir. Sie sagen: Besser befleckt als leer.

GALILEI Besser befleckt als leer. Klingt realistisch. Klingt nach mir. Neue Wissenschaft, neue Ethik.

ANDREA Ich vor allen andern hatte es wissen müssen! Ich war elf, als Sie eines andern Mannes Fernrohr an den Senat von Venedig verkauften. Und ich sah Sie von diesem Instrument unsterblichen Gebrauch machen. Ihre Freunde schüttelten die Köpfe, als Sie sich vor dem Kind in Florenz beugten: die Wissenschaft gewann Publikum. Sie lachten immer schon über die Helden. »Leute, welche leiden, langweilen mich«, sagten Sie. »Unglück stammt von mangelhaften Berechnungen.« Und: »Angesichts von Hindernissen mag die kürzeste Linie zwischen zwei Punkten die krumme sein.«

GALILEI Ich entsinne mich.

ANDREA Als es Ihnen dann 33 gefiel, einen volkstümlichen Punkt Ihrer Lehren zu widerrufen, hätte ich wissen müssen, daß Sie sich lediglich aus einer hoffnungslosen politischen Schlägerei zurückzogen, um das eigentliche Geschäft der Wissenschaft weiter zu betreiben.

GALILEI Welches besteht in ...

ANDREA ... dem Studium der Eigenschaften der Bewegung, Mutter der Maschinen, die allein die Erde so bewohnbar machen werden, daß der Himmel abgetragen werden kann.

GALILEI Aha.

ANDREA Sie gewannen die Muße, ein wissenschaftliches Werk zu schreiben, das nur Sie schreiben konnten. Hätten Sie in einer Gloriole von Feuer auf dem Scheiterhaufen geendet, wären die andern die Sieger gewesen.

GALILEI Sie sind die Sieger. Und es gibt kein wissenschaftliches Werk, das nur ein Mann schreiben kann.

ANDREA Warum dann haben Sie widerrufen?

GALILEI Ich habe widerrufen, weil ich den körperlichen Schmerz fürchtete.

ANDREA Nein!

GALILEI Man zeigte mir die Instrumente.

ANDREA So war es kein Plan?

GALILEI Es war keiner.

Pause.

ANDREA *laut*: Die Wissenschaft kennt nur ein Gebot: den wissenschaftlichen Beitrag.

GALILEI Und den habe ich geliefert. Willkommen in der

Gosse, Bruder in der Wissenschaft und Vetter im Verrat! Iẞt du Fisch? Ich habe Fisch. Was stinkt, ist nicht mein Fisch, sondern ich. Ich verkaufe aus, du bist ein Käufer. O unwiderstehlicher Anblick des Buches, der geheiligten Ware! Das Wasser läuft im Mund zusammen und die Flüche ersaufen. Die Große Babylonische, das mörderische Vieh, die Scharlachene, öffnet die Schenkel, und alles ist anders! Geheiliget sei unsre schachernde, weißwaschende, todfürchtende Gemeinschaft!

ANDREA Todesfurcht ist menschlich! Menschliche Schwächen gehen die Wissenschaft nichts an.

GALILEI Nein?! – Mein lieber Sarti, auch in meinem gegenwärtigen Zustand fühle ich mich noch fähig, Ihnen ein paar Hinweise darüber zu geben, was die Wissenschaft alles angeht, der Sie sich verschrieben haben.

Eine kleine Pause.

GALILEI *akademisch, die Hände über dem Bauch gefaltet*: In meinen freien Stunden, deren ich viele habe, bin ich meinen Fall durchgegangen und habe darüber nachgedacht, wie die Welt der Wissenschaft, zu der ich mich selber nicht mehr zähle, ihn zu beurteilen haben wird. Selbst ein Wollhändler muß, außer billig einkaufen und teuer verkaufen, auch noch darum besorgt sein, daß der Handel mit Wolle unbehindert vor sich gehen kann. Der Verfolg der Wissenschaft scheint mir diesbezüglich besondere Tapferkeit zu erheischen. Sie handelt mit Wissen, gewonnen durch Zweifel. Wissen verschaffend über alles für alle, trachtet sie, Zweifler zu machen aus allen. Nun wird der Großteil der Bevölkerung von ihren Fürsten, Grundbesitzern und Geistlichen in einem perlmutternen Dunst von Aberglauben und alten Wörtern gehalten, welcher die Machinationen dieser Leute verdeckt. Das Elend der Vielen ist alt wie das Gebirge und wird von Kanzel und Katheder herab für unzerstörbar erklärt wie das Gebirge. Unsere neue Kunst des Zweifelns entzückte das große Publikum. Es riß uns das Teleskop aus der Hand und richtete es auf seine Peiniger, Fürsten, Grundbesitzer, Pfaffen. Diese selbstischen und gewalttätigen Männer, die sich die Früchte der Wissenschaft gierig zunutze gemacht haben, fühlten zugleich das kalte Auge der Wissenschaft auf ein tausendjähriges, aber künstliches Elend gerichtet, das deutlich beseitigt werden konnte, indem sie beseitigt wurden. Sie überschütteten uns mit Drohungen und Bestechungen, unwiderstehlich für schwache Seelen. Aber können wir uns der Menge verweigern und doch Wissenschaftler bleiben? Die Bewegungen der Himmelskörper sind übersichtlicher geworden; immer noch unberechenbar sind den Völkern die Bewegungen ihrer Herrscher. Der Kampf um die Meßbarkeit des Himmels ist gewonnen durch Zweifel; durch Gläubigkeit muß der Kampf der römischen Hausfrau um Milch immer aufs neue verlorengehen. Die Wissenschaft, Sarti, hat mit beiden Kämpfen zu tun. Eine Menschheit, stolpernd in einem Perlmutterdunst von Aberglauben und alten Wörtern, zu unwissend, ihre eigenen Kräfte voll zu entfalten, wird nicht fähig sein, die Kräfte der Natur zu entfalten, die ihr enthüllt. Wofür arbeitet ihr? Ich halte dafür, daß das einzige Ziel der Wissenschaft darin besteht, die Mühseligkeit der menschlichen Existenz zu erleichtern. Wenn Wissenschaftler, eingeschüchtert durch selbstsüchtige Machthaber, sich damit begnügen, Wissen um des Wissens willen aufzuhaufen, kann die Wissenschaft zum Krüppel gemacht werden, und eure neuen Maschinen mögen nur neue Drangsale bedeuten. Ihr mögt mit der Zeit alles entdecken, was es zu entdecken gibt, und euer Fortschritt wird doch nur ein Fortschreiten von der Menschheit weg sein. Die Kluft zwischen euch und ihr kann eines Tages so groß werden, daß euer Jubelschrei über irgendeine neue Errungenschaft von einem universalen Entsetzensschrei beantwortet werden könnte. – Ich hatte als Wissenschaftler eine einzigartige Möglichkeit. In meiner Zeit erreichte die Astronomie die Marktplätze. Unter diesen ganz besonderen Umständen hätte die Standhaftigkeit eines Mannes große Erschütterungen hervorrufen können. Hätte ich widerstanden, hätten die Naturwissenschaftler etwas wie den hippokratischen Eid der Ärzte entwickeln können, das Gelöbnis, ihr Wissen einzig zum Wohle der Menschheit anzuwenden! Wie es nun steht, ist das Höchste, was man erhoffen kann, ein Geschlecht erfinderischer Zwerge, die für alles gemietet werden können. Ich habe zudem die Überzeugung gewonnen, Sarti, daß ich niemals in wirklicher Gefahr schwebte. Einige Jahre lang war ich ebenso stark wie die Obrigkeit. Und ich überlieferte mein Wissen den Machthabern, es zu gebrauchen, es nicht zu gebrauchen, es zu mißbrauchen, ganz wie es ihren Zwecken diente.

Virginia ist mit einer Schüssel hereingekommen und bleibt stehen.

GALILEI Ich habe meinen Beruf verraten. Ein Mensch, der das tut, was ich getan habe, kann in den Reihen der Wissenschaft nicht geduldet werden.

VIRGINIA Du bist aufgenommen in den Reihen der Gläubigen.

Sie geht und stellt die Schüssel auf den Tisch.

GALILEI Richtig. – Ich muß jetzt essen.

Andrea hält ihm die Hand hin. Galilei sieht die Hand, ohne sie zu nehmen.

GALILEI Du lehrst jetzt selber. Kannst du es dir leisten, eine Hand wie die meine zu nehmen? *Er geht zum Tisch.* Jemand, der hier durch kam, hat mir Gänse geschickt. Ich esse immer noch gern.

ANDREA So sind Sie nicht mehr der Meinung, daß ein neues Zeitalter angebrochen ist?

GALILEI Doch. – Gib acht auf dich, wenn du durch Deutschland kommst, die Wahrheit unter dem Rock.

ANDREA *außerstande zu gehen*: Hinsichtlich Ihrer Einschätzung des Verfassers, von dem wir sprachen, weiß ich Ihnen keine Antwort. Aber ich kann mir nicht denken, daß Ihre mörderische Analyse das letzte Wort sein wird.

GALILEI Besten Dank, Herr. *Er fängt an zu essen.*

VIRGINIA Andrea hinausgeleitend: Wir haben Besucher aus der Vergangenheit nicht gern. Sie regen ihn auf.

Andrea geht. Virginia kommt zurück.

GALILEI Hast du eine Ahnung, wer die Gänse geschickt haben kann?

VIRGINIA Nicht Andrea.

GALILEI Vielleicht nicht. Wie ist die Nacht?

VIRGINIA *am Fenster*: Hell.

George Orwell

Durch einen Spiegel, rosarot

Es gibt immer ausgezeichnete, edle Gründe, die Wahrheit zu verbergen, und diese Gründe werden von Verfechtern der verschiedensten Sachen fast in denselben Worten vorgebracht. Mir wollte man einige meiner eigenen Schriften nicht drucken, weil man fürchtete, daß die Russen sie nicht mögen würden, und andere wurden nicht gedruckt, weil sie den britischen Imperialismus angriffen und von antibritischen Amerikanern zitiert werden könnten. *Jetzt* wird uns gesagt, daß jede offene Kritik des stalinistischen Regimes »das Mißtrauen der Russen verstärke«, doch sind es erst sieben Jahre her, seit uns gesagt wurde (in manchen Fällen von denselben Zeitungen), daß eine offene Kritik des Nazi-Regimes Hitlers Mißtrauen verstärken würde. Noch 1941 erklärten einige der katholischen Blätter, daß die Anwesenheit von Labour-Ministern in der britischen Regierung Francos Mißtrauen verstärke und ihn mehr zu der Achse neigen lasse. Zurückblickend kann man sehen, daß, wenn die Briten und Amerikaner um 1933 nur begriffen hätten, wofür Hitler steht, der Krieg hätte abgewendet werden können. Ähnlich ist der erste Schritt zu anständigen anglo-russischen Beziehungen die Aufgabe von Illusionen. Im Prinzip wären die meisten Leute damit einverstanden: aber die Aufgabe von Illusionen bedeutet die Veröffentlichung von Fakten, und Fakten können im allgemeinen recht unangenehm sein.

Das ganze Argument, daß man nicht offen sprechen darf, weil man damit dieser oder jener unheilvollen einflußreichen Persönlichkeit »in die Hände spielt«, ist insofern unehrlich, als die Leute es nur verwenden, wenn es ihnen paßt. Wie ich dargelegt habe, waren diejenigen, die am meisten besorgt sind, den Tories in die Hände zu spielen, am wenigsten besorgt, in die Hände der Nazis zu spielen. Die Katholiken, die sagten »Beleidigt Franco nicht, da ihr damit Hitler helft«, hatten Hitler mehr oder weniger bewußt schon Jahre vorher geholfen. Unter diesem Argument liegt immer die Absicht, Propaganda für irgendeine einzelne Interessengruppe zu betreiben und Kritiker so weit einzuschüchtern, daß sie schweigen, indem man ihnen sagt, daß sie »objektiv gesehen« reaktionär sind. Es ist ein verlockendes Manöver, und ich habe es selbst mehr als einmal benutzt, aber es ist unehrlich. Ich glaube, man ist weniger dazu geneigt, wenn man sich daran erinnert, daß die Vorteile einer Lüge immer kurzlebig sind. Wie oft erscheint es einem eine ausdrückliche Pflicht, die Fakten zu verheimlichen oder zu färben! Und trotzdem kann ein echter Fortschritt nur durch vermehrte Aufklärung stattfinden, was soviel bedeutet wie die fortwährende Zerstörung von Mythen.

Wilhelm Busch

Wer möchte diesen Erdenball
Noch fernerhin betreten,
Wenn wir Bewohner überall
Die Wahrheit sagen täten.

Ihr hießet uns, wir hießen euch
Spitzbuben und Halunken,
Wir sagten uns fatales Zeug
Noch eh wir uns betrunken.

Und überall im weiten Land,
Als langbewährtes Mittel,
Entsproßte aus der Menschenhand
Der treue Knotenknittel.

Da lob ich mir die Höflichkeit,
Das zierliche Betrügen.
Du weißt Bescheid, ich weiß Bescheid;
Und allen macht's Vergnügen.

Hans Magnus Enzensberger

Friedenskongreß

Ein Flugzeug landet mit hundert Lügnern an Bord.
Mit einer Handvoll Blumen empfängt sie die Stadt,
mit einem Geruch nach Naphta und Schweiß,
mit einem Wind aus den Ebenen Asiens.

Unter den Scheinwerfern sagen die Lügner
in fünfzig Sprachen: Wir sind gegen den Krieg.
Schweigend geb ich den Lügnern recht.
Die Lügner sagen die Wahrheit, doch
warum brauchen sie fünfzig Stunden
für einen einzigen Satz?

Wenn sie abreisen, sind die Blumen grau.
Die Aschbecher fließen über
von solidarischen Kippen,
unerschütterlichen Zigarrenenden
und unbesieglichen Stummeln.
In den Spucknäpfen schwimmt der Frieden.

Im Weißen Haus, unter den Scheinwerfern
verkünden zur selben Stunde die ehrlichen Leute
eine andere Wahrheit: Der Krieg wächst.
Nur die Lügner sind unerschütterlich.

Im Weißen Haus sind die Blumen frisch,
die Spucknäpfe desinfiziert
und die Aschbecher sauber wie Bomben.

Ein Windstoß fährt über die Stadt,
ein Wind aus den Ebenen Asiens. So pfeift
eine gedrosselte Frau, die um ihr Leben kämpft.

Richard von Weizsäcker

*Zum 40. Jahrestag der Beendigung des Krieges in Europa und der nationalsozialistischen Gewaltherrschaft**

I.

Viele Völker gedenken heute des Tages, an dem der zweite Weltkrieg in Europa zu Ende ging. Seinem Schicksal gemäß hat jedes Volk dabei seine eigenen Gefühle. Sieg oder Niederlage, Befreiung von Unrecht und Fremdherrschaft oder Übergang zu neuer Abhängigkeit, Teilung, neue Bündnisse, gewaltige Machtverschiebungen – der 8. Mai 1945 ist ein Datum von entscheidender historischer Bedeutung in Europa.

Wir Deutsche begehen den Tag unter uns, und das ist notwendig. Wir müssen die Maßstäbe allein finden. Schonung unserer Gefühle durch uns selbst oder durch andere hilft nicht weiter. Wir brauchen und wir haben die Kraft, der Wahrheit, so gut wir es können, ins Auge zu sehen, ohne Beschönigung und ohne Einseitigkeit.

Der 8. Mai ist für uns vor allem ein Tag der Erinnerung an das, was Menschen erleiden mußten. Er ist zugleich ein Tag des Nachdenkens über den Gang unserer Geschichte. Je ehrlicher wir ihn begehen, desto freier sind wir, uns seinen Folgen verantwortlich zu stellen.

---

* Ansprache am 8. Mai 1985 in der Gedenkstunde im Plenarsaal des Deutschen Bundestages

Der 8. Mai ist für uns Deutsche kein Tag zum Feiern. Die Menschen, die ihn bewußt erlebt haben, denken an ganz persönliche und damit ganz unterschiedliche Erfahrungen zurück. Der eine kehrte heim, der andere wurde heimatlos. Dieser wurde befreit, für jenen begann die Gefangenschaft. Viele waren einfach nur dafür dankbar, daß Bombennächte und Angst vorüber und sie mit dem Leben davongekommen waren. Andere empfanden Schmerz über die vollständige Niederlage des eigenen Vaterlandes. Verbittert standen Deutsche vor zerrissenen Illusionen, dankbar andere Deutsche für den geschenkten neuen Anfang.

Es war schwer, sich alsbald klar zu orientieren. Ungewißheit erfüllte das Land. Die militärische Kapitulation war bedingungslos. Unser Schicksal lag in der Hand der Feinde. Die Vergangenheit war furchtbar gewesen, zumal auch für viele dieser Feinde. Würden sie uns nun nicht vielfach entgelten lassen, was wir ihnen angetan hatten?

Die meisten Deutschen hatten geglaubt, für die gute Sache des eigenen Landes zu kämpfen und zu leiden. Und nun sollte sich herausstellen: Das alles war nicht nur vergeblich und sinnlos, sondern es hatte den unmenschlichen Zielen einer verbrecherischen Führung gedient. Erschöpfung, Ratlosigkeit und neue Sorgen kennzeichneten die Gefühle der meisten. Würde man noch eigene Angehörige finden? Hatte ein Neuaufbau in diesen Ruinen überhaupt Sinn?

Der Blick ging zurück in einen dunklen Abgrund der Vergangenheit und nach vorn in eine ungewisse, dunkle Zukunft.

Und dennoch wurde von Tag zu Tag klarer, was es heute für uns alle gemeinsam zu sagen gilt: Der 8. Mai war ein Tag der Befreiung. Er hat uns alle befreit von dem menschenverachtenden System der nationalsozialistischen Gewaltherrschaft.

Niemand wird um dieser Befreiung willen vergessen, welche schweren Leiden für viele Menschen mit dem 8. Mai erst begannen und danach folgten. Aber wir dürfen nicht im Ende des Krieges die Ursache für Flucht, Vertreibung und Unfreiheit sehen. Sie liegt viel mehr in seinem Anfang und im Beginn jener Gewaltherrschaft, die zum Krieg führte.

Wir dürfen den 8. Mai 1945 nicht vom 30. Januar 1933 trennen.

Wir haben wahrlich keinen Grund, uns am heutigen Tag an Siegesfesten zu beteiligen. Aber wir haben allen Grund, den 8. Mai 1945 als das Ende eines Irrweges deutscher Geschichte zu erkennen, das den Keim der Hoffnung auf eine bessere Zukunft barg.

II.

Der 8. Mai ist ein Tag der Erinnerung. Erinnern heißt, eines Geschehens so ehrlich und rein zu gedenken, daß es zu einem Teil des eigenen Innern wird. Das stellt große Anforderungen an unsere Wahrhaftigkeit.

Wir gedenken heute in Trauer aller Toten des Krieges und der Gewaltherrschaft.

Wir gedenken insbesondere der sechs Millionen Juden, die in deutschen Konzentrationslagern ermordet wurden.

Wir gedenken aller Völker, die im Krieg gelitten haben, vor allem der unsäglich vielen Bürger der Sowjetunion und der Polen, die ihr Leben verloren haben.

Als Deutsche gedenken wir in Trauer der eigenen

Landsleute, die als Soldaten, bei den Fliegerangriffen in der Heimat, in Gefangenschaft und bei der Vertreibung ums Leben gekommen sind.

Wir gedenken der ermordeten Sinti und Roma, der getöteten Homosexuellen, der umgebrachten Geisteskranken, der Menschen, die um ihrer religiösen oder politischen Überzeugung willen sterben mußten.

Wir gedenken der erschossenen Geiseln.

Wir denken an die Opfer des Widerstandes in allen von uns besetzten Staaten.

Als Deutsche ehren wir das Andenken der Opfer des deutschen Widerstandes, des bürgerlichen, des militärischen und glaubensbegründeten, des Widerstandes in der Arbeiterschaft und bei Gewerkschaften, des Widerstandes der Kommunisten.

Wir gedenken derer, die nicht aktiv Widerstand leisteten, aber eher den Tod hinnahmen, als ihr Gewissen zu beugen.

Neben dem unübersehbar großen Heer der Toten erhebt sich ein Gebirge menschlichen Leids,
Leid um die Toten,
Leid durch Verwundung und Verkrüppelung,
Leid durch unmenschliche Zwangssterilisierung,
Leid in Bombennächten,
Leid durch Flucht und Vertreibung, durch Vergewaltigung und Plünderung, durch Zwangsarbeit, durch Unrecht und Folter, durch Hunger und Not,
Leid durch Angst vor Verhaftung und Tod,
Leid durch Verlust all dessen, woran man irrend geglaubt und wofür man gearbeitet hatte.

Heute erinnern wir uns dieses menschlichen Leids und gedenken seiner in Trauer.

Den vielleicht größten Teil dessen, was den Menschen aufgeladen war, haben die Frauen der Völker getragen.

Ihre Leiden, ihre Entsagung und ihre stille Kraft vergißt die Weltgeschichte nur allzu leicht. Sie haben gebangt und gearbeitet, menschliches Leben getragen und beschützt. Sie haben getrauert um gefallene Väter und Söhne, Männer, Brüder und Freunde.

Sie haben in den dunkelsten Jahren das Licht der Humanität vor dem Erlöschen bewahrt.

Am Ende des Krieges haben sie als erste und ohne Aussicht auf eine gesicherte Zukunft Hand angelegt, um wieder einen Stein auf den anderen zu setzen, die Trümmerfrauen in Berlin und überall.

Als die überlebenden Männer heimkehrten, mußten Frauen oft wieder zurückstehen. Viele Frauen blieben auf Grund des Krieges allein und verbrachten ihr Leben in Einsamkeit.

Wenn aber die Völker an den Zerstörungen, den Verwüstungen, den Grausamkeiten und Unmenschlichkeiten innerlich nicht zerbrachen, wenn sie nach dem Krieg langsam wieder zu sich selbst kamen, dann verdanken wir es zuerst unseren Frauen.

III.

Am Anfang der Gewaltherrschaft hatte der abgrundtiefe Haß Hitlers gegen unsere jüdischen Mitmenschen gestanden. Hitler hatte ihn nie vor der Öffentlichkeit verschwiegen, sondern das ganze Volk zum Werkzeug dieses Hasses gemacht. Noch am Tag vor seinem Ende, am 30. April 1945, hatte er sein sogenanntes Testament mit den Worten abgeschlossen:

»Vor allem verpflichte ich die Führung der Nation und die Gefolgschaft zur peinlichen Einhaltung der Rassengesetze und zum unbarmherzigen Widerstand gegen den Weltvergifter aller Völker, dem internationalen Judentum.«

Gewiß, es gibt kaum einen Staat, der in seiner Geschichte immer frei blieb von schuldhafter Verstrickung in Krieg und Gewalt. Der Völkermord an den Juden jedoch ist beispiellos in der Geschichte.

Die Ausführung des Verbrechens lag in der Hand weniger. Vor den Augen der Öffentlichkeit wurde es abgeschirmt. Aber jeder Deutsche konnte miterleben, was jüdische Mitbürger erleiden mußten, von kalter Gleichgültigkeit über versteckte Intoleranz bis zu offenem Haß.

Wer konnte arglos bleiben nach den Bränden der Synagogen, den Plünderungen, der Stigmatisierung mit dem Judenstern, dem Rechtsentzug, den unaufhörlichen Schändungen der menschlichen Würde?

Wer seine Ohren und Augen aufmachte, wer sich informieren wollte, dem konnte nicht entgehen, daß Deportationszüge rollten. Die Phantasie der Menschen mochte für Art und Ausmaß der Vernichtung nicht ausreichen. Aber in Wirklichkeit trat zu den Verbrechen selbst der Versuch allzu vieler, auch in meiner Generation, die wir jung und an der Planung und Ausführung der Ereignisse unbeteiligt waren, nicht zur Kenntnis zu nehmen, was geschah.

Es gab viele Formen, das Gewissen ablenken zu lassen, nicht zuständig zu sein, wegzuschauen, zu schweigen. Als dann am Ende des Krieges die ganze unsagbare Wahrheit des Holocaust herauskam, beriefen sich allzu viele von uns darauf, nichts gewußt oder auch nur geahnt zu haben.

Schuld oder Unschuld eines ganzen Volkes gibt es nicht. Schuld ist, wie Unschluld, nicht kollektiv, sondern persönlich.

Es gibt entdeckte und verborgen gebliebene Schuld von Menschen. Es gibt Schuld, die sich Menschen eingestanden oder abgeleugnet haben. Jeder, der die Zeit mit vollem Bewußtsein erlebt hat, frage sich heute im stillen selbst nach seiner Verstrickung.

Der ganz überwiegende Teil unserer heutigen Bevölkerung war zur damaligen Zeit entweder im Kindesalter oder noch gar nicht geboren. Sie können nicht eine eigene Schuld bekennen für Taten, die sie gar nicht begangen haben.

Kein fühlender Mensch erwartet von ihnen, ein Büßerhemd zu tragen, nur weil sie Deutsche sind. Aber die Vorfahren haben ihnen eine schwere Erbschaft hinterlassen.

Wir alle, ob schuldig oder nicht, ob alt oder jung, müssen die Vergangenheit annehmen. Wir alle sind von ihren Folgen betroffen und für sie in Haftung genommen.

Jüngere und Ältere müssen und können sich gegenseitig helfen, zu verstehen, warum es lebenswichtig ist, die Erinnerung wachzuhalten.

Es geht nicht darum, Vergangenheit zu bewältigen. Das kann man gar nicht. Sie läßt sich ja nicht nachträglich ändern oder ungeschehen machen. Wer aber vor der Vergangenheit die Augen verschließt, wird blind für die Gegenwart. Wer sich der Unmenschlichkeit nicht erinnern will, der wird wieder anfällig für neue Ansteckungsgefahren.

Das jüdische Volk erinnert sich und wird sich immer erinnern. Wir suchen als Menschen Versöhnung.

Gerade deshalb müssen wir verstehen, daß es Versöhnung ohne Erinnerung gar nicht geben kann. Die Erfahrung millionenfachen Todes ist ein Teil des Innern jedes Juden in der Welt, nicht nur deshalb, weil Menschen ein solches Grauen nicht vergessen können. Sondern die Erinnerung gehört zum jüdischen Glauben.

Das Vergessenwollen verlängert das Exil, und das Geheimnis der Erlösung heißt Erinnerung.

Diese oft zitierte jüdische Weisheit will wohl besagen, daß der Glaube an Gott ein Glaube an sein Wirken in der Geschichte ist.

Die Erinnerung ist die Erfahrung vom Wirken Gottes in der Geschichte. Sie ist die Quelle des Glaubens an die Erlösung. Diese Erfahrung schafft Hoffnung, sie schafft Glauben an Erlösung, an Wiedervereinigung des Getrennten, an Versöhnung. Wer sie vergißt, verliert den Glauben.

Würden wir unsererseits vergessen wollen, was geschehen ist, anstatt uns zu erinnern, dann wäre dies nicht nur unmenschlich. Sondern wir würden damit dem Glauben der überlebenden Juden zu nahe treten, und wir würden den Ansatz zur Versöhnung zerstören.

Für uns kommt es auf ein Mahnmal des Denkens und Fühlens in unserem eigenen Inneren an.

IV.

Der 8. Mai ist ein tiefer, historischer Einschnitt, nicht nur in der deutschen, sondern auch in der europäischen Geschichte.

Der europäische Bürgerkrieg war an sein Ende gelangt, die alte europäische Welt zu Bruch gegangen. »Europa hatte sich ausgekämpft« (M. Stürmer). Die Begegnung amerikanischer und sowjetrussischer Soldaten an der Elbe wurde zu einem Symbol für das vorläufige Ende einer europäischen Ära.

Gewiß, das alles hatte seine alten geschichtlichen Wurzeln. Großen, ja bestimmenden Einfluß hatten die Europäer in der Welt, aber ihr Zusammenleben auf dem eigenen Kontinent zu ordnen, das vermochten sie immer schlechter. Über hundert Jahre lang hatte Europa unter dem Zusammenprall nationalsozialistischer Übersteigerungen gelitten. Am Ende des Ersten Weltkrieges war es zu Friedensverträgen gekommen. Aber ihnen hatte die Kraft gefehlt, Frieden zu stiften. Erneut waren nationalistische Leidenschaften aufgeflammt und hatten sich mit sozialen Notlagen verknüpft.

Auf dem Weg ins Unheil wurde Hitler die treibende Kraft. Er erzeugte und er nutzte Massenwahn. Eine schwache Demokratie war unfähig, ihm Einhalt zu gebieten. Und auch die europäischen Westmächte, nach Churchills Urteil »arglos, nicht schuldlos«, trugen durch Schwäche zur verhängnisvollen Entwicklung bei. Amerika hatte sich nach dem Ersten Weltkrieg wieder zurückgezogen und war in den 30er Jahren ohne Einfluß auf Europa.

Hitler wollte die Herrschaft über Europa, und zwar durch Krieg. Den Anlaß dafür suchte und fand er in Polen.

Am 23. Mai 1939 – wenige Monate vor Kriegsausbruch – erklärte er vor der deutschen Generalität:

»Weitere Erfolge können ohne Blutvergießen nicht mehr errungen werden ... Danzig ist nicht das Objekt, um das es geht.

Es handelt sich für uns um die Erweiterung des Lebensraumes im Osten und Sicherstellung der Ernährung ...

Es entfällt also die Frage, Polen zu schonen, und

bleibt der Entschluß, bei erster passender Gelegenheit Polen anzugreifen ...

Hierbei spielen Recht oder Unrecht oder Verträge keine Rolle.«

Am 23. August 1939 wurde der deutsch-sowjetische Nichtangriffspakt geschlossen. Das geheime Zusatzprotokoll regelte die bevorstehende Aufteilung Polens.

Der Vertrag wurde geschlossen, um Hitler den Einmarsch in Polen zu ermöglichen. Das war der damaligen Führung der Sowjetunion voll bewußt. Allen politisch denkenden Menschen jener Zeit war klar, daß der deutsch-sowjetische Pakt Hitlers Einmarsch in Polen und damit den Zweiten Weltkrieg bedeutete.

Dadurch wird die deutsche Schuld am Ausbruch des Zweiten Weltkrieges nicht verringert. Die Sowjetunion nahm den Krieg anderer Völker in Kauf, um sich am Ertrag zu beteiligen. Die Initiative zum Krieg aber ging von Deutschland aus, nicht von der Sowjetunion.

Es war Hitler, der zur Gewalt griff. Der Ausbruch des Zweiten Weltkrieges bleibt mit dem deutschen Namen verbunden.

Während des Krieges hat das nationalsozialistische Regime viele Völker gequält und geschändet.

Am Ende blieb nur noch ein Volk übrig, um gequält, geknechtet und geschändet zu werden: das eigene, das deutsche Volk. Immer wieder hat Hitler ausgesprochen: wenn das deutsche Volk schon nicht fähig sei in diesem Krieg zu siegen, dann möge es eben untergehen. Die anderen Völker wurden zunächst Opfer eines von Deutschland ausgehenden Krieges, bevor wir selbst zu Opfern unseres eigenen Krieges wurden.

Es folgte die von den Siegermächten verabredete Aufteilung Deutschlands in verschiedene Zonen. Inzwischen war die Sowjetunion in alle Staaten Ost- und Südwesteuropas, die während des Krieges von Deutschland besetzt worden waren, einmarschiert. Mit Ausnahme Griechenlands wurden alle diese Staaten sozialistische Staaten.

Die Spaltung Europas in zwei verschiedene politische Systeme nahm ihren Lauf. Es war erst die Nachkriegsentwicklung, die sie befestigte. Aber ohne den von Hitler begonnenen Krieg wäre sie nicht gekommen. Daran denken die betroffenen Völker zuerst, wenn sie sich des von der deutschen Führung ausgelösten Krieges erinnern.

Im Blick auf die Teilung unseres eigenen Landes und auf den Verlust großer Teile des deutschen Staatsgebietes denken auch wir daran. In seiner Predigt zum 8. Mai sagte Kardinal Meisner in Ost-Berlin: »Das trostlose Ergebnis der Sünde ist immer die Trennung.«

V.

Die Willkür der Zerstörung wirkte in der willkürlichen Verteilung der Lasten nach. Es gab Unschuldige, die verfolgt wurden, und Schuldige, die entkamen. Die einen hatten das Glück, zu Hause in vertrauter Umgebung ein neues Leben aufbauen zu können. Andere wurden aus der angestammten Heimat vertrieben. Wir in der späteren Bundesrepublik Deutschland erhielten die kostbare Chance der Freiheit. Vielen Millionen Landsleuten bleibt sie bis heute versagt.

Die Willkür der Zuteilung unterschiedlicher Schicksale ertragen zu lernen, war die erste Aufgabe im Geistigen, die sich neben der Aufgabe des materiellen Wiederaufbaus stellte. An ihr mußte sich die menschliche Kraft erproben, die Lasten anderer zu erkennen, an ihnen dauerhaft mitzutragen, sie nicht zu vergessen. In ihr mußte die Fähigkeit zum Frieden und die Bereitschaft zur Versöhnung nach innen und außen wachsen, die nicht nur andere von uns forderten, sondern nach denen es uns selbst am allermeisten verlangte.

Wir können des 8. Mai nicht gedenken, ohne uns bewußtzumachen, welche Überwindung die Bereitschaft zur Aussöhnung den ehemaligen Feinden abverlangte. Können wir uns wirklich in die Lage von Angehörigen der Opfer des Warschauer Ghettos oder des Massakers von Lidice versetzen?

Wie schwer mußte es aber auch einem Bürger in Rotterdam oder London fallen, den Wiederaufbau unseres Landes zu unterstützen, aus dem die Bomben stammten, die erst kurze Zeit zuvor auf seine Stadt gefallen waren. Dazu mußte allmählich eine Gewißheit wachsen, daß Deutsche nicht noch einmal versuchen würden, eine Niederlage mit Gewalt zu korrigieren.

Bei uns selbst wurde das Schwerste den Heimatvertriebenen abverlangt. Ihnen ist noch lange nach dem 8. Mai bitteres Leid und schweres Unrecht widerfahren. Um ihrem schweren Schicksal mit Verständnis zu begegnen, fehlt uns Einheimischen oft die Phantasie und auch das offene Herz.

Aber es gab alsbald auch große Zeichen der Hilfsbereitschaft. Viele Millionen Flüchtlinge und Vertriebene wurden aufgenommen. Im Laufe der Jahre konnten sie neue Wurzeln schlagen. Ihre Kinder und Enkel bleiben auf vielfache Weise der Kultur und der Liebe zur Heimat ihrer Vorfahren verbunden. Das ist gut so, denn das ist ein wertvoller Schatz in ihrem Leben.

Sie haben aber selbst eine neue Heimat gefunden, in der sie mit den gleichaltrigen Einheimischen aufwachsen und zusammenwachsen, ihre Mundart sprechen und ihre Gewohnheiten teilen. Ihr junges Leben ist ein Beweis für die Fähigkeit zum inneren Frieden. Ihre Großeltern oder Eltern wurden einst vertrieben, sie jedoch sind jetzt zu Hause.

Früh und beispielhaft haben sich die Heimatvertriebenen zum Gewaltverzicht bekannt. Das war keine vergängliche Erklärung im anfänglichen Stadium der Machtlosigkeit, sondern ein Bekenntnis, das seine Gültigkeit behält. Gewaltverzicht bedeutet, allseits das Vertrauen wachsen zu lassen, daß auch ein wieder zu Kräften gekommenes Deutschland daran gebunden bleibt.

Die eigene Heimat ist mittlerweile anderen zur Heimat geworden. Auf vielen alten Friedhöfen im Osten finden sich heute schon mehr polnische als deutsche Gräber.

Der erzwungenen Wanderschaft von Millionen Deutschen nach Westen folgten Millionen Polen und ihnen wiederum Millionen Russen. Es sind alles Menschen, die nicht gefragt wurden, Menschen, die Unrecht erlitten haben, Menschen, die wehrlose Objekte der politischen Ereignisse wurden und denen keine Aufrechnung von Unrecht und keine Konfrontation von Ansprüchen wiedergutmachen kann, was ihnen angetan worden ist.

Gewaltverzicht heute heißt, den Menschen dort, wo sie das Schicksal nach dem 8. Mai hingetrieben hat und wo sie nun seit Jahrzehnten leben, eine dauerhafte, politisch unangefochtene Sicherheit für ihre Zukunft zu geben. Dies heißt, den widerstreitenden Rechtsansprüchen das Verständigungsgebot überzuordnen.

Dann liegt der eigentliche, der menschliche Beitrag zu einer europäischen Friedensordnung, der von uns ausgehen kann.

Der Neuanfang in Europa nach 1945 hat dem Gedanken der Freiheit und Selbstbestimmung Siege und Niederlagen gebracht. Für uns gilt es, die Chance des Schlußstrichs unter eine lange Periode europäischer Geschichte zu nutzen, in der jedem Staat Frieden nur denkbar und sicher schien als Ergebnis eigener Überlegenheit und in der Frieden eine Zeit der Vorbereitung des nächsten Krieges bedeutete.

Die Völker Europas lieben ihre Heimat. Den Deutschen geht es nicht anders. Wer könnte der Friedensliebe eines Volkes vertrauen, das imstande wäre, seine Heimat zu vergessen?

Nein, Friedensliebe zeigt sich gerade darin, daß man seine Heimat nicht vergißt und eben deshalb entschlossen ist, alles zu tun, um immer in Frieden miteinander zu leben. Heimatliebe eines Vertriebenen ist kein Revanchismus.

VI.

Stärker als früher hat der letzte Krieg die Friedenssehnsucht im Herzen der Menschen geweckt. Die Versöhnungsarbeit von Kirchen fand eine tiefe Resonanz. Für die Verständigungsarbeit von jungen Menschen gibt es viele Beispiele. Ich denke an die »Aktion Sühnezeichen« mit ihrer Tätigkeit in Auschwitz und Israel. Eine Gemeinde der niederrheinischen Stadt Kleve erhielt neulich Brote aus polnischen Gemeinden als Zeichen der Aussöhnung und Gemeinschaft. Eines dieser Brote hat sie an einen Lehrer nach England geschickt. Denn dieser Lehrer aus England war aus der Anonymität herausgetreten und hatte geschrieben, er habe damals im Krieg als Bombenflieger Kirche und Wohnhäuser in Kleve zerstört und wünsche sich ein Zeichen der Aussöhnung.

Es hilft unendlich viel zum Frieden, nicht auf den anderen zu warten, bis er kommt, sondern auf ihn zuzugehen, wie dieser Mann es getan hat.

VII.

In seiner Folge hat der Krieg alte Gegner menschlich und auch politisch einander näher gebracht. Schon 1946 rief der amerikanische Außenminister Byrnes in seiner denkwürdigen Stuttgarter Rede zur Verständigung in Europa und dazu auf, dem deutschen Volk auf seinem Weg in eine freie und friedliebende Zukunft zu helfen.

Unzählige amerikanische Bürger haben damals mit ihren privaten Mitteln uns Deutsche, die Besiegten, unterstützt, um die Wunden des Krieges zu heilen.

Dank der Weitsicht von Franzosen wie Jean Monnet und Robert Schuman und von Deutschen wie Konrad Adenauer endete eine alte Feindschaft zwischen Franzosen und Deutschen für immer.

Ein neuer Strom von Aufbauwillen und Energie ging durch das eigene Land. Manche alte Gräben wurden zugeschüttet, konfessionelle Gegensätze und soziale Spannungen verloren an Schärfe. Partnerschaftlich ging man ans Werk.

Es gab keine »Stunde Null«, aber wir hatten die Chance zu einem Neubeginn. Wir haben sie genutzt, so gut wir konnten. An die Stelle der Unfreiheit haben wir die demokratische Freiheit gesetzt.

Vier Jahre nach Kriegsende, 1949, am heutigen 8. Mai, beschloß der Parlamentarische Rat unser Grundgesetz.

Über Parteigrenzen hinweg gaben seine Demokraten die Antwort auf Krieg und Gewaltherrschaft im Artikel I unserer Verfassung:

Das deutsche Volk bekennt sich darum zu unverletzlichen und unveräußerlichen Menschenrechten als Grundlage jeder menschlichen Gemeinschaft, des Friedens und der Gerechtigkeit in der Welt.

Auch an diese Bedeutung des 8. Mai gilt es heute zu erinnern.

Die Bundesrepublik Deutschland ist ein weltweit geachteter Staat geworden. Sie gehört zu den hochentwickelten Industrieländern der Welt. Mit ihrer wirtschaftlichen Kraft weiß sie sich mitverantwortlich dafür, Hunger und Not in der Welt zu bekämpfen und zu einem sozialen Ausgleich unter den Völkern beizutragen.

Wir leben seit vierzig Jahren in Frieden und Freiheit, und wir haben durch unsere Politik unter den freien Völkern des Atlantischen Bündnisses und der Europäischen Gemeinschaft dazu selbst einen großen Beitrag geleistet.

Nie gab es auf deutschem Boden einen besseren Schutz der Freiheitsrechte des Bürgers als heute. Ein dichtes soziales Netz, das den Vergleich mit keiner anderen Gesellschaft zu scheuen braucht, sichert die Lebensgrundlage der Menschen.

Hatten sich bei Kriegsende viele Deutsche noch darum bemüht, ihren Paß zu verbergen oder gegen einen anderen einzutauschen, so ist heute unsere Staatsbürgerschaft ein angesehenes Recht.

Wir haben wahrlich keinen Grund zu Überheblichkeit und Selbstgerechtigkeit. Aber wir dürfen uns der Entwicklung dieser vierzig Jahre dankbar erinnern, wenn wir das eigene historische Gedächtnis als Leitlinie für unser

Verhalten in der Gegenwart und für die ungelösten Aufgaben, die auf uns warten, nutzen.

– Wenn wir uns daran erinnern, daß Geisteskranke im Dritten Reich getötet wurden, werden wir die Zuwendung zu psychisch kranken Bürgern als unsere eigene Aufgabe verstehen.

– Wenn wir uns erinnern, wie rassisch, religiös und politisch Verfolgte, die vom sicheren Tod bedroht waren, oft vor geschlossenen Grenzen anderer Staaten standen, werden wir vor denen, die heute wirklich verfolgt sind und bei uns Schutz suchen, die Tür nicht verschließen.

– Wenn wir uns der Verfolgung des freien Geistes während der Diktatur besinnen, werden wir die Freiheit jedes Gedankens und jeder Kritik schützen, so sehr sie sich auch gegen uns selbst richten mag.

– Wer über die Verhältnisse im Nahen Osten urteilt, der möge an das Schicksal denken, das Deutsche den jüdischen Mitmenschen bereiteten und das die Gründung des Staates Israel unter Bedingungen auslöste, die noch heute die Menschen in dieser Region belasten und gefährden.

– Wenn wir daran denken, was unsere östlichen Nachbarn im Kriege erleiden mußten, werden wir besser verstehen, daß der Ausgleich, die Entspannung und die friedliche Nachbarschaft mit diesen Ländern zentrale Aufgaben der deutschen Außenpolitik bleiben. Es gilt, daß beide Seiten sich erinnern und beide Seiten einander achten. Sie haben menschlich, sie haben kulturell, sie haben letzten Endes auch geschichtlich allen Grund dazu.

Der Generalsekretär der Kommunistischen Partei der Sowjetunion, Michail Gorbatschow, hat verlautbart, es ginge der sowjetischen Führung beim vierzigsten Jahrestag des Kriegsendes nicht darum, antideutsche Gefühle zu schüren. Die Sowjetunion trete für Freundschaft zwischen den Völkern ein. Gerade wenn wir Fragen auch an sowjetische Beiträge zur Verständigung zwischen Ost und West und zur Achtung von Menschenrechten in allen Teilen Europas haben, gerade dann sollten wir dieses Zeichen aus Moskau nicht überhören. Wir wollen Freundschaft mit den Völkern der Sowjetunion.

VIII.

Vierzig Jahre nach dem Ende des Krieges ist das deutsche Volk nach wir vor geteilt.

Beim Gedenkgottesdienst in der Kreuzkirche zu Dresden sagte Bischof Hempel im Februar dieses Jahres:

Es lastet, es blutet, daß zwei deutsche Staaten entstanden sind mit ihrer schweren Grenze. Es lastet und blutet die Fülle der Grenzen überhaupt. Es lasten die Waffen.

Vor kurzem wurde in Baltimore in den Vereinigten Staaten eine Ausstellung »Juden in Deutschland« eröffnet. Die Botschafter beider deutscher Staaten waren der Einladung gefolgt. Der gastgebende Präsident der Johns-Hopkins-Universität begrüßte sie zusammen. Er verwies darauf, daß alle Deutschen auf dem Boden derselben historischen Entwicklung stehen. Eine gemeinsame Vergangenheit verknüpfe sie mit einem Band. Ein solches Band könne eine Freude oder ein Problem sein – es sei immer eine Quelle der Hoffnung.

Wir Deutsche sind ein Volk und eine Nation. Wir fühlen uns zusammengehörig, weil wir dieselbe Geschichte durchlebt haben.

Auch den 8. Mai 1945 haben wir als gemeinsames Schicksal unseres Volkes erlebt, das uns eint. Wir fühlen uns zusammengehörig in unserem Willen zum Frieden. Von deutschem Boden in beiden Staaten sollen Frieden und gute Nachbarschaft mit allen Ländern ausgehen. Auch andere sollen ihn nicht zur Gefahr für den Frieden werden lassen.

Die Menschen in Deutschland wollen gemeinsam einen Frieden, der Gerechtigkeit und Menschenrecht für alle Völker einschließt, auch für das unsrige.

Nicht ein Europa der Mauern kann sich über Grenzen hinweg versöhnen, sondern ein Kontinent, der seinen Grenzen das Trennende nimmt. Gerade daran mahnt uns das Ende des Zweiten Weltkrieges.

Wir haben die Zuversicht, daß der 8. Mai nicht das letzte Datum unserer Geschichte bleibt, das für alle Deutschen verbindlich ist.

IX.

Manche junge Menschen haben sich und uns in den letzten Monaten gefragt, warum es vierzig Jahre nach Ende des Krieges zu so lebhaften Auseinandersetzungen über die Vergangenheit gekommen ist. Warum lebhafter als nach fünfundzwanzig oder dreißig Jahren? Worin liegt die innere Notwendigkeit dafür?

Es ist nicht leicht, solche Fragen zu beantworten. Aber wir sollten die Gründe dafür nicht vornehmlich in äußeren Einflüssen suchen, obwohl es diese zweifellos auch gegeben hat.

Vierzig Jahre spielen in der Zeitspanne von Menschenleben und Völkerschicksalen eine große Rolle.

Auch hier erlauben Sie mir noch einmal einen Blick auf das Alte Testament, das für jeden Menschen, unabhängig von seinem Glauben, tiefe Einsichten aufbewahrt. Dort spielen vierzig Jahre eine häufig wiederkehrende, eine wesentliche Rolle.

Vierzig Jahre sollte Israel in der Wüste bleiben, bevor der neue Abschnitt in der Geschichte mit dem Einzug ins verheißene Land begann. Vierzig Jahre waren notwendig für einen vollständigen Wechsel der damals verantwortlichen Vätergeneration.

An anderer Stelle aber (Buch der Richter) wird aufgezeichnet, wie oft die Erinnerung an erfahrene Hilfe und Rettung nur vierzig Jahre dauerte. Wenn die Erinnerung abriß, war die Ruhe zu Ende.

So bedeuten vierzig Jahre stets einen großen Einschnitt. Sie wirken sich aus im Bewußtsein der Menschen, sei es als Ende einer dunklen Zeit mit der Zuversicht auf eine neue und gute Zukunft, sei es als Gefahr des Vergessens und als Warnung vor den Folgen. Über beides lohnt es sich nachzudenken.

Bei uns ist eine neue Generation in die politische Verantwortung hereingewachsen. Die Jungen sind nicht verantwortlich für das, was damals geschah. Aber sie sind verantwortlich für das, was in der Geschichte daraus wird.

Wir Älteren schulden der Jugend nicht die Erfüllung von Träumen, sondern Aufrichtigkeit. Wir müssen den Jüngeren helfen zu verstehen, warum es lebenswichtig ist, die Erinnerung wachzuhalten. Wir wollen ihnen helfen, sich auf die geschichtliche Wahrheit nüchtern und ohne Einseitigkeit einzulassen, ohne Flucht in utopische Heilslehren, aber auch ohne moralische Überheblichkeit.

Wir lernen aus unserer eigenen Geschichte, wozu der

Mensch fähig ist. Deshalb dürfen wir uns nicht einbilden, wir seien nun als Menschen anders und besser geworden.

Es gibt keine endgültig errungene moralische Vollkommenheit für niemanden und kein Land! Wir haben als Menschen gelernt, wir bleiben als Menschen gefährdet. Aber wir haben die Kraft, Gefährdungen immer von neuem zu überwinden.

Hitler hat stets damit gearbeitet, Vorurteile, Feindschaften und Haß zu schüren.

Die Bitte an die jungen Menschen lautet:

Lassen Sie sich nicht hineintreiben in Feindschaft und Haß
gegen andere Menschen,
gegen Russen und Amerikaner,
gegen Juden oder Türken,
gegen Alternative oder Konservative,
gegen Schwarz oder Weiß.

Lernen Sie, miteinander zu leben, nicht gegeneinander.

Lassen Sie auch uns als demokratisch gewählte Politiker dies immer wieder beherzigen und ein Beispiel geben.

Ehren wir die Freiheit.

Arbeiten wir für den Frieden.

Halten wir uns an das Recht.

Dienen wir unseren inneren Maßstäben der Gerechtigkeit.

Schauen wir am heutigen 8. Mai, so gut wir es können, der Wahrheit ins Auge.

Otto F. Bollnow

Wahrheit und Wahrhaftigkeit

Die Wahrhaftigkeit

Je weiter die Betrachtung fortschreitet, desto schwerer wird es, die zu behandelnden Tugenden in eine systematische Reihenfolge zu bringen; denn mit jeder neu in Angriff genommenen treten neue Gesichtspunkte hinzu, die immer wieder den bisherigen Aufbau als ungenügend erweisen. Das spürt man sofort, wenn man jetzt zu einer Gruppe weiterer Tugenden übergeht, von denen hier die Wahrhaftigkeit und die Treue etwas genauer untersucht werden sollen. Während es sich in den bisherigen Tugenden unmittelbar um das Verhalten des Menschen in seiner Welt und zu seiner Welt handelte, heben sich diese neuen Tugenden dadurch ab, daß es in ihnen in besonderer Weise um das Verhalten des Menschen zu sich selbst geht, ja in deren Bewährung, wie noch zu zeigen ist, sich überhaupt erst das Selbst in einem spezifischen Sinn ausbildet.

Die zersetzende Wirkung der Unwahrhaftigkeit

Der andersartige Charakter dieser neuen Tugenden wird schon beim ersten Beispiel deutlich: der Wahrhaftigkeit. Wir brauchen nur an die Erfahrungen unserer politischen Vergangenheit unter der Herrschaft eines autoritären

Systems zurückzudenken, um die entscheidende Bedeutung der Wahrhaftigkeit für die sittliche Gesundung des einzelnen wie der Gesellschaft im ganzen zu begreifen. Wo sie fehlt, wo der Geist der Unwahrhaftigkeit einzieht oder gar noch von oben her begünstigt wird, da ist eine allgemeine Aufweichung des sittlichen Bewußtseins, ja der menschlichen Substanz überhaupt die unausweichliche Folge. Aber es wäre falsch, das Problem der Wahrhaftigkeit mit einem besonderen politischen System in eine zu ausschließliche Beziehung zu setzen; in jedem politischen System, überhaupt wo Menschen unter der Herrschaft einer »öffentlichen Meinung« zusammenleben, entsteht dies Problem aus der Tendenz einer Anpassung des einzelnen an die Erwartungen, die von außen her an ihn herangebracht werden. Jede Macht, jeder Staat, jede Kirche, aber auch beispielsweise jede herrschende wissenschaftliche Anschauung oder künstlerische Strömung entwickelt notwendig die Tendenz, die Anpassung an ihre Wertungen zu fordern oder zu begünstigen. Immer entsteht dann für den einzelnen die Frage, wieweit er sich diesen Forderungen anpassen kann und wo er sich ihnen entgegensetzen muß. Der Widerspruch ist immer gefährlich. Daraus entspringt die Tendenz, sich auch da anzupassen, wo man es »eigentlich« nicht mehr verantworten kann. Damit beginnt der Geist der Unwahrhaftigkeit.

Eine solche Anpassung im Geist der Unwahrhaftigkeit kann ihrerseits noch sehr verschiedene Formen haben. Sie liegt nicht nur dort vor, wo der einzelne sich bewußt verstellt und Dinge sagt oder tut, die er für falsch hält; sie besteht ebensosehr bei dem, der in kluger Berechnung vielleicht niemals eine ausdrückliche Unwahrheit gesagt hat, aber durch Zweideutigkeit und geschicktes Schweigen den Zusammenstoß zu vermeiden verstand und darum, wie es in der Sprache bezeichnend heißt, nicht »auffiel«. Aber gefährlicher noch als die Formen des äußeren sind die Formen des inneren Paktierens: wo der Mensch sich der Notwendigkeit, gegen ein geschehenes Unrecht anzukämpfen, dadurch zu entziehen versucht, daß er sich bemüht, das Unrecht vor sich selbst zu rechtfertigen. So argumentiert er dann vor sich selber, daß es vielleicht »gar nicht so schlimm« sei, daß auch »etwas Gutes« daran sei, daß die ausgesprochene Lehre nicht so wörtlich zu nehmen sei und man sie für seinen Privatgebrauch auch etwas anders auffassen dürfe, daß ein beschränktes »Mitmachen« notwendig sei, um dadurch größeres Unheil zu verhindern, und wie die Überlegungen sonst auch immer lauten.

Es ist billig, sich in pharisäerhaftem Dünkel darüber zu erheben. Niemand kann sich diesen Konflikten in entsprechenden Lagen entziehen, und oft sind solche Entscheidungen von tiefer Verantwortung getragen. Unentrinnbar sind wir alle in diesen Geist der Unwahrhaftigkeit verstrickt. Aber ebenso unentrinnbar sind wir den Wirkungen dieser Unwahrhaftigkeit ausgeliefert: der Aufweichung des gesamten sittlichen Bewußtseins, in der nichts Festes mehr zu greifen ist. Und vor diesem Hintergrund einer alles zersetzenden Unwahrhaftigkeit hebt sich dann die ganze Bedeutung einer konzessionslosen Wahrhaftigkeit ab: Nur in ihr kann der Mensch sein eignes Wesen ergreifen.

Die Forderung der Wahrhaftigkeit tritt damit in das Zentrum der sittlichen Beurteilung. Sie ist unabdingbar. Mag sie im einzelnen Fall mehr oder weniger realisiert sein, ja in verzweifelten Lagen überhaupt unrealisierbar scheinen – in der Forderung selber ist etwas Absolutes ergriffen. Sie ist unabhängig von allem sonstigen Wechsel sittlicher Wertungen.

Die späte Entstehung der Wahrhaftigkeit

Aber trotzdem ist die Vorrangstellung der Wahrhaftigkeit schwer zu begründen. Auf keinen Fall steht die Wahrhaftigkeit im zeitlichen Sinn »vor« den andern Tugenden. Das spiegelt sich schon im sprachlichen Ausdruck wider; denn das Wort Wahrhaftigkeit verrät sich schon auf den ersten Blick als eine späte Ableitung von dem ursprünglichen Eigenschaftswort wahr. Und so ist die Wahrhaftigkeit auch keine von den einfachen Tugenden wie Ehrlichkeit und Hilfsbereitschaft und viele der andern bisher behandelten Beispiele, die in einer für die einfachen sittlichen Formen bezeichnenden Weise das objektive Verhalten des Menschen bezeichnen, so wie es sich im menschlichen Zusammenleben vor aller Scheidung von innen und außen dem betrachtenden Blick darbietet. Bei Homer beispielsweise würden wir vergeblich nach einem Äquivalent für diesen Tugendbegriff suchen. Die Wahrhaftigkeit kennzeichnet nämlich das menschliche Verhalten vom Subjektiven her und setzt also den Übergang von dem äußeren Anblick zu einer »psychologischen« Betrachtung voraus. Die Wertung der Wahrhaftigkeit ist also erst nach der Ausbildung einer ihrer selbst bewußten Subjektivität möglich.

Wir verdeutlichen dies an der eben genannten Situation, wo der Mensch durch eine opportunistische Anpassung an die Forderungen der faktischen Machthaber in den Geist der Unwahrhaftigkeit hineingetrieben wird. Wo eine solche Anpassung noch in unbewußten Formen geschieht, da gibt es noch gar nicht das Problem der Wahrhaftig- oder Unwahrhaftigkeit, denn der Mensch lebt noch ganz in der für ihn selbstverständlichen Übereinstimmung mit dem herrschenden Geist. Erst wo es zur Spannung zwischen dem individuellen Bewußtsein und dem kollektiven Geist gekommen ist und wo der einzelne diese Spannung auf sich nehmen muß, erst dort ergibt sich für ihn die Entscheidung zwischen Anpassung und Selbstbehauptung und damit zwischen Unwahrhaftigkeit und Wahrhaftigkeit. Von dieser Spannung zwischen dem einsamen Bewußtsein und einer ihm fremd gewordenen gesellschaftlichen Welt wird man daher bei der Erfassung der Wahrhaftigkeit ausgehen müssen. Nur von da aus läßt sich dann auch das Andersartige gegenüber den bisherigen Tugenden richtig begreifen.

Wahrheit und Wahrhaftigkeit

Daraus ergibt sich die Notwendigkeit, den bisher unbestimmt aufgenommenen Begriff der Wahrhaftigkeit genauer zu bestimmen. Auf den ersten Blick scheinen die Verhältnisse sehr einfach zu liegen: Während die Wahrheit (nach der überkommenen, aber für den gegenwärtigen Zusammenhang völlig ausreichenden Bestimmung) die (objektive) Übereinstimmung einer Aussage mit ihrem Gegenstand bedeutet, meint die Wahrhaftigkeit ihre (subjektive) Übereinstimmung mit der Meinung des Sprechenden. Der Gegenbegriff zur Wahrheit ist die Unwahrheit im Sinn der Unrichtigkeit oder Falschheit (in der objektiven Bedeutung dieses Worts); der Gegenbegriff zur Wahrhaftigkeit ist die Unwahrhaftigkeit im Sinn der Verlogenheit oder Heuchelei oder Verstellung. Aber schon der einfache Versuch einer solchen Gegenüberstellung zeigt, daß die Verhältnisse in Wirklichkeit nicht so einfach liegen. Der sachlich unwahren Aussage entspricht auf der subjektiven Seite nicht etwa die unwahrhaftige Aussage, sondern die Lüge, und Lüge ist etwas andres als Unwahrhaftigkeit. Während Wahrheit und Lüge der einzelnen Aussage zukommen, insofern der Mensch entweder in ihr zum angemessenen Ausdruck bringt, was er für wahr hält, oder etwas anderes vorgibt, von dem er weiß, daß es nicht wahr ist, charakterisieren die Begriffe der Wahrhaftigkeit oder Unwahrhaftigkeit überhaupt nicht den Menschen in bezug auf diese oder jene bestimmte Aussage, sondern sie treffen den Menschen im ganzen. Sie bezeichnen zwei verschiedene Haltungen des betreffenden Menschen.

Aber auch so sind die Verhältnisse noch zu einfach gesehen. Auch ein gewohnheitsmäßiger Lügner ist noch etwas andres als ein unwahrhaftiger Mensch. Die Lüge wendet sich nach außen. Sie will tauschen. Sie will überhaupt einen bestimmten Zweck in der Welt erreichen. Sie will mit Hilfe der unwahren Aussage einen bestimmten Vorteil erreichen oder einen bestimmten Nachteil vermeiden (oder in pathologischen Fallen vielleicht auch die Täuschung des andern als Selbstzweck genießen). Die Wahrhaftigkeit aber (oder Unwahrhaftigkeit) wendet sich nach innen, d. h. sie lebt in der Beziehung des Menschen zu sich selbst. Man spricht daher in einem betonten Sinn auch von einer inneren Wahrhaftigkeit. So etwa, wenn seinerzeit die Jugendbewegung in der bekannten Meißnerformel ihr Ziel dahin bestimmte, »in innerer Wahrhaftigkeit und aus eigener Verantwortung« zu leben. Die »innere Wahrhaftigkeit«, die hier, sehr bezeichnend für die genannte Spannung zu den kollektiven Mächten, mit der »eigenen Verantwortung« zusammengebracht wird, steht nicht etwa einer »äußeren Wahrhaftigkeit« gegenüber, sondern der Zusatz »innere« hebt nur mit besonderem Nachdruck eine Seite hervor, die an sich im Begriff der Wahrhaftigkeit selber schon mitgesetzt ist. Eine innere Wahrhaftigkeit ist wie ein runder Kreis, d. h. jede Wahrhaftigkeit ist ihrem Wesen zufolge schon immer eine innere. Es gibt keine andre.

Die Wahrhaftigkeit geht also auf das Verhalten des Menschen zu sich selbst. Sie bedeutet die innere Durchsichtigkeit und das freie Einstehen des Menschen für sich selbst. Und wenn man die Verhältnisse übersteigern wollte, so könnte man geradezu sagen, daß auch der innerlich wahrhaftige Mensch lügen kann. Eine ehrliche Lüge ist etwas andres als eine Unwahrhaftigkeit. Eine ehrliche Lüge, das bedeutet, daß der Mensch sich nichts darüber vormacht, daß er lügt – daß er weiß, daß er damit etwas Unrechtes tut und trotzdem die Verantwortung für diese Lüge auf sich nimmt. Die Unwahrhaftigkeit aber setzt da ein, wo der Mensch sich selbst etwas vormacht, wo er auch sich selbst gegenüber nicht zugibt, daß er lügt, wo er sich die Verhältnisse vielmehr so zurechtlegt, daß er auch sich selbst gegenüber den Schein der Ehrlichkeit wahrt. Das zweideutige Schweigen gehört zu den primitiveren Kunstgriffen dieses Verhaltens. Es kann innerlich noch ehrlich sein, solange der Betreffende sich seiner Täuschungsabsicht klar bewußt ist. Viel gefährlicher aber wird es, wenn er sich die Verhältnisse so zurechtlegt, daß er seine Aussage und sein Verhalten verantworten zu können glaubt. Kant spricht gelegentlich von einer gefährlichen Neigung des menschlichen Herzens, zu »Vernünfteln«, d. h. an den Verhältnissen so lange herumzudeuteln, bis ihm das ihm bequemere Verhalten zugleich als das objektiv gerechtfertigte erscheint. Weil aber der Mensch so die an ihn herantretenden Fragen nicht sauber zu Ende zu denken wagt, sondern den ihm unbequemen Zusammenhängen halb bewußt, halb unbewußt aus dem Wege geht, und immer dabei ein uneingestandenes dunkles Gefühl seines Unrechts behält, entsteht jenes Verhältnis schwebender Unbestimmtheit im Verhältnis des Menschen zu sich selbst, das allgemein das Wesen der Unwahrhaftigkeit ausmacht. Daraus folgt dann umgekehrt für das Wesen der Wahrhaftigkeit, daß sich im klaren und entschiedenen Verhalten des Menschen zu sich selbst begründet ist.

Die Ehrlichkeit

Wir nähern uns dem Wesen der Wahrhaftigkeit am besten, wenn wir von jenen einfachen Tugenden ausgehen, die der Wahrhaftigkeit in gewisser Weise verwandt sind, aber die ihr eigentümliche Wendung zum Subjektiven noch nicht vollzogen haben. Dahin gehören die Offenheit und Ehrlichkeit des Verhaltens, die Aufrichtigkeit und in gewisser Weise auch die Echtheit. Sie alle berühren sich mit dem Begriff der Wahrhaftigkeit, ohne sich doch mit ihm zu decken, und sie alle scheinen zugleich dem einfachen sittlichen Bewußtsein näher zu stehen, sie scheinen einen analogen Tatbestand in einer einfacheren Schicht zu treffen und darum zu einem tieferen Verständnis vorzubereiten.

Die vielleicht einfachste Erscheinung liegt in der Ehrlichkeit vor. Sie beschränkt sich allerdings nicht auf die Wahrheit dessen, was der Mensch sagt, sondern umfaßt zugleich sein Verhalten in einem sehr viel allgemeineren

Sinn. Wenn man von einigen handgreiflich einfachen Beispielen ausgeht, in denen der allgemeine Sprachgebrauch den Begriff der Ehrlichkeit anzuwenden pflegt, so gehört dahin, daß der Mensch nicht stiehlt, nichts unterschlägt usw. Ehrlichkeit geht hier auf die Treue, mit der er seine Aufgaben verrichtet, ohne dabei etwas zu »veruntreuen«, d. h. zum eignen Vorteil zu verwenden, was ihm zur Erfüllung eines bestimmten Auftrags anvertraut war. Wollte man allgemein sagen, die Ehrlichkeit bestünde darin, daß der Mensch auch wirklich das sei, als was er sich nach außen hin gäbe, so wäre diese Bestimmung schon wieder zu allgemein, denn sie würde ebensosehr von der Offenheit und von der Echtheit gelten, mit denen sich die Ehrlichkeit hier berührt, ohne doch mit ihnen zusammenzufallen. »Offen und ehrlich« werden ja in der sprachlichen Wendung häufig zusammengestellt. Aber doch ist der Unterschied unverkennbar. Offen ist der Mensch, indem er nichts verbirgt, ehrlich aber ist er, insofern man sich auf ihn verlassen kann, aber auch dieses nicht im unbestimmten Sinn einer beliebigen Zuverlässigkeit, sondern in dem bestimmteren Sinn: daß er einen übernommenen Auftrag, ohne den eignen Vorteil wahrzunehmen, im Sinne des Auftraggebers sachlich zu Ende führt.

Im ehrlichen Menschen ist kein Falsch. Dabei bezieht sich die Ehrlichkeit weniger auf die Gesinnung, die der Mensch verbergen oder offen zeigen kann, sondern mehr auf das Verhalten im ganzen, wenn wir diesen Begriff in seinem strengen Sinn nehmen, ein Verhalten, das die Trennung von innen und außen noch nicht kennt. Ehrlichkeit betrachtet also den Menschen gar nicht auf die Innerlichkeit seiner Seele hin, sondern ganz einfach in dieser noch unentschiedenen Ebene. Die Ehrlichkeit sieht das Verhalten des Menschen von außen her. Und das spiegelt sich auch in der sprachlichen Herkunft des Worts: Ehrlich ist der Mensch, sofern er Ehre hat, und in seinem besonderen Tun verhält er sich dann ehrlich, insofern er in ihm seine Ehre wahrt, und unehrlich, insofern er die Ehre verletzt.

Ehrlich ist in dieser Beurteilung der Mensch gar nicht von sich selber her, sondern in den Augen der andern Menschen. Es bezeichnet eine Stellung, fast könnte man schon sagen: einen Stand in der menschlichen Gemeinschaftsordnung. Im alten Sprachgebrauch ist das ganz deutlich, wenn dort von einem ehrlichen oder unehrlichen Gewerbe (beispielsweise dem des Henkers oder des Schinders) oder von einem ehrlichen Begräbnis (im Gegensatz zu dem eines Selbstmörders) die Rede ist. Aber dieser Zusammenhang wirkt auch in der heutigen Bedeutung des Worts noch ganz deutlich als Unterton nach, wo es weitgehend zur Kennzeichnung des Verhaltens von Dienstboten und niederen Ständen in den Augen ihrer »Dienstherrschaft« abgesunken ist. Der Grund für diese Erscheinung dürfte darin liegen, daß sich nur hier der Mensch das Recht nimmt, nach der Ehrlichkeit unbedenklich zu fragen und damit dem andern die Möglichkeit der Unehrlichkeit zuzumuten, während sonst die Ehrlichkeit mit einer solchen Selbstverständlichkeit vorausgesetzt wird, daß schon die bloße Frage danach beleidigend ist. Gerade dieser enge Bezug zur Ehre macht deutlich, daß sich die Ehrlichkeit auf ein von der gesellschaftlich äußeren Ebene gesehenes Verhalten des Menschen bezieht, das noch vor der Ausbildung einer besonderen Innerlichkeit liegt.

Die Aufrichtigkeit

Verwandt – und zwar grade in dieser Zugehörigkeit zur Ebene des von außen her gesehenen Verhaltens – ist auch der Begriff der Aufrichtigkeit. Wie aus der hier gleichfalls noch unmittelbar durchzuspürenden wörtlichen Bedeutung hervorgeht, bezeichnet dies Wort in betontem Sinn eine Haltung, nämlich die aufrechte Körperhaltung, die sich nicht beugt und die auch im übertragenen Sinn nicht schmeichelt und zu Gefallen redet oder handelt. Der Gegenbegriff zur Aufrichtigkeit ist die Heuchelei, die eine in Wirklichkeit nicht vorhandene freundliche Gesinnung vortäuscht, oder vielleicht besser noch die Schmeichelei, die alles in einer dem Angeredeten freundlichen Beleuchtung erscheinen läßt. Die Aufrichtigkeit ist so das Kennzeichen eines freien Mannes und hierin im Gegensatz zur knechtischen und kriecherischen Gesinnung.

Die Aufrichtigkeit hat leicht etwas Derbes. Sie ist gradezu und versteht sich schlecht auf die Künste, einem andern eine Meinung schmackhaft zu machen. Darum kann auch ein Verhalten, das in einem formalen Sinn jede Unwahrheit zu vermeiden versteht, in einem tieferen Sinn doch völlig unaufrichtig sein, insofern es nämlich das »heiße Eisen« geschickt zu umgehen versteht. Das Problem der Aufrichtigkeit entsteht überhaupt erst, wo es darauf ankommt, gegenüber den Anforderungen und Erwartungen eines andern und in der Regel mächtigeren Menschen unnachgiebig zu bleiben. Die Aufrichtigkeit muß sich immer erst gegen einen Widerstand durchsetzen. Zu ihr gehört Mut und Charakterstärke, nämlich das für recht Gehaltene auch dann zu vertreten, wenn man dadurch den andern zu erzürnen und sich selbst dadurch zu schädigen fürchten muß.

In der Art, wie sich die Aufrichtigkeit dem Anspruch des andern Menschen gegenüber behaupten muß, ist sie zugleich doch wieder etwas andres als Bekennermut. Beide berühren sich in der Art, wie sie auch gegen Widerstände zur Wahrheit stehen, aber sie unterscheiden sich darin, daß der Bekennermut, bis hin zu seiner letzten Steigerung im Märtyrertum, um der von ihm vertretenen Sache willen für seine Überzeugung eintritt, dabei also ganz vom sachlichen Verhältnis zu seiner Überzeugung bestimmt ist und diese auch mehr gegenüber einer allgemein widerstrebenden Umwelt als gegenüber einem bestimmten einzelnen Menschen vertritt, während die Aufrichtigkeit mehr das Verhalten zu einem bestimmten einzelnen Menschen kennzeichnet.

Die Aufrichtigkeit verbindet sich so mit dem unbeugsamen Stolz. Ihr Gegensatz ist weniger die Verlogenheit, die den andern ausdrücklich zu täuschen sucht, als die schwächliche Nachgiebigkeit, die sich jeder Anforderung sogleich anpaßt und wenigstens für den Augenblick nachzugeben scheint. Ihr mimischer Ausdruck ist die Unsicherheit, die dem andern nicht frei ins Auge zu sehen wagt. Die Aufrichtigkeit setzt demgegenüber schon immer das freie Vertrauen zur eignen Kraft voraus. Aufrichtig kann also immer nur ein Wesen sein, das die doppelte Möglichkeit in sich hat, frei zu sich selber zu stehen oder sich selbst aufzugeben.

In diesen Bestimmungen ist zugleich ein weiteres enthalten, was die Aufrichtigkeit jetzt auch in der Art ihrer Verwurzlung in der menschlichen Gesamtpersönlichkeit von der bloßen Ehrlichkeit unterscheidet. Sie charakterisiert nicht nur in einer von außen her gesehenen Weise das Verhalten eines Menschen, sondern in einem tieferen Sinn zugleich seine Gesinnung, die dahinter steht.

Die Offenheit

Durch die Festigkeit, die in der Treue zum eignen Wesen gefordert wird, unterscheidet sich die Aufrichtigkeit ferner von dem Gegensatz von Offenheit und Verschlossenheit. Die Offenheit ist im Menschen der Zustand eines natürlichen Geöffnet-seins. Dadurch unterscheidet sie sich sowohl von der Ehrlichkeit wie von der Aufrichtigkeit, die beide erst durch den sittlichen Willen entgegen allen Widerständen erkämpft werden müssen. Offen dagegen ist der Mensch schon von Natur aus und nicht erst durch den sittlichen Willen. Die Offenheit untersteht also auch nicht einer primär sittlichen Wertung, und wenn sie in der weiteren Ausbildung dann auch zu einem wichtigen sittlichen Problem wird, dann erst auf eine indirekte Weise. Die Offenheit kennzeichnet darum auch nicht eigentlich ein Verhalten (der Mensch ist höchstens »in« seinem Verhalten offen) und noch weniger eine Gesinnung (sie wird höchstens offen gezeigt), sondern den Menschen selbst in seinem – dauernden oder auch nur augenblicklichen – So-sein.

Nicht umsonst hängt der Gegensatz von Offenheit und Verschlossenheit mit dem Wechselverhältnis der gehobenen und gedrückten Stimmungen zusammen. Der freudig gehobene Mensch öffnet sich von selbst, und der von Gram gebeugte verschließt sich ebensosehr von selbst. So wechseln im Menschen Zustände verhältnismäßiger Offenheit mit solchen verhältnismäßiger Verschlossenheit. Aber entsprechend einer im Menschen vorherrschenden Grundstimmung kann der Gegensatz von Offenheit und Verschlossenheit dann auch einen Unterschied in der natürlichen Veranlagung der Menschen ausmachen.

Darum ist es auch nicht nötig, daß Aufrichtigkeit und Offenheit bei demselben Menschen vereinigt auftreten. Wohl ist der Aufrechte in der Regel auch offen, aber der Offene braucht darum noch lange nicht aufrichtig zu sein. Die Aufrichtigkeit zeigt sich erst, wo sich ihr Widerstände entgegensetzen, und grade die naturhafte Offenheit kann dort verloren gehen, wo sie sich gegenüber Widerständen behaupten soll. Erst wo die naturhafte Selbstverständlichkeit verloren gegangen ist, entsteht die Aufgabe, das Wagnis einer solchen Offenheit im vollen Bewußtsein ihrer Gefahren auf sich zu nehmen, aber das führt in eine sehr viel andre Richtung, die hier nicht verfolgt werden kann.

Über Offenheit und Verschlossenheit wäre überhaupt noch vieles zu sagen, was an dieser Stelle zu weit führen würde. Man könnte auch in diesem Fall besonders an die aristotelische Tugend der rechten Mitte denken (obgleich auch hier, wie so oft, die rechte Mitte keinen eignen Namen als Tugend hat), aber es handelt sich auch hier um keine Tugend des Ausgleichs, sondern um eine solche, bei der beide Extreme gleich fern sind. Die Verhältnisse werden dadurch schwierig, daß es eine gute und eine schlechte Offenheit wie auch eine gute und eine schlechte Verschlossenheit gibt. Und die gute Offenheit und die gute Verschlossenheit sind sehr wohl vereinbar. Die schlechte Offenheit, das ist die Geschwätzigkeit, die das Herz auf der Zunge führt, und die plumpe Vertraulichkeit, die die Ehrfurcht des Abstands nicht kennt. Die schlechte Verschlossenheit ist demgegenüber nicht nur die Eingebildetheit, die sich bewußt vom andern abzusetzen sucht, sondern vor allem auch die Ängstlichkeit, die sich nicht anzuvertrauen wagt und die sich als eine verkrampfte Schutzmaßnahme in sich selber zurückzieht.

Demgegenüber ist die echte Offenheit durch den Mut gekennzeichnet, mit dem sie sich einsetzt. Natürliche Offenheit ist daher das Zeichen einer großen, sich selbst vertrauenden Seele. Offenheit kann aber auch von der verletzlichen Seele in höchster sittlicher Anstrengung erworben werden, wenn diese – erzieherisch, menschlich oder wie immer – die Notwendigkeit einsieht, für den andern Menschen durchsichtig zu leben, ja wenn diese überhaupt die Kleinlichkeit einer vorsichtigen Sicherung von sich abtut.

Die Echtheit

In ganz andre Richtung wieder führt der Begriff der Echtheit, obgleich auch für ihn die erste oberflächliche Bestimmung der Wahrheit als der Übereinstimmung von außen und innen in genau der gleichen Weise gilt. Man geht dazu am besten von der Bedeutung aus, wo die Wahrheit nicht von einer Aussage, sondern vom Menschen im ganzen behauptet wird. Jemand ist ein wahrer Mensch, das bedeutet: ein Mensch, so wie er sein soll, von einer echten und tiefen Menschlichkeit getragen. Oder man spricht auch von wahrem Gold im Unterschied zum scheinbaren oder verfälschten. Wahr wird hier gleichbedeutend mit echt, und echt ist, was innerlich auch wirklich so ist, wie es nach außen hin zu sein scheint; unecht entsprechend, was anders ist, als es sich gibt. Eine Münze, eine Unterschrift, ein Kunstwerk können in diesem Sinne echt oder gefälscht sein. Angewandt auf den Menschen, bedeutet dieser Begriff dann die Übereinstimmung seines inneren Seins mit seinem äußeren Ausdruck. Eine Freude oder eine Trauer, eine Art, sich zu geben, sich zu bewegen oder zu sprechen, allgemein eine Interessenrichtung oder ein Lebensstil können echt oder unecht sein. Echt ist also alles, was unmittelbar und ursprünglich aus den innersten Tiefen der menschlichen Seele emporsteigt, was darum so sein muß und gar nicht anders sein kann. Unecht ist demgegenüber dann alles, wenn diese innere Einheit des Ausdrucks mit dem kernhaft-innerlichen seelischen Leben fehlt.

Unechtheit ist also etwas andres als Unehrlichkeit oder Heuchelei. Das Unechte ist nicht etwa erlogen oder absichtlich verstellt. Es handelt sich hier überhaupt nicht um den Willen zur Täuschung. Das Unechte unterscheidet sich von diesen anderen und einfacheren Erscheinungen dadurch, daß das Verhalten nicht als solches gewollt wird – gewollt wird es vielmehr als ein echtes –, sondern sich ungewollt und meistens auch unbemerkt einstellt, wo das erstrebte Ziel nicht erreicht wird. Unecht ist das Erkünstelte, Anempfundene, allgemein das nur von außen her Angenommene, das nicht innerlich angeeignet ist. So kann man etwa bei der Art eines Menschen zu sprechen sich fragen, welchem Vorbild er seine Sprechweise nachgebildet hat und wie er »eigentlich« spräche, wenn er natürlich sprechen würde. Der ursprüngliche Stil entartet in der Unechtheit zur bloßen Manier.

Der Begriff der Unechtheit führt also in eine ganz andre Ebene: Es handelt sich nicht mehr um die inhaltliche Übereinstimmung zwischen einer Aussage oder einem Verhalten und einer unabhängig davon betrachteten wirklichen Meinung, sondern um den Grad der inneren Einheit zwischen innen und außen, um das also, was das menschliche Verhalten im prägnanten Sinn zum Ausdruck seines Innern macht. Echt ist ein Verhalten, wenn es unmittelbar aus dem Innern quillt, unecht dagegen, wenn es wie eine äußere Schale sich ihm entfremdet hat. Unecht ist daher jenseits jeder Täuschungsabsicht das Nachgeahmte und Anempfundene, grade auch das, wo es sich von dem betreffenden Menschen unbemerkt vollzieht; unecht ist vor allem das gespreizte und marinierte Wesen, kurz alles Künstliche. Echt ist demgegenüber die natürliche oder wiederhergestellte Ursprünglichkeit des Lebens. Das bedeutet, daß die Echtheit überhaupt nicht im eigentlichen Sinn eine Tugend ist wie die Ehrlichkeit und Aufrichtigkeit; denn man kann sie nicht durch Verdienst erwerben (und höchstens in einem sehr eingeschränkten und indirekten Sinn danach streben).

Darin ist zugleich enthalten, daß die Anwendung dieses Begriffs auf den Menschen immer eine gewisse Künstlichkeit behalten hat. Die Bewertung des menschlichen Verhaltens unter dem Gesichtspunkt der Echtheit oder Unechtheit ist darum auch gar nicht für alle Zeiten gleichmäßig möglich gewesen, sondern hat sich erst in dem besonderen geschichtlichen Zusammenhang entwickelt, in dem sie uns an früherer Stelle schon früher begegnet war: nämlich in der irrationalen Bewegung, die vom Sturm und Drang bis zum Expressionismus hin gegenüber allen äußerlich angenommenen Formen die Unmittelbarkeit und Ursprünglichkeit des Lebens als höchsten Wert setzt. So ist die Echtheit einer der Lieblingsbegriffe Nietzsches und ist von hier aus, wie Wandruszka neuerdings einleuchtend gezeigt hat, von Gide und dann vor allem von Sartre (zugleich auch als Wiedergabe des ihr nahestehenden Heideggerschen Begriffs der »Eigentlichkeit«), mit *authenticité* übersetzt worden und von da aus als viel gebrauchtes Modewort auch in den modernen französischen Sprachgebrauch übergegangen.

Die Echtheit des Lebens gründet in dieser Weise also in den Schichten des Unbewußten. Je unbewußter ein Leben verläuft, um so besser ist die Echtheit jeder seiner Äußerungen gesichert: je bewußter dagegen, um so mehr entsteht die Gefahr, daß sich ein unechtes Verhalten einschleicht. Aber wenn sich die Echtheit auch nicht direkt erstreben läßt, sondern gegeben sein muß oder fehlt, so besteht doch die Möglichkeit, daß dem Menschen (wie es eben in der Sturm-und-Drang-Situation der Fall war) die Unechtheit seines ganzen Daseins erschütternd zum Bewußtsein kommt und daß er aus dem Bewußtsein dieser Unechtheit heraus das Falsche von sich abzutun versucht und indirekt so doch wieder zur Echtheit zurückkehrt. An dieser Stelle berührt sich dann die Frage der Echtheit mit der der Wahrhaftigkeit.

Das Besondere der Wahrhaftigkeit

Alle diese Begriffe, die Ehrlichkeit und die Aufrichtigkeit, wie in andrer Weise auch wieder die Offenheit und die Echtheit berühren sich eng mit der Wahrhaftigkeit und erscheinen in gewisser Weise als Abwandlungen dieses Zentralbegriffes, und dennoch wird das eigentliche Wesen der Wahrhaftigkeit von ihnen noch nicht getroffen. Die Stelle des Übergangs wurde in den bisherigen Überlegungen verschiedentlich berührt. Und darum entsteht die Frage: Was unterscheidet alle diese Begriffe von der Wahrhaftigkeit im eigentlichen und strengen Sinn?

Ehrlich und aufrecht ist der Mensch im Verhalten zum andern Menschen, und die hierin zielende Bewertung entspringt auch im Blick vom andem Menschen her. Und auch die Bewertung des natürlichen Zustands als offen oder echt entspringt im Blick von außen her. Wahrhaftig aber ist der Mensch vor sich selber. Wahrhaftigkeit ist eine Art, wie sich der Mensch zu sich selbst verhält. Darum genügt es auch nicht, die Wahrhaftigkeit als Übereinstimmung von Gesagtem und Gemeintem zu bezeichnen. Dafür würde bloße Ehrlichkeit genügen. Wahrhaftig ist ein Verhalten erst, wo sich der Mensch mit dem Mut des Bekenntnisses dahinterstellt. Und auch die Offenheit oder Echtheit eines Lebensausdrucks bedeuten noch keine Wahrhaftigkeit, denn der Ausdruck ist unbewußt. Auch eine ehrlich geäußerte Überzeugung beweist noch keine Wahrhaftigkeit, sondern diese entspringt erst da, wo Offenheit und Echtheit dem Menschen zum frei gewählten Ziel werden. Wahrhaftigkeit ist die einem Widerstand abgenötigte Durchsichtigkeit eines Menschen für sich selbst.

Damit nähern wir uns dem Punkt, wo die besondere Stellung der Wahrhaftigkeit im inneren Aufbau des menschlichen Charakters deutlich wird. Sie ist nicht eine Tugend neben möglichen andren, sie ist nicht einmal nur eine aus der Reihe der andern durch ihre besondere Wichtigkeit herausgehobene Tugend. Die andern hier kurz vergleichend herangezogenen Tugenden sind Vorbedingungen und Folgen zugleich der Wahrhaftigkeit, nicht aber die Wahrhaftigkeit selbst; denn diese ist ihnen vorgeordnet als die Bedingung ihrer Möglichkeit. Greifen wir noch einmal zurück auf die eingangs berührten Erscheinungsformen der Unwahrhaftigkeit im öffentlichen Leben der jüngsten Vergangenheit: Die zersetzende Wirkung der fehlenden Wahrhaftigkeit lag nicht so sehr darin, daß der Mensch in diesem oder jenem Falle die Unwahrheit gesagt hat oder in dieser oder jener Meinung unklar oder unsicher wurde, sondern sie lag ursprünglicher als alle diese einzelnen Wirkungen in der dadurch bedingten inneren Erweichung, die dem Menschen überhaupt jede Festigkeit nahm. Nur im Medium der inneren Wahrhaftigkeit wird der Mensch erst er selbst, und es gibt grundsätzlich keine andre Möglichkeit eigentlichen Selbstseins für den, der sich an der Forderung der Wahrhaftigkeit vorbeizuschleichen versucht.

Hier berührt sich der Gegensatz von Wahrhaftigkeit und Unwahrhaftigkeit mit dem Grundgegensatz, der in der neueren Existenzphilosophie zwischen der Eigentlichkeit menschlichen Existierens und der Verschwommenheit eines verantwortungslosen Massendaseins herausgearbeitet ist, ja er ist tief innerlich mit ihm identisch. Denn die rückhaltlose Verwirklichung der inneren Wahrhaftigkeit ist die Form, in der allein eigentliche Existenz errungen werden kann. Nicht daß der Mensch diese oder jene besondre Schuld auf sich geladen hat, ist das gefährliche, sondern daß er auch beim kleinsten Verrat an der Wahrhaftigkeit von der Substanz seines Selbstseins verliert. Der Bösewicht hat einen schlimmen Charakter, er ist schlecht in seiner Substanz, aber er hat noch eine Substanz; der Unwahrhaftige aber hat die Substanz überhaupt verloren. Er versinkt in der Unentschiedenheit eines leeren Nichts. Darum ist die Entscheidung, ob ein Mensch wahrhaftig oder unwahrhaftig ist, nicht die von gut und böse, sondern die viel elementarere von Selbstsein und Wesenlos-sein, von Substanzlosigkeit. Daher ist die Erziehung zur Wahrhaftigkeit der entscheidende Ansatzpunkt, um den Menschen zum freien Selbst-sein zu führen.

Jan Feddersen

Recht auf Nichtwissen

Müssen sich Menschen einem HIV-Test unterziehen, wenn sie ihre Zustimmung dazu nicht gegeben haben? Eine Zivilkammer des Kölner Landgerichts hat nun entschieden: Nein!

Sie verurteilte einen Arzt zu einem Schmerzensgeld von 1500 Mark. Der offenbar gedankenlose Mediziner hatte das Blut des inzwischen verstorbenen Klägers ohne dessen Wissen auch darauf untersucht, ob es HIV-positive Antikörper aufweist. Das Ergebnis teilte er seinem Patienten ebenso nüchtern wie umgehend mit: positiv.

Nicht berücksichtigt hatte der Doktor, daß der untersuchte Mann diese Diagnose als Todesurteil empfand. Wenige Tage nach Offenbarung des Testergebnisses bekam der Patient die erste, zum Aids-Vollbild zu zählende Lungenentzündung.

Die Richter erkannten strikt auf Körperverletzung und auf die Verletzung des Patientenselbstbestimmungsrechts. Selbst der ärztliche Verdacht, daß der Patient irgendwann an Aids leiden könnte, reiche nicht aus, heimlich zu testen: Das Persönlichkeitsrecht habe allemal Vorrang vor ärztlichem Eifer.

Das Urteil verdient als bemerkenswert notiert zu werden: Erstmals wird der medizinische Testwahn aus Sicht der Patienten kritisiert. Seit langem kann beobachtet werden, daß Menschen, die von einer unheilbaren Krankheit erfahren, in Depressionen fallen – und damit ihre eigenen Immunkräfte schwächen.

Die hohe Zahl von Selbstmorden von Männern und Frauen, denen oft nur *en passant* mitgeteilt wurde, eigentlich zum Tode verurteilt zu sein, gehört in der Arbeit der deutschen Aids-Hilfegruppen zu den traurigeren Kapiteln.

Auch in den USA wird mit dem Massenscreening Schindluder getrieben. Dort sind Hunderte von Frauen auf das neu entdeckte Brustkrebsgen BRCA-I untersucht worden. Psychologen haben dort die Folgen des Testwahns auszubaden: Depressionen, präventive Brustamputationen und Todesängste bis hin zur völligen Lähmung aller Antriebskräfte.

Das Kölner Urteil ermöglicht eine menschliche Haltung, die uns auf vertrackte Weise erst lebensfähig macht: das segensreiche Recht auf Ahnungslosigkeit nämlich. Daß wir sterben müssen, ist gewiß. Wann das sein wird, möchten wir alle nicht so genau wissen.

Kapitel 3

Vernunft, Weisheit und Klugheit

Einleitung

Vernunft, *Weisheit* und *Klugheit* haben mit gleichen Elementen zu tun: mit Erkennen und mit Denken. Dies trifft auf jeden dieser drei Begriffe auf seine Weise zu. Den alten Griechen galt die *Klugheit* als erste der vier Grundtugenden, ja gar als die übergeordnete, da sie das rechte Maß erkennt und festlegt, welches die richtige Entscheidung sei, um tugendhaft zu handeln. *Klugheit* setzt Wissen voraus, Einsicht in Zusammenhänge, Erfahrung und Denken. Wenn auch der Intellekt Maßstab der *Klugheit* ist, so wird man dennoch einen Albert Einstein wegen seiner überragenden wissenschaftlichen Fähigkeiten nicht klug nennen. Ein »kluger Kopf« ist im Sprachgebrauch eher eine Person, die in praktischen Fällen richtige Ratschlage gibt oder selbst richtig entscheidet. Im Märchen sind Frauen klug. Ein beliebtes Motiv ist, daß eine besonders schöne und kluge vom König um Rat gefragt und, wenn sie die richtige Antwort gibt, natürlich geheiratet wird – wie das gute Ende es erforderlich macht. *Klugheit* wurde lange Zeit als eine weibliche Eigenschaft betrachtet.

Ethik ist ein philosophisches Gedankenkonzept, das auf der Erkenntnis beruht, was gut und böse ist. Das allein reicht aber noch nicht aus, um Ethik mit dem Leben einer Gesellschaft zu verbinden. Zur Theorie gehört die Praxis, und in diese praktische Sphäre wird die *Klugheit* als jenes Element gestellt, das die Einsicht in sittliches Handeln im Einzelfall gestaltet. Die *Klugheit*, als Kunst, sich sachgerecht zu entscheiden, unterscheidet sich von der *Weisheit*, die als Vollendung des theoretischen Wissens angesehen wird. Während derjenige weise ist, der aufgrund seines großen Wissens in der Lage ist, einen Einzelfall zu »überhöhen« und in Ihr das Grundsätzliche zu finden, handelt jener klug, der im Einzelfall entscheidet, wie vernünftig zu handeln sei.

Sowohl der Kluge als auch der Weise haben aus der Erfahrung gelernt. Doch der Weise verwendet seine Erkenntnis anders als der Kluge. Der Kluge gibt vielleicht einen Ratschlag, welcher Weg der richtige sei. Der Weise stellt die Durchführung eines Vorhabens eher in Frage, denn er überträgt den Einzelfall ins Grundsätzliche und nimmt so Abstand. »Und mag die *Klugheit* in ihrem Ratschlag bis zu einem gewissen Grad sittlich neutral sein, so ist es die *Weisheit* niemals. Der weise Rat steht notwendig im Angesicht einer tieferen sittlichen Verantwortung« (siehe Bollnow, S. 218ff.). Die *Weisheit* nimmt für sich in Anspruch, kritisch zu sein.

Aus Schaden wird man klug, sagt das Sprichwort. Dies weist darauf hin, daß in unserem Sprachgebrauch *Klugheit* nicht nur aus Wissen, sondern auch aus Erfahren und Lernen entsteht. Allerdings haftet der Klugheit an, daß sie selbstbezogen sein kann: Der kluge Mann baut vor, weil er aus eigener Erfahrung gelernt hat, Vorsorge zu treffen. Und der Klügere gibt nach, weil er einsieht, daß er beim Streit nicht gewinnen kann. Wenn Carl Orff seine »Kluge« überlegen läßt, klug sein und lieben könne keiner gleichzeitig, so meint er, der Verstand und das Gefühl schlössen einander aus. Die Liebe läßt den Klugen Torheiten begehen. Und weil sie von egoistischen Motiven geleitet werden kann, hat Immanuel Kant der *Klugheit* den Rang einer Tugend überhaupt abgesprochen.

Im ursprünglichen Sinn war es für die Tugend *Klugheit* unerläßlich, daß der Handelnde sein persönliches Interesse nicht berücksichtigte. Nur damit war die Voraussetzung für moralisches Handeln gegeben. Moralisch handelt man eben nicht, weil es für einen selbst gut ist, sondern weil die gesellschaftlich anerkannten Werte es so wollen. Voraussetzung für *Vernunft*, *Weisheit* und *Klugheit* ist, daß man seine eigenen Interessen zum Schweigen bringt, um sich selbst in die Lage zu versetzen, zu erkennen. Wer nur sich selbst wahrnimmt, wird weder klug, weise noch vernünftig.

Welche Rolle spielt nun die *Vernunft*? Sie ist neben der Wahrnehmung Voraussetzung für die Erkenntnis.[20] Tiere besitzen zwar die Fähigkeit der Wahrnehmung, aber der Mensch unterscheidet sich von ihnen durch die Fähigkeit zur *Vernunft*. Die *Vernunft* ermöglicht es, den Willen zu steuern und so zu entscheiden, ob gut oder böse gehandelt werden soll. Das Prinzip des Handelns ist der Wille, und der richtet sich nach dem Gewollten, nach dem angestrebten Zweck. Deshalb wird die Willensentscheidung von der *Vernunft* geprägt. Und da ein Entschluß nach gut und böse beurteilt wird, muß er sich an einem ethischen Maßstab messen lassen.

Das Wort *Vernunft* hat in alle Lebensbereiche Einzug gehalten: Da ist etwa die Rede von »vernünftigen« Preisen. Aber im ethischen Sinn gilt die Vernunft als absolute Rationalität. Doch: »Der Geist ist willig, das Fleisch ist schwach.« Über die menschlichen Schwächen sehen Philosophen immer wieder hinweg, da sie das Absolute denken wollen. Und wäre der Wille nicht der Lust und dem Verlangen unterworfen, würde der Mensch vermutlich der *Vernunft* und der moralischen Entscheidung folgen. Dann wäre sein Wille autonom und sein Handeln völlig freiwillig. Aber wir sind eben keine reinen Vernunftwesen, weshalb die Erkenntnis des Guten und Bösen immer wieder von menschlichen Schwächen begrenzt wird. Folgerichtig gibt es keine absolute *Vernunft*. Sie kann nur das Absolute anstreben, indem sie das Allgemeine und das Unpersönliche zum Maßstab macht.

Die Schwierigkeit, Moral in einer Gesellschaft am Leben zu erhalten, liegt im Widerspruch zwischen dem Gesetz der *Vernunft* und dem Gefühl, das das Individuum zu privaten, irrationalen, oft unmoralischen Zielen zieht. Damit die Moral siegt, muß es der *Vernunft* gelingen, das Gefühl zu bändigen. Das kann aber nur dann gelingen, wenn jedem die Grundlage seines Handelns vollständig bewußt und für jeden spürbar ist. So wird in einer aufgeklärten Demokratie »die Intelligenz ein Element der Moralität« (Durkheim[21]). Da aber liegt die Crux dieser Zeit: Die *Vernunft* hat es immer schwerer. Denn was gut und böse ist, wird immer weniger vermittelt: weder durch das Erziehungssystem noch von einer Generation auf die andere. In unserer Gesellschaft ist ein Versagen der Vorbilder zu beobachten, insbesondere in den staatlichen Institutionen, deren Aufgabe die Vorbildfunktion zuallererst wäre.

Aesop

Fabel von dem Fuchs und der Katze

Der Einfältige ist manches Mal weiser als der Überkluge, wie diese Fabel bezeuget.

Ein Fuchs begegnete einer Katze und fing an, mit ihr zu reden und sprach: ich grüß dich, Schwester. Die Katz antwortet: Heil sei mit dir. Der Fuchs drauf: was kannst du? Die Katz: ich hab allein ein wenig Kunst zu springen. Da sprach der Fuchs: bei meinem Haupt, so wahrt dein Leben nicht lang, da du unweise zu allen Dingen bist. Antwortet die Katz: ja, Herr Fuchs, dem ist also, wie du sagest, aber ich bitt dich, sei so gütig und sag mir, wieviel kannst du Künste? Darauf sagte der Fuchs: ich kann wohl hundert Künste und nicht mittelmäßige, und jede kann mich ernähren und von Sorg und Angst befreien. – So gebührt dir billig langes Leben, sprach die Katz. – So gebührt dir billig langes Leben, sprach die Katz. Dieweil sie aber also miteinander redeten, sahen sie einen Reiter daherkommen mit zwei feurigen Hunden, da die den Fuchs und die Katz erblickten, fingen sie an schnell wider sie zu laufen. Da sprach der Fuchs: wir müssen fliehen, die Katz aber: es tut nicht not. Der Fuchs wieder: fürwahr, es wird not sein, als ich sehe; die Katz aber: es mag sein, sorge ein jeder für sich selbst. Da nahmen sie beide die Flucht, aber die Katz fand einen großen Baum, auf den sprang sie und war erlöst von aller Sorge und schrie aus der Höhe dem Fuchsen nach: o Bruder Fuchs, such herfür eine von den hundert Künsten, die du kannst. Aber die Hunde fingen den Fuchs und töteten ihn.

Josef Pieper

Die Kunst, sich richtig zu entscheiden

Die ranghöchste unter den vier Grundtugenden ist die Klugheit – eine Vorstellung, die uns ziemlich fernliegt, wofern sie uns überhaupt etwas sagt. Dabei habe ich noch nicht einmal genau formuliert. Die Klugheit gehört, strenggenommen, gar nicht in die gleiche Reihe mit Gerechtigkeit, Tapferkeit und Maß; sie ist nicht die älteste [oder die schönste] von vier Schwestern [sozusagen]; vielmehr ist sie, die Klugheit, wenn man in diesem Bilde zunächst noch bleiben will, die Mutter der übrigen Tugenden, die, wie es bei Thomas wörtlich heißt, *genitrix virtutum*, die Gebärerin. Das besagt, nun einmal ohne Bild gesprochen: Gerechtigkeit, Tapferkeit, Maß gibt es nur auf Grund von Klugheit! Klugheit ist die Voraussetzung für sittliches Gutsein überhaupt. Wiederum ist uns hier zunächst der faktisch heute geltende Sprachgebrauch im Wege, wonach Klugheit eher so etwas wie die Geschicklichkeit besagt, das Gutsein gerade zu umgehen [»Glaubst du, der wird für seine Überzeugung einstehen? Dazu ist er doch viel zu klug«!]. Aber ich lasse diesen linguistischen Aspekt jetzt einmal auf sich beruhen. Die Frage ist: Was ist *gemeint*, wenn die alte Lebenslehre behauptet, der Mensch ist, notwendig und immer, beides zugleich: gut und klug, ja sogar: zuvor klug und dann erst, auf Grund von Klugheit, gut? Gemeint ist etwas, das unserem alltäglichen Denken und Reden gar nicht so fern ist, nämlich: Die Verwirklichung des Guten setzt das Wissen um die Wirklichkeit voraus; wer nicht weiß, wie die Dinge sind und liegen, der kann *in concreto* gar nicht das Gute tun. Die bloße »gute Absicht«, das Gerechtsein-Wollen zum Beispiel, genügt dazu noch nicht! – Jenes »Sehen dessen, was ist« soll man allerdings nur ja nicht für eine Kleinigkeit halten: es handelt sich um ein höchst anspruchsvolles und um ein auf vielfache Weise gefährdetes Unternehmen. Bei Goethe gibt es die Sentenz: »Im Tun und Handeln kommt alles darauf an, daß die Objekte rein aufgefaßt und ihrer Natur gemäß behandelt werden.« Schön und gut, aber diese Objekte sind ja durchweg nicht neutrale Gegenstände der »Naturbetrachtung«; es sind die Dinge, welche die Situation der Entscheidung »umstehen« und ausmachen; es ist das im drastischen Sinn Konkrete, das sich unablässig wandelt, bei dem aber unser Interesse sehr unmittelbar im Spiel zu sein pflegt. Und was hier von uns verlangt wird, das ist: dieses unser Interesse zu jenem Schweigen zu bringen, das einfach eine Voraussetzung dafür ist, daß man etwas hört und vernimmt. Dies aber weiß jedermann, ob es nun um die Rekonstruktion eines Verkehrsunfalles geht oder sonst darum, etwa in einem Konfliktsfall, zu einer gerechten Beurteilung zu kommen: Wenn einer der Beteiligten es nicht zustande bringt, zunächst einmal die Geschehnisse so zu sehen, wie sie sich wirklich abgespielt haben, dann ist die Sache schlechterdings hoffnungslos; dann ist die Vorbedingung für alles Weitere eben nicht erfüllt. Diese Vorbedingung – für *jede* sittliche Entscheidung – ist, daß die Realität gesehen und bedacht wird. Freilich ist das Sehen erst die Hälfte der Klugheit; die andere Hälfte der Klugheit besteht darin, das Wirklichkeitswissen zu »übersetzen« in das Beschließen und Tun. Man könnte sagen: Klugheit ist die

Kunst, sich richtig, sachgerecht zu entscheiden – handle es sich nun um Gerechtigkeit, Tapferkeit oder Maß. – Ist aber damit, so könnte man fragen, der Durchschnittsmensch nicht einfach überfordert? Darauf würde zweierlei zu antworten sein. Erstens (obwohl es letztlich immer der mündige Einzelne, die sittliche Person, bleibt, die zur Entscheidung allein befugt und genötigt ist und die aus dieser Verantwortung nicht entlassen werden kann): Wirklichkeitswissen ist dennoch natürlicherweise eine *solidarisch* anzupackende Aufgabe; jeder Einzelne ist auf den Anderen dabei angewiesen – weswegen die Alten die Belehrbarkeit, das Sich-etwas-Sagen-lassen-Können, immer als ein wesentliches Bestandstück der Tugend der Klugheit betrachtet haben. Aber natürlich darf diese Bereitschaft, sich etwas sagen zu lassen, die dennoch in die Entscheidung des Einzelnen, der sittlichen Person, gestellt bleibt, nicht verraten und im Stich gelassen werden; anders ausgedrückt, es zeigt sich hier, was die öffentliche Präsenz der Wahrheit, freilich auch, im Negativen, das öffentliche Unkenntlichwerden der Realität (zum Beispiel durch den publizistischen Mißbrauch der Sprache und der Kommunikationsmittel) bedeutet, und zwar nicht nur für das Gemeinwesen selbst, sondern auch für den sich entscheidenden Einzelnen. – Zweiter Punkt meiner Antwort (auf die Frage, ob nicht der Durchschnittsmensch durch die Forderung, »klug« sein zu müssen, überfordert sei): Mit dem Klugen ist nicht der »Studierte« oder der Gebildete gemeint. Eine bestimmte Art von »Weisheit« allerdings ist von ihm dennoch verlangt; und die ist auch jedermann zumutbar, nämlich jene Art von selbstloser Sachlichkeit, von der ein Wortspiel spricht, das einige Jahrhunderte hindurch in Europa so etwas wie ein Gemeinplatz gewesen ist: *Cui sapiunt omnia prout sunt, hic est vere sapiens* – wem alle Dinge so schmecken, wie sie wirklich sind, der ist wahrhaft weise.

Christian Meier

»*Denkverbote*« *als Nachhut des Fortschritts? Über den Terror der Gutwilligen und die neue Unbequemlichkeit beim Denken der Zukunft*

Gesellschaften wollen, in aller Regel jedenfalls, überleben. Und zwar zumindest als das, was sie sind, möglichst besser. Sie wollen handeln und Voraussetzungen für das Handeln ihrer Mitglieder gewährleisten. Sie brauchen dazu unter anderm eine einigermaßen verläßliche Basis, nicht nur in Verfassung, Wirtschaft, Verkehr etc., sondern auch in gewissen gemeinsamen Überzeugungen. Sie können nicht wollen, daß alles – oder gar: alles immer wieder – in Frage gestellt wird.

Durch Erziehung, Debatten, Erzeugung kräftiger Erwartungen und Erwartungserwartungen, durch immer neue Einschärfungen suchen sie normalerweise diese Basis zu sichern; suchen sie Gedanken, die sie bedrohen könnten, gar nicht erst aufkommen, jedenfalls nicht Boden gewinnen zu lassen.

Zentrale Teile der politischen, gesellschaftlichen und wirtschaftlichen Ordnung, oft auch des religiösen Glaubens, Regeln des Denkens und Handelns, des Umgangs und vieles andere mehr ist man bestrebt, frei von nachhaltiger Bezweiflung zu halten; sie vielleicht zu diskutieren, aber in der Diskussion drangen dann starke Kräfte auf Bestätigung oder äußerstenfalls darauf, daß am Bestehenden nur Modifizierungen vorgenommen werden. Wenn Teile der Gesellschaft grundlegende Änderungen anstreben, so bleiben auch die in der Regel, abgesehen von Revolutionen jedenfalls, begrenzt, obzwar diejenigen, die sie bekämpfen, gern das Gegenteil behaupten.

Insgesamt also pflegen Gesellschaften normalerweise die Spielräume des Denkens irgendwie einzuschränken; auf verschiedenste Weisen und indem sie die Grenzen mehr oder weniger weit ziehen und mehr oder weniger elastisch verteidigen, die sie gewahrt wissen möchten.

Wenn sie ihren Bürgern große Freiheiten einräumen – selten genug in der Weltgeschichte, aber immerhin: heute ist es verbreitet –, so geschieht dies unter der Voraussetzung, daß deren Gedanken, aufs Ganze gesehen, entweder folgenlos bleiben oder für viele zu Verbesserungen führen. Tun sie das nicht, so setzt normalerweise eine Gegenbewegung ein, die im Effekt auf Begrenzung, auf Lähmung (und sei es auf dem Wege der Resonanzversagung) nicht nur der Äußerungen des Denkens, sondern auch des Denkens selbst zielt. Im Lauf der Weltgeschichte, aber auch heute kann man verschiedenste Arten solcher Einschränkungen und Lähmungen des Denkens beobachten.

Ob es sinnvoll ist, von Denk*verboten* zu sprechen, mag zu fragen sein. Eindeutig ist die Antwort, wenn man agitieren will: dann eignet sich das Wort sehr gut als Knüppel. Will man dagegen etwas differenzierter urteilen, so kommt es auf die Definition an.

Einerseits ist es richtig, daß man Denken schlecht *verhindern* kann. Aber verbieten kann man gewisse Gedanken trotzdem, es ist nicht selten geschehen, und sicher nicht ohne jeden Erfolg. Jean Paul hat die Sache zu leicht genommen, als er 1805 in Hinsicht auf den »Unterschied der Denk-, Schreib-, Druck- und Lese-Freiheit« schrieb: »Die erste, die Denkfreiheit, hat meines Wissens bisher niemand verboten als der Schlaf, der Rausch und die Tollheit.« Denn bestimmte Gedanken – und keineswegs nur solche sexuellen Inhalts – waren in bestimmten Gesellschaften zu bestimmten Zeiten eben doch sündig, sie durften nicht nur nicht geäußert, sondern gar nicht erst gedacht werden. Sonst bekam man es etwa mit der Inquisition zu tun.

Die berühmte Forderung des Marquis Posa bei Schiller: »Geben Sie Gedankenfreiheit!«, hatte insofern sehr wohl ihren Sinn. R. Watson, dessen Geschichte Philipps II. (1777) zu Schillers Vorlagen gehörte, sah nicht nur die Freiheit des Redens, sondern auch die des Denkens (*freedom of thought and speach*) zu jener Zeit bedroht. In der von Schiller benutzten Übersetzung wird von dem Versuch gesprochen, *à bannir toute liberté de parole et de pensées*. Mutatis mutandis gilt dasselbe von späteren »Gehirnwäschen«. Wieweit »Denkverbote« im Zeichen der political correctness hier anzuschließen sind, mag dahingestellt bleiben.

Solche Denkverbote können sich gerade im christlichen Abendland nahelegen, wo so viel auf das Innere, die Gesinnung der Menschen ankommt. Sie sind besonders wirksam, wo der Drang zum Bekenntnis stark ist, wohl auch dort, wo zwischen Denken und Reden nur vergleichsweise geringe Barrieren sich aufbauen lassen, negativ gesagt: wo die Fähigkeit gering ist, das, was man denkt (und eventuell in vertrautem Kreise äußert), von dem, was man nach außen zu denken vorgibt, zu trennen.

zumindest in Hinsicht auf wichtige Überzeugungen; denn taktisch und von Situation zu Situation ist solche Fähigkeit ja weit verbreitet. Doch so folgenreich gewisse Denkverbote auch sein mögen, speziell in der europäischen Neuzeit hat sich eine solche Dynamik entwickelt, daß auch die stärksten unter ihnen höchstens vorübergehend oder nur in Teilen Europas sich durchsetzen ließen. Sehr viel weiter verbreitet aber sind andere Begrenzungen und Behinderungen des Denkens, welche nicht gerade die Form des Denkverbots annehmen.

Vielleicht sollte man mit denen beginnen, die in der objektiven Undenkbarkeit bestimmter Dinge bestehen. Durch lange Perioden der Weltgeschichte hindurch war zum Beispiel gar kein Gedanke an eine Demokratie möglich. Hier brauchte man nichts zu verbieten, während andere Dinge, die ebenfalls praktisch nicht zu verwirklichen waren, normalerweise wenigstens im Geheimen gewünscht oder erträumt werden können (wozu durchaus auch der soziale Umbruch, daß die Ersten die Letzten und die Letzten die Ersten sein werden, gehören kann; aber eben nicht Demokratie). In einem Zwischenbereich sind – in bestimmten Phasen der Geschichte – Utopien angesiedelt, die immerhin einiges Unmögliche denkbar gemacht haben.

Eine Form relativer Undenkbarkeit bestimmter Dinge besteht in aller Regel dann, daß alle Gesellschaften einen Bereich undiskutierter Selbstverständlichkeiten kennen. Da kommt man, außer vielleicht in marginalen Grüppchen, gar nicht darauf, daß es sich anders verhalten könnte, obwohl man theoretisch durch Historie oder Ethnographie durchaus von noch andern Möglichkeiten wissen könnte und weiß.

Als nächstes würde ich Formen der Tabuisierung nennen wollen. Hier geht es um Dinge, die sehr wohl und sehr spürbar zu denken, zumindest vorzustellen sind, die aber durch Erziehung und Comment, vielleicht auch durch schärfere Maßnahmen derart als »unmöglich« dargestellt werden, daß sie nicht zu diskutieren sind. Von so etwas spricht man nicht, so etwas ignoriert man noch nicht mal. Und sollte doch einmal darauf die Rede kommen, blickt man drein wie eine viktorianische Lady, in deren Anwesenheit das Wort »Geschlecht« gefallen ist.

Darüber hinaus gibt es Grenzsetzungen, die bestimmte Auffassungen, welche nicht völlig aus der öffentlichen Diskussion ausgegrenzt sind, doch vor jedem Zweifel einigermaßen wirksam zu schützen vermögen. Die aufklärerische Forderung nach Glaubensfreiheit etwa hatte in verschiedenen Gesellschaften eine einigermaßen klare Grenze dort, wo jeder Glaube an Gott aufhörte und der Atheismus begann. Aber der Verlauf solcher Grenzen braucht nicht völlig klar markiert zu sein, kann es wohl auch nicht.

Von hier aus gibt es einen fließenden Übergang zu bestimmten Grundüberzeugungen, die auch Demokratien, auch gegenwärtige Gesellschaften hegen und auf die sie Wert legen, so daß sie sie zu schützen suchen. Zweifel etwa an der Demokratie sind in der Bundesrepublik keineswegs verboten oder auf irgendeine Weise ausgeschlossen. Aber so, wie die Dinge, bisher jedenfalls, liegen, rufen sie doch, wenn sie eine gewisse Stärke und Grundsätzlichkeit annehmen, ein gewisses Erschrecken hervor. Hier sind gleichsam die Grenzen nicht durchweg gesichert, aber es werden bestimmte Bastionen verteidigt – was bedeutet, daß zumindest mancher Zweifel unterbleibt oder nicht oder nur zaghaft geäußert wird (eventuell unter dem Beisatz, man werde doch wohl noch fragen dürfen, eventuell auch in der Form, daß man etwas eher für sich feststellt, ohne im mindesten auf Zustimmung oder gar darauf zu rechnen, daß man andere überzeugt). Gewisse gesellschaftliche Sanktionen könnten sonst drohen, die Gefahr einer Marginalisierung sich auftun.

Wieder andere (in diesem Fall nicht so sehr: Begrenzungen, sondern) Behinderungen respektive Lähmungen des Denkens können von bestimmten gesellschaftlich-intellektuellen Lagen ausgehen. Wo eine Gesellschaft keine halbwegs funktionierende intellektuelle Öffentlichkeit hat, besteht wenig Anreiz zum öffentlichen Nachdenken über viele, unter Umständen auch brennende Probleme. Die geringe Bereitschaft zur Wahrnehmung von Gedanken lähmt deren Entfaltung. Dann kann es entweder zu ideologisch verhärteten Fronten kommen, in denen »linke« und »rechte« Denkweisen sich gegeneinander absetzen; dergestalt, daß Gedanken, die sich diesen Frontstellungen nicht fügen, gar nicht erst wahrgenommen werden. Es geht dann bei ihrer Rezeption nur mehr darum, festzustellen, ob der, der sie äußert, links oder rechts abgeheftet werden kann (oder ob er in Hinsicht auf seine Zuweisung bestimmte Veränderungen beobachten läßt). Der Inhalt der Gedanken ist damit mehr oder weniger erledigt. Oder die Fronten werden durchlöchert und verwirrt, Ratlosigkeit tritt ein, ohne daß so rasch wieder Linien sich formieren, also Übersicht und Ordnung in das allgemeine Denken kämen.

Dann bildet sich jener Meinungsbrei, in dem jede Äußerung nur mehr einen Blubber bedeutet, also eine Luftblase, die vorübergehend eine kleine Erhebung auftreibt, um dann spurlos in sich zusammenzufallen – und andern Blubbern, denen das gleiche droht, Platz zu machen. Und dieser Brei wird gleichsam immer neu produziert, wie der süße Brei in Grimms Märchen, der quillt und quillt, weil der Mutter das Zauberwort »Töpfchen, steh!« entfallen ist. Was immer gedacht wird, es kann nirgends in Mechanismen der gesellschaftlichen Intellektualität eingreifen, weil deren Räder sich ohnehin im Leeren drehen.

Die in dieser Lage spürbare Denklähmung kann in ein schmerzhaftes Mißverhältnis zu der Notwendigkeit geraten, sich über vieles klarzuwerden, was ansteht oder sich gerade aufdrängt.

Das genaue Gegenteil dieser Lage bietet sich in Zeiten dar, in denen ganz neue Möglichkeiten sich erschließen und von starken Kräften innerhalb der Gesellschaft wahrgenommen werden – weil sie in deren Sinne sind –, so daß sich neue Horizonte auftun, eine neue Ordnung der Phänomene sich anbietet und alles mögliche Denken geradezu herausgefordert wird.

Solche Zeiten sind durch Denkströmungen gekennzeichnet. Bestimmte intellektuelle Positionen haben das Übergewicht. Andere sind dadurch noch nicht mundtot gemacht, aber sie haben es schwer. Sie zu verfechten erfordert einen besonderen Aufwand, kann dafür aber auch gute Ergebnisse zeitigen – auf die Dauer. Zunächst aber entstehen schweigende Mehrheiten, deren Angehörige sich nur noch in bestimmten Zirkeln von Gleichgesinnten über die zentral strittigen Gegenstände äußern. 1968 und in den darauffolgenden Jahren hat man es zum letztenmal vielfach erlebt.

Man könnte noch viele weitere Formen der Begrenzung oder Lähmung des Denkens über bestimmte Gegenstände im großen wie im kleinen anführen; könnte auch auf die Besonderheiten von Revolutionsepochen und solchen des ideologischen Bürgerkriegs oder von totalitären Regimen zu sprechen kommen. Das braucht hier aber nicht zu geschehen. Denn es müßte schon deutlich geworden sein, wie vielfältig die Apparatur der gesellschaftlichen Beschränkung oder Lähmung des Denkens ist – und wie unterschiedlich dessen gesellschaftliche Bedingungen sein können. Übrigens auch, wieviel die Frage danach für verschiedene Gesellschaften, Kulturkreise und Epochen erschließen kann. Sie scheint nicht zuletzt für unsere Zeit interessante Einsichten – oder zumindest Vermutungen – zutage zu fördern.

Neben den Lähmungen, Behinderungen, Einschränkungen des Denkens gibt es, um dies nur am Rande zu erwähnen, solche des Erinnerns. Gesellschaften können starken Druck ausüben, um das Vergessen bestimmter Ereignisse, Unglücksfälle, Verbrechen zu bewirken, jedenfalls zu fördern. Internationale Verträge enthielten früher oft Formeln, die die gegenseitige Erinnerung an Untaten verhindern sollten. Im klassischen Athen hat man nach dem Bürgerkrieg, der auf die Niederlage im Peloponnesischen Krieg folgte, sich darauf geeinigt, »vergangenes Unrecht nicht zu erinnern« (was freilich die strafrechtliche Verfolgung bestimmter Verbrechen nicht ausschloß). Unter Ludwig XVIII. wurde 1814 den Gerichten und Bürgern »Vergessen« auferlegt. Aber auch abgesehen davon können Gesellschaften darauf achten, daß solche Erinnerung nicht öffentlich aufgerührt wird, indem sie etwa Anlässe dazu gar nicht erst entstehen lassen. Oder Politiker tun es. Bestes Beispiel dafür ist die langjährige Verhinderung des Prozesses gegen den Polizeipräsidenten von Paris, René Bousquet, auf dessen Konto die Verfolgung und Einsammlung so vieler Juden kommt, durch François Mitterrand: Ganz im Sinne einer schon seit der Französischen Revolution eingebürgerten Praxis französischer Politik war er, sagt er, darum besorgt, daß die inneren Gegensätze durch das Aufrühren vergangener Auseinandersetzungen nicht verschärft wurden.

Einen Grenzfall in diesem Zusammenhang stellt die Strafbestimmung gegen die »Auschwitzlüge« dar. Hier geht es primär um den Ausschluß der Verunglimpfung ganzer Völker, der Juden vor allem, aber auch der Roma und Sinti; eine Einschränkung der Wissenschaftsfreiheit ist damit, sofern es sich um ernsthaft betriebene Wissenschaft handelt, nicht verbunden. Denn die Tatsache der Judenvernichtung ist hinlänglich gut erwiesen. Nur soweit unter Wissenschaftsfreiheit die Freiheit, alles mögliche gegen die gesicherte Wahrheit zu behaupten, verstanden wird, ist diese Freiheit an diesem Punkt eingeschränkt. Um von den offensichtlich tendenziösen, wenn auch in scheinbar wissenschaftlichem Gewand daherkommenden simplen Leugnungen zu schweigen.

Einschränkungen des Denkens nun pflegen von denen auszugehen, denen an der Erhaltung des Bestehenden gelegen ist. Das sind normalerweise die herrschenden Kreise, zum Teil im Zusammenwirken politischer und religiöser Instanzen mit gesellschaftlichen Eliten. Es kann aber auch ein breiterer Konsens bestehen, der dann aber ebenfalls in deren Sinne sein muß.

Kräfte, welche auf Veränderung drängen, pflegen dagegen in aller Regel auf Freiheit von alten Denkzwängen, -einschränkungen und -verboten hinzuwirken. Jedenfalls solange sie sich nicht durchgesetzt haben. Wo es sich um mächtige Strömungen handelt, eröffnet die In-Frage-Stellung bisheriger Ordnung zugleich neue intellektuelle (und künstlerische) Möglichkeiten, stellt sie geradezu eine Herausforderung zu deren Entfaltung dar, nicht nur auf der einen Seite. Daß infolge der Durchsetzung solcher Strömungen die Konservativen sich mitsamt manchen Anschauungen in die Ecke gedrängt sehen, ist verständlich; auch daß dadurch, sei es mit Gewalt, sei es durch Meinungsdruck oder Suggestion deren Meinungsfreiheit eingeschränkt wird (zumindest durch Selbstzensur). Und das kann natürlich auch Auswirkungen auf die Freiheit ihres Denkens haben; und sei es, daß es zu Verkrampfungen führt.

Das Bemerkenswerte an den heute so vielfach beklagten »Denkverboten« ist dagegen, daß sie von Minderheiten ausgehen, respektive daß im Sinne von Minderheiten Einfluß auf das Denken genommen werden soll. Seien es nun Homosexuelle, Behinderte, Farbige oder Ausländer überhaupt. Einen Sonderfall stellen die Frauen dar, die zwar keineswegs eine Minderheit, aber daran gehindert sind, eine politisch einheitliche Kraft zu bilden. Frauenparteien sind entweder unmöglich oder sie kommen nicht weit. Wohl kann man mehr oder weniger lautstark für die Gleichberechtigung seine Stimme erheben, kann demonstrieren und als Lobby wirken; und wieviel Macht dabei entfaltet werden kann, hat sich ja schon verschiedentlich erwiesen. Angesichts der Gliederung der politischen Parteien bleibt aber bestehen, daß die Frauen letztlich nur wie eine Minderheit wirken können, wenn auch unter Umständen kraftvoll. Und die Zugehörigkeit zu diesen Minderheiten ist unausweichlich: Man kann nicht zu ihnen überwechseln, muß zumindest (im einen

Fall) bestimmte Anlagen haben oder (im andern Fall) das eigene Land verlassen.

Es ist also etwas Neues eingetreten: Die längste Zeit über war der große Prozeß, dem der immer weitere Abbau von Ungleichheit und parallel dazu die Befreiung aus vielen Bindungen (»Emanzipation«) verdankt wird, von Schichten getragen, die der Zahl nach den jeweils Herrschenden überlegen waren; denen sich jeder, der wollte, anschließen konnte, die in Hinsicht auf bestimmte Grundinteressen ihr Gewicht geschlossen in die Waagschale zu werfen vermochten: so das Bürgerturn gegenüber dem Adel, das Proletariat gegenüber dem Bürgertum. Eben das ist bei denen, zu deren Gunsten heute Einschränkungen des Denkens wirken sollen, nicht mehr der Fall.

Könnte es sein, daß damit der große Fortschrittsprozeß, der seit dem Ende des 18. Jahrhunderts, wenn auch mit vielen Rückschlägen, die Geschichte zumindest der westlichen Länder Europas und diejenige Nordamerikas bestimmt hat, eine neue Stufe erreicht?

Mit dem Fortschrittsbegriff ist eine umfassende Verbesserung zugunsten eines immer weiteren Kreises von Menschen gemeint: wissenschaftlich und technisch (auch medizinisch) sowie wirtschaftlich, in Bildung und Erziehung, in Hinsicht auf die Freiheitsrechte, überhaupt die soziale Stellung der Einzelnen, aber auch auf die Verfassung, die Politik, die Wahrung des Friedens, ja die allgemeine Moral.

Zu diesem Prozeß gehörten die Ausweitung und Vertiefung universaler Rechte und Anschauungen. Sie erfuhr eine letzte Steigerung in den großen weltpolitischen Blöcken der Zeit nach 1945, deren westlicher Menschenrechte und Demokratie auf seine Fahnen schrieb und zuletzt wirklich damit vorankam, ja siegte – wie immer das nun weitergehen wird.

Könnte es also zum moralischen Ertrag dieses Prozesses gehören, daß jetzt auch für benachteiligte Minderheiten zunehmend gesorgt wird? Sie sind (vielleicht mit partieller Ausnahme der Frauen) zu schwach, um allein das nötige Gewicht für die Durchsetzung ihrer Interessen aufzubringen. Könnte ihnen heute also in Konsequenz und Folge des Fortschrittsprozesses aus der Moral der Gesellschaft so viel zusätzliche Unterstützung zukommen, wie sie zum Erfolg brauchen?

Könnte die »Moral« mithin jetzt Mehrheiten dazu bewegen, sich die Interessen von, zum Teil kleinen, Minderheiten zu eigen zu machen? Vielleicht weil sie sonst störend ihre Stimmen erhöben, vielleicht aus einem gewissen Gerechtigkeitsstreben, der Konsequenz der Gleichheitsideologie oder jener Wahrnehmung indirekter Interessen, die darauf hinausläuft, daß man Ansehen gewinnt, indem man den Interessen anderer dient? Aber wer will das so genau trennen?

Die Durchsetzungskraft der political correctness ist gewiß weitgehend moralischer Natur. Man bekommt ein schlechtes Gewissen, wenn man »Zigeuner« statt »Roma und Sinti« sagen will oder sich zu der Frage veranlaßt sieht, ob Männer und Frauen vielleicht doch in manchem unterschiedlich begabt sind. Man glaubt, es den ausländischen Miteinwohnern schuldig zu sein, von ihnen gleich als Mit*bürgern* zu sprechen. In andern Fällen mag freilich Opportunismus am Werk sein, wenn man etwa als Brandenburger nicht mehr die Brandenburger, sondern nur mehr die brandenburgischen Männer begreift, so daß man die Brandenburger elfsilbig (und, was die Reihenfolge angeht, noch dazu unhöflich) als »Brandenburger und Brandenburgerinnen« bezeichnen zu müssen meint. Und in wieder anderen Fällen ist bloß Albernheit am Werk, wie bei den »StudentInnen«.

Doch wie immer dem im einzelnen sei, eines steht jedenfalls fest: Die Sprachregelungen zugunsten von Minderheiten sind grundsätzlich nur allzu berechtigt. Es sprechen starke Argumente dafür, Selbst- und Fremdbezeichnungen in Einklang zu bringen (auch wenn dann bei den »Schwarzafrikanern« gelegentlich mit der Selbst- auch die Fremdbezeichnung wechseln muß). Manches mutet eigentümlich an, so wenn eine dieser Gruppen, die »Schwulen«, die negative Fremdbezeichnung zum Ehrentitel umstilisiert – wie dermaleinst die Geusen in den Niederlanden.

Und gewisse Dinge sind zweifellos übertrieben. Man sollte sie vermutlich, im Interesse der Sache, um die es geht, also der Gleichheit für Benachteiligte und Minderheiten, kritisieren und beseitigen dürfen. So etwa die Schließung von Museen, nur weil kein Fahrstuhl für Behinderte da ist, oder die gelegentlich von feministischer Seite propagierte Prüderie oder die Sprachschändung, die sich in manchen Formulierungen niederschlägt, für die das folgende Beratungsergebnis des Ausschusses für Wissenschaft und Kultur (sic!) des saarländischen Landtags nur eins von vielen Beispielen darstellt: »Üben infolge vorzeitiger Beendigung der Amtszeit weder die Rektorin bzw. der Rektor noch die Prorektorin bzw. der Prorektor ihr bzw. sein Amt aus und kann die Wahrnehmung der Geschäfte nicht ohne schweren Nachteil für die Fachhochschule bis zur Neuwahl einer Rektorin bzw. eines Rektors ruhen, so bestellt die Ministerin bzw. der Minister für Wissenschaft und Kultur eine Professorin auf Lebenszeit bzw. einen Professor auf Lebenszeit der Fachhochschule als kommissarische Leiterin bzw. kommissarischen Leiter. Sie bzw. er ...«

Doch sind ja die Sprachregelungen nur ein Symptom. Die Tatsache, daß man sich ihnen weithin fügt, die weitere Tatsache, daß – wenn auch unter vielen Verzögerungen und gegen zahlreiche Widerstände – die Stellung der genannten Minderheiten vielerorts schon wesentlich verbessert ist, reiht sich ein in einen sehr umfassenden Komplex von »Gutwilligkeit«, der die westliche Öffentlichkeit beherrscht, auch wenn er zunehmend bedroht wird.

In dieser Gesinnung, so scheint es, bestärkt man sich gegenseitig; verurteilt, was ihr widerspricht, ja schließt es nach Möglichkeit aus der Wahrnehmung aus. Gegebenenfalls geht man mit Kerzen auf die Straße, um den Anfängen zu wehren; zeigt sich betroffen. Um nur ein Beispiel zu nennen: Zur Premiere des neuen Stücks von Franz Xaver Kroetz »Ich bin das Volk« bemerkte die Rezensentin der *Neuen Zürcher Zeitung*, tatsächlich enthalte es vor allem »ein großes ›Wir‹. Wir, das sind Autor, Theatermacher und Publikum, wir verständigen uns über ein Thema, über das wir ohnehin einer Meinung sind. Wir sind ... gegen ›Ausländerhaß, Neonazitum, Not und Feigheit‹, natürlich. Die Schauspieler distanzieren sich von ihren Rollen, lassen durchblicken, daß sie nie sagen würden, was sie da auf der Bühne sagen. So sieht das Böse, politisch korrekter Absicht zum Trotz, in Wuppertal sehr harmlos und einfältig aus. Weil man selbst so gut ist.«

Dadurch entsteht ein bemerkenswerter Meinungsdruck. Wer die Probleme anders sieht, sehr viel größer und schwieriger, wer fürchtet, daß die massierte Gutwilligkeit dabei ist, sich angesichts einer ihr zunehmend weniger entsprechenden Realität zu verschleißen, sieht sich zwar nicht geradezu Denkverboten, aber doch allen möglichen Drohungen, wenn nicht gar Verleumdungen preisgegeben, wie etwa Botho Strauß sie inzwischen so vielfältig hat erfahren müssen, wie früher schon Martin Walser; zuallermindest ist man der Verständnislosigkeit ausgesetzt. Man erscheint als Pessimist, Miesmacher, wenn nicht als Nationalist oder gar Faschist, ja, es kann durchaus der Eindruck entstehen, daß man mit seinen Hinweisen die Probleme und Schwierigkeiten im Sinne einer self fulfilling prophecy derart fördern wolle, daß sie am Ende eintreten.

Man darf gewisse Möglichkeiten gar nicht für möglich halten, oder nur im stillsten Kämmerlein; die Dinge sind längst in einen magischen Zusammenhang geraten: als ob man das, was man an Unangenehmem in aller Nüchternheit (freilich auch mit Besorgnis) für möglich hielte, geradezu beschwöre.

So könnten wir uns in einer neuen Lage befinden. Um es zu wiederholen: Normalerweise haben diejenigen, die den Prozeß der Veränderung, der Verbesserung für immer breitere Schichten im Sinne der alten Fortschrittshoffnungen vorantrieben, grob gesagt die »Linken«, nicht mit Verboten gearbeitet, sondern eher die Freiheit auf ihre Fahnen geschrieben; auch diejenige, sich auszudrücken und zu denken. Gewiß, wenn sie siegreich waren, konnten sie eher »konservativ« reagieren. Gewiß auch: zwischen Tugend und Terror kann ein fataler Zusammenhang bestehen. Und auch an der herrschenden »Gutwilligkeit« sind Interessen intellektueller Machtbehauptung beteiligt. Aber damit kann man nicht alles erklären. Hat hier also eine Umkehr stattgefunden? Sind die Linken so weit in die Ecke gedrängt, daß sie sich anders als mit Denkverboten und Tabuisierungen nicht mehr behelfen können? Jetzt nicht weil sie herrschen, sondern weil sie etwas behaupten wollen, was es nicht mehr gibt? Sollen wir daran gehindert werden, zu erkennen, daß sie nur noch des Kaisers neue Kleider tragen?

Könnte diese Umkehrung also vielleicht gar nicht so sehr dafür sprechen, daß der Fortschrittsprozeß eine neue Stufe erreicht hat, sondern eher ein Zeichen dafür sein, daß er ausläuft?

Es wäre ja nicht das einzige. An vielen Stellen erwachsen uns mehr Kosten als Gewinn aus seinem Lauf. Produktionssteigerungen und die Ausdehnung westlicher Zivilisation, nicht zuletzt das immer weitere explosionsartige Anwachsen der Weltbevölkerung bringen so große Gefahren für die Umwelt und das Zusammenleben auf dem Globus mit sich, daß alle im Moment erwogenen Gegenmaßnahmen kaum mehr als Tropfen auf den heißen Stein zu sein scheinen. Selbst die wundervollen Fortschritte der Medizin sind, aufs Ganze gesehen, ambivalent. Die Zahl der Arbeitslosen, der Armen, der Sozialfürsorgeempfänger ist gar so groß, daß das, was noch fortschreitet, jedenfalls nicht auf die Begünstigung einer wachsenden Zahl von Menschen hinausläuft. Und es scheint sich da nicht um einen vorübergehenden Rückschlag zu handeln. Um von dem »aufgegebenen« Afrika und andern Weltgegenden zu schweigen, zu denen wir in eine schreiende und immer noch wachsende Diskrepanz geraten. Wirkt angesichts all dessen die »geschlossene Gesellschaft« von uns Gutwilligen, aus einiger Entfernung betrachtet, nicht schon so komisch wie im Jahre 1945 jene Offiziersschulen der Deutschen Wehrmacht, in denen man unter dem durchaus vernehmbaren Grollen sowjetischer Artillerie noch den Handkuß übte?

Wenn die Staatenwelt, in der sich der große Fortschrittsprozeß der Neuzeit entwickelte und fortsetzte, weithin auf die Mehrung der eigenen Gesellschaft, schließlich der eigenen Nation bedacht war, so kann es heute, freilich für andere Staaten, eher naheliegen, die eigenen Menschen, die überflüssig, wenn nicht lästig sind, in großen Scharen auswandern zu lassen – in ganz neuen Formen der Invasion, die genaugenommen Evasionen sind und nicht auf Eroberung, aber sehr wohl darauf hinauslaufen können, andere erheblich unter Druck zu setzen, wenn nicht: sie zu erpressen.

Die Demokratisierung hat längst ihre Grenzen erreicht und ist eher rückläufig, indem die demokratischen Strukturen durch Klientelismus überwuchert werden, auch in Deutschland. Die Tatsache, daß man immer weniger Parteien, aber immer mehr Persönlichkeiten wählt, zuletzt bei der Bundestagswahl vom 16. Oktober 1994, spiegelt den Rückgang der Bedeutung politischer Programme, sachlicher Aussagen, bestimmter Vorhaben also.

Zusätzlich schreitet der Aufbau von fast neofeudalen Zwischengewalten (Mafia) zügig voran; man sieht im Moment noch nicht, wie er aufgehalten werden soll. Es ist bisher noch nicht auszumachen, wie die Demokratien es schaffen wollen, aus sich heraus jene Maßstäbe, jene bindenden Gemeinsamkeiten, Solidaritäten, ja jene Pflichtorientierung hervorzubringen, die früher durch die aus der frühen Neuzeit überkommene Staatlichkeit – bei demokratischen Modifikationen – einigermaßen gesichert waren. Gewiß, wenn jeder an sich denkt, ist an alle gedacht. Aber doch jeweils auf sehr verschiedene Weise – und dergestalt, daß die Korruption gelegentlich unaufhaltsam zu sein scheint.

Die Liberalität, die dank der günstigen Verhältnisse zuletzt mehr und mehr zur Bequemlichkeit geworden war, wird in diesem Ausmaß gar nicht aufrechtzuerhalten sein – angesichts etwa der Migrationsproblematik, auch der zunehmenden Kriminalität. Man wird froh sein müssen, wenn sich wesentliche Teile dieser Liberalität verteidigen lassen; aber an Fortschritte wird schwerlich mehr zu denken sein.

Verschiedene Verfassungsbestimmungen und Handlungen, auf die wir stolz waren, etwa die großzügige Asylgewährung, sind im überkommenen Ausmaß, angesichts der Mißbrauchsmöglichkeiten, kaum mehr durchzuhalten. Hier schieben sich, übrigens ja nicht nur in Deutschland, mit Notwendigkeit nationale – oder soll man sagen: gesellschaftliche, staatliche? – Interessen in den Vordergrund, die der einfachen Fortsetzung des guten, universalen Denkens widerstreiten; und dies droht auch in anderen Hinsichten zunehmend der Fall zu sein. Es wird große Mühe kosten, ein gutes Maß an Toleranz zu behaupten, den Ausländerhaß einzudämmen, und wieweit man der Tendenz zur Multikulturalisierung (soweit sie überhaupt ernsthaft im Gange ist) weiter nachgeben kann, wird sehr zu fragen sein. Können wir es uns wirklich erlauben, ein Doppelbürgerrecht zu gewähren, wo es sich nicht nur um eine überschaubare Zahl von Einzelfällen, sondern um Millionen handelt? Millionen zudem, die bei den schon bestehenden Spannungen zwischen ihnen und der deutschen Bevölkerung nolens volens immer stärker dazu gebracht werden könnten, daß sie sich in ihrer eigenen Art verschanzen, also nicht assimilierungsfähig sind? Und die Reihe dieser Fragen kann man noch beliebig verlängern. Sie laufen darauf hinaus, daß sich vor allem die Frage aufdrängt, wieweit und wie lange wir es uns noch erlauben können, die Erörterung solcher

Probleme unter den Verdacht der Ewig-Gestrigkeit, des Faschismus oder wie immer es heißen mag, zu stellen – statt sie in aller Offenheit, und das heißt vor allem auch: kritisch gegen allzu große Gutwilligkeit und die davon ausgehenden Denkverbote zu diskutieren.

Vielleicht hat sich der Fortschrittsprozeß längst von uns abgelöst, vielleicht ist er längst dabei, die Grenze zur Vergangenheit zu überschreiten, so daß wir nur mehr von hinten seiner Nachhut ansichtig werden und – allerdings – all dessen, was er uns hinterläßt: an Großem, Bedeutendem, mit aller Kraft zu Verteidigendem und – an Trümmern und unabsehbar steigenden Kosten.

Sind also die Denkverbote gleichsam die Nachhut dieses Prozesses? Zeigt die Umkehrung der Rolle der Linken, wenn sie hier denn richtig beobachtet und bewertet worden ist, vielleicht, daß diese längst mit dem Gesicht nach hinten kämpfen, um etwas zu sichern, was zu einem guten Teil schon vorbei ist? Was mit ihnen davonzieht?

Jedenfalls halte ich es nicht für gut, daß wir unsere Aufmerksamkeit im Hinblick auf den ganzen Komplex, der mit dem Wort »Denkverbote« verbunden ist, auf Sprachregelungen und dergleichen, ja überhaupt auf den, wie nett auch immer gemeinten, Terror der Gutwilligen beschränken. Das alles ist zweifellos wichtig, aber nicht das eigentlich Bemerkenswerte in diesem Zusammenhang.

Ganz andere Beschränkungen unseres Denkens sind wesentlich alarmierender, schlimmer und folgenreicher, bilden den eigentlichen Kern der Malaise. Sie sind ganz einfach zu charakterisieren. Wenn es richtig ist, daß der Prozeß des Fortschritts zugunsten einer immer größeren

Zahl von Menschen hinter uns liegt, werden die notwendigen Veränderungen mit größeren Kosten verknüpft sein. Man muß sich also darauf einrichten, daß all die Verkrustungen im Rahmen der »Besitzstandswahrung« aufgebrochen oder zumindest gelockert werden müssen. Zukunft läßt sich nicht mehr ohne tiefe Eingriffe in das Gewohnte, in geheiligte Besitzstände ernsthaft denken. Und eben weil dem so ist, denken wir sie lieber nicht. Möchten wir aber auch nicht, daß andere sie denken. Halten wir uns lieber die Ohren zu. Beschimpfen die, deren Fragen unbequem sind: Erklären, in Abwandlung eines bewährten Musters, die Ruhe zur ersten Intellektuellenpflicht.

Das ist die größte Einschränkung unseres Denkens. Wo man sich früher, zugegebenermaßen gelegentlich etwas flach, unter Zukunft Verbesserungen vorstellte, ist man beim Gedanken an sie jetzt überall mit möglichen Unerfreulichkeiten konfrontiert, Unzulänglichkeiten unserer Ausrüstung, ihnen zu begegnen; es legt sich der Verdacht nahe, daß die Bemühung darum mit großen Einschränkungen verbunden sein wird, daß eventuell gar wieder Pflichten größer und Rechte kleiner geschrieben werden müssen. Wie dem auch sei, es braucht ja nicht gleich das Schlimmste herauszukommen. Und man braucht keineswegs den Mut zu verlieren. Aber es kann schon manches lähmend wirken, worauf man kommt, wenn man nachdenkt. Trotzdem tut man gut daran, statt Nachhutgefechte auszutragen, sich einer offenen Diskussion über das zu stellen, was vor uns liegt.

Hermann Hesse

Die Weisheit bleibt

Die Zeit vergeht, und die Weisheit bleibt. Sie wechselt ihre Formen und Riten, aber sie beruht zu allen Zeiten auf demselben Fundament: auf der Einordnung des Menschen in die Natur, in den kosmischen Rhythmus. Mögen unruhige Zeiten immer wieder die Emanzipierung des Menschen von diesen Ordnungen anstreben, stets führt diese Scheinbefreiung zur Sklaverei, wie ja auch der heutige, sehr emanzinierte Mensch ein willenloser Sklave des Geldes und der Maschine ist.

Christa Wolf

»Nimm doch Vernunft an!«

Mit Gewalt ist kein Bulle zu melken: Beliebter Ausspruch von Charlotte Jordan.

Die Schicksale der Vernunft – Vernunft als Übereinstimmung – über die Jahrzehnte hin. Vernunft als Dämpfer: Ein Regelungssystem, das, einmal eingebaut, hartnäckig darauf besteht, das Signal für »Glück« nur im Zustand vernünftiger Übereinstimmung aufleuchten zu lassen …

Ein vernünftiges Kind bekommt auch seinen Gutenachtkuß. Einmal wirft Nelly alle fünf Geranientöpfe, die vor dem Fenster ihres Kinderzimmers stehen, nacheinander hinunter auf den Bürgersteig und weigert sich dann, die Scherben zusammenzufegen. Sie muß verrückt geworden sein. Spätabends ist sie imstande, eine Erklärung abzugeben: Sie hat eine solche Wut gehabt, weil Herr Warsinski behauptet, man schreibe »Führer« groß. – Aber erbarm dich, das tut man doch! – Wieso! Zuerst hat er gesagt, man schreibt groß, was man sehen und anfassen kann. Den Führer kann Nelly weder sehen noch anfassen (es war im Jahr 36, vor der Erfindung, jedenfalls vor der allgemeinen Verbreitung des Fernsehens). – Nimm doch Vernunft an! Du kannst nicht, aber du konntest. Dummchen. – Dummchen hat Herr Warsinski auch gesagt. Nelly aber kann es auf den Tod nicht leiden, wenn ihr Lehrer sich selbst widerspricht. Als Probe für ihn, nicht ohne böse Vorahnung, schreibt sie »Wolke« klein (sehen, aber nicht anfassen ...), gegen den erbitterten Widerstand der Eltern. Lehrer Warsinski lügt nicht. Er vergißt auch nichts. Wie soll Nelly nachgeben, wenn sie recht hat?

Bald stellt sich heraus, daß es in der Klasse kein zweites Dummchen wie Nelly gibt, das »Wolke« klein schreibt. Da dürfen alle mal tüchtig über sie lachen: Eins zwei drei: los! – »Wut« schrieb Nelly schon auf eigene Verantwortung groß, obwohl sie Wut nicht sehen und anfassen, nicht hören, riechen oder schmecken kann. Jetzt hat sie endlich Vernunft angenommen.

Einsicht haben und Vernunft annehmen. Auch: Zu sich kommen. (Komm zu dir.) Die Episode mit den Geranientöpfen war die letzte, die dir am Sonnenplatz einfiel, als ihr schon wieder in das glutheiße Auto einstiegt, und Lenka zeigte kein Interesse. Erst etwas später – ihr fuhrt nun die ehemalige Friedrichstraße hinunter, Nellys ersten Schulweg – erkanntest du, nicht ohne inneren Widerstand, die Wiederholung: Nellys Abwehr gegen gewisse Erinnerungen ihrer Mutter. Du verlorst dich in Betrachtungen über die Wechselfälle, denen Vernunft ausgesetzt sein kann; wie, beim Umschlag der Zeiten, Vernunft und Unvernunft plötzlich die Plätze wechseln; wie, ehe sie jede ihren festen Platz wieder eingenommen haben, ein Unmaß an Unsicherheit sich ausbreitet. Aber das alles gehört nicht hierher; daß unbenutzte Vernunft verkümmert wie irgendein untrainiertes Organ; daß sie, unmerklich zuerst, sich zurückzieht; daß eines Tages, zum Beispiel bei einer unerwarteten Frage, sich erweisen kann: Wichtige Zonen der inneren Landschaft sind von Resignation besetzt, zumindest von Gleichgültigkeit (die Frage, Lenkas Frage, auf die eine Antwort aussteht: Woran ihr eigentlich glaubt. Das wollte sie wissen, nicht herausfordernd übrigens) – das alles gehört wohl nicht hierher.

Werner Finck

Gedanken zum Nachdenken

Störungssuche [Juli 1945]

Mit welcher Stelle unseres Vaterlandes wir auch verbunden werden möchten, aus allen Gebieten tönt es zurück: »Besetzt! Bitte, später rufen.« Und keiner darf entgegnen: »Faßt euch kurz, nehmt Rücksicht auf die Wartenden.«

Wie lange werden wir wohl warten müssen, bis man die Leitung wieder für uns freigibt? Und wenn wir wieder etwas zu sagen haben werden, werden wir uns dann etwas zu sagen haben? Und was? Grobheiten? Vorwürfe, Beschuldigungen? – Oder Gedanken?

Zur Zeit haben die andern allein das Wort, und was wir davon zu halten haben, wird den Letzten wohl klargeworden sein: Den Mund. (Wie gut, daß wir es so gründlich gelernt haben, das »Mund-Halten«.) Wenn unser Aufsichtsrat nur nicht so bald dahinterkäme, mit welcher heimlichen Freude wir diesen Zwang genießen; er wäre sonst imstande, uns die volle Redefreiheit wiederzugeben.

Wo in aller Welt, die über uns zu Gericht sitzt, gibt es noch ein Volk, dem das Kommando: Stillgestanden! nicht nur in die Knochen fährt, was ganz in der Ordnung wäre, sondern auch in den Verstand.

Hallo, hallo! Hier ist das Lernamt. Denken Sie noch? Wird noch gedacht? Ich trenne.

Das deutsche Problem [August 1945]

Michael Kohlhaas, dem man seinen berechtigten Anspruch vorenthielt und der dadurch zum Landverwüster, Raubbrenner und Mörder wurde, bis man ihn überwältigte und vor ein Gericht stellte, das ihn mit Recht zum Tode verurteilte: Hat diese deutsche Geschichte nicht Ähnlichkeit mit der deutschen Geschichte? In der Geschichte von Kohlhaas triumphiert das Recht! Kohlhaas verliert das Leben, das er verwirkt hat, denn er hat Gewalt vor Recht gehen lassen. Im gleichen Urteilsspruch wird aber auch seine Forderung voll anerkannt, denn sie bestand zu Recht.

Georg Christoph Lichtenberg

Soll man nicht der Natur *zuweilen die* Hand *führen*?

Das sehe ich gar nicht ein. Wenn ich zwei Sätze verbinden will, und sie wollen nicht zusammengehen, und ich gebe einem einen kleinen Tritt, was ist denn das? Die Leute, die so räsonieren, denken immer an die Wahrheit. Sind denn Systeme gar nichts? Die Wahrheit wird nicht ärmer, wenn ich aus einer Drei eine Zwei mache, aber mein System kann wohl gar fallieren. Es freut mich daher immer, wenn ich bei unseren besten physikalischen Schriftstellern den wackeren philosophischen Ausdruck lese, daß der Versuch, den sie zur Bestätigung eines Satzes angestellt haben, über alle Erwartung gut ausgefallen sei. Es ist etwas darin, das sich besser fühlen als sagen läßt. Ich kann gar nicht begreifen, wie Leute über so etwas spotten können. Mir kommen die Freudentränen in die Augen.

(...)

Wenn ich die Genealogie der Dame Wissenschaft recht kenne, so ist die Unwissenheit ihre ältere Schwester, und ist denn das etwas so Himmelschreiendes, die ältere Schwester zu nehmen, wenn einem die jüngere auch zu Befehl steht? Von allen denen, die sie gekannt haben, habe ich gehört, daß die älteste ihre eigenen Reize habe, daß sie ein fettes gutes Mädchen sei, die eben deswegen, weil sie mehr schläft als wacht, eine vortreffliche Gattin abgibt.

(...)

Ich habe oft bemerkt, wenn Leute einen mathematischen Satz von einer anderen Seite her verstehen lernen, als durch die gewöhnliche Demonstration, so sagen sie gerne, *oh, ich seh es, es muß so sein*. Es ist dieses ein Zeichen, daß sie es sich aus ihrem System erklären.

(...)

Die hitzigsten Verteidiger einer Wissenschaft, die nicht den geringsten scheelen Seitenblick auf dieselbe vertragen können, sind gemeiniglich solche Personen, die es nicht sehr weit in derselben gebracht haben und sich dieses Mangels heimlich bewußt sind.

Jürgen Habermas

Faktizität und Geltung

Eine Vernunftmoral verhält sich grundsätzlich kritisch zu allen naturwüchsigen, von Haus aus selbstverständlichen, institutionell auf Dauer gestellten, über Sozialisationsmuster motivational verankerten Handlungsorientierungen. Sobald eine Handlungsalternative mit ihrem normativen Hintergrund dem prüfenden Blick einer solchen Moral ausgesetzt wird, gerät sie in den Sog der Problematisierung. Die Vernunftmoral ist auf Fragen der Gerechtigkeit spezialisiert und betrachtet grundsätzlich *alles* im scharfen, aber engen Lichtkegel der Universalisierbarkeit. Sie hat ihr Telos in der unparteilichen Beurteilung von moralisch relevanten Handlungskonflikten, ermöglicht also ein Wissen, das zwar der Orientierung im

Handeln dienen soll, aber zum richtigen Handeln nicht auch schon *disponiert*. Die zum Wissen sublimierte Vernunftmoral ist, wie alles Wissen, auf der kulturellen Ebene repräsentiert; sie existiert zunächst nur im Modus des Bedeutungsgehalts kultureller Symbole, die verstanden und interpretiert, überliefert und kritisch fortgebildet werden können. Natürlich bezieht sich auch die kulturell freischwebende Moral auf *mögliche* Handlungen; aber mit den Motiven, die den moralischen Urteilen Schubkraft für die Praxis verleihen, und mit den Institutionen, die dafür sorgen, daß berechtigte moralische Erwartungen tatsachlich erfüllt werden, unterhält sie sozusagen von sich aus keinen Kontakt mehr. Der Handlungsbezug einer solchen, ins kulturelle System zurückgezogenen Moral bleibt solange virtuell, wie er nicht durch die motivierten Handelnden *selbst* aktualisiert wird. Diese müssen dazu disponiert sein, gewissenhaft zu handeln. Eine Vernunftmoral ist deshalb auf entgegenkommende Sozialisationsprozesse angewiesen, die korrespondierende Gewissensinstanzen, nämlich die ihr entsprechenden Formationen des Über-Ichs hervorbringen. Über die schwache Motivationskraft guter Gründe hinaus erlangt sie Handlungswirksamkeit einzig über die internalisierende Verankerung moralischer Grundsätze im Persönlichkeitssystem.

Der Transfer vom Wissen zum Handeln bleibt ungewiß – wegen der Anfälligkeit einer riskanten, über hohe Abstraktionen laufenden Selbststeuerung des moralisch handelnden Subjekts, überhaupt wegen der Unwahrscheinlichkeit von Sozialisationsprozessen, die derart anspruchsvolle Kompetenzen fördern. Eine Moral, die auf das entgegenkommende Substrat geeigneter Persönlichkeitsstrukturen angewiesen bleibt, bliebe in ihrer

Wirksamkeit beschränkt, wenn sie die Motive der Handelnden nicht auch noch auf einem *anderen* Wege als dem der Internalisierung erreichen könnte, eben auf dem Wege der Institutionalisierung eines Rechtssystems, das die Vernunftmoral handlungswirksam *ergänzt*. Das Recht ist beides zugleich: Wissenssystem und Handlungssystem; es läßt sich ebensosehr als ein Text von Normsätzen und -interpretationen wie als Institution, d. h. als ein Komplex von Handlungsregulativen verstehen. Weil Motive und Wertorientierungen im Recht als Handlungssystem miteinander verschränkt sind, kommt den Rechtssätzen die unmittelbare Handlungswirksamkeit zu, die moralischen Urteilen als solchen fehlt. Auf der anderen Seite unterscheiden sich Rechtsinstitutionen von naturwüchsigen institutionellen Ordnungen durch ihre vergleichsweise hohe Rationalität; denn in ihnen gewinnt ein dogmatisch durchgestaltetes und mit einer prinzipiengeleiteten Moral verknüpftes Wissenssystem feste Gestalt. Weil das Recht in dieser Weise auf den Ebenen von Kultur und Gesellschaft gleichzeitig etabliert ist, kann es die Schwachen einer primär als Wissen gegenwärtigen Vernunftmoral *ausgleichen*.

Die moralisch urteilende und handelnde Person muß sich dieses Wissen selbständig aneignen, verarbeiten und in die Praxis umsetzen. Sie steht unter unerhörten (a) kognitiven, (b) motivationalen und (c) organisatorischen Anforderungen, von denen sie als Rechtsperson *entlastet* wird.

(a) Die Vernunftmoral gibt nur noch ein Verfahren zur unparteilichen Beurteilung strittiger Fragen an. Sie kann keinen Pflichtenkatalog, nicht einmal eine Reihe hierarchisch geordneter Normen auszeichnen, sondern mutet den Subjekten zu, sich ein eigenes Urteil zu bilden. Deren in moralischen Diskursen entfesselte kommunikative Freiheit führt zudem nur zu falliblen Einsichten im Streit der Interpretationen. Es sind nicht einmal in erster Linie die Probleme der Begründung von Normen, die schwer zu bearbeiten sind. Denn strittig sind ja normalerweise nicht die Grundsätze selbst, die gleichen Respekt für jeden, distributive Gerechtigkeit, Benevolenz gegenüber Hilfsbedürftigen, Loyalität, Aufrichtigkeit usw. zur Pflicht machen. Vielmehr wirft die Abstraktheit dieser hoch verallgemeinerten Normen Anwendungsprobleme auf, sobald ein drängender Konflikt den Nahbereich eingespielter, in gewohnte Kontexte eingelassener Interaktionen überschreitet. Die Entscheidung eines solchen konkreten, aber schwer überschaubaren Falles verlangt komplexe Operationen. Einerseits müssen die relevanten Merkmale der Situation im Lichte konkurrierender, aber noch unbestimmter Normkandidaten entdeckt und beschrieben, andererseits muß die im Lichte einer möglichst vollständigen Situationsbeschreibung jeweils angemessene Norm ausgewählt, interpretiert und angewendet werden. Begründungs- und Anwendungsprobleme überordern bei komplexen Fragen oft die analytische Kapazität des Einzelnen. Diese *kognitive Unbestimmtheit* wird durch die Faktizität der Rechtsetzung absorbiert. Der politische Gesetzgeber beschließt, welche Normen als Recht gelten, und die Gerichte schlichten den Interpretationsstreit über die Anwendung gültiger, aber auslegungsbedürftiger Normen für alle Seiten zugleich einsichtig und definitiv. Das Rechtssystem entzieht den Rechtspersonen in ihrer Adressatenrolle die Definitionsmacht für die Kriterien der Beurteilung von Recht und Unrecht. Unter dem Gesichtspunkt der Komplementarität von Recht und Moral bedeuten das parlamentarische Gesetzgebungsverfahren, die gerichtlich institutionalisierte Entscheidungspraxis und die professionelle Arbeit einer Rechtsdogmatik, die Regeln präzisiert und Entscheidungen systematisiert, für den Einzelnen eine Entlastung von den kognitiven Bürden der eigenen moralischen Urteilsbildung.

(b) Die Vernunftmoral belastet aber den Einzelnen nicht nur mit dem Problem der Entscheidung von Handlungskonflikten, sondern mit Erwartungen an seine Willensstärke. Zum einen soll er in Konfliktsituationen bereit sein, überhaupt nach einer konsensuellen Lösung zu suchen, d. h. in Diskurse einzutreten oder solche advokatorisch durchzuspielen. Zum anderen soll er die Kraft aufbringen, nach moralischen Einsichten, gegebenenfalls auch gegen eigene Interessen, zu handeln, also Pflicht und Neigung in Einklang zu bringen. Der Aktor soll sich als den Urheber mit sich als dem Adressaten von Geboten in Übereinstimmung bringen. Zur kognitiven Unbestimmtheit des prinzipiengeleiteten Urteils kommt die *motivationale Ungewißheit* über das von erkannten Prinzipien geleitete Handeln hinzu. Diese wird durch die Faktizität der Rechtsdurchsetzung absorbiert. Eine Vernunftmoral ist in dem Maße, wie sie in den Motiven und Einstellungen ihrer Adressaten nicht hinreichend verankert ist, auf ein Recht angewiesen, das normenkonformes Verhalten bei Freistellung der Motive und Einstellungen erzwingt. Das zwingende Recht belegt normative Erwartungen derart mit Sanktionsdrohungen, daß sich die Adressaten auf folgenorientierte Klugheitserwägungen beschränken dürfen.

Zudem ergibt sich aus dem Problem der Willensschwäche das Folgeproblem der *Zumutbarkeit*. Nach Maßgabe einer Vernunftmoral prüfen ja die Einzelnen die Gültigkeit von Normen unter der Voraussetzung, daß diese faktisch von jedermann befolgt werden. Wenn aber genau diejenigen Normen gültig sein sollen, die unter der Bedingung einer Praxis *allgemeiner* Normbefolgung die rational motivierte Zustimmung aller Betroffenen verdienen, ist niemandem *zuzumuten*, sich an gültige Normen zu halten, sofern nicht die genannte Bedingung erfüllt ist. Jeder muß von allen die Befolgung gültiger Normen erwarten dürfen. Gültige Normen sind nur dann zumutbar, wenn sie gegen abweichendes Verhalten faktisch durchgesetzt werden können.

(c) Ein drittes Problem, nämlich das der *Zurechenbarkeit von Verpflichtungen*, ergibt sich aus dem universalistischen Charakter der Vernunftmoral, insbesondere im Hinblick auf positive Pflichten, die oft – und je komplexer eine Gesellschaft wird, um so häufiger – kooperative Anstrengungen oder Organisationsleistungen erfordern. Die unmißverständliche Pflicht beispielsweise, auch den anonymen Nächsten vor dem Hungertod zu bewahren, kontrastiert augenfällig mit der Tatsache, daß Millionen Bewohner der Ersten Welt Hunderttausende in den Armutsregionen der Dritten Welt verenden lassen. Bereits die karitative Hilfe kann nur über organisierte Bahnen geleitet werden; die Umleitung von Nahrung und Medikamenten, Bekleidung und Infrastrukturen übersteigt bei weitem Initiative und Handlungsspielraum von Individuen. Eine strukturelle Verbesserung würde sogar, wie viele Studien zeigen, eine neue Weltwirtschaftsordnung erfordern. Ähnliche Probleme, die nur von Institutionen bewältigt werden können, stellen sich natürlich in der eigenen Region, sogar in der Nachbarschaft. Je mehr sich das moralische Bewußtsein auf universalistische Wertorientierungen einstellt, um so größer werden die Diskrepanzen zwischen unbestrittenen moralischen Forderungen einerseits, organisatorischen Zwängen und Änderungswiderständen andererseits. So finden jene moralischen Forderungen, die nur über anonyme Handlungsketten und Organisationsleistungen erfüllt werden können, eindeutige Adressaten erst innerhalb eines Systems von Regeln, die auf sich selber angewendet werden können. Nur das Recht ist *von Haus aus* reflexiv; es enthält sekundäre Regeln, die der Erzeugung von primären Regeln der Verhaltenssteuerung dienen. Es kann Kompetenzen festlegen und Organisationen gründen, kurz ein System von Zurechnungen herstellen, das sich nicht nur auf natürliche Rechtspersonen, sondern auf fingierte Rechtssubjekte wie Körperschaften und Anstalten bezieht.

Diese Frage der moralischen Arbeitsteilung* signalisiert auf ähnliche Weise wie die Probleme der Zumutbarkeit, der Willensschwäche und der Entscheidbarkeit Grenzen einer postkonventionellen Moral, die eine Ergänzung durch Recht funktional begründen. Ein weiteres Problem ergibt sich daraus, daß das postkonventionelle Begründungsniveau der Vernunftmoral den anderen, bisher traditional beglaubigten Institutionen die Grundlage ihrer Legitimität entzieht. Sobald die anspruchsvolleren moralischen Maßstäbe nicht mehr naiv eingewöhnt werden können, setzt ein Problematisierungsschub ein und bringt die entwerteten Institutionen unter Rechtfertigungsdruck. Aber die Moral, die die Gesichtspunkte zur ernüchternden Beurteilung der bestehenden Institutionen liefert, bietet selbst keine *operative* Handhabe für deren Rekonstruktion. Dafür steht das positive Recht als ein Handlungssystem, das an die Stelle anderer Institutionen treten kann, in Reserve.

---

* H. Shue, Mediating Duties, Ethics 98, 1988, 687–704.

Das Recht empfiehlt sich freilich nicht nur für die Rekonstruktion der wegen Legitimationsentzuges baufällig gewordenen Komplexe naturwüchsiger Institutionen. Im Zuge der gesellschaftlichen Modernisierung entsteht ein Organisationsbedarf *neuer* Art, der nur konstruktiv bewältigt werden kann. Herkömmliche Interaktionsbereiche wie Familie oder Schule werden in ihrem institutionellen Substrat rechtlich überformt, formal organisierte Handlungssysteme wie Märkte, Unternehmen und Verwaltungen durch rechtliche Konstituierung erst *geschaffen*. Die über Geld gesteuerte kapitalistische Wirtschaft oder die kompetenzförmig organisierte staatliche Bürokratie entsteht erst im Medium ihrer rechtlichen Institutionalisierung.

Die spezifischen Leistungen des Rechtskodes, mit dem ein wachsender Regelungs- und Organisationsbedarf immer komplexer werdender Gesellschaften beantwortet werden muß, lassen sich freilich nicht allein, wie die bisher betrachteten Probleme nahelegen, aus dem Kompensationsbedarf der Moral erklären. Die wirklichen Proportionen erkennt man erst, wenn man auch umgekehrt die Moral aus dem Blickwinkel des Rechtssystems betrachtet. Eine Vernunftmoral, die allein über Sozialisationsprozesse und das Bewußtsein der Individuen Wirksamkeit erlangte, bliebe auf einen engen Handlungsradius beschränkt. Die Moral kann aber über ein Rechtssystem, mit dem sie intern verknüpft bleibt, auf *alle* Handlungsbereiche ausstrahlen, sogar auf jene systemisch verselbständigten Bereiche mediengesteuerter Interaktionen, die die Akteure von allen moralischen Zumutungen außer der einzigen eines generalisierten Rechtsgehorsams, entlasten. In weniger komplexen Verhältnissen kommt dem Ethos einer Lebensform dadurch sozialintegrative Kraft zu, daß in dieser integralen Sittlichkeit alle Komponenten der Lebenswelt miteinander verklammert, die konkreten Pflichten auf die Institutionen abgestimmt und in den Motiven verwurzelt sind. Wie sich moralische Gehalte unter Bedingungen hoher Komplexität über die Kanäle rechtlicher Regelungen gesellschaftsweit verbreiten können, werden wir freilich erst beurteilen können, wenn uns das Rechtssystem im ganzen vor Augen steht.

Kapitel 4

Gerechtigkeit

Einleitung

Die Gerechtigkeit gehört zu den Tugenden, die schon im Altertum von der Kunst als Figur dargestellt wurden: meist als Frau mit verbundenen Augen, die in der einen Hand eine Waage und in der anderen ein Schwert hält. Das Schwert deutet an, daß Justitia auch straft. Die verbundenen Augen sollen gewährleisten, daß sie gerecht entscheidet – ohne Ansehen der Person.

Dieser Grundgedanke findet sich auch in dem lateinischen Spruch *fiat iustitia, pereat mundus.* Diese Aussage machte Papst Hadrian VI., als er es ablehnte, das Verfahren gegen einen Mörder niederzuschlagen, nur weil dieser von hoher Geburt war. Der von Hadrian erzogene Kaiser Ferdinand I. erhob dessen Maxime zu seinem Wahlspruch. Er besagt nichts anderes, als daß die *Gerechtigkeit* walten soll, wer auch immer vor ihr steht (*mundus* meint hier nicht die Welt, sondern die weltliche Macht: *Gerechtigkeit* darf vor der weltlichen Macht nicht haltmachen). Das kann aber auch bedeuten, daß der Richter, daß jeder, der gerecht sein will, Mut oder Zivilcourage – auch sie »Tugenden« – besitzen muß, um seines Amtes zu walten.

Dafür gibt es sogar in der angeblich so gerechten Bundesrepublik Deutschland zahlreiche Beispiele. So wurde etwa der Beamte, der die illegale Beschaffung von Parteispenden in Bonn aufdeckte, so lange unter Druck gesetzt, bis er sein Amt aufgab. Allerdings hielt er aus, bis er die Gesetzesverstöße zahlreicher Politiker publik gemacht hatte.

Die Waage zeigt an, daß zwischen zwei Interessen entschieden wird. Das wiederum heißt – ja, es gehört zum »Wesen« der *Gerechtigkeit* –, daß stets von mindestens drei Personen ausgegangen werden muß: Zwei haben unterschiedliche Ansichten, und die dritte trifft das rechte Maß. Denn *erstens* darf niemand in eigener Sache urteilen, damit es zu gerechten Urteilen kommt. *Zweitens* gilt als Voraussetzung, daß beide Seiten angehört werden. Und *drittens* darf nicht mit zweierlei Maß gemessen werden.

Die *Gerechtigkeit* betrifft die Beziehung der Menschen untereinander, sei es im privaten Bereich, sei es im staatlichen Gefüge. Sie setzt Streitigkeiten voraus, die es entweder zu lösen oder aber durch das staatliche Recht zu verhindern gilt. Im privaten Bereich wird die *Gerechtigkeit* häufig als die Tugend der Starken bezeichnet. Der Starke ist derjenige, der auf Grund seiner Fähigkeiten mehr Macht hat als der Schwache; doch vom Starken wird erwartet, daß er trotz seiner Macht den Schwächeren nicht zu übervorteilen sucht. Von diesem Gedanken aus hat der Amerikaner John Rawls seine »Theorie der *Gerechtigkeit*« entwickelt, die *Gerechtigkeit* als Fairneß definiert.[22] Sein Prinzip lautet: Soziale und wirtschaftliche Ungleichheiten sollen so geregelt werden, daß sie dem am wenigsten Bevorteilten am meisten nutzen.

Wie keine andere Tugend ist die *Gerechtigkeit* ein Scharnier im Gefüge der zahlreichen Werte und Tugenden, eine Kardinaltugend, und der Mensch hat Anspruch auf ihre Anwendung. Deshalb darf man *Gerechtigkeit* fordern, während man Hilfe erbittet.

Es kann ohne Freiheit keine *Gerechtigkeit* geben. Und Ausfluß der *Gerechtigkeit* ist wiederum die Gleichheit. Dieser Gedanke findet sich sowohl in der Goldenen Regel wieder – »Was du nicht willst, daß man dir tu', das füg auch keinem andern zu« – als auch im kategorischen Imperativ von Immanuel Kant – »Handle so, daß die Maxime deines Willens jederzeit zugleich als Prinzip einer allgemeinen Gesetzgebung gelten könne.« Der Gerechtigkeitssinn führt zum Gleichheitsprinzip, das in Verfassungen alle drei Gewalten bindet.[23]

Die *Gerechtigkeit* wird aber auch dort eine soziale Tugend, wo sie im Sinn der Solidarität der Gemeinschaft die Verteilung der beschränkt vorhandenen Güter vornimmt, nach dem Prinzip: Jedem kommt das gleiche zu. Der wohl kaum mehr als hundert Jahre alte Begriff der *sozialen Gerechtigkeit* ist jedoch bis heute heftig umstritten. Die Diskussion dreht sich darum, festzulegen, was der Satz »Jedem komme das gleiche zu« bedeutet. Während wirtschaftsliberale Denker den Begriff der sozialen *Gerechtigkeit* ablehnen[24], da er nicht auf das Ergebnis eines spontanen Wirtschaftsablaufs angewendet werden könne, wird er von denen bejaht, die *soziale Gerechtigkeit* nicht ausschließlich als Frage der Verteilung, sondern als solidarische Pflicht in einer Gesellschaft, als Sozialpolitik verstehen.[25]

Gerechtigkeit ist die Grundlage dessen, was als Generationenvertrag umschrieben wird. Hilflos kommt das Kind auf die Welt und kann nur überleben, weil die Eltern ihm helfen. Dafür werden die Eltern im Alter die Hilfe der nun erwachsenen Kinder benötigen, die sie ihnen – so ist es gerecht – im Tausch für die empfangene Hilfe wiedergeben.

Aber die *Gerechtigkeit* zwischen den Generationen geht sehr viel weiter und betrifft auch den Umgang mit der Erde. Da die Natur endlich ist, verlangt es die *Gerechtigkeit*, daß eine Generation der kommenden die Welt in dem Zustand überläßt, in dem sie sie selbst übernommen hat. Diesen Gedanken kann man auch auf andere

Bereiche übertragen: Es ist ungerecht, wenn eine Generation über ihre Verhältnisse lebt und der nächsten eine unangemessene Staatsverschuldung hinterläßt. Politiker, die dies hinnehmen, verstoßen gegen die Tugend der *Gerechtigkeit*.

Als die Diktatur der DDR zerfallen war, hofften die ostdeutschen Bürgerrechtler, nun in der Bundesrepublik einen gerechten Staat zu finden. Doch der Satz von Bärbel Bohley zeigt die große Enttäuschung: »Wir erwarteten *Gerechtigkeit*, und es kam der Rechtsstaat.« Damit drückte sie aus, was sicherlich viele denken: *Gerechtigkeit* empfinden wir persönlich, der Rechtsstaat ist anonym. Seine Entscheidungen sind häufig nicht nachzuvollziehen. Wenn dies so ist, hat der Staat einen Teil seiner moralischen Glaubwürdigkeit verloren.

Manchmal fühlt der Bürger sein persönliches Gerechtigkeitsempfinden durch den Staat verletzt. Besonders dann, wenn eine Entscheidung nach einem allgemeinen Maßstab gefällt wird, das Ergebnis aber – in diesem besonderen Fall – ungerecht erscheint. Doch der Staat ist zur Gleichbehandlung verpflichtet und muß seine Regelungen allgemein und nicht auf den Einzelfall ausrichten. Nehmen wir an, ein Soldat hat im Zweiten Weltkrieg den Befehl verweigert, als er Frauen und Kinder in einem feindlichen Dorf nicht erschießen wollte. Dafür riskierte er die Todesstrafe, aber glücklicherweise kam er nur für einige Jahre ins Zuchthaus. Jahrzehnte später, als er in Rente ging, wurden ihm die Zuchthausjahre bei der Berechnung abgezogen. Er erhielt weniger als derjenige, der dem Befehl gehorchte und auf Frauen und Kinder schoß; denn dem wurden die Kriegsjahre voll angerechnet. Schließlich erhält man im Regelfall Rente nur für die Zeit, die »anzurechnen« ist. Und dazu gehören keine

Zuchthausjahre. Das entspricht dem Recht, ist aber ungerecht.

Von allen Tugenden ist die *Gerechtigkeit* mit Sicherheit die schwerste – vielleicht auch die seltenste.

Volksmoral
Altchinesische Staatsweisheit

Der berühmte Philosoph Mong tse (372–289), dessen Buch zu den klassischen Schriften zählt, kam einst an den Hof des Fürsten von Weh, um ihm seine Dienste anzubieten. Der Fürst sprach zu ihm:

»Da Ihr tausend Meilen zurückgelegt habt, um in mein Land zu kommen, wollt Ihr zweifellos besonders eifrig für meinen Vorteil tätig sein.«

Mong tse erwiderte:

»Was sprecht Ihr von Vorteil? Hebung der bürgerlichen Moral, darauf kommt es an. Wenn der Fürst bei den Staatsgeschäften nur an seinen Vorteil denkt, dann arbeiten auch Minister, Beamte und jeder einzelne Bürger lediglich für ihren privaten Vorteil. Man kann ohne Übertreibung behaupten, ein solcher Staat ist in Auflösung. Sorgt dagegen der Fürst für Hebung der allgemeinen Moral, so wächst der Zusammenhalt in der Familie und damit von selbst auch die Opferbereitschaft für den Staat.«

Übertragen und
übermittelt von Franz Kuhn

Fiat Justitia ...

Fiat justitia et pereat mundus. Gerechtigkeit werde geübt, und sollte die Welt dabei untergehn.

Wahlspruch Kaiser Ferdinands I.

Ein Jurist, der nicht mehr denn ein Jurist ist, ist ein arm Ding. *Martin Luther*

Gerechtigkeit: Eigenschaft und Phantom der Deutschen.

Johann Wolfgang von Goethe

Ich bin peinlich gerecht, weil es die Distanz aufrecht erhält.

Jedem das Seine geben: Das wäre die Gerechtigkeit wollen und das Chaos erreichen. *Friedrich Nietzsche*

Wer vermißt noch die vergeltende Gerechtigkeit? Was der Böseste am meisten fürchtet, ist ihm gewiß: der Tod. Dem Besten ist er wohl auch gewiß, aber er fürchtet ihn nicht, weil er das Leben nicht will. Der Böseste sein heißt ja nichts, als am meisten leben wollen.

Arthur Schopenhauer

Trotz der relativen Rechtssicherheit in prosperity ist ein Rechtsstaat für arm und reich zugleich doch ein Verkleidungsstück und muß es sein ... denn wie kein anderer ist der Begriff Rechtsstaat dazu tauglich, dem interessierten Formalismus auch noch den Anschein einer besonderen Objektivität zu verleihen, den der Unparteiischkeit und ihrer Gerechtigkeit. *Ernst Bloch*

Im Gang der Dinge scheint stets der Überlebende recht zu haben. Wer oben schwimmt, meint bei der Wahrheit der guten Sache zu sein. Darin liegt die tiefe Ungerechtigkeit der Blindheit für die Scheiternden ... welche durch die Ereignisse zertreten werden. *Karl Jaspers*

VOLTAIRE

Über den Unterschied zwischen politischen und natürlichen Gesetzen

Natürliche Gesetze nenne ich diejenigen, welche die Natur zu allen Zeiten alle Menschen zur Aufrechterhaltung der Gerechtigkeit lehrt, deren Idee die Natur, was auch immer man über sie sagen möge, in unsere Herzen geprägt hat. Überall sind der Diebstahl, die Gewalt, der Mord, die Undankbarkeit gegenüber wohltätigen Verwandten, der Meineid, wenn er geleistet wird, um zu schaden, nicht um einem Unschuldigen zu helfen, die Verschwörung gegen das eigene Vaterland unleugbar Verbrechen, die bald strenger, bald milder, aber immer rechtmäßig bestraft werden.

Politische Gesetze aber nenne ich die Gesetze, welche nach einem gegenwärtigen Bedürfnis, sei es um die Staatsgewalt zu stärken, sei es um Unglücksfällen vorzubeugen, erlassen werden.

Man will nicht, daß der Feind Kundschaft von einer Stadt erhalte. So verschließt man die Tore und verbietet bei Todesstrafe, sie über die Wälle zu verlassen.

Man fürchtet eine neue Sekte, die sich in der Öffentlichkeit mit ihrem Gehorsam gegenüber der Obrigkeit schmückt, im geheimen aber Ränke schmiedet, um sich diesem Gehorsam zu entziehen; die lehrt, daß alle Menschen gleich seien, um sie alle gleichermaßen ihren neuen Riten zu unterwerfen; und die endlich mit der Begründung, man müsse Gott mehr gehorchen als den Menschen und die herrschende Sekte stecke voller Aberglauben und lächerlichen Zeremonien, das zerstören will, was vom Staat für heilig gehalten wird. Man ordnet die Todesstrafe für diejenigen an, welche öffentlich die Lehren dieser Sekte verbreiten und damit das Volk zum Aufruhr reizen können.

Zwei Herrschsüchtige streiten miteinander um einen Thron. Der Stärkere trägt den Sieg davon und verhängt die Todesstrafe für die Anhänger des Schwächeren. Die Richter werden zu Werkzeugen der Rache des neuen Herrschers und die Stützen seiner Macht. Wer auch immer zur Zeit Hugo Capets mit Karl von Lothringen in Verbindung stand, lief Gefahr, zum Tode verurteilt zu werden, wenn er nicht sehr mächtig war.

Als Richard III., der Mörder seiner beiden Neffen, als König von England anerkannt war, ließ der oberste Gerichtshof den Ritter William Colingbourne vierteilen, weil er einem Freund des Grafen von Richemond, welcher damals Truppen anwarb und der später unter dem Namen Heinrich VII. regierte, geschrieben hatte. Man fand zwei Zeilen von seiner Hand, die von großer Lächerlichkeit waren, und dies reichte aus, um diesen Edelmann auf eine abscheuliche Art umzubringen. Die Geschichte ist voll von ähnlichen Beispielen der Gerechtigkeit.

Das Recht auf Vergeltung ist ein weiteres dieser Gesetze, die von den Völkern angenommen wurden. Euer

Feind hat einen eurer tapferen Hauptleute, die einige Zeit eine kleine baufällige Festung gegen eine ganze Armee verteidigte, hängen lassen. Nun fällt einer seiner Hauptleute in eure Hände; es ist ein tapferer Mann, den ihr schätzt und liebt: ihr laßt ihn nach dem Vergeltungsrecht hängen. So ist das Gesetz, sagt ihr; das heißt, wenn euer Feind sich mit einem ungeheuren Verbrechen besudelt hat, so müßt ihr unbedingt ein ähnliches begehen!

Alle diese Gesetze einer blutigen Staatskunst gelten nur eine gewisse Zeit, und man sieht sehr wohl, daß es keine wahrhaften Gesetze sind, denn sie sind vergänglich. Sie ähneln der Notwendigkeit, der man sich während äußerster Hungersnot ausgesetzt sah, Menschen zu fressen; man frißt sie nicht mehr, seit man Brot hat.

*

Wenn der weise Gesetzgeber eine Drohung ausgesprochen und gewissermaßen eine Strafe versprochen hat, dann gehört es zu seiner Beharrlichkeit, die Tat nicht völlig unbestraft zu lassen, selbst wenn die Strafe niemandem mehr zur Besserung dienen würde. Hätte er aber nichts versprochen, dann genügt es, daß eine Angemessenheit besteht, die ihn zu diesem Versprechen hatte bewegen können; denn der Weise verspricht ja auch nur, was angemessen ist.

Gerechtigkeit ist »die der Weisheit entsprechende Güte.« *Gottfried Wilhelm von Leibniz*

Arthur Schopenhauer

Die Tugend der Gerechtigkeit

Bei näherer Betrachtung des Urphänomens Mitleid ist auf den ersten Blick ersichtlich, daß es zwei deutlich getrennte Grade gibt, in welchen das Leiden eines andern unmittelbar mein Motiv werden, d. h. mich zum Tun oder Lassen bestimmen kann: nämlich zuerst nur in dem Grade, daß es, egoistischen oder boshaften Motiven entgegenwirkend, mich abhält, dem andern ein Leiden zu verursachen, also herbeizuführen, was noch nicht ist, selbst Ursache fremder Schmerzen zu werden; sodann aber in dem höhern Grade, wo das Mitleid, positiv wirkend, mich zu tätiger Hülfe antreibt. Die Trennung zwischen sogenannten Rechts- und Tugendpflichten, richtiger zwischen Gerechtigkeit und Menschenliebe, welche bei *Kant* so gezwungen herauskam, ergibt sich hier ganz und gar von selbst und bezeugt dadurch die Richtigkeit des Prinzips: es ist die natürliche, unverkennbare und scharfe Grenze zwischen dem Negativen und Positiven, zwischen Nichtverletzen und Helfen. Die bisherige Benennung ›Rechts- und Tugendpflichten‹, letztere auch Liebespflichten, unvollkommene Pflichten genannt, hat zuvörderst den Fehler, daß sie das Genus der Spezies koordiniert: denn die Gerechtigkeit ist auch eine Tugend. Sodann liegt derselben die viel zu weite Ausdehnung des Begriffes *Pflicht* zum Grunde. An die Stelle obiger zwei Pflichten setze ich daher zwei Tugenden: die der Gerechtigkeit und die der Menschenliebe, welche ich Kardinaltugenden nenne, weil aus ihnen alle übrigen praktisch hervorgehn und theoretisch sich ableiten lassen. Beide wurzeln in dem natürlichen Mitleid. Dieses Mitleid selbst aber ist eine unleugbare Tatsache des menschlichen Bewußtseins, ist diesem wesentlich eigen, beruht nicht auf Voraussetzungen, Begriffen, Religionen, Dogmen, Mythen, Erziehung und Bildung; sondern ist ursprünglich und unmittelbar, liegt in der menschlichen Natur selbst, hält ebendeshalb unter allen Verhältnissen stich und zeigt sich in allen Ländern und Zeiten; daher an dasselbe als an etwas in jedem Menschen notwendig Vorhandenes überall zuviel sichtlich appelliert wird, und nirgends gehört es zu den ›fremden Göttern‹. Hingegen nennt man den, dem es zu mangeln scheint, einen Unmenschen; wie auch ›Menschlichkeit‹ oft als Synonym von Mitleid gebraucht wird.

Der erste Grad der Wirksamkeit dieser echten und natürlichen moralischen Triebfeder ist also nur *negativ*. Ursprünglich sind wir alle zur Ungerechtigkeit und Gewalt geneigt, weil unser Bedürfnis, unsere Begierde, unser Zorn und Haß unmittelbar ins Bewußtsein treten und daher das ius primi occupantis [das Recht der ersten Besitzergreifung] haben; hingegen die fremden Leiden, welche unsere Ungerechtigkeit und Gewalt verursacht, nur auf dem sekundaren Wege der *Vorstellung* und erst durch die Erfahrung, also *mittelbar* ins Bewußtsein kommen: daher sagt *Seneca*: ›Ad neminem ante bona mens venit quam mala.‹ [Keinem frommt die gute Gesinnung früher als die böse.] (›Epistulae‹ 50 [7]). Der erste Grad der Wirkung des Mitleids ist also, daß es den von mir selbst infolge der mir einwohnenden antimoralischen Potenzen andern zu verursachenden Leiden hemmend entgegentritt, mir ›Halt!‹ zuruft und sich als eine Schutzwehr vor den andern stellt, die ihn vor der Verletzung bewahrt, zu welcher außerdem mein Egoismus oder [meine] Bosheit mich treiben würde. Dergestalt entspringt aus diesem ersten Grade des Mitleids die Maxime ›neminem laede‹, d.i. der Grundsatz der *Gerechtigkeit*, welche Tugend ihren lautern, rein moralischen, von aller Beimischung freien Ursprung allein hier hat und nirgends außerdem haben kann, weil sie sonst auf Egoismus beruhen müßte. Ist mein Gemüt bis zu jenem Grade für das Mitleid empfänglich, so wird dasselbe mich zurückhalten, wo und wann ich, um meine Zwecke zu erreichen, fremdes Leiden als Mittel gebrauchen möchte; gleichviel, ob dieses Leiden ein augenblickliches oder später eintretendes, ein direktes oder indirektes, durch Zwischenglieder vermitteltes sei. Folglich werde ich dann sowenig das Eigentum als die Person des andern angreifen, ihm sowenig geistige als körperliche Leiden verursachen, also nicht nur mich jeder physischen Verletzung enthalten; sondern auch ebensowenig auf geistigem Wege ihm Schmerz bereiten, durch Kränkung, Ängstigung, Ärger oder Verleumdung. Dasselbe Mitleid wird mich abhalten, die Befriedigung meiner Lüste auf Kosten des Lebensglückes weiblicher Individuen zu suchen oder das Weib eines andern zu verführen oder auch Jünglinge moralisch und physisch zu verderben durch Verleitung zur Päderastie. Jedoch ist keineswegs erforderlich, daß in jedem einzelnen Fall das Mitleid wirklich erregt werde; wo es auch oft zu spät käme: sondern aus der *ein für allemal* erlangten Kenntnis von dem Leiden, welches jede ungerechte Handlung notwendig über andere bringt und welches durch das Gefühl des Unrechterduldens, d.h. der fremden Übermacht geschärft wird, geht in edeln Gemütern die Maxime ›neminem laede‹ hervor, und die vernünftige Überlegung erhebt sie zu dem *ein für allemal* gefaßten festen Vorsatz, die

Rechte eines jeden zu achten, sich keinen Eingriff in dieselben zu erlauben, sich von dem Selbstvorwurf, die Ursache fremder Leiden zu sein, frei zu erhalten und demnach nicht die Lasten und Leiden des Lebens, welche die Umstände jedem zuführen, durch Gewalt oder List auf andere zu wälzen, sondern sein beschiedenes Teil selbst zu tragen, um nicht das eines andern zu verdoppeln. Denn obwohl *Grundsätze* und abstrakte Erkenntnis überhaupt keineswegs die Urquelle oder erste Grundlage der Moralität sind; so sind sie doch zu einem moralischen Lebenswandel unentbehrlich als das Behältnis, das Reservoir, in welchem die aus der Quelle aller Moralität, als welche nicht in jedem Augenblicke fließt, entsprungene Gesinnung aufbewahrt wird, um, wenn der Fall der Anwendung kommt, durch Ableitungskanäle dahin zu fließen. Es verhält sich also im Moralischen wie im Physiologischen, wo z. B. die Gallenblase als Reservoir des Produkts der Leber notwendig ist, und in vielen ähnlichen Fällen. Ohne fest gefaßte *Grundsätze* würden wir den antimoralischen Triebfedern, wenn sie durch äußere Eindrücke zu Affekten erregt sind, unwiderstehlich preisgegeben sein. Das Festhalten und Befolgen der Grundsätze, den ihnen entgegenwirkenden Motiven zum Trotz, ist *Selbstbeherrschung*. Hier liegt auch die Ursache, warum die Weiber, als welche wegen der Schwache ihrer Vernunft, allgemeine *Grundsätze* zu verstehn, festzuhalten und zur Richtschnur zu nehmen, weit weniger als die Männer fähig sind, in der Tugend der Gerechtigkeit, also auch [der] Redlichkeit und Gewissenhaftigkeit diesen in der Regel nachstehn; daher Ungerechtigkeit und Falschheit ihre häufigsten Laster sind und Lügen ihr eigentliches Element: hingegen übertreffen sie die Männer in der Tugend der *Menschenliebe*; denn zu dieser ist der Anlaß meistens *anschaulich* und redet daher unmittelbar zum Mitleid, für welches die Weiber entschieden leichter empfänglich sind. Aber nur das Anschauliche, Gegenwärtige, unmittelbar Reale hat wahre Existenz für sie: das nur mittelst der Begriffe erkennbare Entfernte, Abwesende, Vergangene, Zukünftige ist ihnen nicht wohl faßlich. Also ist auch hier Kompensation: Gerechtigkeit ist mehr die männliche, Menschenliebe mehr die weibliche Tugend. Der Gedanke, Weiber das Richteramt verwalten zu sehn, erregt Lachen; aber die Barmherzigen Schwestern übertreffen sogar die Barmherzigen Brüder. Nun aber gar das Tier ist, da ihm die abstrakte oder Vernunft-Erkenntnis gänzlich fehlt, durchaus keiner Vorsätze, geschweige Grundsätze und mithin keiner *Selbstbeherrschung* fähig, sondern dem Eindruck und Affekt wehrlos hingegeben. Daher eben hat es keine bewußte *Moralität*; wiewohl die Spezies große Unterschiede der Bosheit und Güte des Charakters zeigen und in den obersten Geschlechtern selbst die Individuen. – Dem Gesagten zufolge wirkt in den einzelnen Handlungen des Gerechten das Mitleid nur noch indirekt, mittelst der Grundsätze, und nicht sowohl actu als potentia; etwa so, wie in der Statik die durch größere Länge des einen Waagebalkens bewirkte größere *Geschwindigkeit*, vermöge welcher die kleinere Masse der größeren das Gleichgewicht hält, im Zustand der Ruhe nur potentia und doch völlig sogut wie actu wirkt. Jedoch bleibt dabei das Mitleid stets bereit, auch actu hervorzutreten: daher, wenn etwa in einzelnen Fällen die erwählte Maxime der Gerechtigkeit wankt, zur Unterstützung derselben und zur Belebung der gerechten Vorsätze kein Motiv (die egoistischen beiseite gesetzt) wirksamer ist als das aus der Urquelle selbst, dem Mitleid, geschöpfte. Dies gilt nicht etwa bloß, wo es die Verletzung der Person, sondern auch, wo es die des Eigentums betrifft, z. B. wenn jemand eine gefundene Sache von Wert zu behalten Lust spürt; so wird – mit Ausschluß aller Klugheits- und aller Religionsmotive dagegen – nichts ihn so leicht auf die Bahn der Gerechtigkeit zurückbringen wie die Vorstellung der Sorge, des Herzeleids und der Wehklage des Verlierers. Im Gefühl dieser Wahrheit geschieht es oft, daß dem öffentlichen Aufruf zur Wiederbringung verlorenen Geldes die Versicherung hinzugefügt wird, der Verlierer sei ein armer Mensch, ein Dienstbote u. dgl.

Georg Wilhelm Friedrich Hegel

Individuum und Recht

... (Als) Rechtspflege ist (sie) die Totalität aller Rechte, aber mit völliger Indifferenz für das Interesse der Beziehung der Sache auf das Bedürfnis dieses bestimmten Individuums. Dieses Individuum ist für sie eine völlig indifferente allgemeine Person. Es kommt bloß das Allgemeine, das Abstrakte der Art des Besitzes und Erwerbs bei der reinen Gerechtigkeit in Rücksicht. Aber die Gerechtigkeit muß selbst ein Lebendiges sein und die Person ansehen.

Franz Kafka

Vor dem Gesetz

Vor dem Gesetz steht ein Türhüter. Zu diesem Türhüter kommt ein Mann vom Lande und bittet um Eintritt in das Gesetz. Aber der Türhüter sagt, daß er ihm jetzt den Eintritt nicht gewähren könne. Der Mann überlegt und fragt dann, ob er also später werde eintreten dürfen. »Es ist möglich«, sagt der Türhüter, »jetzt aber nicht.« Da das Tor zum Gesetz offensteht wie immer und der Türhüter beiseite tritt, bückt sich der Mann, um durch das Tor in das Innere zu sehn. Als der Türhüter das merkt, lacht er und sagt: »Wenn es dich so lockt, versuche es doch, trotz meines Verbotes hineinzugehn. Merke aber: Ich bin mächtig. Und ich bin nur der unterste Türhüter. Von Saal zu Saal stehn aber Türhüter, einer mächtiger als der andere. Schon den Anblick des dritten kann nicht einmal ich mehr ertragen.« Solche Schwierigkeiten hat der Mann vom Lande nicht erwartet; das Gesetz soll doch jedem und immer zugänglich sein, denkt er, aber als er jetzt den Türhüter in seinem Pelzmantel genauer ansieht, seine große Spitznase, den langen, dünnen, schwarzen tatarischen Bart, entschließt er sich, doch lieber zu warten, bis er die Erlaubnis zum Eintritt bekommt. Der Türhüter gibt ihm einen Schemel und läßt ihn seitwärts von der Tür sich niedersetzen. Dort sitzt er Tage und Jahre. Er macht viele Versuche, eingelassen zu werden, und ermüdet den Türhüter durch seine Bitten. Der Türhüter stellt öfters kleine Verhöre mit ihm an, fragt ihn über seine Heimat aus und nach vielem andern, es sind aber teilnahmslose Fragen, wie sie große Herren stellen, und zum Schlusse sagt er ihm immer wieder, daß er ihn noch nicht einlassen könne. Der Mann, der sich für seine Reise mit vielem ausgerüstet hat, verwendet alles, und sei es noch so wertvoll, um den Türhüter zu bestechen. Dieser nimmt zwar alles an, aber sagt dabei: »Ich nehme es nur an, damit du nicht glaubst, etwas versäumt zu haben.« Während der vielen Jahre beobachtet der Mann den Türhüter fast ununterbrochen. Er vergißt die andern Türhüter, und dieser erste scheint ihm das einzige Hindernis für den Eintritt in das Gesetz. Er verflucht den unglücklichen Zufall, in den ersten Jahren rücksichtslos und laut, später, als er alt wird, brummt er nur noch vor sich hin. Er wird kindisch, und da er in dem jahrelangen Studium des Türhüters auch die Flöhe in seinem Pelzkragen erkannt hat, bittet er auch die Flöhe, ihm zu helfen und den Türhüter umzustimmen. Schließlich wird sein Augenlicht schwach, und er weiß nicht, ob es um ihn wirklich dunkler wird, oder ob ihn nur seine Augen täuschen. Wohl aber erkennt er jetzt im Dunkel einen Glanz, der unverlöschlich aus der Türe des Gesetzes bricht. Nun lebt er nicht mehr lange. Vor seinem Tode sammeln sich in seinem Kopfe alle Erfahrungen der ganzen Zeit zu einer Frage, die er bisher an den Türhüter noch nicht gestellt hat. Er winkt ihm zu, da er seinen erstarrenden Körper nicht mehr aufrichten kann. Der Türhüter muß sich tief zu ihm hinunterneigen, denn der Größenunterschied hat sich sehr zuungunsten des Mannes verändert. »Was willst du denn jetzt noch wissen?« fragt der Türhüter, »du bist unersättlich.« »Alle streben doch nach dem Gesetz«, sagt der Mann, »wieso kommt es, daß in den vielen Jahren niemand außer mir Einlaß verlangt hat?« Der Türhüter erkennt, daß der Mann schon an seinem Ende ist, und um sein vergehendes Gehör noch zu erreichen, brüllt er ihn an: »Hier konnte niemand sonst Einlaß erhalten, denn dieser Eingang war nur für dich bestimmt. Ich gehe jetzt und schließe ihn.«

Bertolt Brecht

Die Tugend der Gerechtigkeit

Es gibt Staaten, in denen die Gerechtigkeit zu sehr gerühmt wird. In solchen Staaten ist es, wie man vermuten darf, besonders schwer, Gerechtigkeit zu üben. Viele Menschen scheiden dafür aus, weil sie entweder zu arm und zu benachteiligt sind, um gerecht sein zu können oder um unter Gerechtigkeit etwas anderes zu verstehen als Hilfe für sie selber. Jene Gerechtigkeit, die für einen selber gefordert wird, gilt aber wenig. Diese Unterdrückten werden selten als Freunde der Gerechtigkeit gerühmt; es fehlt ihnen die Selbstlosigkeit. Die aber haben sie nicht, weil sie eben selber darben und unterdrückt sind. Die Gerechtigkeit der andern wiederum erweckt das Mißtrauen, sie seien eben bloß für den Augenblick gesättigt, sorgten also jetzt für ihre nächsten Wochen oder Jahre. Andere fürchten für die Zustände, die ihnen ständige Sättigung verbürgen, die Empörung der ungerecht Behandelten. Wieder andere treten für das Recht derjenigen ein, die sie selber auszubeuten wünschen.

In Ländern, die gut verwaltet sind, braucht es keine besondere Gerechtigkeit. Dem Gerechten fehlt dort die Ungerechtigkeit, wie dem Klagenden der Schmerz. In solchen Ländern versteht man dann unter Gerechtigkeit etwas Erfinderisches, ein fruchtbares Vorgehen, das die Interessen verschiedener gleichrichtet.

*

Wo keine Gerechtigkeit ist, ist keine Freiheit, und wo keine Freiheit ist, ist keine Gerechtigkeit.

Johann Gottfried Seume

Von allen Tugenden die schwerste und seltenste ist die Gerechtigkeit. Man findet zehn Großmütige gegen einen Gerechten.

Franz Grillparzer

Robert Spaemann

Gerechtigkeit
Oder: Ich und die anderen

(...)

Zuerst und vor allem ist Gerechtigkeit eine Tugend. Das heißt: eine Haltung von Menschen. Gerechtigkeit kann jedem jederzeit und gegenüber jedermann abverlangt werden; denn die Forderung der Gerechtigkeit verlangt nichts anderes als die Relativierung der eigenen Sympathien, Wünsche, Vorlieben und Interessen. Es ist kein hinreichender Rechtfertigungsgrund für mein Handeln, daß es meinen Interessen dient – wenn nämlich auch die Interessen anderer von ihm betroffen sind. Es mag sein, daß meine Interessen den Vorrang vor denen anderer haben; aber dann nicht, weil es meine sind, sondern weil es inhaltlich wichtigere sind. Das aber heißt: Wenn die eines anderen wichtiger wären, dann müßten diese den Vorrang haben. Gerecht nennen wir den, der bei Interessenkonflikten darauf sieht, um *welche* Interessen es sich handelt und bereit ist, davon abzusehen, *wessen* Interessen auf dem Spiel stehen. Und da wir immer versucht sind, uns in der Bewertung von Interessen etwas vorzumachen und uns selbst zu privilegieren, so gehört zur Gerechtigkeit die Bereitschaft, sich im Zweifelsfall einer unparteiischen Instanz zu unterwerfen. Das heißt also zum Beispiel: zur Gerechtigkeit gehört die Bereitschaft, sich staatlichen Gesetzen und einer öffentlichen Gerichtsbarkeit zu unterwerfen.

Das Phänomen, das aller Gerechtigkeit zugrunde liegt, ist das der Verteilung oder der Beanspruchung knapper Güter. Die Verteilung von Gütern, an denen Überfluß herrscht, unterliegt keinen Gerechtigkeitskriterien. Es ist das Eigentümliche der Zukunftsvision von Karl Marx, daß es in ihr nicht eigentlich um Gerechtigkeit geht, sondern um die Herstellung eines Zustandes, in dem es der Gerechtigkeit nicht mehr bedarf, eines Überflußzustandes, in dem jeder nur noch zuzugreifen braucht: der universelle Nulltarif. Die Produktion des Überflusses soll dann nur noch so wenig Arbeitszeit beanspruchen, daß auch bei deren Verteilung auf Gerechtigkeitskriterien vernichtet werden kann. Dieser Zustand erst heißt: Kommunismus. In ihm gilt das Prinzip ›Jedem nach seinen Bedürfnissen‹.

Der Weg dahin steht allerdings für Marx ganz unter dem Diktat der Effizienz. Auf diesem Weg gilt als einziger Maßstab das Leistungsprinzip: ›Jeder nach seinen Fähigkeiten, jedem nach seiner Leistung.‹ Gerechtigkeit ist die Anerkennung einer fundamentalen Symmetrie in den Beziehungen von Menschen, und zwar dort, wo es um die Verteilung knapper Güter geht. Diese Symmetrie besteht nicht in einfacher Gleichheit aller, sondern darin, daß Asymmetrien der Rechtfertigung bedürfen. Die Rechtfertigung aber muß von der Art sein, daß jeder, der selbst bereit ist, gerecht zu denken, dieser Asymmetrie zustimmen kann. Wo ein Mensch diskriminierenden Maßnahmen unterworfen wird, die ihm selbst gegenüber gar nicht gerechtfertigt werden und auch gar nicht gerechtfertigt werden können, wo er als Staatsbürger benachteiligt wird, weil er zum Beispiel Jude, Neger oder Sohn eines Großgrundbesitzers ist, da ist jene fundamentale Symmetrie verletzt, ohne die es keine Gerechtigkeit gibt. Gerechtigkeit heißt, wie gesagt, nicht, daß jeder das Gleiche bekommt oder das Gleiche leisten muß. Es heißt, daß der Maßstab bei der Verteilung von Lasten und Entschädigungen, wie immer er aussehen mag, nicht von vornherein zugunsten bestimmter Personen oder Personengruppen entworfen und bei der Anwendung nicht zugunsten oder ungunsten bestimmter Personen manipuliert wird. Darum wird Justita mit einer Binde vor den Augen dargestellt. Gerechtigkeit heißt immer auch: Unparteilichkeit.

Gerechtigkeit ist die Tugend dessen, der über Macht verfügt: die Tugend des Stärkeren. Der Schwächere braucht keine Tugend, um an Symmetrie interessiert zu sein. Er ist ohnehin daran interessiert, denn er verbessert sich dadurch; aber er kann die Symmetrie nicht herstellen, eben weil er der Schwächere ist. Und wo Gleichheit herrscht, wie bei einem vollkommen funktionierenden freien Markt, da wird keine Gerechtigkeit verletzt, wenn jeder nimmt, was er bekommen kann. Aber es ist das Privileg des Mächtigen, andere Maßstäbe als die des eigenen Vorteils anzulegen, das heißt, verteilen zu können. Wer eine Stradivari-Geige zu versteigern hat und nicht selbst so arm ist, daß er sie unbedingt dem Meistbietenden geben muß, der ist in einer privilegierten Lage; er handelt gerecht, wenn er sie nicht dem reichen Sammler, sondern einem hervorragenden Geiger verkauft, der vielleicht nur die Hälfte zahlt, aber in dessen Hände sie gehört.

Gerechtigkeit ist in erster Linie ein Gesichtspunkt bei der Verteilung knapper Güter innerhalb bereits bestehender und institutionalisierter Beziehungen. Gerechtigkeit stiftet nicht diese Beziehungen. Niemand ist verpflichtet, einem anderen Menschen Treue zu versprechen; aber wer es getan hat, der gibt dem anderen damit das Recht, sich auf seine Treue zu verlassen. Kein Land ist Ausländern Rechenschaft schuldig für seine Maßnahmen und Maßstäbe, die es bei der Einbürgerung zugrunde legt; aber sehr wohl kann jeder Bürger verlangen, nicht ohne gesetzliche Grundlage und eigene Schuld ausgebürgert zu werden. Gewisse fundamentale Gerechtigkeitspflichten hat allerdings jeder Mensch gegen jeden anderen Menschen einfach aufgrund der Tatsache, daß beide dem Menschengeschlecht angehören. Die Einheit, die wir mit »Menschengeschlecht« bezeichnen, ist anfänglich eine ganz abstrakte Einheit gewesen, die bloße Einheit einer Gattung, deren Mitglieder durch nichts als durch ihre Ähnlichkeit miteinander verbunden sind. In der heutigen Welt aber besteht längst ein reales Beziehungsgeflecht zwischen den verschiedenen Menschengruppen der Welt, insbesondere ein ökonomisches Beziehungsgeflecht. Wäre dieses Beziehungsgeflecht annähernd symmetrisch, so stellte sich das Problem der Gerechtigkeit nicht. In dem Maße aber, wo es innerhalb dieses Systems, das heißt vor allem des Weltmarktes, echte Machtpositionen gibt, vor allem eine Machtstellung der Industrieländer und der Öl exportierenden Länder, da taucht der Appell an Gerechtigkeit gegenüber den Inhabern dieser Machtposition auf. Sie sind nämlich tatsächlich noch etwas anderes als Tauschpartner, sie sind Verteiler, und als solche muß man von ihnen verlangen, daß sie Gesichtspunkte der Verteilungsgerechtigkeit berücksichtigen.

Aber nicht genug damit. Obgleich es immer ein Machtgefälle gibt und daher immer die Tugend der Gerechtigkeit erforderlich sein wird, so gehört doch zu dieser Tugend die Mitwirkung daran, sich selbst überflüssig zu machen; denn es ist gegen die fundamentale Symmetrie-Forderung, daß Menschen anderen Menschen auf Gnade und Ungnade bedingungslos ausgeliefert und davon abhängig sind, daß diese anderen Menschen gerecht sind. Darum gehört zur Gerechtigkeit als Zustand die Kontrolle der Macht, die Teilung der Gewalten, und zur Gerechtigkeit der Mächtigen die Bereitschaft, der Beschränkung ihrer Macht durch rechtliche Institutionen zuzustimmen.

Wenn wir nun genauer fragen, worin denn nun die Verteilungsgerechtigkeit besteht, so fällt die Antwort zunächst wieder sehr formal aus. Deshalb ist immer wieder gerade auch von Vertretern der neoliberalen Schule die Meinung vertreten worden, es gäbe so etwas wie Verteilungsgerechtigkeit überhaupt nicht. Die inhaltlichen

Gesichtspunkte, unter denen verteilt werden kann, seien so verschieden, daß darüber immer Streit entstehe. Es komme nur darauf an, daß dieser Steit durch rechtsstaatliche Institutionen ermöglicht und alle Lösungen für Korrekturen offengehalten würden, im Gegensatz zu totalitären Staaten, die solche Revision der Verteilungsgesichtspunkte sehr erschweren und damit die Privilegien einer einmal privilegierten Schicht ungebührlich absichern. Indem die Vertreter solcher Schule solche Unveränderlichkeit von Privilegien kritisieren und fordern, die Diskussion über Verteilungsfragen müsse offengehalten werden, zeigen sie aber in Wirklichkeit, daß sie, obwohl sie leugnen, daß es so etwas wie Gerechtigkeit gibt, doch sehr wohl bestimmte Lösungen des Verteilungsproblems für ungerecht halten; also zum Beispiel jene Lösung, die auf der Ausnutzung der politischen Schwäche und Unterdrückung einer bestimmten Schicht von Unterprivilegierten beruht. Und wenn sie sagen, über Verteilung müsse eben gestritten werden, so muß man doch fragen, wie denn ein solcher Streit aussehen soll? Er sieht ja nicht so aus, daß der eine sagt: »Ich will so viel« und der andere: »Ich will aber so viel.« Sondern beide *begründen* ihre Position. Sie legen relevante Gesichtspunkte vor. Sie sprechen über Zumutbarkeit usw. Mit anderen Worten: Sie reden über Gerechtigkeit. Der Streit ist sogar ein wesentliches Mittel für die Auffindung des Gerechten.

Gerade weil in Zivilprozessen die Anwälte der beiden Parteien zunächst einmal entgegengesetzte Vorschläge für ein gerechtes Urteil machen, einseitige Vorschläge und unter einseitigen Gesichtspunkten, gerade deshalb hat der Richter am Ende alle relevanten Gesichtspunkte wirklich vor Augen und kann versuchen, sie unparteiisch zu gewichten und so zu einem gerechten Urteil zu kommen. Also noch einmal: Was sind denn nun eigentlich relevante Verteilungsgesichtspunkte? Fassen wir zunächst zwei extreme Antworten ins Auge. Die erste Antwort lautet: Es gibt überhaupt nur *einen* relevanten Gesichtspunkt, den der tatsächlichen Durchsetzungkraft, das heißt das Recht des Stärkeren. Die zweite Antwort lautet: Man kann unter beliebigen Gesichtspunkten verteilen. Gerechtigkeit verlangt nur Unparteilichkeit bei der Anwendung des jeweiligen Maßstabes.

Betrachten wir zunächst das Recht des Stärkeren, das schon im 5. Jahrhundert vor Christus in Athen theoretisch und praktisch formuliert wurde. Die sophistischen Lehrer der Politikwissenschaft der damaligen Zeit lehrten, eben dies sei die Gerechtigkeit, daß der Starke tut, was ihm nützt. Platon erwiderte darauf: »Ist gerecht, was dem Starken nützt, oder das, wovon er *denkt*, daß es ihm nützt?« Und er fragte weiter: Was nützt denn eigentlich dem Menschen? Um dieses zu wissen, muß man wissen, was der Mensch ist. Essen kann der Starke schließlich auch nicht viel mehr, als bis er satt ist. Es könnte ja sein, daß es ihm nützt, das heißt, das es ihn in seinem Menschsein fördert, der Wirklichkeit gerecht zu werden, sie in ihrem Wertgehalt zu sehen und lieben zu lernen. Das Recht des Stärkeren wäre dann vielleicht gerade das Recht und die Möglichkeit – die der Schwache nicht im gleichen Maße hat –, von seinem eigenen Interesse abzusehen, das heißt, gerecht sein zu können. Denn Gerechtigkeit ist die Tugend der Mächtigen. In jedem Tierrudel gilt, daß die Stärkeren die Stärke zwar einerseits dazu benutzen, ihre eigene Autorität zu festigen, die Autorität aber setzen sie andererseits dazu ein, die Schwächsten im Rudel zu schützen und die Interessen des Rudels gegenüber der feindlichen Umwelt zu verteidigen. Auch in der menschlichen Gesellschaft ist es unvermeidlich, daß die Stärkeren die Macht haben, denn wenn sie nicht stärker, durch Glück begünstigter, klüger, geschickter, redegewandter usw. wären, wie wären sie sonst an die Macht gekommen? Insofern ist die Rede vom Recht des Stärkeren eine Trivialität. Die Frage ist nur, was der, der sich durch den Besitz von Macht als der Stärkere erwiesen hat, mit dieser Macht anfängt: ob er sein Handeln objektiven Wertrangordnungen unterstellt oder nur subjektiven Interessengesichtspunkten.

Und da lautet die andere extreme Antwort: Verteilungsgesichtspunkte sind beliebig; Gerechtigkeit heißt nur, daß sie allgemein gelten und nicht von subjektiven Interessen diktiert werden. Auch an dieser Antwort ist etwas Richtiges. Wenn die Tibetaner zum Dalai Lama dasjenige Kind erwählten, das ein bestimmtes Muttermal hatte, dann hat es keinen Sinn, dieses Verfahren von vornherein für ungerecht zu erklären. Solange dahinter die allgemein geteilte Überzeugung steht, daß eine göttliche Macht durch dieses Zeichen den Träger der geistlichen und weltlichen Macht zu erkennen gibt, kann man höchstens die Wahrheit dieses Glaubens bestreiten, nicht aber die Gerechtigkeit des Auswahlkriteriums. Ungerecht wäre es nur, wenn die untersuchenden Priester das Kind einer bestimmten Familie zum Dalai Lama proklamierten, obwohl es das Muttermal nicht hat. Die Gerechtigkeit liegt also tatsächlich in erster Linie in der Unparteilichkeit.

Dennoch gibt es in einer aufgeklärten Zivilisation – und für die meisten Bereiche in jeder Zivilisation – durchaus die Möglichkeit, relevante Verteilungskriterien von nichtrelevanten zu unterscheiden. Wer soll Medizin studieren? Reichtum der Eltern, ein Parteifunktionär als

Vater, politische Betätigung in einer Staatsjugendorganisation sind offenbar keine relevanten Gesichtspunkte, und das Abiturzeugnis ist es auch nicht. Darum denkt man heute nach über Eignungstests. Relevant wäre auch die Bewährung als Pfleger in einem Krankenhaus, verbunden mit der erforderlichen Intelligenz. Sogar die Tatsache, daß Vater oder Mutter Ärzte sind, könnte als zusätzlicher Gesichtspunkt nicht ungerecht genannt werden; jedenfalls nicht so ungerecht wie die Eigenschaft, in einem Losverfahren Gewinner zu sein. Oft konkurrieren relevante Gesichtspunkte miteinander, und es ist schwer, sie in eine Rangordnung zu bringen. Ich nenne als Beispiel die Diskussion um das Kindergeld oder den steuerfreien Betrag für Kinder. Die Befürworter des Kindergeldes sagen, daß reiche Leute beim steuerfreien Betrag viel mehr für ihre Kinder herausbekommen als weniger begüterte, daß aber doch alle Kinder gleich viel wert sind und daß zudem ärmere Leute das Geld für die Kinder dringender brauchen als reiche. Die andere Partei macht geltend, daß wohlhabende Leute sowieso nicht nur absolut, sondern auch prozentual viel mehr Steuern zahlen als weniger wohlhabende; daß Steuerersparnisse für Kinder kein Geschenk, sondern nur die Ermäßigung einer Last sind, und schließlich, daß tatsächlich die Aufwendungen reicher Leute für ihre Kinder unvermeidlich höher sind, weil die Kinder am Lebensstandard der Familie partizipieren. Ohne den steuerfreien Betrag zwinge man die wohlhabenden Leute, zur Strafe für ihre Kinder ihren Lebensstandard unverhältnismäßig zu senken. Ich diskutiere hier nicht diese beiden Gesichtspunkte, sondern weise nur darauf hin, daß hier zwei verschiedene Gleichheitsprinzipien miteinander konkurrieren.

Diese Konkurrenz ist schon den Philosophen der Antike aufgefallen. Sie haben gesprochen von proportionaler und arithmetischer Gleichheit. Arithmetische Gleichheit, das hieße: jeder bekommt das gleiche. Also nicht gleicher Lohn für gleiche Leistung, sondern für alle der gleiche Lohn ohne Rücksicht auf die Leistung, und für alle die gleiche Chance auf Bekleidung eines Staatsamtes ohne Rücksicht auf Qualifikation. Daß das ungerecht wäre, leuchtet leicht ein. Niemand möchte in einem Staat leben, in dem die Ärzte nicht durch ein medizinisches Studium, das sehr mühevoll ist, qualifiziert sind, sondern durch die Tatsache, daß sie in einem Losverfahren gewonnen haben, an dem alle sich beteiligen durften.

Das umgekehrte Prinzip ist das der proportionalen Gleichheit. Marx drückt das mit der Formel aus: Jeder nach seinen Fähigkeiten, jedem nach seiner Leistung. Dieses Prinzip »jedem das Seine« statt »jedem das Gleiche« ist in gewisser Weise der Gerechtigkeit näher als das arithmetische, aber es befriedigt allein auch nicht. Denn erstens bleibt die Frage offen, wie Leistung zu bewerten ist: nach der aufgewendeten Mühe, nach der Unannehmlichkeit, nach der erforderlichen Qualifikation oder wonach sonst? Und dann bleibt die Tatsache bestehen, daß die Qualifikation für bestimmte hochbewertete Leistungen selbst wieder teilweise eine Folge von Glückschancen ist; angefangen von der Begabung bis hin zu der Tatsache, daß der eine durch physische oder psychische Beeinträchtigung daran gehindert ist, etwas zu leisten und der andere nicht. Deshalb schreibt Platon, nur Gott könne ausschließlich nach proportionaler Gerechtigkeit verfahren, da er allein den absoluten Wert eines jeden einzelnen und seiner Leistung beurteilen könne. Menschen aber müßten die verschiedenen konkurrierenden Maßstäbe stets durch eine Zutat von arithmetischer

Gleichheit abmildern, da sonst die Gerechtigkeit sehr leicht zur Ungerechtigkeit werde. Die reine Leistungsgesellschaft ist ebenso ungerecht wie die Gesellschaft, die die Leistung ignoriert und unbelohnt läßt.

Es gibt aber außer der arithmetischen Gleichheit und der Leistungsporportionalität noch eine andere Proportionalität, die zu einer gerechten Gesellschaft gehört: die Proportionalität im Verhältnis zu den Bedürfnissen eines Menschen. Dieses Prinzip ist erst durch das Christentum in die Welt gekommen. Es besagt, daß dem, der sich nicht selbst helfen kann, geholfen werden muß nach Maßgabe seiner Bedürfnisse. Es besagt, daß es nicht ungerecht ist, der Mehrheit die Aufgabe für Aufwendungen hierfür abzuverlangen, und dies nicht erst in der Überflußgesellschaft einer imaginären Zukunft, sondern hier und heute. Diese Proportionalität hat schon etwas mit dem zu tun, was wir Nächstenliebe nennen; ein gewisses Maß an Nächstenliebe ist zweifellos in unsere Gerechtigkeitsvorstellung eingegangen. Was der barmherzige Samariter tat, als er den Schwerverletzten auf eigene Kosten in der Herberge in Pflege gab, geht zweifellos über bloße Gerechtigkeit hinaus. Aber Priester und Levit, die den Verletzten sahen und vorübergingen, würden nach unserem Strafgesetzbuch wegen untelassener Hilfeleistung vor Gericht gestellt. Das ist ein Fortschritt.

Alfred Polgar

Gespräch über Gerechtigkeit zwischen einem unerfahrenen und einem bewanderten Zeitgenossen

»Sie verstehen also, daß die sieben Neger sterben mußten. Vergewaltiger einer Frau schickt das Gesetz von Virginia auf den elektrischen Stuhl.«

»Wann wurden sie zum Tod verurteilt?«

»Vor zwei Jahren etwa. Aber wenn's auch noch viel länger her gewesen wäre, hätte man sie deshalb nicht hinrichten sollen?«

»Ich weiß nicht. Immerhin schrieb die ›New York Times‹ am Tage der Exekution: ›Die Gefangenen müssen (während der Jahre des Wartens auf ihre Hinrichtung) kaum vorstellbare seelische Qualen erlitten haben‹, und weiter: ›Zivilisierten Menschen fällt es schwer, so lange nach Verübung der Tat den Täter kaltblütig zu töten.‹«

»Halt, einen Augenblick! die ›N.Y.T.‹ schrieb das, richtig. Aber die Erörterung galt nicht den sieben von Virginia, sondern den 21 Nazi, denen die amerikanischen Autoritäten die Todesstrafe erlassen haben.«

»Und warum das?«

»Warum! Lieber Freund, haben Sie nie etwas von Geboten der Humanität gehört? Von Gnade? Was wären das für oberste Hüter der Ordnung, deren Entschlüsse von Erwägungen des Hasses und der Rache bestimmt würden?«

»Und dennoch hat man sie hingerichtet!«

»Aber nein. Man hat eben nicht.«

»Ich meine die Neger.«

»Ach so. Lieber Freund, haben Sie nie etwas von Geboten des Rechts gehört? Von Sühne? Was wären das für oberste Hüter der Ordnung, deren Entschlüsse von sentimentalen Erwägungen bestimmt würden?«

»Wie viele Menschen fielen den Kerlen zum Opfer?«

»Einer.«

»Einer??«

»Ja. Sie sprechen doch von den hingerichteten Negern?«

»Nein. Von den begnadigten Nazi.«

»Bei denen waren es ein bißchen mehr. Hübsch ein paar tausend. Dafür müssen aber auch etliche von den 21 noch ein Weilchen sitzen. Und selbst die, die man jetzt freigelassen hat, haben fünf Jahre Gefängnis hinter sich. Bedenken Sie, fünf Jahre!«

»Da kam auf den einzelnen also zirka ein Tag Gefängnis pro Mord?«

»Kleinliche Arithmetik ist in solchen Fällen nicht am Platz. Derlei Nazi-Sachen müssen en bloc betrachtet und eingeschätzt werden. Verbrechen in großem Stil verlangen auch nach einer Behandlung großen Stils. Übrigens haben schon vorher sehr gewichtige Leute Stellung genommen gegen eine Exekution der Verurteilten. Auch kirchliche Kreise. Sogar Bischöfe.«

»Und in Amerika?«

(Zerstreut.) »Wie bitte?«

»Ich frage, ob auch in Amerika Kleriker protestiert haben?«

(Noch immer zerstreut.) »Doch. Dieser ›Mirakel‹-Film ist ja wirklich, vom Standpunkt der Kirche, ein bißchen fragwürdig.«

»Ich rede von den sieben Negern.«

»Oh, entschuldigen Sie ... Ja, auch in deren Fall ist von Geistlichen gegen die Hinrichtung Einspruch erhoben worden. Von Neger-Geistlichen.«

»Haben in Deutschland die Begnadigungen von Massenmördern zu Gefängnisstrafen nicht Unwillen hervorgerufen?«

»Und ob! Sogar Erbitterung. Rechtschaffene Erbitterung darüber, daß man nicht alle von den 21 gleich freigelassen hat.«

»Finden Sie die Großmut der Besatzungsautoritäten gegen die Menschenschinder richtig? Von praktisch-politischen Gesichtpunkten aus?«

»Unbedingt. Wie Sie wissen werden, wird man die Deutschen mit Bitten, Drohungen und Bestechungen dahin bringen, daß sie den martialischen Geist wieder in sich fahren lassen, den man ihnen vor ein paar Jahren mit Feuer und Schwert ausgetrieben hat. Und zwar deshalb will man das, weil eine deutsche Wehrmacht gebraucht wird: als unentbehrliches Glied in der Kette der Verteidiger von Freiheit, Menschenrecht, Menschenwürde und Kultur.«

»Wie, bitte? Ich begreife nicht recht.«

»Versuchen Sie's nur, es wird schon gehen. Heutzutage muß man imstande sein, flexibel zu denken und zu fühlen. Ja, also, eine deutsche Armee ist notwendig. Aber was braucht eine Armee? Soldaten. Und was für Soldaten? Keineswegs Weichlinge, die es am Ende nicht über ihr Herz bringen, in das eines anderen ein Bajonett zu stoßen. Ich meine: was eine schlagkräftige Kriegstruppe braucht, sind gute Killer. Und wo ließen sich deren tüchtigere finden, besser in diesem Geschäft bewährte, mit mehr Lust an der Sache und umfangreicherer Praxis hinter sich als unter SS-Männern und Konzentrationslagerfunktionären, wie man sie jetzt aus dem Gefängnis entlassen hat und noch weiterhin entlassen wird? Mordskerle das, in jedem Sinn des Wortes! Sogar Sie mit Ihren altbackenen Vorurteilen gegen diese Leute werden das zugeben müssen. Wenn Sie der Gerechtigkeit die Ehre geben wollen, heißt das.«

»Ich will schon. Aber ›Gerechtigkeit‹ – das Wort macht mir Kopfzerbrechen. Ich weiß nicht mehr genau, was man darunter zu verstehen hat.«

»Gerechtigkeit, lieber Freund, ist (nicht der Form, aber dem Sinn nach) ein unregelmäßiges Substantivum, eines der unregelmäßigsten, die wir haben. Es kann sowohl stark wie schwach abgewandelt werden und bedeutet in seinen verschiedenen Kasus (Fällen) Verschiedenes. Lernen Sie das Wort abwandeln, lieber Freund, damit Sie nicht mit der Sprache, die unsere Zeit redet, Schwierigkeiten haben. Lernen Sie die Gerechtigkeit deklinieren.«

Friedrich Schorlemmer

Gerechtigkeit und Utopien der Bürgerbewegung

(…)

Gerechtigkeit – darunter verstehe ich nun den Versuch, die Würde, die jedem Menschen in gleicher Weise zukommen sollte, in die gesellschaftlichen Beziehungen so einzubringen, daß das Recht – das geschriebene Recht – dafür einen zumutbaren und durchsetzbaren Rahmen schafft. Dabei bleibt jedoch eine Differenz von Recht und Gerechtigkeit erhalten. In der Erwartung der Gerechtigkeit biegt zwar ein Überschuß gegenüber dem Recht, deshalb darf man aber nicht meinen, man könnte das Recht erübrigen. Insofern ist der berühmte Satz von Bärbel Bohley »Wir erwarten Gerechtigkeit, und es kam der Rechtsstaat« gefährlich. Denn es war ein Glück, daß wenigstens der Rechtsstaat kam. Natürlich hatte auch ich ein bißchen mehr erwartet als den Rechtsstaat, doch mindestens gab es dann diesen Rechtsstaat und nicht die Herrschaft der vermeintlich »Gerechten«.

Gerechtigkeit – das heißt zunächst, abstrakt gesagt, gleiche Chancen für alle und reelle Vergütung für eine erbrachte Leistung. Wie weit wir davon entfernt sind, können wir an der Differenz zwischen einem normalen Gehalt und einem Ministergehalt recht einfach sehen. Ich frage mich manchmal: Kann ein Mensch wirklich so viel arbeiten, daß er 27 000 DM verdient? Von der Vergütung, die andere erhalten, rede ich jetzt gar nicht, in anderen Bereichen ist der Unterschied ja noch weit größer. Hier kann von der Einhaltung des Leistungsprinzips keine Rede mehr sein; in der Tat ist diese Gesellschaft keine Leistungsgesellschaft, vielmehr ganz und gar eine Marktgesellschaft.

Gerechtigkeit – das meint zum Negativen hin: die Wiedergutmachung für eine Schädigung an Leib, Gut und Seele. Wie schwierig sie herzustellen ist, können wir jetzt an dem sogenannten Stasiunterlagen-Gesetz erfahren. – Gerechtigkeit ist schließlich auch umgekehrt die Verhängung einer Strafe für eine Verletzung der Gerechtigkeit.

Die Realität ist, daß das Recht stets weniger ist als die Gerechtigkeit, daß es egalisiert und formalisiert; immerhin kann es aber bei einer funktionierenden Gewaltenteilung relativ objektiv sein. Am Ende gibt es – und dies zu akzeptieren fällt Menschen schwer; die mehr im Traum leben als in der Wirklichkeit – strukturelle und schicksalhafte Ungerechtigkeiten: Ich werde gesund oder krank geboren, begabt oder unbegabt, in eine reiche Familie geboren oder in eine arme; ich habe das Recht des Ersteren, des Zuerstgekommenen, oder ich bin der Letzte, die Letzte; ich bin in einem reichen Land oder einem armen Land, in der befriedeten Zeit oder in der Kriegszeit geboren. All dies ist letztlich Gnade, Unverfügbarkeit. Man kann auch sagen: Es gibt schicksalhafte Ungerechtigkeit.

Die Frage ist, wie wir mit unserem Recht das, was einfach vorgegeben ist, eindämmen, verändern, minimieren können. Jedenfalls aber läßt sich nicht schlechterdings Gerechtigkeit *herstellen*. Was wir freilich gegenwärtig in diesem Lande erleben, ist noch nicht einmal jener Versuch richtigen Ausgleichs, sondern eher das Recht des Siegers, des Stärkeren sowohl über die Geschichte wie über die Güter eines anderen Landes.

Von hier aus eröffnet sich wieder ein Zugang zum Begriff Utopie, auch zu dem Adjektiv »utopisch«. Ich glaube, im Volksbewußtsein hört man, wenn das Wort »Utopie« fällt, sofort das Wort »utopisch« mit und meint damit »unrealistisch«. Auf diese Weise wird vieles von selbsternannten Realisten einfach abgetan. Alles, was Menschen einmal als ihre gemeinsamen Zielvorstellungen mit Überschuß formuliert haben, wird dann als Spinnerei abgetan, und es herrscht die nackte Realität. Und deswegen redet man heute vom Ende der Utopie.

Umgekehrt wäre dies die totale Herrschaft der gegebenen Realität. Von daher ließe sich dann die schwierige Aufgabe, für Gerechtigkeit zu sorgen, damit abtun, daß es Gerechtigkeit sowieso nie gebe; so spricht ja schon der sture Volksmund. Wenn dies stimmte, gäbe es natürlich auch nicht die relative, müßte auch nicht im einzelnen, im kleinen etwas getan werden. Am Ende bedeutete dies, daß man aufhörte, sich für diejenigen einzusetzen, die Ungerechtigkeit erfahren.

Woran aber soll dann Gerechtigkeit gemessen werden? Der Maßstab ist die letztlich unbegründbare, aus dem humanen Entschluß über Menschen kommende Überzeugung, daß jedem Menschen ein gleiches Recht auf geistige und körperliche Unversehrtheit zukommt und daß die Güter dieser Erde letztlich allen gehören und zukommen. Diese Einsicht gilt auch dann noch, wenn wir sehen, daß wir praktisch in verschiedenen Eigentumsverhältnissen und auch in durchaus unterschiedlichen Allkumulationsmöglichkeiten leben. Einstweilen befinden wir uns also auf der Gratwanderung, einerseits theoretisch zu sagen, die Erde gehöre allen, andererseits praktisch zu akzeptieren, daß zwar alle Menschen »gleich« sind, aber einige doch »gleicher« – und dies gilt nicht nur für die kommunistische Gesellschaft.

Jede Gesellschaft muß ein vernünftiges Ausgleichsreglement zwischen Eigennutz und Gemeinnutz oder Gemeinsinn suchen. Gelingt ihr dies nicht, geht sie ökonomisch oder politisch oder in beiden Bereichen zugrunde. Der Versuch, die klassischen Glitzerbegriffe der Französischen Revolution – Freiheit, Gleichheit, Brüderlichkeit – gleichzeitig zu verwirklichen, ist zum Scheitern verurteilt und bleibt doch notwendig: als beständige Bemühung um ein Fließgleichgewicht der Menschlichkeit. Dabei gilt:

Je mehr Freiheit, desto weniger Gleichheit; je weniger Gleichheit, desto weniger Brüderlichkeit; je mehr Gleichheit, desto weniger Freiheit.

Brüderlichkeit, Geschwisterlichkeit, Solidarität, Mitmenschlichkeit – wie man es auch nennen mag – ist die eigentliche Voraussetzung für Freiheit mit Gleichheit. Aber Brüderlichkeit ist dem Revierkämpfer Mensch, der um das Besser- oder Überleben kämpft, nicht angeboren. Sie ist auch nicht von oben her zu verordnen, in einer Rechtsordnung zu fixieren oder als Kollektivgeist zu befehlen. Es mag höchstens denkbar sein, sie als moralisches Gesetz im Menschen zu verankern; genau dafür sind auch die klassischen Moralinstitutionen dagewesen. Wenn sie völlig fehlen, kommen wir zu einer kalten Durchsetzungsgesellschaft – in jüngerer Zeit ausgestattet mit sehr kultivierten Zynismen.

Die Brüderlichkeit ist die Atmosphäre, das Grundethos einer Gesellschaft, das gemeinsam geteilt werden muß, wenn es sie überhaupt geben soll. Gerechtigkeit wird zuallermeist und zuallererst von denen eingefordert, denen sie vorenthalten wurde. Die anderen sprechen kaum darüber. Sie haben es nicht mehr nötig. Wenn Gerechtigkeit nicht zu einer intellektuellen Annonce in den Feuilletons verkommen soll, so muß sie von denen erkämpft werden, denen sie vorenthalten wird. Kämpfen sie nicht dafür, werden sie käum Anwälte finden, die dies an ihrer Statt tun.

Voraussetzung für diesen Kampf ist freilich, daß sich die Menschen zusammentun. Vereinzelung befestigt und befördert Ungerechtigkeit. Ich glaube, daß nach dem Zusammenschluß der Menschen in diesem Lande die sogleich folgende Vereinzelung auch dazu beigetragen hat, daß wir mit so viel Ungerechtigkeit zu kämpfen haben.

Die Institutionen, in denen »die anderen« sich sammelten, funktionierten, aber unsere im Osten nicht.

Wer nur über die Ungerechtigkeit, die er erleidet, jammert und nicht die demokratischen Institutionen nutzt, um Maßnahmen dagegen einzufordern, wird nichts bewirken. Damit es beim Kampf um Gerechtigkeit aber nicht zu einer bloßen Umkehrung der Ungerechtigkeit kommt, ist Recht nötig, ein Recht, das relativen Ausgleich schafft – nicht mehr und nicht weniger. Wer mehr will als die Gerechtigkeit, die eine soziale Rechtsordnung herstellen kann, kommt beinahe zwangsläufig zu einer Diktatur der »Gerechten«. Und davor – das ist für mich keine Redewendung – bewahre uns Gott!

Gerechtigkeit ist also nur dann zu erreichen, wenn es Solidarität gibt – nicht nur immer mit sich selbst, sondern mit anderen, nicht nur bei akuter eigener Bedrohung, sondern auch vorausschauend und im Einsatz für andere. Was wir bei dem Kampf der letzten vier Jahre erlebt haben, ist das Prinzip »Teile und herrsche«, weil Solidarität nicht eintrat zwischen den Menschen in Chemnitz und Rostock. Die Menschen in dieser Gesellschaft, der ehemaligen DDR, versuchten, in der neuen Gesellschaft mitzuhalten, indem sie sagten: »Jeder muß sehen, wo er bleibt.« Es war also durchaus »jeder« gemeint, aber nur jeder für sich.

»Wir erwarteten Gerechtigkeit, und es kam der Rechtsstaat.« *Bärbel Bohley*

Reymer Klüver

Haß wird neuen Haß gebären

In Ruanda herrscht das Gesetz der Rache. Nur ein Jahr nach dem großen Völkermord in Ruanda sind wieder Zehntausende auf der Flucht, sind wieder Tausende gewaltsam zu Tode gekommen. Und das Schlimme ist: Das Massensterben in den Camps bei Kibeho war seit Tagen abzusehen, spätestens von dem Moment an, als die neue Regierung in Kigali die Armee vor den Lagern hat aufmarschieren lassen. Die Flüchtlinge dort – in der ehemaligen französischen Schutzzone – sind Hutus, und die Regierung vermutet unter ihnen sicher nicht zu Unrecht zahlreiche Schergen des alten Regimes, die für die Massenmorde im vergangenen Jahre verantwortlich wird. Es ist legitim, daß die Regierung ihrer habhaft werden will.

Doch haben die neuen Herren in Kigali längst ihre Unschuld verloren. Es wird zu klären sein, ob die Panik im Hutu-Lager Kibeho kühl geplant und von der Tutsidominierten Armee vorsätzlich ausgelöst worden ist oder ob sie nach Provokationen durch militante Hutus nicht zu verhindern war. In jedem Fall ist der Massentod von Kibeho Konsequenz eines Fehlverhaltens: Die Regierung hat Macht demonstrieren wollen und billigend in Kauf genommen, daß es zu Gewaltausbrüchen kommt. Sie hat nicht die UNO-Truppe gebeten, bei der Auflösung des Lagers und der Rückführung der Flüchtlinge zu helfen.

Natürlich darf man zwei – auch psychologisch wichtige – Tatsachen nicht übersehen: Hunderttausende Tutsi wurden von Hutu-Horden bestialisch ermordet. Die Schlächter leben. Zudem haben die alten Herren die Macht über die Massen in den Lagern nie aufgegeben. In den berüchtigten Camps von Bukavu und Goma in Zaire kontrolliert die alte Hutu-Regierung noch schätzungsweise 750 000 Menschen.

Auch in Ruanda selbst leben noch immer – ein Jahr nach Beginn des Genozids – Hunderttausende Kriegsvertriebene in Camps sowie in Kibeho. Und nicht nur dort sinnen die alten Kämpen des Hutu-Regimes auf Rache. Es gibt deutliche Anzeichen dafür, daß ein militärischer Gegenschlag gegen die siegreichen Tutsi systematisch geplant wird.

Gerade in dieser aufgeputschten Atmosphäre war es dennoch ein Fehler der Regierung in Kigali, ausgerechnet die Armee auf die Suche nach den Massenmördern zu schicken. Die Soldaten werden sich bei der Überprüfung der Flüchtlinge eher als Sendboten der Vergeltung fühlen denn als Hilfspolizisten, die Verdächtige ergreifen und sie den Gerichten übergeben. Welche Gerichte überhaupt? Die Justiz in Ruanda ist noch immer wie gelähmt. Ein Oberster Gerichtshof ist nicht installiert, das Gerichtswesen funktioniert nicht. In den Gefängnissen werden 30 000 der Mittäterschaft am Massenmord beschuldigte Menschen wie Tiere gehalten – ohne daß Anstalten gemacht werden, sie anzuklagen. So kommen viele eben ohne Gerichtsverfahren zu Tode.

In Ruanda gilt das Gesetz der Rache auch deshalb weiter, weil die Regierenden es nicht verstanden haben, Gerechtigkeit zu schaffen. Haß wird neuen Haß gebären. Und die Hoffnung auf eine friedliche Zukunft schwindet.

Ernst-Wolfgang Böckenförde

Nicht Machterhalt ist das Ziel der Politik, sondern Gerechtigkeit

Politik, so lautet die Ausgangsthese, läßt sich nicht auf Machterwerb und Machterhalt reduzieren, sie hat es notwendig mit der Verwirklichung von Gerechtigkeit zu tun. Ob und in welcher Weise Gerechtigkeit in einem politischen Gemeinwesen herrscht oder auch nicht herrscht, wird wesentlich von politischem Handeln beeinflußt.

In der Gegenwart stellt besonders die deutsch-deutsche Vereinigung den Politiker vor neue Herausforderungen. Doch wie löst der politisch Handelnde diese neuen Aufgaben? Versteht er Politik als reines Zweckhandeln, oder geht es ihm auch und gerade um ein anderes Ziel: die Herstellung und Verwirklichung von Gerechtigkeit? Nehmen wir konkrete Beispiele: Soll den nach 1945 enteigneten Eigentümern ihr Land ganz oder teilweise zurückgegeben werden, oder reicht eine Entschädigung? Müßten, im Vergleich zur Rückgabe, Investitionen nicht eindeutig den Vorrang haben zur Erreichung wirtschaftlicher Produktivität, die für alle notwendig ist? Andererseits ist zu fragen, inwieweit überhaupt eine Rechtfertigung besteht, gerade die Eigentümer von Grund und Boden herauszugreifen und zu entschädigen, wo doch viele andere etwas Unwiederbringliches verloren haben: ihre Lebenschancen. Wie viele hatten nie eine Chance, durch eigenes Tun Eigentum und Kapital zu erwerben; der Besuch höherer Schulen und ein Universitätsstudium waren ihnen versperrt, sie konnten den Beruf, für den sie eigentlich prädestiniert waren, nicht ergreifen. Schließlich auch diese Frage: Wie soll mit all denen umgegangen werden, die das System der ehemaligen DDR mittrugen, ohne allerdings persönlich ein Verbrechen begangen zu haben, und mit denen, die in die Netze der Staatssicherheit verstrickt waren, sich in deren Machenschaften hineinziehen ließen?

I.

Fragen dieser Art, die auch für die Vergangenheit gestellt werden können, etwa mit Blick auf den Januar 1933, lassen den Zusammenhang von politischem Handeln und der Verwirklichung von Gerechtigkeit deutlich hervortreten. Was aber ist der sachliche Grund dafür, daß die Verwirklichung von Gerechtigkeit auf politisches Handeln angewiesen ist, umgekehrt politisches Handeln der Bezogenheit auf die Gerechtigkeitsfrage nicht entrinnen kann?

Greifen wir zunächst auf die Alten, etwa Aristoteles und Thomas von Aquin, zurück. Gerechtigkeit erscheint bei beiden als Tugend, als ein Verhalten, das jeweils auf den anderen bezogen ist. Gerechtigkeit ist demnach ein soziales Richtmaß, sie regelt das Handeln der Menschen im Verhältnis zueinander. Das Verhältnis zum anderen tritt, da der Mensch *animal sociale et politicum* ist, in dreifacher Gestalt auf: als Verhältnis der einzelnen zueinander, als Verhältnis des einzelnen zur sozialen und politischen Gemeinschaft, schließlich als Verhältnis der sozialen und politischen Gemeinschaft zum einzelnen. Dem entsprechen drei Arten von Gerechtigkeit: die ausgleichende Gerechtigkeit (*iustitia commutativa*), die austeilende Gerechtigkeit (*iustitia distritutiva*) und die Gesetzes- und Gemeinwohlgerechtigkeit (*iustitia legalis/generalis*). Gemeinsames Ziel ist die Herstellung einer Gleichheit im Sinne von Angemessenheit (*aequalitas*). Dabei geht es im Verhältnis der einzelnen untereinander um die Gleichheit beim Austausch von Gütern und Leistungen; im Verhältnis der einzelnen, zur sozialen, und politischen Gemeinschaft um die Angemessenheit der Leistungen, der Glieder an und für diese Gemeinschaft; im Verhältnis der Gemeinschaft zu den einzelnen um gleichmäßige Leistungen der Gemeinschaft an ihre Glieder, was insbesonders die gleichmäßige Teilhabe an öffentlichen Gütern und Lasten betrifft. An dieser Lehre der Alten ist aufschlußreich, daß in ihr der Staat, die politische Gemeinschaft, selbst als Subjekt, als Anspruchsträger und Anspruchsverpflichteter von Gerechtigkeit auftritt. Die Gesamtheit der einzelnen tritt dem einzelnen als eigenständiges Subjekt gegenüber. Das Handeln des Staates im Hinblick auf Gerechtigkeit erscheint dabei als Gerechtigkeit des Regierens. Sie hat ihren Bezugspunkt vor allem in der *iustitia legalis/generalis*, erst sekundär in der iustitia distritutiva. Die *iustitia legalis/generalis* ist gerichtet auf das für das Wohlergehen der politischen Gemeinschaft Angemessene, das ihr insofern Geschuldete. Dieses allgemeine Wohl ist weder die Summe von Einzelwohlen, etwa im Sinne des größten Glücks der größten Zahl, noch ist es abgelöst vom Einzelwohl: Es ist der Inbegriff der Bedingungen, die dem einzelnen und dem Volk ein Leben in Sicherheit, Freiheit und Wohlfahrt ermöglichen. Nur ein Teil, aber nicht das Ganze dieses Gemeinwohls ist die gerechte, gleichmäßige Verteilung der öffentlichen Güter, Leistungen und Lasten, die den einzelnen als Mitglieder der politischen Gemeinschaft gewährt und auferlegt werden.

Der Beitrag zur Verwirklichung dieser Gerechtigkeit des Regierens ist unterschiedlich je nach der Stellung und Funktion, die die Menschen im politischen Gemeinwesen haben. Bei den Regierenden, den Inhabern der Leitungsgewalt, ist er schöpferisch gestaltend; Thomas von Aquin sagt architektonisch. Bei den Bürgern, die dieser Leitungsgewalt unterworfen sind, ist er vollziehend und befolgend. Für die Demokratie bedeutet das, daß die Bürger, die als Gesamtheit Inhaber politischer Leitungsgewalt und als einzelne ihr unterworfen sind, durch die *iustitia generalis* in doppelter Weise in Anspruch genommen werden: Als Beteiligten an materieller Regierungstätigkeit durch ihre Wahlentscheidungen und die Teilnahme an der öffentlichen politischen Willensbildung obliegt ihnen Mitgestaltung, Abwägung, Prioritätssetzung und Auswahlentscheidung in Blick auf das allgemeine Wohl; als der politischen Leitungsgewalt Untergeordnete haben sie die Pflicht zu Bürgerloyalität und Gesetzesgehorsam.

II.

Wenn so der Gerechtigkeitsbezug politischen Handelns primär in der Orientierung auf das Gemeinwohl liegt, was ist damit gewonnen? Ist es nicht die Schwäche des Gemeinwohls, ein so offener, vielfältig interpretierbarer Begriff zu sein, daß die durch ihn angestrebte normative Orientierung und Bindung des Handelns am Ende wieder in die Beliebigkeit zurückfällt, ja diese letztendlich nur verhüllt? Und ist die Politik nicht notwendigerweise das Reich vielfältiger Zwecke, auf praktischen Erfolg gerichteten Handelns, und muß sie dies nicht bleiben?

Sehen wir das Problem von Politik und Gemeinwohl zunächst von der praktischen Seite. In der Demokratie sind grundsätzlich alle an der politischen Willensbildung beteiligt, deswegen gibt es auch zahlreiche Träger politischen Handelns. Nicht nur das: Sie sind nicht nur Träger, sondern auch Verantwortliche politischen Handelns im Hinblick auf das Erreichen von Gemeinwohl und Gerechtigkeit. Dazu zählen die Bürger als politisch Handelnde bei Wahlen, Abstimmungen und politischen Initiativen; die Regierenden in weiterem Sinn als Inhaber politischer Entscheidungs- und Führungsmacht in Parlament, Regierung und Verwaltung, in den politischen Parteien; die Vertreter gesellschaftlicher und wirtschaftlicher Interessen als Teilnehmer an der politischen Willensbildung im Vorfeld politischer Entscheidungen – sie bereiten Interessen im politischen Prozeß auf, machen sie geltend und suchen sie durchzusetzen; schließlich die Kirchen als Träger politischen Einflusses – sie verfügen darüber einerseits als organisierte Institution, die, wiewohl im Staat lebend, Staat und Gesellschaft gegenübertritt, andererseits haben sie Wirkkraft auf die Gläubigen, deren Verhalten als Bürger sie durch ihre Verkündigung und Einflußnahme mitbestimmen.

Inwieweit den Trägern politischen Handelns Verantwortung für die Verwirklichung des Gemeinwohls zukommt, hängt ab von der Beteiligung und der Aufgabe im und für den demokratischen Prozeß. Hier gilt es zu unterscheiden: Für die Bürger steht (bei Wahlentscheidungen und Abstimmungen) im Mittelpunkt das Überschreiten des eigenen Interessenhorizonts und eigener Betroffenheit. Diese können und sollen zwar ein Ausgangspunkt der Meinungs- und Urteilsbildung sein. Entscheidend ist aber, daß sie nicht allein bestimmend sind, sondern als

Faktor eingebracht werden in weiterführende Überlegungen, die auch an den allgemeinen Belangen und dem Verbindenden der politischen Gemeinschaft orientiert sind. Darin liegt die Anforderung an den politisch handelnden Bürger: herauszutreten aus der Begrenzung funktionaler Systemrollen, in die er mehrfach eingebunden ist – zum Beispiel als Angestellter, als Familienvater oder -mutter, als Großstadtbewohner –, und einen übergeordneten Standpunkt zu beziehen. Dies führt zur Gewichtung und Relativierung der eigenen im Blick auf andere Interessen und die Belange des Ganzen. Es ist auch die Grundlage für Abwägung und Kompromißbereitschaft, die dann nicht als Inkonsequenz oder gar als »Verrat« an den eigenen Interessen oder Grundhaltungen erscheinen. In diesem Sinne handeln die Bürger hier als Regenten in einem öffentlichen Amt, nicht als Privatpersonen. Nehmen sie diese Aufgabe und Verantwortung nicht wahr und schieben sie auf andere, speziell auf die Regierenden, ab, so können sie schwerlich bei diesen gelingen, sind sie doch von den Bürgern als ihren Wählern abhängig und suchen deren Erwartungen zu entsprechen.

In gleicher Weise aber kommt es bei den Inhabern politischer Führungsämter in Staat und Parteien auf das Bedenken des Allgemeinen an, wozu die Antwort auf bestehende oder erkennbar werdende Herausforderungen gehört, der Ausgleich und die Integration divergierender Interessen und Positionen oder auch die Bewahrung und Fortentwicklung dessen, was das politische Gemeinwesen verbindet. Dies jedoch in differenzierter, je nach ihrem Auftrag und ihrer Aufgabe entsprechender Weise. Drei Gesichtspunkte gilt es zu bedenken: Die politische Auseinandersetzung lebt von unterschiedlichen Sichtweisen, Zielvorstellungen und Gewichtungen im Hinblick auf das, was dem Gemeinwohl dienlich ist und es konkret ausmacht; daraus leitet sich der Widerstreit politischer Konzeptionen ab. Entscheidend jedoch ist die Bereitschaft, die Begründungslast im Hinblick auf das Gemeinwohl anzunehmen und wahrzunehmen. Die Politiker müssen sich dem Streit darüber stellen, ob ihre eigenen Konzeptionen verallgemeinerungsfähig sind in dem Sinne, daß die Konsequenzen dieser Konzeption oder Forderung von allen davon Betroffenen als akzeptabel gedacht werden können. Erst dadurch erhält die politische Auseinandersetzung einen produktiven Charakter.

Hinzu kommt das Bemühen um die Gerechtigkeit der Verteilungsentscheidungen im Sinne der *iustitia distributiva*. Das gilt für Steuern und Lasten, aber auch für Subventionen. Bedeutsam ist dies auch und gerade dann, wenn bestimmte Lasten dem Grunde nach vom Gemeinwohl her gerechtfertigt oder gar geboten sind. Entscheidend wird dann der Weg der Durchführung, die gleichmäßige, gerechte Verteilung der notwendigen Last oder gebotenen Hilfe. Beispiele dafür gibt es zahllose, angefangen von den Kosten der Einheit über den Ausgleich der Familienlasten bis hin zu den Lasten der Umweltschonung.

Schließlich aber geht es um die richtige und ehrliche Fragestellung der politisch Führenden an die Bürger. Politisch konkret können sich die Bürger insgesamt, als Einheit, nur durch Antwort auf Fragen hin artikulieren. Auf falsche Fragen, die gar nicht das betreffen, was eigentlich ansteht, oder auf Fragen, die nicht am Gemeinwohl orientiert sind, können sie keine entsprechenden Antworten geben. Ein akuter Fall sind die Kosten der deutschen Einheit. Wenn den Bürgern monatelang von den politisch Führenden nahegebracht und eingeredet wurde, die Verwirklichung der deutschen Einheit koste nichts, bringe keine (steuerlichen) Lasten, kann von den Bürgern nicht die Antwort gegeben und erwartet werden, sie seien bereit, die Kosten der Einheit zu tragen. Nur andersherum wird ein Schuh daraus.

Die richtige und ehrliche Fragestellung an die Bürger ist kein Randbereich, sondern ein wesentlicher Teil der Gemeinwohl- und Gerechtigkeitsverantwortung der Politiker und bezeichnet in unserer Gegenwart die größte Ausfallstelle der Politik – die Bürger spüren es und reagieren darauf verärgert oder gar empört. Zwischen politischer Führung und Volk besteht eine notwendige Wechselbeziehung. Erst in dieser Wechselbeziehung erhalten die Bürger die Möglichkeit, sich selbst als politisches Subjekt zu artikulieren, als Citoyens verantwortlich zu handeln. Eine klassische Fehlleistung ist immer dann gegeben, wenn die Politiker bei Demoskopen zu erfragen suchen, was sie wollen sollen, um die nächste Wahl zu gewinnen.

Daß die Vertreter gesellschaftlicher und wirtschaftlicher Interessen diese geltend machen, gehört zum Prozeß offener politischer Willensbildung, ist auch eine Grundlage für den Ausgleich und die Integration der Interessen im Blick auf das Gemeinwohl. Die spezifische Aufgabe und Anforderung auf das Gemeinwohl hin bestehen hier in der Bereitschaft, sich auf allgemeine Interessen hin zu vermitteln, die Sichtweise der bloßen Pressure-group zu überschreiten aus der Erkenntnis, daß die eigenen Interessen nur Teil des Ganzen sind.

Auch hier darf die Frage nach der Verallgemeinerungsfähigkeit nicht außer acht gelassen werden. Wenn dies gelingt, zieht das Konsequenzen nach sich: Die Lobbyisten werden aus reinen Interessenträgern in ihrem »System« zu Institutionen der Vermittlung zwischen Wirtschaft und Gesellschaft einerseits und den staatlichen Aufgaben andererseits.

Vermittlungsinstitutionen auf das Allgemeine hin sind in einem demokratisch organisierten Gemeinwesen generell notwendig. Gibt es solche Vermittlungsinstanzen nicht, kommt es zwangsläufig zur Überanstrengung der Repräsentanten in Parlament und Regierung, die dann die alleinige und einzige Instanz für Ausgleich, Koordination und Integration gegenüber den egoistisch-selbstbezogen agierenden gesellschaftlichen Kräften und Gruppierungen sind. Eine stufenweise Annäherung an das Gemeinwohl von unten nach oben ist so nicht nur ein notwendiges politisches Postulat, sie entspricht auch einem Grundbedürfnis der Bürger: Sie streben nach einem auch allgemeinen Leben, wollen ein Leben auch als verantwortlicher Citoyen, nicht nur als selbstbezogener Homme führen.

III.

Kehren wir zurück zum Inhalt des Begriffs »Gemeinwohl«. Die These, das »Gemeinwohl« sei eine inhaltslose Leerformel, ist verbreitet, sachlich aber trifft sie nicht zu. Schon die im Begriff angelegte Ausrichtung auf das Allgemeine, das Wohl aller, steht der inhaltlichen Beliebigkeit entgegen. Der Begriff »Gemeinwohl« trägt einen positiven Gehalt in sich, der einerseits zwar durch eine dynamische, zweckorientierte, andererseits aber auch durch eine statisch-prinzipienorientierte Komponente inhaltlich bestimmt wird. Was ist darunter zu verstehen?

Diese Zweckorientierung des Handelns besteht aber nicht isoliert und absolut, gleichsam prinzipienenthoben; die statisch-prinzipiellen Faktoren des Gemeinwohls müssen in sie eingehen, sie sind die Bedingungen der Möglichkeit von Zweckhandeln und Zweckorientierung. Um es an einem Beispiel zu zeigen: Die Einführung der Marktwirtschaft in den von kommunistischer Herrschaft befreiten Ländern Mittel- und Osteuropas mag aus zweckorientierten Gemeinwohlerwägungen dringend geboten sein. Wird sie aber eingeführt, ohne daß vorab und gleichzeitig die dort lebenden Menschen beispielsweise durch sozialstrukturelle Maßnahmen, durch Förderungs- und Übergangsregelungen, durch soziale Sicherung in die Lage versetzt werden, auch Marktteilnehmer statt bloßer Marktobjekte zu sein, werden fundamentale Menschenrechte von ihnen verletzt, wird ihre Subjektstellung hintergangen.

IV.

Politisches Handeln, das Gemeinwohl und damit Gerechtigkeit verwirklichen will, geschieht immer in einer gegebenen historisch-politischen Situation, die geprägt wird von der bestehenden Staats- und Regierungsform, weiter gefaßt: von der konkreten Verfaßtheit des politischen Gemeinwesens. Handlungsformen und -bedingungen politischen Handelns werden davon bestimmt; sie sind unterschiedlich in einer Monarchie, einer Demokratie oder in einem totalitären Regime. Politisches Handeln ist ferner, konkret betrachtet, nicht nur an Inhalten orientiert, sondern auch und gerade an Verfahren: Verfahren, die der Entscheidungsfindung und dem Umgang der Menschen miteinander dienen. Nicht nur das »Was«, auch das »Wie«, welcher Weg, welche Form, all das spielt eine Rolle bei der Verwirklichung von Gemeinwohl und Gerechtigkeit. Der Grund dafür liegt auf der Hand: Allzu oft wird unterschätzt, daß Politik und politisches Handeln wesentlich auch Umgang von Menschen und Menschengruppen miteinander bedeutet, ein Feld personaler Interaktion.

In der Demokratie ist es ein Erfordernis des Gemeinwohls, daß politisches Handeln an den Strukturprinzipien dieser Staatsform ausgerichtet ist. Sie bestimmen die Art und Weise der Verwirklichung von Gemeinwohlinhalten, den Umgang der Menschen miteinander, sie legen fest die Verfahren ihres Zusammenwirkens im Bemühen und in der Auseinandersetzung um Politik. Hierin zeigen sie sich selbst als Bestandteil des Gemeinwohls.

Was aber macht die Strukturprinzipien freiheitlicher Demokratie aus? Zu ihnen gehört zunächst die Legitimation aller politischen Leitungsgewalt vom Volk her, das heißt von den Bürgern in ihrer Gesamtheit. Nichts anderes meint der Satz: Alle Staatsgewalt geht vom Volk aus. Die Bürger selbst sind Träger, Subjekt der Staatsgewalt. Dies heißt aber, daß grundsätzlich alle als Träger und Inhaber politischer Entscheidungsgewalt beteiligt sind, nicht nur bestimmte Gruppen, Schichten oder Klassen. Demgemäß ist ein Strukturprinzip der Demokratie die Gleichheit der politischen Mitwirkungsrechte; es gibt keine Differenzierung dieser Rechte nach Alter sozialer Schicht, Bildung, Familienstand. Die Demokratie wägt nicht, sondern zählt Stimmen.

Auch Freiheit und Selbstbestimmung der einzelnen und des Volkes als der Gesamtheit der Bürger stellen ein Strukturprinzip unserer Demokratie dar. Im Prozeß der politischen Willensbildung und Entscheidungsfindung geht die individuell-autonome Freiheit der einzelnen über in ihre demokratische Mitwirkungsfreiheit, die ihrerseits zur kollektiv-autonomen Freiheit der Bürger insgesamt führt (Selbstbestimmung durch und in Parlament und Regierung). Praktischer Ausdruck dieses Freiheitsprinzips sind die Grundrechte der Meinungs-, Presse-, Versammlungs- und Vereinigungsfreiheit. Sie sind ebenso liberale wie auch fundamental demokratische Grundrechte, die von der freiheitlichen Demokratie nicht ablösbar sind.

Schließlich gehört dazu das Mehrheitsprinzip als Regel für das Treffen politischer Entscheidungen. Daß es bloß ein technischer Notbehelf sei, weil man anders zu keinen Ergebnissen komme, gehört zu den verbreiteten Mißverständnissen. Das Mehrheitsprinzip ist der Demokratie strukturell angemessen, es findet seinen Grund und seine Grenze in der Verbindung der Prinzipien politischer Gleichheit und individuell-politischer Freiheit und Selbstbestimmung. Ist ein Teil der Bürger für, ein anderer Teil gegen den Erlaß bestimmter Maßnahmen oder Rechtsregeln, bedeutet die Notwendigkeit von fünfzig Prozent plus eins exakt die Mitte, die der Freiheit und Gleichheit aller entspricht und weder Gegner noch Befürworter der Maßnahme bevorteilt. Das Mehrheitsprinzip greift so ein Stück weiter. Es bedeutet einerseits die Anerkennung der Mehrheitsentscheidung, andererseits das Verbot für die jeweilige Mehrheit, sich absolut zu setzen; die gleiche Chance politischer Machtgewinnung für die Minderheit von heute ist eine unverbrüchliche Grundlage für die Verbindlichkeit und die Verpflichtungskraft der Mehrheitsentscheidungen, solange sie gelten.

Die Achtung und Akzeptanz dieser Strukturprinzipien,

ihre Beobachtung im praktisch-politischen Handeln lassen sich als »Ethos der Demokratie« kennzeichnen. Es ist letztendlich ein Ethos der Partnerschaft. Es prägt und trägt die Auseinandersetzung um Politik und das Finden politischer Entscheidungen auf der Grundlage der Freiheit und Gleichheit aller Bürger. Insofern ist es eine auf das konkrete Gemeinwohl bezogene und daher gerechte Verhaltensweise. Entgegengesetztes Verhalten bedeutet Ungerechtigkeit.

V.

Allerdings bleibt ein Einwand zu klären: Können denn die Anerkennung und Beachtung demokratischer Strukturen, besonders der sogenannten demokratischen Spielregeln politischer Willensbildung, vorbehaltlos erwartet werden? Es ist ja richtig, daß die demokratischen Spielregeln allein, insbesondere das Mehrheitsprinzip, nicht schon aus sich heraus das Erreichen des Gemeinwohls, die Verwirklichung von Gerechtigkeit verbürgen. Dazu sind die weiteren, zuvor genannten Anstrengungen der verschiedenen Träger und Beteiligten an der politischen Entscheidungsgewalt nötig. Was aber geschieht, wenn solche Anstrengungen ausbleiben? Ist es dann nicht legitim, die Spielregeln zu durchbrechen, damit nicht dringliche Gemeinwohlforderungen oder gar das Gemeinwohl selbst auf der Strecke bleiben?

Schon die Frage zeigt, daß das Problem kein fiktives, sondern ein reales und gegenwärtig nicht ohne Aktualität ist. Anstelle von Patentlösungen, die es nicht gibt, bedarf es der stufenweisen Abarbeitung. Zunächst bleibt zu wiederholen, daß demokratische Formen und Verfahren, die der Suche und Findung politischer Entscheidungen dienen, selbst ein Teil des konkreten Gemeinwohls der staatlich organisierten Gemeinschaft sind. Es geht daher nicht an, daß einzelne Gruppen für ihre »absoluten« Ziele und Forderungen (oder was sie dafür halten) den politischen Prozeß der Demokratie partiell ausschalten und ihn nur insofern akzeptieren, als ihre »Absoluta« schon vorab konzediert werden. Damit wurde der Grundsatz geleugnet, auf dem die Demokratie als freiheitliche beruht, nämlich Menschen verschiedener Auffassungen und Überzeugungen auf der Grundlage der gleichen Beteiligung aller in einer gemeinsamen Ordnung zu verbinden.

Dies trifft auch auf die Verwirklichung konkreter Forderungen zu, die eine naturrechtliche Grundlage haben. Deren Umsetzung in geltendes positives Recht geschieht nicht von selbst durch eine Art Geltungsautomatismus, sie kann auch nicht als eine dem demokratischen Prozeß vorausliegende Vorab-Anerkennung verlangt werden. Vielmehr bedarf es im politischen Prozeß der Überzeugungsarbeit und des politischen Eintretens für naturrechtskonforme Lösungen, es bedarf der »Anwälte des Naturrechts«.

Das Problem wird zusätzlich entschärft, wenn die Grundelemente demokratischer und rechtsstaatlicher Ordnung – Grundrechte, Gewaltenteilung, demokratische Legitimation und Verantwortlichkeit von Parlament und Regierung – in der Verfassung festgelegt sind. Sie gewinnen dadurch erhöhte Bestandskraft und werden zum Ausdruck dessen, worin die Menschen, die das politische Gemeinwesen bilden, sich einig sind.

Daß Einigkeit darüber besteht, was unabstimmbar ist, gehört zu den Voraussetzungen für die Funktionsfähigkeit und die Akzeptanz des Mehrheitsprinzips. Freilich muß diese Einigkeit gemeinsam bestimmt, sie kann nicht einseitig dekretiert werden. Besonders gilt dies bei der Ausarbeitung einer Verfassung. Sie gibt den festen Rahmen und eine Grundorientierung für das politische Leben und den politischen Prozeß vor, aber auch nicht mehr. Die Verfassung ist kein Ort für jeweilige »Heiligtümer« und konkrete politische Programme, um diese der Verfügung der Mehrheit zu entziehen. Wird sie dazu benutzt, bedeutet dies einen Mißbrauch ihres eigentlichen »telos«.

Auch im Rahmen einer demokratisch-rechtsstaatlichen Verfassung bleibt allerdings die Möglichkeit bestehen, daß die Verwirklichung von Gemeinwohl und Gerechtigkeit Not leidet: So kann die Gemeinwohlorientierung demokratischer Repräsentanten ganz ausfallen oder sehr schwach werden, an ihre Stelle kann die Vorherrschaft bestimmter (Gruppen-)Interessen treten, abgestützt durch eine parlamentarische Mehrheit. Interessenkartelle können sich bilden, gegenüber denen Ausgleich, Verteilungsgerechtigkeit und gemeinsame Interessen aller nicht zur Geltung kommen. Schließlich kann sich Trägheit und ein Ausweichen gegenüber drängenden Herausforderungen, die sich im Blick auf das Gemeinwohl stellen, breitmachen, weil daraus kein politischer Naherfolg zu erwarten ist.

Wie kann hier Abhilfe geschaffen werden, um Gemeinwohl *und* Gerechtigkeit eine Chance zu bewahren? Ist eine Abhilfe im Rahmen des demokratischen politischen Systems überhaupt möglich?

Drei Wege seien dazu genannt. Zunächst: In gewissem Umfang werden plebiszitäre Elemente in den demokratischen Prozeß eingebaut. Das heißt nicht, daß Volksbegehren und Volksentscheide das eigentliche Vehikel der Demokratie sein können. Aber als begrenztes Kontroll- und Balancierungselement sind sie sinnvoll, und jedenfalls Verfassungsänderungen sollten der Bestätigung durch Volksentscheid unterworfen werden. Solche begrenzten plebiszitären Elemente bieten die Möglichkeit, die Dominanz von Interessen zu brechen, zu korrigieren, sie können die Politik »auf Trab« bringen und Problemlösungen anzeigen, die zuvor von den Repräsentanten der Politik nicht gewagt wurden. Wesentlich dabei ist freilich die Regelung der Initiative, das heißt des Rechts der Fragestellung an die Bürger: Wer kann wann, worüber und unter welchen Voraussetzungen den Bürgern insgesamt eine Frage stellen?

Ein anderer Weg besteht im Aufkommen und in der Aktivität politischer Bewegungen aus der Gesellschaft heraus, wodurch die Defizite der etablierten Politik zum Thema gemacht werden. Genau dies kann den Boden bereiten für die Änderung eingefahrener Denkmuster und neue Schneisen schlagen für die Verwirklichung von Gemeinwohl gegen die Trägheit und das Besitzstandsdenken der Etablierten. Auch darin liegt politisches Handeln in Richtung auf das Gemeinwohl. Die ökologische Bewegung der siebziger Jahre ist ein sichtbares Beispiel.

Schließlich ist, in Ausnahmesituationen, auch der zivile Ungehorsam ein Mittel, dem Gemeinwohl und der Gerechtigkeit eine Chance zu erhalten. Sinn und Funktion des zivilen Ungehorsams liegen im herausfordernden Protest gegen anders nicht bewußt zu machende oder zu beseitigende evidente Gemeinwohlwidrigkeit. Dazu gehört dann allerdings auch die Inkaufnahme der Sanktionsfolgen für begangenen Gesetzesungehorsam. Erst dadurch erhält ziviler Ungehorsam seinen provozierenden Charakter; als vorgebliche Grundrechtsausübung, sozusagen mit freier Rückfahrkarte, stellt er die Dinge auf den Kopf. Ebendies macht seinen Unterschied zu Anarchie und Widerstand aus. Ziviler Ungehorsam bleibt auf dem Boden der bestehenden Ordnung und bejaht diese grundsätzlich.

Die hier genannten Wege sind freilich relative Mittel. Sie haben eine begründete Erfolgschance, aber keine Erfolgsgarantie. Politisches Handeln sucht hier stets nach dem relativen Optimum, auch bei der Verwirklichung von Gerechtigkeit. Der äußerste Fall – die Widerstandslage im totalitären Regime – kann nicht der Orientierungspunkt sein für das Handeln in einer Situation, die noch einer – wenngleich defizitären – Normallage zugehört.

VI.

Es bleibt dem Zusammenhang von Politik und Gerechtigkeit abschließend eine Frage zu stellen: Ist denn Gerechtigkeit das Alpha und Omega für das Leben in einer politischen Gemeinschaft? Reicht die Suche nach und die Verwirklichung von Gerechtigkeit in jedem Fall aus, oder kann es sein, daß Gerechtigkeit überschritten werden muß?

Im Leben des einzelnen gibt es Situationen, wo ein Verfahren nach Recht und Gerechtigkeit, das Bestehen auf der Herstellung von Gerechtigkeit, die Lebenschancen zerstört. In solchen Situationen bedarf es der Verzeihung, religiös gesehen der Vergebung, ist ein Verzicht auf die Einforderung des Rechts nötig, um dadurch neuen Boden zu gewinnen. Beispiele sind etwa eine gravierende

Verfehlung in der ehelichen Partnerschaft oder die massive Überschuldung im Geschäftsleben.

Fragen wir weiter: Sind solche Situationen auch im Zusammenleben einer politischen Gemeinschaft möglich? Ich meine: ja. Die staatliche Gemeinschaft ist eine Handlungs- und Wirkungseinheit von Menschen. Als solche ist sie den Gegebenheiten und Verfangenheiten des menschlichen Lebens nicht enthoben, vielmehr spiegeln diese sich auch auf der Ebene des organisierten Zusammenlebens wider. Wie sollte es anders sein? Jüngstes Beispiel ist der politische Umbruch, wie er sich in der Abwendung vom zusammengebrochenen totalitären Regime der ehemaligen DDR erweist.

Wie soll man damit verfahren? Nachträglich das geschehene Unrecht dieser Zeit aufarbeiten und verfolgen? Kann also die Herstellung des Rechtszustandes, wie er vor der Herrschaft des totalitären Systems bestand, die einzige Antwort sein? Oder aber sind wir – entsprechend dem Verzicht auf die Einforderung des Rechts im einzelmenschlichen Leben – angewiesen auf eine politische Amnestie, eine zwar nicht totale, sondern begrenzte Amnestie? Das wäre ein auferlegtes Vergessen und Hinwegsehen über bestimmte Formen unrechten Handelns und der Verstrickung in das Unrechtssystem. Gehört dies zu einer befriedigenden, befriedenden Antwort?

Die Menschen im Westen sollten wissen, wenn nicht aus Einsicht, so wenigstens aus der – leidvollen – Erfahrung mit der NS-Zeit: Überlebenwollen im totalitären Regime ist keine Schande, auch wenn es dabei zu Anpassung und Mitläufertum kommt; es macht die Menschen nicht schon ehrlos. Ferner gilt es zu bedenken: Mit längerer Dauer eines solchen Regimes werden die Verstrickungen größer und intensiver, sofern die Kraft zum Widerstand fehlt. Das ist unvermeidlich. Reicht dies aber aus, um den Stab zu brechen? Widerstand ist kein allgemeines Moralprinzip, keine allgemein einforderbare Pflicht, sondern stets eine Tat weniger – auf volles eigenes Risiko, die gerade deswegen höchste Anerkennung verdient.

Wer über solche Verstrickungen hinwegsieht, wovon freilich vorsätzlich begangene Verbrechen ausgenommen sein sollen, kann durchaus die innere Aufarbeitung des Geschehenen bei den Beteiligten positiv beeinflussen. Noch weiter gefragt: Könnte daraus nicht eine ganz neue moralische Kraft entstehen, die die Grundlage einer Versöhnung ist, ohne die ein politisches Gemeinwesen nach einem solchen Umbruch gar nicht auskommt? Hierfür spricht vieles. Um so mehr liegt dann aber ein solches Hinwegsehen gerade im Interesse des Gemeinwohls. Es bedeutete auch nicht eine Verneinung der Gerechtigkeit, sondern nur (aber auch) ein Überschreiten der Gerechtigkeit im Blick auf Neuanfang und Versöhnung. Die Bereitschaft dazu muß eine allgemeine sein, auch die Betroffenen und Opfer des SED-Regimes einschließen. Es wäre ein Schritt in Richtung auf eine »Zivilisation der Liebe«, von der Papst Johannes Paul II. gesagt hat, daß es sie in unserer Zeit aufzurichten gelte.

Kapitel 5

Pflicht, Selbstverpflichtung und Verantwortung

Einleitung

»Tu deine Pflicht!« kann man heute kaum noch einem jungen Menschen sagen, ohne Gelächter zu ernten. Denn *Pflicht* erinnert an Kadavergehorsam und damit an die dunklen Abschnitte der deutschen Geschichte. Friedrich Wilhelm von Preußen zwang seinen Sohn Friedrich, der später der Große genannt wurde, äußerst brutal »in die Pflicht«. Der Wächter im Konzentrationslager erfüllte seine »Pflicht« und führte die Menschen in die Gaskammern. Doch dieses blinde Ausführen von »Pflicht« ist nicht gemeint, wenn in der Ethik von *Pflicht* gesprochen wird.

Pflicht ist ein Grundelement der Ethik, ohne sie kann keine Moral funktionieren. Wenn wir davon ausgehen, daß die Moral aus einer Summe von Werten und Handlungsanweisungen besteht, die das gute Zusammenleben in einer Gemeinschaft zum Ziel haben, dann bedarf es, wie wir gesehen haben, mehrerer Elemente, um die theoretischen Vorstellungen dessen, was das Gute ist, in die Praxis umzusetzen. Eine Voraussetzung ist die Einsicht, daß die Werte und Tugenden, auf die eine Gesellschaft sich geeinigt hat, auch der Erkenntnis des Guten entsprechen. Wer zu dieser Einsicht gelangt ist, daß die Handlungsregelungen der Moral richtig sind, dem bleibt, wenn er vernünftig ist, nichts anderes übrig, als sich nach den moralischen Werten zu richten.

Das Verhalten zu regulieren ist eine wesentliche Aufgabe der Moral. Sie muß festlegen, was gut und böse ist, und dann Mittel finden, die das Handeln des einzelnen der individuellen Willkürlichkeit entzieht. Denn, auch daran sei erinnert, moralisches Tun ist der privaten Entscheidung entzogen, weil die Moral unpersönlich ist. In moralischem Handeln steckt eine unbedingte Regelmäßigkeit, die über die Willkür triumphiert. Deshalb bestimmen die Tugenden, wie man sich im Regelfall zu verhalten hat: Gut handeln heißt dann, gut gehorchen – oder: der Tugend folgen. Jeder kann zwischen Handlungen unterscheiden, die er ausführt, weil er sie gerne tut, und anderen, zu denen er sich verpflichtet fühlt.

Die *Pflicht* bringt zum Ausdruck, daß die agierende Person mittels Einsicht in die Moral weiß, daß sie freiwillig handelt. Allerdings folgt ihr freier Wille einem unbedingten Sollen, das möglicherweise ihren egoistischen Gefühlen widerspricht. Damit ist die Handlung zwar freiwillig, aber nur, weil sie der Einsicht in die Notwendigkeit der Moral folgt. Sie ist gleichzeitig ein Zwang, weil sie keine andere – vielleicht privat bevorzugte – Wahl zuläßt, und somit ist sie *Pflicht*.

Die Gesellschaft achtet eine Person besonders dann als moralisch hochstehend, wenn sie im Konfliktfall gegen ihre persönliche Neigung zugunsten des Wohls der Gesellschaft entscheidet. Doch was verleitet jemanden, seine persönliche Lust zurückzustellen? Es ist die Autorität, die in der Moral steckt. Wir erkennen sie als uns überlegen an, und darin besteht der freiwillige Gehorsam, daraus ergibt sich die *Pflicht*. Und diese *Pflicht* kann sich auf das Verhalten des Menschen zu sich selbst auswirken, was zu der moralisch, nicht egoistisch begründeten Äußerung führen kann: »Ich bin mir das selbst schuldig« (siehe Kant in diesem Kapitel, S. 341 ff.). Viele moralische Beispiele klingen banal, weil sie mitten aus dem Leben gegriffen sind, aber dorthin gehört die Moral ja als allererstes. So ist es eine moralische Pflicht jedes einzelnen gegen sich selbst, seinen Körper nicht durch Drogen oder einen unvernünftigen Lebenswandel zu zerstören. Viele, die an Aids erkrankten, sind dafür nicht verantwortlich. Doch viele haben auch die notwendigen Vorsichtsmaßnahmen aus Leichtsinn außer acht gelassen, obwohl sie von der Gefahr wußten. So zu handeln ist unmoralisch. Denn jeder schuldet sich und der Gesellschaft, gesund zu bleiben. Zwar kann man sich nicht gegen alle Krankheiten wehren, doch darf man sie auch nicht willentlich herbeiführen oder in Kauf nehmen. Ein Kranker belastet nicht nur sich selbst durch seine Schwäche, sondern auch die Gemeinschaft.

Nun kann es zu Konflikten zwischen mehreren *Pflichten* kommen, und es ist in jedem einzelnen Fall schwer, die Entscheidung zu treffen, welche Vorrang hat, da es keine Tabelle der Wertigkeiten gibt. Darf eine Frau einen medizinischen Eingriff erlauben, der ihr hilft, aber im Hinblick auf das Wohl eines zukünftigen Kindes bedenklich ist ?[26]

Die *Pflicht* gilt es allerdings zu ergänzen um die *Verantwortung*. Denn es reicht nicht, etwas aus *Pflicht* zu tun, ohne die vorhersehbaren Folgen in Betracht zu ziehen. Max Weber macht einen Unterschied zwischen der Gesinnungsethik, »tu Gutes, was auch immer dabei herauskommt«, und der Verantwortungsethik (siehe Weber in diesem Kapitel, S. 350 ff.): »Handle nicht, ohne die Folgen deines Tuns für die Gesellschaft bedacht zu haben.«

Verantwortung bedeutet, daß eine Person für die übernommene Aufgabe zur Rechenschaft gezogen wird, etwa vom eigenen Gewissen, den Mitmenschen oder einem Gericht. Die Verantwortung gerade der Politiker als Machthabenden ist in diesem Jahrhundert so stark gefordert worden, daß Hans Jonas (siehe S. 356 ff.) meint, *Ver-*

antwortung sei eine *Pflicht* derjenigen, die die Macht ausüben. Allerdings kann dann auch – im Umkehrschluß – der zivile Ungehorsarn aus Verantwortung zur Pflicht werden.

Die *Verantwortung* des Handelnden hat aus mehreren Gründen eine wachsende Bedeutung in der Ethik erhalten: Zum einen hat sich im Westen die Demokratie zunehmend durchgesetzt. Demokratische Politiker werden vom Volk gewählt, dem gegenüber sie verantwortlich sein sollten. Bisher konnten weder Kaiser, König noch Tyrann von ihren Untertanen zur Rechenschaft gezogen werden, da sie ihre Autorität nicht vom Volk bezogen. Verantwortliches Handeln muß aber nicht nur von Politikern, sondern von all jenen, die in den Bereich der Macht gezählt werden können, gefordert werden. Das betrifft heute auch die Medien und jene NGO, Non Governmental Organizations, die in der Öffentlichkeit eine große Glaubwürdigkeit besitzen und mit ihren moralischen Aufrufen zum Schutz bedrohter Wälder, Völker, Wale, Meere etc. zunehmend Einfluß auf gesellschaftliche Entscheidungen erhalten.

Da heute die Mehrheit der Menschen nicht genügend Spezialwissen besitzt, um gewisse Vorgänge beurteilen zu können, erhalten diejenigen für ihre Behauptungen mehr Vertrauen, die über eine größere Glaubwürdigkeit verfügen, und das sind meist nicht die Politiker. Das aber veranlaßt manch eine Vereinigung zu spektakulären Aktionen mit großen Wirkungen: Greenpeace gelang es, die Versenkung der Ölplattform Brent Spar, durch die Schadstoffe ins Meer gelangt wären, zu verhindern. Niemand hatte eine rechte Ahnung, wie sich die Versenkung auf die Umwelt auswirken könnte, auch jene Politiker nicht, die sich dem Druck der Öffentlichkeit beugten. Wissenschaftler veröffentlichten wenige Wochen später Forschungsergebnisse die besagen, daß ähnliche Stoffe zu Unmengen aus dem Erdboden in die Meere dringen und zum ökologischen Gleichgewicht beitragen.

Zum zweiten hat der technologische Fortschritt so viel Neues ermöglicht und Bestehendes verändert, daß die Handlungen des Menschen nicht nur die Gegenwart beeinflussen, sondern auf Jahrtausende wirksam bleiben werden. Man denke nur an die Strahlung des vom Menschen geschaffenen Atommülls.

Wissenschaftler stehen immer häufiger vor der Frage, wie sich ihre Forschungsergebnisse auswirken werden. Diejenigen, die an der Atombombe gearbeitet haben – beseelt von dem Gedanken, den Faschismus zu besiegen –, machten eine furchtbare Erfahrung: Sie haben die Folgen erst hinterher überdacht, genauso wie diejenigen, die die Atombombe über Japan abgeworfen haben (siehe S. 370ff.). Wenn es die Tugend der *Gerechtigkeit* fordert, daß jede Generation der nächsten die Erde in dem Zustand übergibt, wie sie sie empfangen hat, dann ist verantwortliches Handeln in Fragen der Umwelt erstes Gebot. Und das bedeutet, nach all den Schäden, die schon angerichtet worden sind: Sofort mit der Reparatur beginnen!

EPIKTET

Tu immer deine Pflicht!

Unsere Pflichten bemessen sich im allgemeinen nach unseren sozialen Beziehungen. Da ist ein Vater: es ist einem auferlegt, sich um ihn zu kümmern, ihm in allem den Vortritt zu lassen, es zu ertragen, wenn er schimpft und einen schlägt. »Aber er ist ein schlechter Vater.« Hat dich die Natur etwa mit einem *guten* Vater in Beziehung gebracht? Nein, nur mit einem Vater. »Mein Bruder tut mir unrecht.« Gut, aber halte an deiner Einstellung ihm gegenüber fest; gib nicht darauf acht, was er tut, sondern was du tun mußt, wenn deine sittlichen Grundsätze mit der Natur übereinstimmen sollen. Denn kein anderer wird dir schaden, wenn du es nicht willst. Dann aber wirst du geschädigt sein, wenn du annimmst, daß du geschädigt wirst.

So wirst du auch die Pflichten deines Nachbarn, deines Mitbürgers und deines Feldherrn dir gegenüber erkennen, wenn du dich daran gewöhnst, deine sozialen Beziehungen zu ihnen richtig zu sehen.

Immanuel Kant

Anfangsgründe der Tugendlehre: *Pflicht*

§ 1

Der Begriff einer Pflicht gegen sich selbst enthält (dem ersten Anscheine nach) einen Widerspruch

Wenn das verpflichtende Ich mit dem verpflichteten in einerlei Sinn genommen wird, so ist Pflicht gegen sich selbst ein sich widersprechender Begriff. Denn in dem Begriffe der Pflicht ist der einer passiven Nötigung enthalten (ich werde verbunden). Darin aber, daß es eine Pflicht gegen mich selbst ist, stelle ich mich als verbindend, mithin in einer aktiven Nötigung vor (Ich, ebendasselbe Subjekt, bin der Verbindende); und der Satz, der eine Pflicht gegen sich selbst ausspricht (ich soll mich selbst verbinden), würde eine Verbindlichkeit, verbunden zu sein (passive Obligation, die doch zugleich, in demselben Sinne des Verhältnisses, eine aktive wäre), mithin einen Widerspruch enthalten. – Man kann diesen Widerspruch auch dadurch ins Licht stellen, daß man zeigt, der Verbindende (*auctor obligationis*) könne den Verbundenen (*subiectum obligationis*) jederzeit von der Verbindlichkeit (*terminus obligationis*) lossprechen; mithin (wenn beide einunddasselbe Subjekt sind) er sei an eine Pflicht, die er sich auferlegt, gar nicht gebunden; welches einen Widerspruch enthält.

§ 2

Es gibt doch Pflichten des Menschen gegen sich selbst

Denn setzet: es gebe keine solche Pflichten, so würde es überall gar keine, auch keine äußeren Pflichten geben. – Denn ich kann mich gegen andere nicht für verbunden erkennen, als nur sofern ich zugleich mich selbst verbinde: weil das Gesetz, kraft dessen ich mich für verbunden achte, in allen Fallen aus meiner eigenen praktischen Vernunft hervorgeht, durch welche ich genötigt werde, indem ich zugleich der Nötigende in Ansehung meiner selbst bin.*

§ 3

Aufschluß dieser scheinbaren Antinomie

Der Mensch betrachtet sich, in dem Bewußtsein einer Pflicht gegen sich selbst, als Subjekt derselben, in zwiefacher Qualität: erstlich als Sinnenwesen, d. i. als Mensch (zu einer der Tierarten gehörig); dann aber auch als Vernunftwesen (nicht bloß vernünftiges Wesen, weil die Vernunft nach ihrem theoretischen Vermögen wohl auch die Qualität eines lebenden körperlichen Wesens sein könn-

* So sagt man, wenn es z.B. einen Punkt meiner Ehrenrettung oder der Selbsterhaltung betrifft: »Ich bin mir das selbst schuldig.« Selbst wenn es Pflichten von minderer Bedeutung, die nämlich nicht das Notwendige, sondern nur das Verdienstliche meiner Pflichtbefolgung betreffen, spreche ich so, z. B.: »Ich bin es mir selbst schuldig, meine Geschicklichkeit für den Umgang mit Menschen usw. zu erweitern (mich zu kultivieren).«

te), welches kein Sinn erreicht und das sich nur in moralisch-praktischen Verhältnissen, wo die unbegreifliche Eigenschaft der Freiheit sich durch den Einfluß der Vernunft auf den innerlich gesetzgebenden Willen offenbar macht, erkennen läßt.

Der Mensch nun, als vernünftiges Naturwesen (*homo phaenomenon*), ist durch seine Vernunft, als Ursache, bestimmbar zu Handlungen in der Sinnenwelt, und hierbei kommt der Begriff einer Verbindlichkeit noch nicht in Betrachtung. Ebenderselbe aber seiner Persönlichkeit nach, d. i. als mit innerer Freiheit begabtes Wesen (*homo noumenon*) gedacht, ist ein der Verpflichtung fähiges Wesen, und zwar gegen sich selbst (die Menschheit in seiner Person) betrachtet, so: daß der Mensch (in zweierlei Bedeutung betrachtet), ohne in Widerspruch mit sich zu geraten (weil der Begriff vom Menschen nicht in einem und demselben Sinn gedacht wird), eine Pflicht gegen sich selbst anerkennen kann.

§ 4

Vom Prinzip der Einteilung der Pflichten gegen sich selbst

Die Einteilung kann nur in Ansehung des Objekts der Pflicht, nicht in Ansehung des sich verpflichtenden Subjekts gemacht werden. Das verpflichtete sowohl als das verpflichtende Subjekt ist immer nur der Mensch, und wenn es uns, in theoretischer Rücksicht, gleich erlaubt ist, im Menschen Seele und Körper als Naturbeschaffenheiten des Menschen voneinander zu unterscheiden, so ist es doch nicht erlaubt, sie als verschiedene den Menschen verpflichtende Substanzen zu denken, um zur Einteilung der Pflichten gegen den Körper und gegen die Seele berechtigt zu sein. – Wir sind, weder durch Erfahrung, noch durch Schlüsse der Vernunft, hinreichend darüber belehrt, ob der Mensch eine Seele (als in ihm wohnende, vom Körper unterschiedene, und von diesem unabhängig zu denken vermögende, d. i. geistige Substanz) enthalte, oder ob nicht vielmehr das Leben eine Eigenschaft der Materie sein möge, und, wenn es sich auch auf die erstere Art verhielte, so würde doch keine Pflicht des Menschen gegen einen Körper (als verpflichtendes Subjekt), ob er gleich der menschliche ist, denkbar sein.

1. Es wird daher nur eine objektive Einteilung der Pflichten gegen sich selbst in das Formale und Materiale derselben stattfinden; wovon die einen einschränkend (negative Pflichten), die anderen erweiternd (positive Pflichten gegen sich selbst) sind: jene, welche dem Menschen in Ansehung des Zwecks seiner Natur verbieten, demselben zuwider zu handeln, mithin bloß auf die moralische Selbsterhaltung, diese, welche gebieten, sich einen gewissen Gegenstand der Willkür zum Zweck zu machen und auf die Vervollkommnung seiner selbst gehen: von welchen beide zur Tugend, entweder als Unterlassungspflichten (*sustine et abstine*) oder als Begehungspflichten (*viribus concessis utere*), beide aber als Tugendpflichten gehören. Die ersteren gehören zur moralischen Gesundheit (*ad esse*) des Menschen, sowohl als Gegenstandes seiner äußeren, als seines inneren Sinnes, zu Erhaltung seiner Natur in ihrer Vollkommenheit (als Rezeptivität). Die anderen zur moralischen Wohlhabenheit (*ad melius esse; opulentia moralis*), welche in dem Besitz eines zu allen Zwecken hinreichenden Vermögens besteht, sofern dieses erwerblich ist und zur Kultur als tätiger Vollkommenheit) seiner selbst gehört. – Der erste Grundsatz der

Pflicht gegen sich selbst liegt in dem Spruch: Lebe der Natur gemäß (naturae convenienter vive), d. i. erhalte dich in der Vollkommenheit deiner Natur; der zweite in dem Satz: Mache dich vollkommener, als die bloße Natur dich schuf (*perfice te ut finem; perfice te ut medium*).

2. Es wird eine subjektive Einteilung der Pflichten des Menschen gegen sich selbst stattfinden, d. i. eine solche, nach der das Subjekt der Pflicht (der Mensch) sich selbst, entweder als animalisches (physisches) und zugleich moralisches, oder bloß als moralisches Wesen betrachtet.

Da sind nun die Antriebe der Natur, was die Tierheit des Menschen betrifft: a) der, durch welchen die Natur die Erhaltung seiner selbst, b) die Erhaltung der Art, c) die Erhaltung seines Vermögens zum angenehmen, aber doch nur tierischen Lebensgenuß beabsichtigt. – Die Laster, welche hier der Pflicht des Menschen gegen sich selbst widerstreiten, sind: der Selbstmord, der unnatürliche Gebrauch, den jemand von der Geschlechtsneigung macht, und der, das Verrnögen zum zweckmäßigen Gebrauch seiner Kräfte schwächende, unmäßige Genuß der Nahrungsmittel.

Was aber die Pflicht des Menschen gegen sich selbst bloß als moralisches Wesen (ohne auf seine Tierheit zu sehen) betrifft, so besteht sie im Formalen, der Übereinstimmung der Maximen seines Willens mit der Würde der Menschheit in seiner Person; also im Verbot, daß er sich selbst des Vorzugs eines moralischen Wesens, nämlich nach Prinzipien zu handeln, d. i. der inneren Freiheit, nicht beraube und dadurch zum Spiel bloßer Neigungen, also zur Sache, mache. – Die Laster, welche dieser Pflicht entgegenstehen, sind: die Lüge, der Geiz und die falsche Demut (Kriecherei). Diese nehmen sich Grundsätze, welche ihrem Charakter als moralischer Wesen, d. i. der inneren Freiheit, der angeborenen Würde des Menschen geradezu (schon der Form nach) widersprechen, welches soviel sagt: sie machen es sich zum Grundsatz, keinen Grundsatz, und so auch keinen Charakter, zu haben, d. i. sich wegzuwerfen und sich zum Gegenstande der Verachtung zu machen. – Die Tugend, welche allen diesen Lastern entgegensteht, könnte die Ehrliebe (*honestas interna, iustum sui aestimium*), eine von der Ehrbegierde (*ambitio*) (welche auch sehr niederträchtig sein kann) himmelweit unterschiedene Denkungsart, genannt werden, wird aber unter dieser Betitelung in der Folge besonders vorkommen.

Arthur Schopenhauer

Pflicht und Schuldigkeit

(...)

Da nun hier der Begriff der *Verpflichtung* zur Sprache gekommen, ist es der Ort, den in der Ethik wie im Leben so häufig angewandten Begriff der *Pflicht*, dem jedoch eine zu große Ausdehnung gegeben wird, festzustellen. Wir haben gefunden, daß das Unrecht allemal in der Verletzung eines andern besteht, sei es an seiner Person, seiner Freiheit, seinem Eigentum oder seiner Ehre. Hieraus scheint zu folgen, daß jedes Unrecht ein positiver Angriff, eine Tat sein müsse. Allein es gibt Handlungen, deren bloße *Unterlassung* ein Unrecht ist: solche Handlungen heißen *Pflichten*. Dieses ist die wahre philosophische Definition des Begriffs der *Pflicht*, welcher hingegen alle Eigentümlichkeit einbüßt und dadurch verlorengeht, wenn man wie in der bisherigen Moral jede lobenswerte Handlungsweise *Pflicht* nennen will, wobei man vergißt, daß, was *Pflicht* ist, auch *Schuldigkeit* sein muß. Pflicht, **τὸ δέον,** le devoir, duty *ist also eine Handlung, durch deren bloße Unterlassung man einen andern verletzt, d. h. Unrecht begeht*. Offenbar kann dies nur dadurch der Fall sein, daß der Unterlasser sich zu einer solchen Handlung anheischig gemacht, d.h. eben *verpflichtet* hat. Demnach beruhen alle Pflichten auf eingegangener Verpflichtung. Diese ist in der Regel eine ausdrückliche gegenseitige Übereinkunft, wie z. B. zwischen Fürst und Volk, Regierung und Beamten, Herrn und Diener, Advokat und Klienten, Arzt und Kranken, überhaupt zwischen einem jeden, der eine Leistung irgendeiner Art übernommen hat, und seinem Besteller im weitesten Sinne des Worts. Darum gibt jede Pflicht ein Recht, weil keiner sich ohne Motiv, d.h. hier: ohne irgendeinen Vorteil für sich verpflichten kann. Nur eine Verpflichtung ist mir bekannt, die *nicht* mittelst einer Übereinkunft, sondern unmittelbar durch eine bloße Handlung übernommen wird; weil der, gegen den man sie hat, noch nicht da war, als man sie übernahm: es ist die der Eltern gegen ihre Kinder. Wer ein Kind in die Welt setzt, hat die *Pflicht*, es zu erhalten, bis es sich selbst zu erhalten fähig ist: und sollte diese Zeit wie bei einem Blinden, Krüppel, Kretinen u. dgl. *nie* eintreten, so hört auch die Pflicht nie auf. Denn durch das bloße Nichtleisten der Hülfe, also eine Unterlassung, würde er sein Kind verletzen, ja dem Untergange zuführen. Die moralische Pflicht der Kinder gegen die Eltern ist nicht so unmittelbar und entschieden. Sie beruht darauf, daß, weil jede Pflicht ein Recht gibt, auch die Eltern eines gegen die Kinder haben müssen, welches bei diesen die Pflicht des Gehorsams begründet, die aber nachmals mit dem Recht, aus welchem sie entstanden ist, auch aufhört. An ihre Stelle wird alsdann Dankbarkeit treten für das, was die Eltern mehr getan, als strenge ihre Pflicht war. Jedoch, ein so häßliches, oft selbst empörendes Laster auch der Undank ist; so ist Dankbarkeit doch nicht *Pflicht* zu nennen: weil ihr Ausbleiben keine Verletzung des andern, also kein *Unrecht* ist. Außerdem müßte der Wohltäter vermeint haben, stillschweigend einen Handel abzuschließen. – Allenfalls könnte man als unmittelbar durch eine Handlung entstehende Verpflichtung den Ersatz für angerichteten Schaden geltend machen.

Jedoch ist dieser als Aufhebung der Folgen einer ungerechten Handlung eine bloße Bemühung, sie auszulöschen, etwas rein Negatives, das darauf beruht, daß die Handlung selbst hätte unterbleiben sollen. – Noch sei hier bemerkt, daß die Billigkeit der Feind der Gerechtigkeit ist und ihr oft gröblich zusetzt: daher man ihr nicht zuviel einräumen soll. Der Deutsche ist ein Freund der Billigkeit, der Engländer hält es mit der Gerechtigkeit.

Johann Heinrich Pestalozzi

Gemeingeist und Gemeinkraft

Ein schwatzender Gaukler klagte, es sei so wenig Gemeingeist unter den Menschen.

Ein Bauer, der ihn hörte, antwortete ihm: »Ich fordere von meinem Zugvieh keinen Gemeingeist, ich fordere von ihm nur Gemeinkraft.« Dieses Wort ist im Munde eines Mannes, der mit Vieh umgeht und das Vieh braucht, ganz passend, aber für das Menschengeschlecht ist es bei weitem nicht auf gleiche Weise anwendbar. Gemeinkraft ohne Gemeingeist ist für das Menschengeschlecht keine Menschenkraft, sie ist für dasselbe eine reine, völlig vom menschlichen Geist und vom menschlichen Herzen entblößte Tierkraft; aber wenn man denkt, was es braucht, ein Volk zu der menschlichen Kraft zu erheben, die nicht bloß Spielerei des Gemeingeists, sondern wahrer Gemeingeist ist, so muß man in Rücksicht auf die Kunstführung der Völker, die man Politik nennt, auch das Wort anwenden, das uns in religiöser Hinsicht gegeben ist: *Der Geist ist zwar geneigt, aber das Fleisch ist schwach.* Wir können es uns nicht verhehlen; der Geist und Sinn unserer Zeit ist in der Bildung der Gemeinkraft der Völker weit, sehr weit mehr vorgeschritten, als in der Bildung seines Gemeingeists.

*

Man kann seine Pflicht »erfüllen«, »tun«. Das dem Menschen als Pflicht Auferlegte ist ein ganz bestimmtes, im vorhinein genau kalkulierbares Maß an Aufgaben, das, wenn man es getreu bewältigt hat, eine gewisse innere Zufriedenheit mit sich bringt: Man hat eben seine »Pflicht getan«. Und das ist gewiß nicht wenig. Aber die Bürde der Pflicht ist verhältnismäßig leicht zu tragen.

Verhältnismäßig – wenn man nämlich Pflicht und Verantwortung miteinander vergleicht. Mit der Verantwortung steht es anders. Das wird bereits deutlich, wenn man die sprachlichen Wendungen betrachtet, in denen von Verantwortung die Rede ist: Man »trägt« Verantwortung, sie ist also eine Last, ja sie »lastet« auf einem als etwas schwer zu Tragendes, und darum kann man versucht sein, sich der Verantwortung zu »entledigen«, ihr zu »entfliehen«.

Was nun hier mit Verantwortung zu tragen und zu tun ist, zeigt sich dem Menschen nicht als ein nach allen Seiten klar Umgrenztes und fest Bestimmtes, sondern es führt einen Unsicherheitsfaktor mit sich, den man eben zu verantworten hat. *Heinrich Klomps*

Max Weber

Gesinnungsethik und Verantwortungsethik

(...)
Da liegt der entscheidende Punkt. Wir müssen uns klarmachen, daß alles ethisch orientierte Handeln unter zwei voneinander grundverschiedenen, unaustragbar gegensätzlichen Maximen stehen kann: es kann »gesinnungsethisch« oder »verantwortungsethisch« orientiert sein. Nicht daß Gesinnungsethik mit Verantwortungslosigkeit und Verantwortungsethik mit Gesinnungslosigkeit identisch wäre. Davon ist natürlich keine Rede. Aber es ist ein abgrundtiefer Gegensatz, ob man unter der gesinnungsethischen Maxime handelt – religiös geredet –: »Der Christ tut recht und stellt den Erfolg Gott anheim«, *oder* unter der verantwortungsethischen: daß man für die

(voraussehbaren) *Folgen* seines Handelns aufzukommen hat. Man mag einem überzeugten gesinnungsethischen Syndikalisten noch so überzeugend darlegen, daß die Folgen seines Tuns die Steigerung der Chancen der Reaktion, gesteigerte Bedrückung seiner Klasse, Hemmung ihres Aufstiegs sein werden – und es wird auf ihn gar keinen Eindruck machen. Wenn die Folgen einer aus reiner Gesinnung fließenden Handlung üble sind, so gilt ihm nicht der Handelnde, sondern die Welt dafür verantwortlich, die Dummheit der anderen Menschen oder – der Wille des Gottes, der sie so schuf. Der Verantwortungsethiker dagegen rechnet mit eben jenen durchschnittlichen Defekten der Menschen – er hat, wie Fichte richtig gesagt hat, gar kein Recht, ihre Güte und Vollkommenheit vorauszusetzen, er fühlt sich nicht in der Lage, die Folgen eigenen Tuns, soweit er sie voraussehen konnte, auf andere abzuwälzen. Er wird sagen: diese Folgen werden meinem Tun zugerechnet. »Verantwortlich« fühlt sich der Gesinnungsethiker nur dafür, daß die Flamme der reinen Gesinnung, die Flamme z. B. des Protestes gegen die Ungerechtigkeit der sozialen Ordnung, nicht erlischt. Sie stets neu anzufachen, ist der Zweck seiner, vom möglichen Erfolg her beurteilt, ganz irrationalen Taten, die nur exemplarischen Wert haben können und sollen.

Aber auch damit ist das Problem noch nicht zu Ende. Keine Ethik der Welt kommt um die Tatsache herum, daß die Erreichung »guter« Zwecke in zahlreichen Fällen daran gebunden ist, daß man sittlich bedenkliche oder mindestens gefährliche Mittel und die Möglichkeit oder auch die Wahrscheinlichkeit übler Nebenerfolge mit in den Kauf nimmt, und keine Ethik der Welt kann ergeben: wann und in welchem Umfang der ethisch gute Zweck die ethisch gefährlichen Mittel und Nebenerfolge »heiligt«.

Für die Politik ist das entscheidende Mittel: die Gewaltsamkeit, und wie groß die Tragweite der Spannung zwischen Mittel und Zweck, ethisch angesehen, ist, kann man daraus entnehmen, daß, wie jedermann weiß, sich die revolutionären Sozialisten (Zimmerwalder Richtung) schon während des Krieges zu dem Prinzip bekannten, welches man dahin prägnant formulieren könnte: »Wenn wir vor der Wahl stehen, entweder noch einige Jahre Krieg und dann Revolution oder jetzt Friede und keine Revolution, so wählen wir: noch einige Jahre Krieg!« Auf die weitere Frage: »Was kann diese Revolution mit sich bringen?«, würde jeder wissenschaftlich geschulte Sozialist geantwortet haben: daß von einem Übergang zu einer Wirtschaft, die man sozialistisch nennen könne in *seinem* Sinne, keine Rede sei, sondern daß eben wieder eine Bourgeoisiewirtschaft entstehen würde, die nur die feudalen Elemente und dynastischen Reste abgestreift haben könnte. – Für dieses bescheidene Resultat also: »noch einige Jahre Krieg«! Man wird doch wohl sagen dürfen, daß man hier auch bei sehr handfest sozialistischer Überzeugung den Zweck ablehnen könne, der derartige Mittel erfordert. Beim Bolschewismus und Spartakismus, überhaupt bei jeder Art von revolutionärem Sozialismus, liegt aber die Sache genau ebenso, und es ist natürlich höchst lächerlich, wenn von dieser Seite die »Gewaltpolitiker« des alten Regimes wegen der Anwendung des gleichen Mittels *sittlich* verworfen werden – so durchaus berechtigt die Ablehnung ihrer *Ziele* sein mag.

Hier, an diesem Problem der Heiligung der Mittel durch den Zweck, scheint nun auch die Gesinnungsethik überhaupt scheitern zu müssen.

Und in der Tat hat sie logischerweise nur die Möglichkeit: *jedes* Handeln, welches sittlich gefährliche Mittel anwendet, zu *verwerfen*. Logischerweise. In der Welt der Realitäten machen wir freilich stets erneut die Erfahrung, daß der Gesinnungsethiker plötzlich umschlägt in den chiliastischen Propheten, daß z.B. diejenigen, die soeben »Liebe gegen Gewalt« gepredigt haben, im nächsten Augenblick zur Gewalt aufrufen – zur *letzten* Gewalt, die dann den Zustand der Vemichtung *aller* Gewaltsamkeit bringen würde, ebenso wie unsere Militärs den Soldaten bei jeder Offensive sagten: es sei die letzte, sie werde den Sieg und dann den Frieden bringen. Der Gesinnungsethiker erträgt die ethische Irrationalität der Welt nicht. Er ist kosmisch-ethischer »Rationalist«.

Jeder, der Dostojewski kennt, erinnert sich der Szene mit dem Großinquisitor, wo das Problem treffend auseinandergelegt ist. Es ist nicht möglich, Gesinnungsethik und Verantwortungsethik unter einen Hut zu bringen oder ethisch zu dekretieren: welcher Zweck *welches* Mittel heiligen solle, wenn man diesem Prinzip überhaupt irgendwelche Konzessionen macht.

Der von mir der zweifellosen Lauterkeit seiner Gesinnung nach persönlich hochgeschätzte, als Politiker freilich unbedingt abgelehnte Kollege F. W. Foerster glaubt, in seinem Buche um die Schwierigkeit herumzukommen durch die einfache These: aus Gutem kann nur Gutes, aus Bösem nur Böses folgen. Dann existierte freilich diese ganze Problematik nicht. Aber es ist doch erstaunlich, daß 2500 Jahre nach den Upanishaden eine solche These noch das Licht der Welt erblicken konnte. Nicht nur der ganze Verlauf der Weltgeschichte, sondern jede rückhaltlose Prüfung der Alltagserfahrung sagt ja das Gegenteil. Die Entwicklung aller Religionen der Erde beruht darauf, daß das Gegenteil wahr ist. Das uralte Problem der Theodizee ist ja die Frage: Wie kommt es, daß eine Macht, die als zugleich allmächtig und gütig hingestellt wird, eine derartig irrationale Welt des unverdienten Leidens, des ungestraften Unrechts und der unverbesserlichen Dummheit hat erschaffen können. Entweder ist sie das eine nicht oder das andere nicht, oder es regieren gänzlich andere Ausgleichs- und Vergeltungsprinzipien das Leben, solche, die wir metaphysisch deuten können, oder auch solche, die unserer Deutung für immer entzogen sind. Dies Problem: die Erfahrung von der Irrationalität der Welt war ja die treibende Kraft aller Religionsentwicklung. Die indische Karmanlehre und der persische Dualismus, die Erbsünde, die Prädestination und der Deus absconditus sind alle aus dieser Erfahrung heraus gewachsen. Auch die alten Christen wußten sehr genau, daß die Welt von Dämonen regiert sei und daß, wer mit der Politik, das heißt: mit Macht und Gewaltsamkeit als Mitteln, sich einläßt, mit diabolischen Mächten einen Pakt schließt, und daß für sein Handeln es *nicht* wahr ist, daß aus Gutem nur Gutes, aus Bösem nur Böses kommen könne, sondern oft das Gegenteil. Wer das nicht sieht, ist in der Tat politisch ein Kind.

Uta Ranke-Heinemann

Man muß dem Gewissen folgen

(...) es gibt keine Zeit, in der das Gewissen nicht gefordert ist. Es gibt immer Mächte, die es bedrohen. Mehr oder weniger ist der einzelne immer vor die Entscheidung gestellt, Mitläufer zu sein oder Verdächtiger, Ja-

Sager oder Gegner, Willfähriger oder Verfolgter. In einer Zeit, da das Wort »radikal« zum Schimpfwort geworden und damit das Mittelmaß zur Maxime erhoben ist, sollten wir uns trotzdem radikal zu der Pflicht bekennen, jeder den Menschen bedrohenden Macht der Mächtigen zu widerstehen. Es sind immer nur einzelne, die dieser Pflicht leben. Und dies nicht nur, wenn Widerstand die Gefährdung des eigenen Lebens bedeutet. Das Bekenntnis zum Gewissen wird immer gehemmt durch die Angst, sich zu isolieren. Die Furcht, sich abzusondern, ist Anlaß, sich der Menge anzuschließen, auch wenn man nicht wie die Menge denkt, um dann schließlich doch auch wie die Menge zu denken, da man dem Urteil des eigenen verborgenen Gewissens weniger glauben will als den lauten Parolen der vielen.

(Doch) wie Widerstand Sache des einzelnen ist, so ist auch Schuld – sosehr sie die Schuld vieler ist – nicht Sache einer bestimmten Gruppe.

(...) Es wird für jeden viele Scheidewege geben, es wird kein Stern sein, dem er folgen könnte, aber solange das Gewissen nicht müde und nicht gleichgültig ist, wird der Weg offenbleiben in die Zukunft einer Erde der Menschen.

Hans Jonas

Theorie der Verantwortung

1. Verantwortung als kausale Zurechnung begangener Taten

a. Bedingung von Verantwortung ist kausale Macht. Der Täter muß für seine Tat antworten: er wird für deren Folgen verantwortlich gehalten und gegebenenfalls haftbar gemacht. Dies hat zunächst rechtliche und nicht eigentlich sittliche Bedeutung. Der angerichtete Schaden muß gutgemacht werden, auch wenn die Ursache keine Übeltat war, auch wenn die Folge weder vorausgesehen noch beabsichtigt war. Es genügt, daß ich die aktive Ursache gewesen bin. Aber doch nur in enger kausaler Verbindung mit der Tat, so daß die Zuschreibung eindeutig ist und die Folge sich nicht im Unvorhersehbaren verliert. Der berühmte fehlende Hufnagel macht nicht wirklich den Schmiedegesellen verantwortlich für die verlorene Schlacht und den Verlust des Königreichs. Aber der direkte Kunde, Reiter des Pferdes, hätte wohl einen Regreßanspruch an den Schmied, der für die Nachlässigkeit seines Gesellen, ohne daß ihn selber ein Vorwurf trifft, »verantwortlich« ist. Die Nachlässigkeit ist hier das einzige, was allenfalls moralisch schuldhaft zu nennen ist, und das in einem trivialen Grade; aber das Beispiel zeigt (wie das alltägliche des Haftens von Eltern für ihre Kinder), daß zahlpflichtige Verantwortung von jeder Schuld frei sein kann. Das Prinzip der ursächlichen Zurechenbarkeit ist immer noch gewahrt in dem Verhältnis, kraft dessen der Vorgesetzte generell die Ursächlichkeit der Untergebenen in seiner Person vereinigt (für deren zuverlässige Leistung er ja auch das Lob erntet).

b. Nun hat sich frühzeitig mit der Idee der rechtlichen Bußeleistung die der Bestrafung vermischt, die moralischen Sinn hat und die ursächliche Tat als moralisch schuldhaft qualifiziert. Hier hat die Erklärung »schuldig!« einen andem Sinn als »Peter ist Paul Wiedergutmachung schuldig«. Bestraft wird die Tat mehr als die Folgen, wenn es sich um ein Verbrechen handelt, und nach ihr wird die Sühne bemessen. Hierfür muß die Tat selbst untersucht werden – Vorsatz, Überlegung, Motiv, Zurechenbarkeit: War die Tat verbrecherisch »in sich«? Die Abrede zur Begehung eines Verbrechens, die durch rechtzeitige Entdeckung folgenlos blieb, ist selbst ein Verbrechen und straffällig. Die hier bewirkte Sühne, mit der der Täter zur Verantwortung gezogen wird, dient nicht der Gutmachung des von andern erlittenen Schadens oder Unrechts, sondern der Wiederherstellung der gestörten moralischen Ordnung. Also ist hier die Qualität und nicht die Kausalität der Tat der entscheidend zu verantwortende Punkt. Dennoch bleibt zumindest potentielle Macht die conditio sine qua non. Niemand wird für das ohnmächtige Ersinnen gräßlichster Untaten zur Verantwortung gezogen, und die hierbei etwa auftretenden Schuldgefühle sind so privat wie das psychologische Delikt. Eine Tat in der Welt muß begangen oder mindestens begonnen sein (wie in der Abrede). Und es bleibt wahr, daß die gelungene Tat schwerer wiegt als die mißlungene.

c. Der angezeigte Unterschied zwischen legaler und moralischer Verantwortung spiegelt sich in dem Unterschied von Zivilrecht und Kriminalrecht, in deren divergenter Entwicklung die anfänglich vermischten Begriffe von Bußleistung (aus Haftpflicht) und Strafe (für Schuld) entmischt wurden. Beiden gemeinsam ist aber, daß die »Verantwortung« sich auf getane Taten bezieht und in Verantwortlich*machung* von außen real wird. Das hier beim Täter etwa mitgehende *Gefühl*, mit dem er die Verantwortung innerlich annimmt (Schuldgefühl, Reue, Sühnebereitschaft, aber auch trotziger Stolz) ist ebenso retroaktiv wie das objektive Verantwortenmüssen; und auch dessen Antizipation am Anfang des Handelns dient nicht als Tatmotiv, sondern (wirksamenfalls) als Tatauslese, das heißt als Zulassungs- oder Ausscheidungsmotiv. Schließlich hat man umsoweniger zu verantworten, je weniger man tut, und bei Abwesenheit positiver Pflichten kann Tatvermeidung zum Rat der Klugheit werden. Kurz, »Verantwortung«, so verstanden, setzt nicht selber Zwecke, sondern ist die ganz formale Auflage auf *alles* kausale Handeln unter Menschen, daß dafür Rechenschaft verlangt werden kann. Sie ist damit die Vorbedingung der Moral, aber noch nicht selber Moral. Das mit ihr sich identifizierende Gefühl – Nachgefühl wie Vorgefühl – ist zwar moralisch Bereitschaft, für sein Tun einzustehen, aber in seiner puren Formalität kann es nicht das affektive Prinzip für die ethische Theorie abgeben, die es zuerst und zuletzt doch mit der Präsentierung, Beglaubigung und Motivierung von positiven Zwecken auf das bonum humanum hin zu tun hat. Aus der Inspiration solcher Zwecke, aus der Wirkung des Guten auf das Gefühl, kann Verantwortungsfreudigkeit entstehen; ohne sie, das heißt ohne verpflichtende Werte, ist Verantwortungsscheu vielleicht zu bedauern (da die Vorsicht, rein hedonistisch, ein schlechtes Geschäft sein kann), aber nicht zu verurteilen.

2. Verantwortung für Zu-Tuendes: Die Pflicht der Macht

Nun gibt es aber noch einen ganz andern Begriff von Verantwortung, der nicht die ex-post-facto Rechnung für das Getane, sondern die Determinierung des Zu-Tuenden betrifft; gemäß dem ich mich also verantwortlich fühle nicht primär für mein Verhalten und seine Folgen, sondern für die *Sache*, die auf mein Handeln Anspruch erhebt. Verantwortung zum Beispiel für die Wohlfahrt Anderer »sichtet« nicht nur gegebene Tatvorhaben auf ihre moralische Zulässigkeit hin, sondern verpflichtet zu Taten, die zu keinem andern Zweck vorgehabt sind. Das »für« des Verantwortlichseins hat hier offenbar einen völlig anderen Sinn als in der vorigen, selbstbezogenen Klasse. Das »wofür« liegt außer mir, aber im Wirkungsbereich meiner Macht, auf sie angewiesen oder von ihr bedroht. Ihr setzt es entgegen sein Recht auf Dasein aus dem, was es ist oder sein kann, und nimmt durch den sittlichen Willen die Macht in ihre Pflicht. Die Sache wird meine, weil die Macht meine ist und einen ursächlichen Bezug zu eben dieser Sache hat. Das Abhängige in seinem Eigenrecht wird zum Gebietenden, das Mächtige in seiner Ursächlichkeit zum Verpflichteten. Für das so ihr Anvertraute wird die Macht objektiv verantwortlich und durch die Parteinahme des Verantwortungsgefühls affektiv engagiert: in dem Gefühl findet das Verbindliche seine Verbindung zum subjektiven Willen. Die Parteinahme des Gefühls aber hat ihren ersten Ursprung nicht in der Idee der Verantwortung überhaupt, sondern in der erkannten selbsteigenen Güte der Sache, wie sie das Empfinden affiziert und die bloße Selbstsucht der Macht beschämt. Das Erste ist das Seinsollen des Objekts, das Zweite das

Tunsollen des zur Sachwaltung berufenen Subjekts. Das Heischen der Sache einerseits, in der Unverbürgtheit ihrer Existenz, und das Gewissen der Macht anderseits, in der Schuldigkeit ihrer Kausalität, vereinigen sich im bejahenden Verantwortungsgefühl des aktiven, immer schon in das Sein der Dinge übergreifenden Selbst. Tritt Liebe hinzu, so wird die Veranwortung beflügelt von der Hingebung der Person, die um das Los des Seinswürdigen und Geliebten zu zittern lernt.

Diese Art Verantwortung und Verantwortungsgefühl, nicht die formal-leere »Verantwortlichkeit« jedes Täters für seine Tat, meinen wir, wenn wir von der heute fälligen Ethik der Zukunftsverantwortung sprechen. Und sie müssen wir mit dem bewegenden Prinzip früherer Moralsysteme und ihrer Theorien vergleichen. Wir kommen diesem substantiellen, zweckverpflichteten Begriff der Verantwortung empirisch am besten näher, wenn wir fragen (da wir im Sinne der zwei verschiedenen Verantwortungsbegriffe widerspruchslos sagen können, daß man noch für seine unverantwortlichsten Handlungen verantwortlich ist), was mit »unverantwortlichem Handeln« gemeint sein kann. Auszuschließen ist hierbei der formalistische Sinn von »unverantwortlich« = der Verantwortungsfähigkeit bar, daher nicht verantwortlich zu machen.

3. Was heißt »unverantwortlich handeln«?

Der Glücksspieler, der im Kasino sein Vermögen aufs Spiel setzt, handelt leichtsinnig; wenn es nicht seines, sondern eines Andern ist, dann verbrecherisch; aber wenn er Familienvater ist, dann unverantwortlich auch bei unstreitigem Eigentum und einerlei, ob er verliert oder gewinnt. Das Beispiel sagt: Nur wer Verantwortungen hat, kann unverantwortlich handeln. Die hier verleugnete Verantwortung ist umfassendster und andauernder Art. Der waghalsige Fahrer ist leichtsinnig für sich, aber unverantwortlich, wenn er damit auch Passagiere gefährdet: durch ihre Aufnahme hat er auf Zeit und auf eine Sachwaltung beschränkt eine Verantwortung übernommen, die er sonst für diese Personen und für ihr sonstiges Wohlergehen nicht trägt. Gedankenlosigkeit, andernfalls unschuldig und manchmal liebenswert, wird hier Schuld in sich, auch wenn alles gut gehen sollte. In beiden Beispielen besteht ein definierbares, nicht-reziprokes *Verhältnis* der Verantwortung. Das Wohlergehen, das Interesse, das Schicksal Anderer ist, durch Umstände oder Vereinbarung, in meine Hut gekommen, was heißt, daß meine Kontrolle dar*über* zugleich meine Verpflichtung da*für* einschließt. Die Ausübung der Macht ohne die Beobachtung der Pflicht ist dann »unverantwortlich«, das heißt ein Bruch des Treueverhältnisses der Verantwortung. Eine deutliche Unebenbürtigkeit der Macht oder Befugnis gehört zu diesem Verhältnis. Der Kapitän ist Meister des Schiffes und seiner Insassen und trägt die Verantwortung dafür; der Millionär unter den Passagieren, der zufällig Hauptaktionär der Schiffahrtsgesellschaft ist und den Kapitän anstellen oder entlassen kann, hat im ganzen größere Macht, aber nicht innerhalb der Situation. Der Kapitän würde unverantwortlich handeln, wenn er dem Gewaltigen gehorchend gegen sein besseres Urteil handeln würde, zum Beispiel um einen Geschwindigkeitsrekord zu schlagen, obwohl er im anderen Verhältnis (dem des Angestellten) eben ihm »verantwortlich« ist und für seine gehorsame Unverantwortlichkeit von ihm belohnt, für seine ungehorsame

Verantwortlichkeit bestraft werden kann. Im gegenwärtigen Verhältnis ist er der Überlegene und kann darum die Verantwortung haben.

4. Verantwortung ein nicht-reziprokes Verhältnis

Ob es zwischen völlig Ebenbürtigen (innerhalb der betreffenden Situation) Verantwortung im strikten Sinn geben kann, ist nicht ganz klar. Kains Gegenfrage an Gottes Frage nach Abel, »Bin ich meines Bruders Hüter?«, weist das (fingierte) Ansinnen einer Verantwortung für den Gleichen und Unabhängigen nicht ganz grundlos zurück. In der Tat will Gott ihn nicht der Verantwortungslosigkeit, sondern des Brudermords verklagen. Gewiß lassen sich auch gegenseitige Verantwortungsverhältnisse beschreiben, wie in einem gefährlichen Team-Unternehmen, etwa einer Bergbesteigung, wo jeder sich für seine Sicherheit auf den Andern verlassen können muß, also alle untereinander »ihres Bruders Hüter« werden. Aber solche Solidaritätsphänomene, das Einstehen für einander in gemeinsamer Sache und Gefahr (die Kameradschaft im Krieg zum Beispiel, wovon Soldaten so eindrucksvoll zu berichten wissen) gehören doch mehr auf ein anderes Blatt der Ethik und des Gefühls; und der eigentliche Gegenstand der Verantwortung ist hier am Ende das Gelingen des gemeinschaftlichen Unternehmens, nicht das Wohl und Wehe der Genossen, vor denen ich nichts voraus habe, was mich zu besonderer Verantwortlichkeit für sie auswählt. Die Zweck-Bruderschaft ist dem Zweck verantwortlich; unter Brüdern im natürlichen Sinne tritt Verantwortung erst ein, wenn einer von ihnen in Not gerät oder sonst spezieller Hilfe bedarf – also wieder mit der

Einseitigkeit, die für das nicht-reziproke Verantwortungsverhältnis kennzeichnend ist. Immer wird solche »horizontale« Familienverantwortung schwächer; weniger unbedingt sein als die »vertikale« der Eltern für die Kinder; die für ihr jeweiliges Objekt nicht spezifisch, sondern global ist (das heißt sich auf alles erstreckt, was an ihnen betreubar ist) und nicht gelegentlich, sondern permanent, solange sie Kinder sind. Permanent ist daher hier auch die Gefahr der Verantwortungsversäumnis – eine Form der »Unverantwortlichkeit«, die keinen positiven Akt der Verleugnung wie den des Spielers, kein im üblichen Sinne unethisches Verhalten involviert (...)

5. Natürliche und vertragliche Verantwortung

Die von der Natur instituierte, das heißt von Natur aus bestehende Verantwortung ist, in dem einzigen bisher erbrachten (und allein vertrauten) Beispiel der elterlichen Verantwortung, von keiner vorherigen Zustimmung abhängig, unwiderruflich und unkündbar; und sie ist global. Die »künstlich«, durch Erteilung und Annahme eines Auftrages instituierte, zum Beispiel die eines Amtes (aber auch die aus stillschweigender Vereinbarung oder aus Kompetenz sich ergebende), ist umschrieben durch die Aufgabe nach Inhalt und Zeit; die Übernahme enthält ein Element der Wahl, von der ein Rücktritt möglich ist, wie auf der Gegenseite Entbindung von der Pflicht. Wichtiger noch ist der Unterschied, daß hier die Verantwortung ihre verpflichtende Kraft von der Vereinbarung bezieht, deren Geschöpf sie ist, und nicht von der Selbstgültigkeit der Sache. Wer mit der Erhebung von Steuern betraut ist und sich hat betrauen lassen, ist für die Aus-

führung genuin verantwortlich, wie immer sich über den Wert dieses oder jedes Steuersystems urteilen läßt. In Ansehung solch lediglich stipulierter, nicht vom Eigenanspruch der Sache diktierter Verantwortlichkeiten ist nun zwar pflichtwidriges und pflichtvergessenes Verhalten möglich, aber nicht eigentlich »unverantwortliches«. Dieser Begriff in seinem starken Sinn ist reserviert für den Verrat an Verantwortungen unabhängiger Gültigkeit, durch den ein wahres Gut gefährdet wird. Dennoch läßt sich auch im Fall des Steuerbeamten, der unmittelbar in die schwache Klasse fällt, unsere Allgemeinthese verteidigen, daß das Seinsollen der Sache das Erste in der Verantwortung ist, insofern als der letzthinnige Gegenstand der Verantwortung über den direkten hinaus, also die eigentliche »Sache«, die Wahrung der Treueverhältnisse überhaupt ist, auf denen die Gesellschaft und das Zusammenleben der Menschen beruht: und dieses *ist* ein substantives, von sich her verpflichtendes Gut. (Der formale kategorische Imperativ kommt hier mit anderer Begründung – zumal ohne den letzten Satz! – zum gleichen Ergebnis.) Für dieses, in seiner Existenz immer unverbürgte, ganz und gar von uns abhängige Gut ist aber die Verantwortung so unbedingt und unwiderruflich wie nur jede von der Natur gesetzte sein kann – wenn sie nicht selber eine solche ist. So ist denn doch der ungetreue Beamte, dem unmittelbar nur Pflichtverletzung vorgeworfen werden kann, mittelbar auch verantwortungslos.

6. Die selbstgewählte Verantwortung des Politikers

Es bleibt noch der Fall, der über den Unterschied von Natur- und Vertragsverantwortung in eigenartiger; die menschliche Freiheit auszeichnender Weise hinausgeht. Bisher fanden wir: Ein Gut erster Ordnung, *wenn* und soweit es im Wirkungsfeld unserer Macht liegt, und besonders, wenn in dem unserer tatsächlich und ohnehin schon stattfindenden Aktivität, engagiert unsere Verantwortung ungewählt und kennt keine Entpflichtung von ihr. Die mindestens mitgewählte, sozusagen vertragsmäßige Verantwortung des vereinbarten (oder auch befohlenen) Auftrags hat per se kein solches gebieterisches Gut zum unmittelbaren Gegenstand und ist kündbar. Nun gibt es aber noch den eminenten Fall, wo auch ein Gut erster Ordnung und unbedingter Dignität, das *nicht* von selbst schon im aktuellen Umkreis unserer Macht liegt, für das wir daher noch gar nicht verantwortlich sein können, Gegenstand *freigewählter* Verantwortung werden kann – so, daß die Wahl zuerst kommt und sich dann, *um* der gewählten Verantwortung *willen*, die Macht erst verschafft, die zu ihrer Aneignung und Ausübung nötig ist. Der paradigmatische Fall ist der Politiker; der nach der Macht strebt, um Verantwortung zu gewinnen, und nach der höchsten Macht zum Zwecke höchster Verantwortung. Gewiß, die Macht hat ihre eigenen Anreize und Belohnungen – Ansehen, Glanz, Lust des Befehlens, der Einflußnahme, der Urheberschaft, die Einzeichnung der eigenen Spur in die Welt, ja der Genuß ihres bloßen Bewußtseins (von den vulgären Gewinnen zu schweigen) – und die Motive des Ehrgeizigen im Streben nach ihr sind wohl immer gemischt. Doch abgesehen vom nacktesten und selbstsüchtigsten Tyrannentum, das kaum noch in die Sphäre des Politischen fällt (außer durch das heuchlerische Vorgeben, es gehe ihm um das öffentliche Gut), ist die mit der Macht verbundene, durch sie *ermöglichte* Verantwortung im Trachten nach der Macht mitgewollt, vom echten homo politicus an erster Stelle gewollt; und der wirkliche Staatsmann wird seinen Ruhm (um den es ihm durchaus zu tun sein kann) eben darin sehen, daß von ihm gesagt werden kann, er habe zum Besten derer gewirkt, über die er Macht hatte: *für* die er sie also hatte. Daß das »über« zum »für« wird, macht das Wesen der Verantwortung aus.

Hier haben wir ein einzigartiges Vorrecht menschlicher Spontaneität: Ungefragt, »ohne Not«, ohne Auftrag und ohne Abkommen (die legitimierend dazu kommen können) bewirbt sich der Anwärter um die Macht, um sich Verantwortung aufbürden zu können. Gegenstand der Verantwortung ist die res publica, die öffentliche Sache, die in einer Republik latent die Sache Aller ist, aber aktuell doch nur in den Grenzen der Erfüllung der allgemeinen Bürgerpflichten. Die Übernahme der Führung in den öffentlichen Angelegenheiten gehört hierzu nicht: Niemand ist formell verpflichtet, sich um die öffentlichen Ämter zu bewerben, meist nicht einmal, die ungesuchte Berufung dazu anzunehmen. Aber der, der sich dazu berufen fühlt, sucht eben die Berufung und fordert sie als sein Recht. Besonders die Gefahr des Gemeinwesens, zusammentreffend mit der Überzeugung, den Weg zur Rettung zu *wissen* und ihn *führen* zu können, wird zum mächtigen Antrieb für den Mutigen, sich anzubieten und zur Verantwortung zu drängen. So kam die Stunde Churchills im Mai 1940, als er in völlig verfahrener und fast verzweifelter Lage die Führung der Geschäfte übernahm, die kein Schwachherziger begehren konnte: Nachdem er die ersten nötigen Anordnungen getroffen, so erzählt er, ging er zu Bett mit dem Bewußtsein, daß die richtige Aufgabe den richtigen Mann gefunden habe, und schlief einen ruhigen Schlaf. Hier begegnet uns ein sehr anderer Begriff von Verantwortungslust (und entsprechender Verantwortungsscheu) als der früher erwähnte. Und doch hätte es sein können, daß Churchill nicht der richtige Mann war; daß er, wenn nicht die Situation, sich selbst falsch eingeschätzt hatte. Hätte dies sich in der Folge herausgestellt, so würde die Geschichte ihn schuldig sprechen samt seiner irrigen Überzeugung. Aber so wenig ihm diese zur Entschuldigung dienen kann, so wenig kann das Setzen auf ihre Wahrheit im Griff nach der Macht, der die Aufgabe womöglich besserer Anwärter beraubt, zur schlichten moralischen Pflicht gemacht werden. Denn keine allgemeine Moralvorschrift kann aus dem bloßen Kriterium subjektiver Gewißheit zur möglichen Begehung verhängnisvollsten Irrtums auf fremde Rechnung verpflichten – dessen nie auszuschließende Eventualität vielmehr der auf die eigene Gewißheit Setzende auf sein eigenes Gewissen nehmen muß. Hierfür gibt es kein allgemeines Gesetz, sondern nur die freie Tat, die in der Unverbürgtheit ihrer erst ausstehenden Rechtfertigung (ja, schon in der bloßen Anmaßung ihres Selbstvertrauens, die gewiß in keiner moralischen Vorschrift enthalten sein kann) ihr gänzlich eigenes moralisches Wagnis ist. Nach diesem Moment der Willkür tritt das Gesetz wieder in sein Recht. Der Freie nimmt die herrenlos wartende Verantwortung für sich in Anspruch und steht dann allerdings unter ihrem Anspruch. Indem er sie sich angeeignet hat, gehört er ihr und nicht mehr sich selbst. Die höchste und anmaßlichste Freiheit des Selbst führt ins gebieterischste und unnachsichtigste Muß.

7. Politische und elterliche Verantwortung: Kontraste

Nun ist es von äußerstem theoretischem Interesse, zu sehen, wie diese Verantwortung aus freiester Wahl und die aus gebundenstem Naturverhältnis, die des Staatsmanns und die der Eltern, über das ganze Spektrum hinweg, an dessen entgegengesetzten Enden sie liegen, gerade am meisten miteinander gemein haben und *zusammen* am meisten über das Wesen der Verantwortung lehren können. Die Unterschiede springen in die Augen. Die eine ist jedermanns Sache, die andere die des herausgehobenen Einzigen. Objekt der einen sind die wenigen, engstverbundenen, je in ihrer Einzelidentität geltenden, doch unfertigen Früchte eigener Zeugung; Objekt der andern die Vielen, Namenlosen, je für sich Selbständigen der schon vorbestehenden Gesellschaft, welche doch in ihrer Einzelidentität gerade ignoriert werden (»ohne Ansehen der Person«). Ursprung der einen ist die unmittelbare Urheberschaft – ob gewollt oder nicht – des vergangenen Zeugungsakts, zusammen mit der völligen Abhängigkeit der Erzeugten; Ursprung der andern ist die spontane, zu möglicher Urheberschaft erst führende Übernahme des Kollektivinteresses zusammen mit dessen – mehr oder weniger freiwilliger – Überlassung seitens der Interessenten (negotiorum gestio): Also elementarste Natürlichkeit der einen, äußerste Künstlichkeit der andern; daher die eine ausgeübt im direkten intimen Umgang, die andere durch das Medium und in der Distanz organisatorischer Instrumentalitäten: das Objekt im einen Fall dem Verantwortlichen gegenwärtig im Fleische, im andern nur in der Idee. Ja, wenn der Staatsmann auch den Gesetzgeber einbegreift, dann steht hier die abstrakteste, vom wirklichen Objekt entfernteste Form der Verantwortung der konkretesten, ihm nächsten konträr gegenüber. Was kann bei so extremem Unterschied das Gemeinsame sein, das beide zur integralen Darstellung des Urphänomens der Verantwortung zusammenfließen läßt?

*

In der Gesellschaft sind alle gleich. Es kann keine Gesellschaft anders als auf den Begriff der Gleichheit gegründet sein, keineswegs aber auf den Begriff der Freiheit. Die Gleichheit will ich in der Gesellschaft finden; die Freiheit, nämlich die sittliche, daß ich mich subordinieren mag, bringe ich mit. *Johann Wolfgang von Goethe*

Jemandem große Verbindlichkeiten schuldig sein, hat nichts Unangenehmes, denn die Dankbarkeit ist eine süße Pflicht; nur *kleine* Verpflichtungen sind *quälend*.

Franz Grillparzer

Günther Anders

Off Limits für das Gewissen
Briefwechsel mit dem Hiroshima-Piloten Eatherly

> Es war ein großer Gedanke, willig auch die Strafe für ein unvermeidliches Verbrechen zu tragen, um so durch den Verlust seiner Freiheit selbst eben diese Freiheit zu beweisen.
>
> Schelling, Briefe über Dogmatismus und Kritizismus, 1795

Brief 1. Herrn Claude R. Eatherly*
formerly Major U.S. Air Force
Veterans Administration Hospital Waco, Texas

Lieber Herr Eatherly 3. Juni 1959

Den Schreiber dieser Zeilen kennen Sie nicht. Sie dagegen sind uns, meinen Freunden und mir, bekannt. Wie

---

* Claude Eatherly war einer der Superpiloten, die für die ›Hiroshima-Mission‹, das heißt: für die Bebombung Hiroshimas ausgewählt worden waren. Er saß am Steuer des B-29 Straight Flush, und gab dem ihm folgenden Bombenflugzeug über Hiroshima das ›go ahead‹-Signal. Nach seiner Entlassung aus dem Dienst unternahm Eatherly zweimal Selbstmordversuche und machte sich mehrerer ›normaler‹ Vergehen wie Fälschung, Raub, Hausfriedensbruch etc. schuldig, woraufhin er in einer der für ehemalige Soldaten eingerichteten psychiatrischen Anstalten interniert wurde. Er fühlte sich von den Tausenden von Toten verfolgt – ein Zustand, den die Ärzte als abnorm und nur durch Ödipuskomplex erklärbar, bezeichneten.

Sie mit Ihrem Unglück fertig oder nicht fertig werden, das verfolgen wir, gleich ob wir in New York sitzen, in Wien oder Tokyo, klopfenden Herzens. Nicht, weil wir neugierig wären; oder weil Ihr ›Fall‹ uns medizinisch oder psychologisch interessierte. Wir sind weder Mediziner noch Psychologen. Sondern deshalb, weil wir damit beschäftigt sind, voll Angst und brennender Sorge damit beschäftigt sind, uns über diejenigen Moralprobleme klar zu werden, die uns allen heute den Weg verstellen. Die Technisiertheit des Daseins: die Tatsache, daß wir ahnungslos und indirekt, gewissermaßen als Maschinenschrauben, in Handlungen eingefügt werden können, deren Effekte wir nicht übersehen und die wir, wenn wir die Effekte übersähen, nicht bejahen könnten – die hat unser aller sittliche Situation verändert. Die Technik hat es mit sich gebracht, daß wir auf eine Weise *schuldlos schuldig* werden können, die es früher, in der technisch noch nicht so vorgeschrittenen Zeit unserer Väter, noch nicht gegeben hatte.

Sie verstehen, was *Sie* damit zu tun haben: Schließlich gehören Sie ja zu den ersten, die sich in diese neuartige Schuld, in die sich heute oder morgen jeder von uns verstricken könnte, wirklich verstrickt haben. Ihnen ist es so gegangen, wie es uns allen morgen gehen könnte. Aus diesem Grunde also spielen sie für uns die große Rolle eines Kronbeispiels, ja die eines *Vorläufers*.

Vermutlich ist das Ihnen gar nicht recht. Sie wollen Ihre Ruhe haben, your life is your business. Wir versichern Ihnen, daß wir Indiskretion genausowenig lieben, wie Sie es tun, und wir bitten Sie um Verzeihung. Aber in diesem Falle ist, aus dem Grund, den ich eben genannt habe, Indiskretion leider unvermeidlich, ja sogar geboten: Ihr Leben ist auch unser business geworden. Da der Zufall (oder wie immer wir die unbestreitbare Tatsache nennen) es gewollt hat, Sie, den Privatmann Claude Eatherly, in ein Symbol der Zukunft zu verwandeln, haben Sie kein Recht mehr darauf, sich gegen unsere Indiskretion zu verwahren. Daß gerade Sie, und nicht irgendein anderer unter den Milliarden von Zeitgenossen, zu dieser Symbolfunktion verurteilt worden sind, das ist Ihre Schuld nicht, und es ist gewiß entsetzlich. Aber es ist nun einmal so.

Und dennoch: Glauben Sie nicht, daß Sie der einzige derart Verurteilte sind. Denn wir alle haben ja in dieser Epoche zu leben, in der wir in solche Schuld hineingeraten könnten; und so wenig wie Sie sich Ihre unselige Funktion, so wenig haben wir uns diese unselige Epoche selbst ausgesucht. In diesem Sinne sind wir also, wie Sie als Amerikaner sagen würden, ›in the same boat‹, in ein und demselben Boot, ja wir sind Kinder einer einzigen Familie. Und diese Gemeinsamkeit bestimmt unsere Beziehung zu Ihnen. Wenn wir uns mit Ihrem Leiden beschäftigen, so tun wir das als Geschwister, also so, als wären Sie ein Bruder, dem das Unglück zugestoßen ist, dasjenige wirklich zu tun, was jeder von uns morgen zu tun gezwungen werden könnte; als Geschwister, die hoffen, dieses Unglück vermeiden zu können, so wie Sie heute schrecklich vergeblich hoffen, Sie hätten es damals vermeiden können. Aber damals war das eben nicht möglich gewesen: Die Befehlsmaschinerie hatte lückenlos funktioniert, und sie waren damals noch jung und einsichtslos gewesen. Sie *haben* es also getan. Aber da Sie es getan haben, können wir durch Sie erfahren, und eben nur durch Sie, wie es uns ergehen würde, wenn wir an Ihrer Stelle gestanden hätten, wenn wir an Ihrer Stelle stehen würden. Sie sehen: Sie sind ungeheuer wichtig für uns, geradezu unentbehrlich. Gewissermaßen unser *Leh-*

rer. Natürlich werden Sie diesen Titel abwehren. ›Nichts weniger als das‹, werden Sie antworten, ›denn ich werde mit meinem Zustande ja gerade *nicht* fertig.‹

Sie werden erstaunt sein, aber gerade dieses ›nicht‹ ist es, was für uns den Ausschlag gibt. Ja, was für uns sogar tröstlich ist. Ich weiß, diese Behauptung klingt erst einmal sinnlos. Darum ein paar Worte der Erklärung:

Ich sage nicht: ›tröstlich für Sie‹. Nichts liegt mir ferner als zu versuchen, *Sie* zu trösten. Die Tröstende spricht ja stets: ›Es ist ja nicht so schlimm‹, versucht also, das Geschehene: Leiden oder Verschuldung, zu verkleinern oder mit Worten aus der Welt zu schaffen. Genau das ist es ja auch, was zum Beispiel Ihre Ärzte versuchen. Warum diese Männer das tun, ist ja nicht schwer zu erraten. Schließlich sind sie Angestellte eines Militärhospitals, denen die moralische Verurteilung einer allgemein anerkannten, ja gepriesenen militärischen Aktion nicht gut bekommen würde, nein, denen die Möglichkeit einer solchen Verdammung gar nicht einfallen *darf*; die also die Untadeligkeit der Tat, die Sie mit Recht als Schuld empfinden, unter allen Umständen verteidigen müssen. Daher behaupten ja Ihre Ärzte: ›Hiroshima in itself is not enough to explain your behaviour‹ – was in unverkünstelter Sprache nichts anderes bedeutet als: ›So schlimm war Hiroshima ja gar nicht‹; daher beschränken sie sich darauf, *anstelle der Tat selbst* (oder des Weltzustandes, in dem solche Tat möglich ist), Ihre *Reaktion auf die Tat* zu kritisieren; daher sind sie ja genötigt, Ihr Leiden und Ihre Erwartung von Strafe eine ›Krankheit‹ (classical guilt complex) zu nennen; und deshalb müssen sie ja Ihre Tat als ein *›self-imagined wrong‹*, als eine von Ihnen ausgedachte Untat behandeln. Ist es ein Wunder, daß Männer, die durch ihren Konformismus und durch ihre moralische

Unselbständigkeit dazu gezwungen sind, die Untadeligkeit ihrer Tat zu retten, und die deshalb ihre Gewissensnot als pathologisch bezeichnen müssen, daß mit so lügenhaften Voraussetzungen arbeitende Männer nicht gerade sensationelle Heilerfolge erzielen können? Ich kann mir vorstellen – wenn ich mich irre, korrigieren Sie mich bitte –, wie ungläubig, wie mißtrauisch, wie abweisend Sie diesen Männern gegenüberstehen müssen, weil sie eben lediglich Ihre *Reaktion* ernst nehmen, Ihre *Aktion* dagegen nicht. Hiroshima – self-imagined. Wahrhaftig! Sie wissen es besser. Nicht ohne Grund betäuben die Schreie der Verletzten Ihre Tage, und nicht ohne Grund drängen sich die Schatten der Toten in Ihre Träume. Sie wissen, daß, was geschehen ist, geschehen ist und nicht imagined. Sie lassen sich von diesen Männern keine Schwachheiten einreden. Und auch wir lassen uns von Ihnen nichts vormachen. Mit solchen ›Tröstungen‹ wollen also auch wir nichts zu tun haben.

Nein, ich sage: ›*für uns*‹. Für uns ist die Tatsache, daß Sie mit dem Geschehenen ›nicht fertig werden‹, tröstlich. Das ist sie für uns deshalb, weil sie beweist, daß Sie den Versuch machen, dem (damals nicht vorgestellten) Effekt Ihrer Tat nun nachträglich doch noch nachzukommen; weil dieser Versuch, auch wenn er scheitert, ein Zeugnis dafür ist, daß Sie Ihr Gewissen haben wachhalten können, obwohl Sie einmal als Maschinenstück in einen technischen Apparat eingeschaltet gewesen und in diesem erfolgreich verwendet worden waren. Und da Sie dazu imstande waren, haben Sie damit bewiesen, daß *man* dazu imstande ist, daß *unsereiner* dazu gleichfalls imstande sein muß. Und das zu wissen – und dieses Wissen verdanken wir eben Ihnen –, das ist für uns tröstlich.

›Auch wenn Ihr Versuch scheitert‹, sagte ich. Er *muß* nämlich scheitern. Aus folgendem Grunde:

Schon wenn man einem einzigen Menschen Unrecht angetan hat – ich rede noch gar nicht von Töten –, ist es, obwohl die Tat übersehbar bleibt, keine leichte Aufgabe, damit ›fertig zu werden‹. Aber hier handelt es sich ja um etwas anderes. Sie haben ja das Unglück, zweihunderttausend Tote hinter sich gelassen zu haben. Und wie sollte man einen Schmerz aufbringen können, der 200 000 Menschenleben umfaßt? Wie sollte man 200 000 bereuen können? Das können nicht nur Sie nicht, das können nicht nur wir nicht, das kann niemand. Wie verzweifelt wir es auch versuchen, Schmerz und Reue bleiben unzulänglich. Die Vergeblichkeit Ihrer Bemühungen, die ist also nicht Ihre Schuld, Eatherly. Sie ist die Folge dessen, was ich vorhin als das entscheidend Neue unserer Situation bezeichnet hatte: Daß wir nämlich mehr *herstellen* können, als was wir uns *vorstellen* können; daß die Effekte, die wir mit Hilfe unserer von uns selbst hergestellten Geräte anrichten, so groß sind, daß wir für deren Auffassung nicht mehr eingerichtet sind. Größer also als das, was wir innerlich meistern, womit wir fertig werden können. Machen Sie sich keine Vorwürfe dafür, daß Ihnen Ihre Reue nicht gelingt. Das fehlte noch gerade. Die Reue kann nicht gelingen. Aber das *Scheitern* Ihrer Mühe, das müssen Sie freilich täglich erfahren und durchmachen; denn außer dieser Erfahrung des Scheiterns gibt es nichts, was die Reue ersetzen könnte, was uns davon abhalten könnte, uns noch einmal auf so ungeheuerliche Taten einzulassen. Daß Sie, da Ihre Mühen nicht gelingen können, panisch und unkoordiniert reagieren, ist also durchaus begreiflich. Beinahe darf man sagen: Es ist ein Zeichen Ihrer moralischen

Gesundheit. Denn Ihre Reaktion beweist die Lebendigkeit Ihres Gewissens.

Die übliche Methode, mit dem zu Großen fertig zu werden, besteht in einem bloßen Unterschlagungsmanöver: darin, daß man genau so weiterlebt wir vorher; daß man das Geschehene von der Tischplatte des Lebens wischt, daß man die zu große Schuld als gar keine Schuld behandelt. Also darin, daß man, um damit fertig zu werden, keinen Versuch macht, damit fertig zu werden. Wie es zum Beispiel Ihr Kamerad und Landsmann Joe Stiborik tut, der ehemalige Radarmann auf der Enola Gay, den man Ihnen, weil er robust und guter Dinge weiterlebt und weil er in bester Stimmung erklärt hat, daß es ›damals nur eben eine etwas größere Bombe gewesen‹ sei, als gutes Beispiel vorzuhalten liebt. Noch besser wird diese Methode sogar durch jenen Präsidenten illustriert, der Ihnen sein ›go ahead‹-Zeichen gegeben hat, so wie Sie Ihr ›go ahead‹-Zeichen dem Bombenpiloten gegeben haben; der sich also eigentlich in der gleichen Situation wie Sie, wenn nicht sogar in einer noch böseren, befindet. Aber was *Sie* getan haben, das hat *er* eben versäumt. Denn er hat ja vor einigen Jahren – ich weiß nicht, ob Ihnen das damals zu Ohren gekommen ist –, alle Moral aufs naivste verkehrend, in einem für die Öffentlichkeit bestimmten Interview verkündet, er spüre nicht die geringsten ›pangs of conscience‹, womit seine Unschuld ja wohl bewiesen sei; und als er jüngst an seinem 75. Geburtstag ein Fazit seines Lebens zog, da hat er ja als das einzige, seiner Reue würdige Unrecht die Tatsache genannt, daß er erst als Dreißiger geheiratet habe. Es scheint mir unwahrscheinlich, daß Sie dieses ›clean sheet‹ beneiden. Völlig gewiß aber bin ich, daß Sie keinem gewöhnlichen Verbrecher die Erklärung, daß er unter keinen Gewissenbissen leide, als Beweis seiner Unschuld abnehmen würden. Ist nicht ein Mann, der so vor sich selbst Reißaus nimmt, eine lächerliche Figur? *Sie* haben das jedenfalls nicht getan, Eatherly. Sie sind keine lächerliche Figur. Sie tun, auch wenn Sie dabei scheitern, das Menschenmögliche. Sie versuchen, *als der* weiterzuleben, der es getan hat. Und das ist es, was uns tröstet. Auch wenn Sie sich, eben *weil* Sie mit Ihrer Tat identisch geblieben sind, durch diese Ihre Tat verändert haben.

Sie verstehen, daß ich damit auf Ihre Einbrüche, Fälschungen und ich weiß nicht welche anderen kriminellen Taten, die Sie begangen haben, anspiele. Und darauf, daß Sie als demoralisiert gelten. Glauben Sie nicht, daß ich Anarchist sei und für Einbrüche oder Fälschungen eintrete oder sie auf die leichte Schulter nehme. Aber in Ihrem Falle sind diese Vergehen etwas anderes als gewöhnlich. Eben Verzweiflungsschritte. Denn so schuldig zu sein, wie Sie es sind, und trotzdem von der Öffentlichkeit als schuldlos klassifiziert, ja auf Grund der Schuld sogar als smiling hero gepriesen zu werden, das muß für einen anständigen Menschen ein unerträglicher Zustand sein; ein Zustand, für dessen Beendigung man eben auch etwas Unanständiges unternimmt. Da das Ungeheure, das auf Ihnen lag und liegt, in der Welt, der Sie angehören, nicht verstanden wurde, nicht verstanden werden durfte, nicht verständlich gemacht werden konnte, mußten Sie eben versuchen, in der dort verständlichen Sprache, in der kleinen Sprache of petty oder big larceny, in den terms der Gesellschaft selbst zu sprechen und zu handeln. Also haben Sie versucht, Ihre Schuld durch Akte zu beweisen, die als Vergehen dort immerhin anerkannt werden. Aber auch das ist Ihnen nicht gelungen. *Weiter bleiben Sie dazu verurteilt, als krank zu gelten, statt als schuldig.*

Und deshalb, weil man Ihnen gewissermaßen die Schuld nicht gönnt, bleiben Sie weiter ein unglücklicher Mensch.

Und nun zum Schluß eine Anregung.

Im vorigen Jahr habe ich Hiroshima besucht; und dort habe ich mit denjenigen gesprochen, die nach Ihrem Besuch von Hiroshima übriggeblieben sind. Sie können gewiß sein: Unter diesen Menschen gibt es keinen einzigen, der daran dächte, die Schraube innerhalb einer militärischen Maschine – und das waren Sie ja, als Sie als Sechsundzwanzigjähriger Ihre ›Mission‹ durchführten – zu verfolgen; keinen einzigen, der Sie haßt.

Aber nun haben Sie ja bewiesen, daß Sie, obwohl Sie einmal als solche Schraube verwendet worden waren, im Unterschiede zu den anderen ein Mensch geblieben oder wieder ein Mensch geworden sind. Und nun mein Vorschlag, den Sie sich vielleicht überlegen.

Am kommenden 6. August feiert die Bevölkerung von Hiroshima, wie jedes Jahr, den Tag, an dem »es« geschehen ist. Diesen Menschen könnten Sie eine Botschaft schicken, die zur Feier zurechtkommen müßte. Wenn Sie diesen Menschen als Mensch mitteilen würden: »Ich wußte damals nicht, was ich tat; nun aber weiß ich es. Und ich weiß, daß Derartiges nicht wieder geschehen darf; und daß kein Mensch einem anderen zumuten darf, Derartiges zu tun.« Und: »Euer Kampf gegen die Wiederholung solcher Aktion ist auch mein Kampf; und euer ›No more Hiroshima‹ ist auch mein ›No more Hiroshima‹«, so oder so ähnlich – Sie können überzeugt davon sein, daß Sie mit solcher Botschaft den Überlebenden von Hiroshima eine ungeheuere Freude bereiten würden; und daß Sie von diesen Menschen als Freund betrachtet werden würden, als einer von ihnen. Und sogar, daß das mit Recht geschähe, da auch Sie, Eatherly, ein Hiroshima-Opfer sind. Und vielleicht wäre das auch für Sie, wenn auch keine Tröstung, so doch eine Freude.

In dem Gefühl, das ich jedem dieser Opfer gegenüber empfinde, grüße ich Sie.

Günther Anders

Brief 2. An Günther Anders

Lieber Herr 12. Juni 1959

Besten Dank für Ihren Brief, den ich am Freitag vergangener Woche erhalten habe.

Nachdem ich Ihren Brief mehrere Male gelesen hatte, beschloß ich, Ihnen zu schreiben, vielleicht sogar in einen Briefwechsel mit Ihnen zu treten, um diejenigen Dinge zu diskutieren, die wir beide, wie ich glaube, verstehen. Ich bekomme viele Briefe, aber die meisten kann ich einfach nicht beantworten. Bei Ihrem Brief dagegen fühlte ich mich genötigt, zu antworten und Sie wissen zu lassen, wie ich den Dingen der heutigen Welt gegenüberstehe.

Während meines ganzen erwachsenen Lebens bin ich immer aufs lebhafteste an dem Problem, wie man handeln und sich verhalten soll (human conduct), interessiert gewesen.

Obgleich ich, wie ich hoffe, in keiner Hinsicht, weder in religiöser noch in politischer, ein Fanatiker bin, bin ich doch seit einiger Zeit davon überzeugt, daß die Krise, in die wir alle verwickelt sind, eine gründliche Neuprüfung unseres ganzen Schemas der Werte und unserer Treueverpflichtungen (loyalities) erfordert. In der Vergangenheit hat es zuweilen Zeitalter gegeben, in denen Menschen durchkommen konnten (coast along), ohne sich selbst zu viele Gewissensfragen über ihre Denkgewohnheiten und Handlungssitten zu stellen. Heute aber ist es nun deutlich genug, daß unser Zeitalter diesen Zeitaltern nicht zugehört. Im Gegenteil, ich glaube, daß wir uns rapide einer Situation nähern, in der wir gezwungen sein werden, neu zu prüfen, wie es mit unserer Bereitschaft steht, die Verantwortung für unsere Gedanken und unsere Taten sozialen Einrichtungen (wie politischen Parteien, Gewerkschaften, der Kirche oder dem Staat) auszuliefern (to surrender). Keine dieser Institutionen ist ausreichend in der Lage, unfehlbaren moralischen Rat zu geben, und deshalb ist es notwendig, deren Anspruch, solchen Rat zu erteilen, anzufechten (to challenge). Die Erfahrung, die ich persönlich gemacht habe, muß, wenn ihre wahre Bedeutung, nicht nur für mich selbst, sondern für jedermann, überall aufgefaßt werden soll, unter diesem Gesichtspunkt studiert werden. Wenn Sie das Gefühl haben, daß dieser Gedanke wichtig ist und mehr oder minder im Einklang mit Ihrem eigenen Denken steht, dann möchte ich gerne vorschlagen, daß wir zusammen versuchen, diesen Zusammenhang aufzuklären, und zwar durch einen Briefwechsel, der unter Umständen lange dauern müßte.

Ich habe das Gefühl, daß Sie mich so verstehen wie niemand sonst, außer vielleicht mein Arzt und Freund.

Meine antisozialen Handlungen waren katastrophal für mein privates Leben, aber ich glaube, wenn ich mich anstrenge, dann wird es mir gelingen, meine wahren Motive, Überzeugungen und meine Philosophie ans Licht zu bringen.

Günther, es macht mir Freude, Ihnen zu schreiben. Vielleicht können wir durch unseren Briefwechsel eine auf Vertrauen und Verständnis gründende Freundschaft schließen. Haben Sie keine Hemmungen, über die Situations- und Handlungsprobleme, mit denen wir konfrontiert sind, zu schreiben. Und ich werde dann meinen Gesichtspunkt darlegen.

Mit nochmaligem Dank für Ihren Brief verbleibe ich

Ihr Claude R. Eatherly

Brief 3. *An Günther Anders*

Lieber Herr 23. Juni 1959

Ich war froh, wieder von Ihnen zu hören. Und ich wäre glücklich, wenn ich von Ihnen eine Kopie der ›Gebote des Atomzeitalters‹ erhalten könnte.

Wär ich doch ein so guter Schreiber wie Sie. Aber wenn es Schriftsteller wie Sie gibt, dann wird *einer* eindrucksvoll genug sein, um eine Botschaft zu geben, die der Welt die Richtung auf Versöhnung und Frieden verleihen wird. Vielleicht sind Sie dieser Mann. Wenn ich Ihnen irgendwie dabei helfen kann, rechnen Sie auf mich. Sie haben meine Erlaubnis, meinen Brief für Veröffentlichungen zu verwenden.

Mir steht nur kurze Zeit zum Briefscheiben zur Verfügung. Aber wenn Sie irgendeine Frage haben, werde ich Ihnen wirklich eine wahrhaftige Antwort geben. Ich dürste (I starve) nach Antworten auf die Gedanken, in die ich verwickelt bin, in die Gedanken, die die Verhinderung weiterer atomarer Aufrüstung und die ständige Kriegsvorbereitung betreffen. Ich habe vor diversen Organisationen gesprochen, um für meine Überzeugungen Unterstützung zu gewinnen. Aber Ansprachen sind so kurzlebig. Bücher aber sind Monumente. Darum machen Sie

Ihre so gut wie möglich. Bringen Sie den Menschen die Botschaft, nach der sich alle friedliebenden Menschen sehnen. In der Hoffnung auf Ihren nächsten Brief. Ich verbleibe ergebenst, Claude R. Eatherly

Brief 4. An Claude Eatherly

Lieber Claude Eatherly 2. Juli 59

Erst einmal, bitte nennen Sie mich nicht ›Sir‹. Zwar war die Art, wie wir einander kennenlernten, höchst unüblich, aber vom ersten Augenblick an sprachen wir zueinander in der vollen Überzeugung, daß wir einander trauen konnten, und daß wir einander verstehen würden: und das ist wirklich der Fall.

Ich war sehr froh darüber, daß Sie mit der Veröffentlichung Ihrer Antwort auf meinen Brief einverstanden waren. Übrigens habe ich sie schon einigen Leuten gezeigt, vor allem Atomphysikern, die wissen, was sie sagen, wenn sie von der möglichen Vernichtung der Menschheit sprechen – und sie alle waren tief beeindruckt durch die Tatsache, daß der eine Mann, der unselig genug war, der erste ›schuldlos Schuldige‹ des Atomzeitalters zu werden, nun zu denen gehört, die das Schlimmste zu verhüten suchen. In einem Ihrer Sätze heißt es, Sie hätten wiederholt über unser Problem in der Öffentlichkeit gesprochen. Auch ich habe das getan. Vor Menschen verschiedenster Art: Vor Universitätsleuten, vor Schülern, sogar vor buddhistischen Priestern in Kyoto – kurz: vor jedermann, denn unser Problem betrifft jedermann, und die Bedrohung macht keinen Unterschied zwischen jung oder alt, Militär oder Zivilist, Dunkelhäutigen oder Weißhäutigen, zwischen Christen, Juden oder Mohammedanern. Gern würde ich hören, vor wem Sie gesprochen haben.

Ich lege für Sie den ›Moralkodex im Atomzeitalter‹ bei. Meine Frau hat ihn ins Englische übersetzt (oder richtiger: ins Amerikanische, denn sie ist in Kalifornien geboren). Dieses Mal muß der ›Kodex‹ einen längeren Brief ersetzen, denn gerade gestern habe ich mein Buch über meine Reise nach Japan abgeschlossen – so blieb mir keine Zeit zum Briefeschreiben; und jetzt bin ich im Begriff zu packen, denn in ein paar Tagen müssen wir umziehen. Ich hoffe aber, zwei Wochen Ferien machen zu können, und ich habe die feste Absicht, diese für einen richtigen Brief zu verwenden. – Aufrichtig, Ihr Freund

Günther Anders

Gebote des Atomzeitalters

Dein erster Gedanke nach dem Erwachen heiße »Atom«. Denn du sollst deinen Tag nicht mit der Illusion beginnen, was dich umgebe, sei eine stabile Welt. Was dich umgibt, ist vielmehr etwas, was morgen schon ein Gewesenes sein kann, ein Nur-Gewesenes; und wir, du und ich und unsere Mitmenschen, sind vergänglicher als alle, die bis gestern als vergänglich gegolten hatten. Denn unsere Vergänglichkeit bedeutet nicht nur, daß wir sterblich wären; auch nicht nur, daß wir tötbar wären, jeder von uns. Das war auch früher Brauch. Sondern, daß wir im ganzen tötbar sind, als »Menschheit«. Und »Menschheit« bedeutet nicht nur die heutige Menschheit, nicht nur diejenige, die sich über die Provinzen der Zeit verteilt: Ist nämlich die heutige Menschheit tötbar, so erlischt mit ihr auch die gewesene; und die künftige gleichfalls. Das Tor, vor dem wir stehen, trägt daher die Inschrift »Nichts wird gewesen sein«; und von innen die Worte: »Die Zeit war ein Zwischenfall.« Aber zum Zwischenfall wird sie werden nicht zwischen zwei Ewigkeiten, wie unsere Ahnen es erhofft hatten, sondern zwischen zwei Nichtsen: zwischen dem Nichts dessen, was, von niemandem erinnert, so gewesen sein wird, als wäre es nie gewesen; und dem Nichts dessen, was nie sein wird. Und da es niemanden geben wird, die zwei Nichtse zu unterscheiden, werden sie zusammenwachsen zu einem einzigen Nichts. Dies also ist die völlig neue, die apokalyptische Art von Vergänglichkeit, unsere Vergänglichkeit, neben der alles, was bis heute »Vergänglichkeit« geheißen hatte, zur Bagatelle geworden ist. – Damit dir dies nicht entgehe, heiße der erste Gedanke nach deinem Erwachen: »Atom«.

Die Möglichkeit der Apokalypse

Dein zweiter Gedanke nach deinem Erwachen laute: »Die Möglichkeit der Apokalypse ist unser Werk. Aber wir wissen nicht, was wir tun.« Wir wissen es wirklich nicht, und auch diejenigen wissen es nicht, die über die Apokalypse entscheiden; denn auch sie sind »wir«, auch sie sind grundsätzlich Inkompetente. Daß auch sie inkompetent sind, ist freilich nicht ihre Schuld. Vielmehr die Folge einer Tatsache, die keinem von ihnen und keinem von uns angerechnet werden kann: nämlich Folge der täglich wachsenden Kluft zwischen zwei unserer Vermögen: zwischen dem, was wir herstellen können, und dem, was wir vorstellen können.

Im Laufe des technischen Zeitalters hat sich nämlich

das klassische Verhältnis zwischen Phantasie und Tun umgekehrt: Hatte es unseren Vorfahren als selbstverständlich gegolten, daß die Phantasie »überschwenglich« sei; das heißt: das Wirkliche überschwinge und überbiete; so ist heute die Leistung unserer Phantasie (und die unseres Fühlens und Verantwortens) der unseres Tuns unterlegen; so gilt heute, daß sie unfähig ist, dem Effekt dessen, was wir produzieren, gewachsen zu bleiben. Nicht nur unsere Vernunft hat ihre (Kantischen) »Grenzen«, nicht nur sie ist finit, sondern auch unser Vorstellen; und erst recht unser Fühlen. Bereuen können wir zur Not einen einzigen Ermordeten: mehr leistet das Gefühl nicht; vorstellen können wir vielleicht zehn: mehr leistet die Vorstellung nicht; aber hunderttausend Menschen umzubringen, verursacht heute keinerlei Umstände. Und nicht nur aus technischen Gründen keine; und nicht nur, weil sich das Tun in bloßes »Mit-Tun« verwandelt hat und in ein bloßes »Auslösen«, das den Effekt unsichtbar bleiben läßt; sondern gerade aus einem moralischen Grunde: eben weil der Massenmord bereits unendlich weit außerhalb der Sphäre jener Taten liegt, die wir vorstellen und zu denen wir gefühlsmäßig Stellung nehmen können und deren Ausführung durch Vorstellung und Gefühle gehemmt werden könnte. – Darum sollen deine nächsten Einsichten lauten: »*Je maßloser die Taten, desto geringer die Hemmungen.*« Und: »*Wir Menschen sind kleiner als wir selbst.*« – Dieser letzte Satz formuliert unsere heutige Schizophrenie, das heißt: die Tatsache, daß unsere diversen Vermögen unabhängig voneinander arbeiten, wie isolierte und unkoordinierte Wesen, die die Tuchfühlung miteinander verloren haben.

Aber diese Sätze sollst du nicht deshalb aussprechen, um etwas Endgültiges, etwas endgültig Defätistisches über uns auszusprechen; sondern umgekehrt, um vor der Finitheit zu erschrecken; um in ihr einen Skandal zu sehen; um die »fest gestellten« und erstarrten Grenzen aufzuweichen; um sie in Schranken zu verwandeln; um die Schizophrenie rückgängig zu machen. Natürlich kannst du auch, solange dir weiterzuleben vergönnt ist, deine Hände in den Schoß legen, auf Hoffnung verzichten und dich mit deiner Schizophrenie abfinden. Aber wenn du das nicht willst, dann hast du den Versuch zu wagen, so groß zu werden wie du selbst und dich selbst einzuholen. Und das bedeutet: Dann hast du – darin besteht dein Pensum – die Kluft zwischen deinem Vermögen, dem Herstellen und dem Vorstellen, zu überbrücken; das Gefälle zwischen den beiden zu applanieren; oder, anders ausgedrückt: dann hast du den beschränkten »Fassungsraum« deines Vorstellens (und den noch eingeengteren deines Fühlens) gewaltsam zu erweitern, bis Vorstellung und Gefühl fähig werden, das Ungeheure, was du zu produzieren imstande gewesen, zu fassen und aufzufassen; bis du fähig bist, das Aufgefaßte zu akzeptieren oder zu verwerfen. Kurz: Deine Aufgabe besteht darin, deine moralische Phantasie zu erweitern.

Sei nicht zu feige, Angst zu haben

Deine nächste Aufgabe lautet: »Erweitere dein Zeitgefühl.« Denn entscheidend für unsere heutige Situation ist nicht nur – was die Spatzen und die Lautsprecher bereits von den Dächern pfeifen –, daß das räumliche Stellensystem unserer Erde zusammengeschrumpft ist, daß alle Orte, die noch gestern weit voneinander entfernt gelegen hatten, heute zu Nachbarorten geworden sind;

sondern auch, daß die Stellen im System unserer Zeit zusammengerückt sind; daß die Zukünfte, die gestern noch als unerreichbar fern gegolten hatten, nun zu Nachbargegenden unserer Gegenwart geworden sind; daß wir sie zu Nachbargegenden gemacht haben. Das gilt sowohl für die östliche Welt wie für die westliche. Für die östliche, weil dort Zukunft in einem früher niemals geahnten Ausmaß geplant wird; geplante Zukunft aber keine »kommende« Zukunft mehr ist, vielmehr ein Produkt »in the making«; das, da es »vorgesehen« ist, bereits als ein Stück desjenigen Raumes gesehen wird, in dem man sich bereits aufhält. In anderen Worten: Da man das, was man tut, ihm zuliebe tut, wirft es bereits einen Schatten auf die Gegenwart, gehört es, pragmatisch gesprochen, zur Gegenwart dazu. – Und das gilt zweitens – dies ist der Fall, der uns angeht – für die Menschen der heutigen westlichen Welt, da diese, obwohl sie es nicht plant, die entferntesten Zukünfte bereits affiziert; also z. B. über die Gesundheit oder Degeneration, vielleicht über das Sein oder das Nichtsein ihrer Enkel befindet. Ob sie, oder richtiger: ob wir das beabsichtigen oder nicht, bleibt gleichgültig, denn was moralisch gilt, ist allein das Faktum. Und da dieses Faktum der nichtgeplanten »Wirkung in der Ferne« uns bekannt ist, begehen wir, wenn wir trotz dieses unseres Wissens fortfahren, so zu handeln, als wäre das Faktum uns unbekannt, »fahrlässige Grenzverletzung«.

Dein nächster Gedanke nach deinem Aufwachen laute: »*Sei nicht zu feige, Angst zu haben*! Zwinge dich, denjenigen Ertrag an Angst aufzubringen, der der Größe der apokalyptischen Gefahr entspricht!« – Auch die Angst, gerade sie, gehört zu den Gefühlen, die zu verwirklichen wir unfähig sind oder unwillig und die Behauptung, wir hätten ohnehin Angst, viel zuviel davon, ja wir lebten sogar im »Zeitalter der Angst«, ist eine bloße Redensart, die, sofern sie nicht in betrügerischer Absicht verbreitet wird, mindestens ideal geeignet ist, den Ausbruch einer der Größe der Bedrohung wirklich angemessenen Angst zu unterbinden und uns damit indolent zu machen. – Wahr ist vielmehr das Gegenteil: daß wir nämlich im »Zeitalter der Unfähigkeit zur Angst« leben und darum passiv der Entwicklung zusehen. Wofür es, abgesehen von der »Beschränktheit unseres Fühlens«, eine ganze Reihe von Gründen gibt, die hier aufzuzählen nicht möglich ist. Ein Grund aber, der durch Ereignisse der jüngsten Vergangenheit ganz besondere Aktualität und eine ganz besondere Würde erworben hat, sollte hier doch angeführt werden: nämlich unser *Ressort-Fimmel*; also unsere, durch die Arbeitsteilung verursachte Überzeugung, daß jedes Problem einem bestimmten Kompetenzfelde zugehöre, in das wir nicht eindringen dürfen. So gehört z. B. das Atomproblem angeblich in das Kompetenzfeld der Politiker und der Militärs. Natürlich wird das »Nicht-Dürfen (Nicht-Eindringen-Dürfen)« sofort und automatisch zum »Nicht-nötig-Haben«, zum »Nicht-Brauchen«. Das heißt: Die Probleme, um die ich mich nicht sorgen darf, um die brauche ich mich auch nicht zu sorgen. Und die Angst bleibt mir erspart, weil sie in einem anderen Kompetenzfeld »erledigt« wird. Darum sprich nach deinem Aufwachen: »Nostra res agitur.« Das bedeutet ein Doppeltes: 1., daß es uns deshalb betrifft, weil es uns treffen kann; und 2., daß der monopolistische Kompetenzanspruch einzelner deshalb ungerechtfertigt ist, weil wir alle als Menschen gleichermaßen inkompetent sind. Zu glauben, wo es sich um das mögliche Weltende handelt, könnte es größere oder kleinere Zuständigkeit geben, und jene Männer, die auf Grund zufälliger Arbeits-, Verantwortungs- und Pflichtteilung Politiker oder Militärs geworden sind und als solche mit der Herstellung oder »Verwertung« des Gegenstandes mehr oder direkter zu tun haben als unsereins, seien deshalb kompetenter als wir, ist einfach Torheit. Die uns das einreden wollen (gleich ob es die angeblich Kompetenteren selbst sind oder Dritte), beweisen damit lediglich ihre – moralische Inkompetenz. Vollends unerträglich aber wird unsere moralische Situation dann, wenn jene angeblich Kompetenteren (die Probleme anders als taktisch zu sehen außerstande sind) uns weismachen wollen, uns komme noch nicht einmal das Recht auf Angst, geschweige denn auf Gewissen zu; und zwar deshalb nicht, weil Gewissen Verantwortung impliziere, Verantwortung aber nur *ihre* Sache sei, eben Sache der Ressortzuständigen; letztlich maße man sich also durch Angst, gar durch Gewissensangst, ein fremdes Ressort an. Einen »Klerus der Apokalypse« darfst du jedenfalls nicht anerkennen; keine Gruppe, die sich das Kompetenzmonopol für den Untergang, der unser aller Untergang wäre, anmaßt. Wenn wir den Rankeschen Ausdruck »gleich nah zu Gott« variieren dürfen: »Jeder steht gleich nah zum möglichen Ende.« Und so hat auch jeder das gleiche Recht und die gleiche Pflicht, seine Stimme warnend zu erheben. Auch du. –

Wider das taktische Diskutieren

Nicht nur nicht vorstellen, nicht nur nicht fühlen, nicht nur nicht verantworten können wir das »Ding«; sondern noch nicht einmal denken. Denn in welcher Kategorie immer wir es auch denken würden, wir würden es falsch denken, weil es, einer Klasse von Gegenständen zugeordnet, zu »einem unter anderen« gemacht und dadurch bagatellisiert wäre. Auch wenn es in vielen Exemplaren existieren mag, ist es einzig in seiner Art, keiner Gattung zugehörig; also ein Monstrum. Und da wir nur, was es nicht ist, umschreiben können, haben wir die Kautelen der »negativen Theologie« zu den unsrigen zu machen. – Unseligerweise ist es gerade diese (»monströse«) Nirgendzugehörigkeit, die es mit sich bringt, daß wir den Gegenstand vernachlässigen oder einfach vergessen. *Was man nicht klassifizieren kann, das sieht man als nicht existierend an*. – Sofern man von dem Gegenstand aber doch spricht (übrigens im Alltag von Mensch zu Mensch immer noch nicht), dann klassifiziert man ihn gewöhnlich, weil das so am bequemsten und am beruhigendsten ist, als eine »Waffe«, allgemeiner als ein »Mittel«. Ein Mittel aber ist es deshalb nicht, weil es zum Wesen des Mittels gehört, im erreichten Zweck einzugehen und zunichte zu werden wie der Weg im Ziel. Das aber ist bei diesem Ding nicht der Fall. Vielmehr ist sein unvermeidbarer (wenn nicht sogar sein beabsichtigter) Effekt größer als jedes denkbare Ziel; denn dieses geht notwendigerweise im Effekt unter. Es geht mit unter in der Welt, in der es noch »Mittel und Zwecke« gab. Daß ein Ding, das von sich aus das Mittel-Zweck-Schema zerstört, selbst kein Mittel sein kann, das ist ja wohl evident. Darum laute deine nächste Maxime: »Daß die Bombe ein Mittel sei, werde ich mir nicht einreden lassen.« – Da sie kein Mittel ist wie Millionen Mittel, die unsere Welt ausmachen, darfst du es auch nicht dulden, daß sie hergestellt werde, als handele es sich um einen Eisschrank, eine Zahnpasta oder selbst eine Pistole, bei deren Herstellung man uns nicht fragt. – Sowenig du jenen glauben sollst, die es ein »Mittel« nennen, sollst du den schlaueren Verführern glauben, die dir einzureden versuchen, das Ding diene ausschließlich der Abschreckung, werde also lediglich zu dem Zwecke hergestellt, um *nicht* verwendet zu werden. Gegenstände, deren Verwendung sich in ihrer Nichtverwendung erschöpft, hat es noch niemals gegeben; höchstens Gegenstände, die zuweilen, nämlich dann nicht verwendet wurden, wenn die Drohung mit ihrer (oft zuvor verwirklichten) Verwendung bereits ausreichte. Im übrigen dürfen wir natürlich niemals vergessen, daß das Ding bereits effektiv (und mit kaum zulänglicher Begründung) verwendet worden ist; in Hiroshima und Nagasaki. Schließlich, en marge, sollst du es nicht durchgehen lassen, daß der Gegenstand, dessen Effekt unvorstellbar ist, durch biedere und bagatellisierende Bezeichnungen falsch klassifiziert werde. Die Benennung einer gewissen H-Bomben-Explosion als »Aktion Opa«, als »Aktion Großväterchen« war nicht nur abenteuerlich abgeschmackt, sondern bewußter Betrug.

Ferner sollst du dagegen auftreten, daß das Ding, dessen bloßes Vorhandensein bereits eine Art der Verwendung ist, unter rein *»taktischen Gesichtspunkten«* diskutiert werde. Solche Diskussion ist absolut unangemessen, weil der Gedanke, die Atomwaffen könnten taktisch so oder so eingesetzt werden, den Begriff einer politischen Lage voraussetzt, die gewissermaßen unabhängig von der Tatsache der Atomwaffen existiert. Das aber ist ganz unrealistisch, weil sich die politische Lage – der Ausdruck »atomares Zeitalter« ist durchaus gerechtfertigt – durch die Tatsache der Atomwaffen definiert. Nicht die Atomwaffen kommen in der politischen Lage »auch« vor; umgekehrt spielen sich die Einzelgeschehnisse innerhalb der atomaren Situation ab; und die meisten politischen Handlungen sind faktische Schritte innerhalb der atomaren Situation. Die Versuche, die Möglichkeit des Weltunterganges als Stein unter anderen Steinen im Schachspiel der Politik zu verwenden, sind, gleich ob sie schlau sind oder nicht, Zeichen von Verblendung. Die Zeit der Schlauheiten ist vorbei. Darum sei es dein Prinzip: Sabotiere alle Erörterungen, in denen deine Zeitgenossen versuchen, die Tatsache der atomaren Bedrohung aus einem ausschließlich taktischen Gesichtswinkel zu diskutieren; und darum mache es zu deinem Prinzip, die Diskussion auf die Hauptsache zu lenken: auf die Selbstbedrohung der Menschheit durch die selbstgemachte Apokalypse; und tue das auch dann, wenn du dadurch Gefahr läufst, als »politisch unrealistisch« verlacht zu werden. In Wirklichkeit sind es die Nichts-als-Taktiker, die unrealistisch sind, da sie Atomwaffen nur als Mittel sehen, und da sie nicht begreifen, daß die Zwecke, die sie vermittels ihrer Taktik zu erreichen suchen oder zu erreichen vorgeben, durch Verwendung, nein, sogar schon durch die mögliche Verwendung dieser Mittel, alle Bedeutung einbüßen.

Die Entscheidung ist schon gefallen

Von der Behauptung, wir befänden uns (und vielleicht sogar immer) nur im Laboratoriumsstadium, im Stadium des Experimentierens, laß dich nicht verführen. Sie ist reine Redensart. Nicht nur deshalb, weil wir (was erstaunlich viele vergessen) Atombomben bereits geworfen, das Zeitalter des Ernstes also vor mehr als zehn Jahren bereits angetreten haben; sondern weil wir – und das im Prinzip sogar noch wichtiger – von »Experimenten« in diesem Falle gar nicht reden können. Dein letzter Leitsatz laute: »*Wie gut die Experimente auch gelingen mögen, das Experimentieren mißlingt.*« Und zwar mißlingt es deshalb, weil von Experimenten allein dort die Rede sein kann, wo das Experimentalgeschehen den insulierten Raum des Laboratoriums nicht verläßt oder sprengt; und diese Bedingung hier nicht erfüllt ist. Umgekehrt gehört es ja zum Wesen der Sprache und zum gewünschten Effekt der Mehrzahl der heutigen Explosionsexperimente, den Brisanzkoeffizienten und den Streuungsradius der Waffe so groß wie möglich zu machen; also, so widerspruchsvoll das auch klingen mag, auszuprobieren, wie weit man jede experimentelle Grenze *überschreiten* kann. Was durch die (angeblichen) Experimente angerichtet wird, gehört daher nicht mehr in die Klasse experimenteller Resultate, sondern in den Raum der Wirklichkeit, in den der Geschichte – in diesen gehören z. B. die verseuchten japanischen Fischer –, sogar in den Raum künftiger Geschichte, da eben die Zukunft, z. B. die Gesundheit künftiger Generationen, bereits affiziert ist; »die Zukunft« also, wie Jungks philosophischer Titel es formuliert, »bereits begonnen« hat. Völlig irreführend ist also die beliebte Beteuerung, über die Verwendung des Dinges sei noch nicht entschieden. – Wahr ist vielmehr, daß die Entscheidung durch die sogenannten »Versuche« bereits gefallen ist. Mithin gehört es zu deinen Pflichten, den Schein, daß wir noch in der »atomaren Vorzeit« leben, zu diskreditieren; und beim Namen zu nennen, was ist.

Wir werden von Geräten behandelt

Alle diese Postulate und Verbote lassen sich aber in einem einzigen Gebot kondensieren; in dem: »*Habe nur sol-*

che Dinge, deren Maximen deine eigenen Maximen und damit die einer allgemeinen Gesetzgebung werden könnten.«

Dieses Postulat mag befremden; der Ausdruck »Maximen der Dinge« klingt provozierend. Aber doch eben nur deshalb, weil das Faktum, das rnit dem Ausdruck bezeichnet wird, selbst befremdlich und provokant ist. Was wir meinen, ist allein, daß wir, in der Gerätewelt lebend, nun von Geräten behandelt werden; und zwar immer auf diese oder jene gerätebestimmte Weise. Da wir aber andererseits Verwender dieser Geräte sind, da wir unsere Mitwelt mit Hilfe dieser Geräte behandeln, behandeln wir sie nach eigenen Prinzipien mit Hilfe der Behandlungsmodi der Apparate, also gewissermaßen nach deren Maximen. Was das Postulat verlangt, ist, daß wir uns diese, da sie ja, pragmatisch gesehen, unsere Maximen sind, so klarmachen, als wären sie unsere; daß unser Gewissen statt in Prüfung unserer Innerlichkeit (die zum konsequenzenlosen Luxus geworden ist) nun in Prüfung der »geheimen Regelungen« und der »Prinzipien« unserer Apparate bestehe. Ein im herkömmlichen Sinne seiner Seele prüfender Atom-Minister würde wahrscheinlich nichts sonderlich Böses finden; durch Prüfung des »Innenlebens« seiner Geräte dagegen »Herostratismus«, und zwar Herostratismus in kosmischem Ausmaß: denn herostratisch ist die Weise, in der die Atomwaffen die Menschheit behandeln.

Erst wenn uns diese neue moralische Aktion: der »Blick in den Busen der Apparate« (molussisch) geläufig geworden ist, werden wir mit mehr Recht darauf hoffen dürfen, daß wir, die wir die Entscheidung über unser Sein oder Nichtsein in der Hand halten, auch unser Sein in der Hand behalten werden.

Dein nächstes Prinzip laute: Glaube nicht, daß die Gefahr, wenn wir den ersten Schritt: den Abbruch der sogenannten »Experimente« gemacht haben, vorüber sein werde und daß wir dann dazu berechtigt sein werden, auf unseren Lorbeeren auszuruhen. Das Ende der »Experimente« besagt weder das Ende weiterer Bombenproduktion noch die Zerstörung von denjenigen Bomben und denjenigen Bombentypen, die bereits ausprobiert worden sind und die für die Eventualität bereitliegen. Es gibt verschiedene mögliche Gründe für Teststopps: Ein Staat kann sich z. B. deshalb dazu entschließen, weil sich weiteres Experimentieren als überflüssig herausstellt; d. h.: weil entweder die Produktion der ausprobierten Typen oder der bereits hergestellte und gelagerte Vorrat für jeden denkbaren Fall ausreicht – kurz: weil es sinnlos und unwirtschaftlich wäre, die Menschheit »toter als tot« zu machen.

Glaube ebensowenig, daß wir ein Recht auf Sorglosigkeit hätten, wenn es uns gelungen wäre, unseren zweiten Schritt durchzufahren: Nämlich die weitere Produktion von A- und H-Bomben zu stoppen; oder daß wir nach unserem dritten Schritt: Nach der Zerstörung aller gelagerten Bestände die Hände in den Schoß legen dürften. Selbst in einer restlos »reinen« Welt (also in einer, in der es keine A- oder H-Bombe gäbe, in der wir also keine Bomben zu »haben« scheinen) würden wir sie doch noch immer haben, weil wir wissen würden, wie wir sie herstellen können. In unserer Epoche mechanischer Reproduktion gibt es keine Nicht-Existenz irgendeines möglichen Produktes, weil das, was zählt, nicht die wirklichen physischen Objekte sind, sondern deren Typen, bzw. deren blueprints. Selbst nach Eliminierung aller physischen Objekte, die mit der Produktion der A- oder H-Bomben zusammenhängen, könnte die Menschheit noch immer den blueprints zum Opfer fallen. »Dann mußte man eben«, könnte man schließen, »die blueprints zerstören.« Aber auch das ist unmöglich, denn die blueprints sind unzerstörbar wie Platos Ideen; in gewissem Sinne sind sie geradezu deren diabolische Verwirklichung. Kurz: Selbst dann, wenn es uns gelänge, die verhängnisvollen Geräte und deren blueprints zu zerstören und damit unsere Generation zu retten – mehr als eine Frist oder als einen Aufschub würde auch das kaum bedeuten. Die Produktion könnte jeden Tag wieder aufgenommen werden, der Schrecken bleibt, und darum muß auch deine Angst bleiben. Von nun an wird die Menschheit für alle Ewigkeit unter dem dunklen Schatten des Monsters leben. Die apokalyptische Gefahr läßt sich nicht ein für alle Male, nicht durch *einen* Akt abschaffen, sondern nur durch täglich wiederholte Akte. Das bedeutet: Wir haben zu verstehen – und diese Einsicht zeigt uns vollends, wie verhängnisvoll unsere Situation ist –, daß unser Kampf gegen den physischen Bestand der Geräte und deren Konstruktion, deren Tests, deren Lagerung schlechthin unzulänglich bleibt. Denn das Ziel, das wir zu erreichen haben, kann nicht darin bestehen, das »Ding« *nicht* zu haben; sondern allein darin, das »Ding« niemals zu verwenden, obwohl wir nichts dagegen tun können, daß wir es haben; es niemals zu verwenden, obwohl es niemals einen Tag geben wird, an dem wir es nicht verwenden *könnten*.

Dies also ist deine Aufgabe: Der Menschheit beizubringen, daß keine physische Maßnahme, keine Zerstörung physischer Objekte jemals eine restlose Garantie darstellen wird, daß wir vielmehr fest dazu entschlossen sein müssen, den Schritt niemals zu machen, obwohl er immer möglich sein wird. – Wenn es uns: dir, dir und mir, nicht gelingt, die Menschheit mit dieser Einsicht anzufüllen, dann sind wir verloren.

13. 7. 1957

*

»Auch das ist die Lektion von Bergen-Belsen: Man ist nicht nur verantwortlich für das, was man tut, sondern auch für das, was man geschehen läßt.« *Roman Herzog*

FRANZ FURGER

Recht auf Arbeit – ein soziales Menschenrecht

Nicht nur der einzelne ist zur Deckung seiner Lebensbedürfnisse auf Arbeit angewiesen, auch die Gemeinschaft der Menschen, die nur durch eine feingliedrige Arbeitsteilung ihren kulturellen Stand erhalten und verbessern kann, braucht den Beitrag der Arbeit jedes seiner Glieder. So ist Arbeit Pflicht und Recht zugleich. Arbeitslosigkeit bedeutet so nicht nur für den einzelnen eine schwere Einbuße an materieller Sicherheit wie an persönlicher Stellung in der Gesellschaft, sondern stellt zugleich auch einen erheblichen Schaden für das Gemeinwohl als Ganzes dar, und zwar sowohl in materieller als auch in geistiger Hinsicht. Die Einsicht in diese Zusammenhänge hat das Recht auf Arbeit daher in die Liste der sozialen Menschenrechte aufnehmen lassen, die – anders als die sog. »Freiheitsrechte« – vom Gemeinwesen nicht nur ein Gewähren lassen, sondern aktive Intervention, hier die Gestaltung einer Arbeitsplätze erhaltenden und deren Schaffung fördernden Politik verlangt. Dies bedeutet dann, daß dieses soziale Menschenrecht auf Arbeit zwar keinen direkten Rechtsanspruch für den einzelnen darstellt. Diesen könnte das Gemeinwesen nur unter der Voraussetzung einer möglichen Zwangszuweisung von Arbeit und damit einer kaum noch tolerierbaren Beschränkung der individuellen Freiheit und damit auch der personalen Menschenrechte sicherstellen. Wohl aber verlangt es (neben der Pflicht für den einzelnen, sich gemäß seinen Fähigkeiten aktiv um Arbeit zu kümmern) vor allem seitens des Gemeinwesens eine Politik, in welcher – was bislang noch alles andere als selbstverständlich ist – ohne nationale, gesellschaftliche oder branchenbezogene Gruppenegoismen, also in einer weltweit globalen Verantwortlichkeit, das Ziel »sichere Arbeit für alle« optimal anzustreben wäre. Dabei hat dieses Ziel in Anbetracht seiner besonderen Bedeutung für die Sicherung des Gemeinwohls in einer allgemeinen Politik im Vergleich zu anderen Staatszielen sogar eine gewisse Priorität zu genießen.

Zum Aufbau einer solchen gezielten Politik bedarf es freilich sowohl des Zusammenwirkens aller sozialen Kräfte, der einzelnen, der Verbände, der Parteien, kurz, der gesamten Politik, als auch einer möglichst genauen Kenntnis der die Unterbeschäftigung bewirkenden Faktoren. Arbeitslosigkeitsstrukturen sind nämlich keineswegs immer identisch. So müssen einmal auf der Ebene der Betroffenen selber all jene, die aus individuellen Gründen wie Behinderung, Alter u. ä. keine entsprechende

Arbeit finden, unterschieden werden von den kurzfristig, meist wegen wirtschaftlicher Schwankungen Beschäftigungslosen. Diese wiederum gilt es abzuheben von den durch grundlegende Veränderungen in den Produktionsprozessen (Rationalisierung, Substitution von Produkten usw.) langfristig Arbeitslosen. Für jede dieser Gruppen sind andere Maßnahmen zur Gewährleistung des Rechts auf Arbeit vorzusehen. So müssen stützende Maßnahmen wie geschützte Werkstätten oder doch eigens konzipierte Arbeitsplätze, deren Mehrkosten dann aus öffentlichen Mitteln zu bestreiten sind, bei individuellen Beeinträchtigungen der Arbeitsfähigkeit die Arbeitsmöglichkeit für den einzelnen sichern helfen. Bei der aus wirtschaftlichen Schwankungen resultierenden sog. konjunkturellen Arbeitslosigkeit müssen dagegen Überbrükkungshilfen, vor allem in Form solidarisch geführter Arbeitslosenversicherungs-Kassen aufgebaut und gefördert werden, während grundlegenden, strukturellen Veränderungen mit solchen Überbrückungsmaßnahmen allein nicht begegnet werden kann. Hier müssen durch Erleichterung der Umschulung und Arbeitsvermittlung in branchennahen Industrien, deren Nutzung dann freilich ebenfalls zur sittlichen Pflicht für den einzelnen wird, die menschenrechtlichen Ansprüche an angemessene Arbeit bestmöglich gewährleistet werden; eine eigentliche wirtschaftliche Strukturpolitik in Zusammenarbeit mit wirtschaftlichen Trägern und staatlichen Behörden wird unerläßlich. In jedem Fall ist dabei allerdings darauf zu achten, daß solche sozialen Maßnahmen zur Überbrückung von Notsituationen nicht auf Kosten der Allgemeinheit von einzelnen mißbraucht werden können. Arbeitslosigkeit darf sich nicht lohnen, die Versicherungsleistung nicht als schlichte Kassierung vorher erbrachter

Leistung betrachtet werden. Dies setzt entsprechende Flexibilität hinsichtlich der Betriebsorganisation, der Arbeitszeit, der Tätigkeitsfelder usw. bei allen Beteiligten, beim Management wie bei den Arbeitgebern, aber auch bei den entsprechenden Behörden voraus, die dann nicht als zufällig günstige Voraussetzung, sondern als eigentlich ethisches Erfordernis zu gelten hat.

Entsprechend diesen personbezogenen Unterscheidungen muß aber auch auf der Ebene der Wirtschaftsordnung dar. Problem der Einzelfälle bei Behinderungen aller Art unterschieden werden von den strukturbedingten Ursächlichkeiten, unter denen dann bloß konjunkturell, also zeitlich oder örtlich/branchenbezogen begrenzte Einbrüche von den eigentlich strukturellen Veränderungen, die aller Regel nach unwiderruflich bleiben, abzuheben sind. Während nämlich im einen Fall Überbrückungsmaßnahmen zur Erhaltung der Arbeitsplätze durchaus sinnvoll sein können, und also entsprechende Subventionen seitens der öffentlichen Hand rechtfertigen, würden sie, obwohl vielleicht kurzfristig palliativ Härten mildernd, im anderen Fall die unausweichliche Krise nur hinauszögern und damit meist erheblich verschlimmern. In diesem Fall ist dann die scheinbar menschlichere Lösung nur die momentan einfachere und bequemere, die zudem auf Kosten der Allgemeinheit und schließlich auch noch auf Kosten der schwächeren Arbeitnehmer geht. Daß in Anbetracht der durch solches zögerliches Fehlverhalten für alle entstehenden hohen sozialen Kosten die »gelegen oder ungelegen« geäußerte sozialethische Einsicht besonders gefordert ist, versteht sich von selber, auch wenn gerade dies mitunter ein erhebliches Maß an Zivilcourage erfordern mag.

Dabei verlangt die Gewährleistung des Rechts auf Arbeit sozialethisch allerdings keineswegs bloß Maßnahmen seitens der öffentlichen Hand. Gemäß dem Subsidiaritätsprinzip ist vielmehr zuerst – und hier vor allem zum Ausgleich konjunktureller Einbrüche – an innerbetriebliche Vorkehrungen zu denken. Eine gesunde Finanzstruktur mit guter Eigenkapitaldeckung und soliden Reserven, die nicht durch das Maximieren von Gewinnausschüttung gefährdet werden dürfen, sind dabei die unerläßliche Grundlage. Eine maßvolle Diversifizierung, die sektorielle Krisen auszubalancieren hilft, sowie eigene Solidaritätsprogramme wären als flankierende Maßnahmen dazuzunehmen, damit die allgemeine Arbeitslosenversicherung erst als »ultima ratio« eingesetzt werden und damit ihre Verwaltungsmacht beschränkt und hinsichtlich ihres Aufwands kostengünstig bleiben kann. Dagegen übersteigt eine strukturelle Arbeitslosigkeit aller Regel nach die betriebswirtschaftlichen Möglichkeiten und ruft – nun im vollen Sinn sozialethisch – nach national- und zunehmend sogar nach global-ökonomischen Maßnahmen.

Dabei dürften neben gezielten Bildungs- und Umschulungsprogrammen (den größten Anteil der Arbeitslosen stellen fast immer die beruflich am wenigsten qualifizierten Gruppen) und der Schaffung eines innovations- und investitionsfreundlichen Klimas (wie unkomplizierte Verwaltung, Steuererleichterung usw.) auch gezielte Sonderinvestitionen in die öffentliche Infrastruktur (z. B. in den Bereichen von Verkehr, Kommunikation und vor allem der Ökologie) angemessene Maßnahmen darstellen. Sie sind dies auch dann, wenn sie vorläufig nur über eine Verschuldung der öffentlichen Hand als sog. »deficit spending« zu erreichen sind. Sofern es sich dabei nämlich um echte Investitionen handelt, die auch späteren Generationen noch zugute kommen (also nicht um einfiche Konsumausgaben), ist eine solche Politik auch im Sinn einer intergenerationellen Gerechtigkeit zu verantworten, während eine Verschuldung für laufende Kosten gegenwärtige Lasten auf künftige Generationen (oder über die Inflation auf den kleinen Sparer) ungerechterweise abzuwälzen versucht. Daß freilich auch hier Einzelinitiativen für Bildung, Diversifizierung u. ä. sowie langfristige Investitionen über Steuererleichterungen usw. zu fördern wären, versteht sich im Licht des Subsidiaritätsprinzips von selbst, während reine Stützaktionen von Preisen, »Overmaning«, also das Beihalten überflüssig gewordener Arbeitsplätze, aber auch tarifarische Schutzmaßnahmen keine brauchbaren Lösungmöglichkeiten abgeben, weil sie die notwendigen und schmerzlichen Entscheidungen nur vor sich herschieben.

Zusammengefaßt bedeutet dies, daß die Gewährleistung des Menschenrechts auf Arbeit seitens des Gemeinwesens punktuell nach Stützungs- und Überbrückungsmaßnahmen rufen kann, wobei selbst diese weniger direkt von der öffentlichen Hand organisiert, als vielmehr von mittleren Gruppierungen, vorab den Betrieben und Firmen selber wie von den Tarifpartnern unternommen und von der öffentlichen Hand gefördert werden sollten. Denn die spezifische Sache des Gemeinwesens bzw. des Staates ist die Ordnungspolitik, d. h. die Schaffung angemessener Rahmenbedingungen, während die konkreten Maßnahmen flexibler; mit weniger Machtkonzentration und bei Fehlern auch leichter korrigierbar sowie wegen des geringeren Verwaltungsapparates auch kostengünstiger von mittleren Trägern, vorab den genannten Tarifpartnern als den berechtigten Interessenvertretern direkt wahrgenommen werden können und sollen. Was sich theoretisch unter Berücksichtigung des ethischen Subsidiaritätsprinzips so als Postulat ergibt, bestätigt sich durchaus auch aus der praktischen Erfahrung.

Dies bürdet freilich den Interessenvertretern eine hohe Verantwortung auf und verlangt nicht selten sogar eine flexible Zurückhaltung der Gewerkschaften bei Tarifabschlüssen, wo branchenbezogen oder regional hinsichtlich Lohn, Arbeitszeit, Lohnnebenkosten usw. sogar uneinheitliche Abschlüsse möglich sein sollten oder starke Positionen nicht dadurch ausgenutzt werden dürfen, daß Probleme einfach auf schwächere Partner (bzw. auf die »Dritte Welt«) verlagert werden. Aber auch seitens der Unternehmer ist größere Flexibilität verlangt, etwa hinsichtlich der Einführung von Teilzeitarbeit oder Mitspracherechten und vor allem für eine bei aller berechtigten Interessenbezogenheit offene und vertrauensvolle Verhandlungsführung, die u. U. bis zur »Offenlegung der Bücher« gehen kann. Als Preis für die größere Unabhängigkeit vom Staat und der öffentlichen Hand bei der Gestaltung der Arbeitsbeziehungen ist dies in Kauf zu nehmen, zumal die Erfahrung die letztlich auch wirtschaftlich größere Effizienz eines solchen Vorgehens deutlich zeigt. Gerade diese letzten Hinweise machen aber auch deutlich, wie sehr in einer freiheitlich demokratischen Gesellschaftsordnung, welche einen gesellschaftlich so bestimmenden Faktor wie die Wirtschaft keinesfalls sich selber überlassen darf, nicht der Staat als planend bestimmende Größe, sondern die freie und direkte Regelung durch die Beteiligten selber bzw. durch deren legitimierte Interessenvertreter bestimmend sein sollte. Damit sind die Verbände als Tarifpartner in die Verantwortung gezogen, und ebendiese Verantwortung bedingt eine eigene sozialethische Überlegung.

Kapitel 6

Solidarität, Brüderlichkeit und Güte

Einleitung

Der Begriff *Solidarität* bewirkt bei vielen eher eine Abwehrreaktion als Zustimmung. Wer in der ehemaligen DDR vierzig Jahre lang mit diesem Begriff gezwungen wurde, ein System anzuerkennen, das eben nicht auf *Solidarität*, sondern auf Zwang aufgebaut war, schließt, wenn er dieses Wort hört, sofort die Ohren. *Solidarität* mit der Arbeiterklasse, *Solidarität* mit der Sowjetunion, *Solidarität* mit Kuba ...

Auch in der westlichen Hälfte der Bundesrepublik wird mit diesem Begriff Schindluder getrieben. Das geht so weit, daß Funktionäre der Gewerkschaften (in geheimer *Solidarität* mit den Arbeitgebern) die Aufhebung der Ladenschlußzeiten mit dem Druck der *Solidarität* verhindern. Arbeiter dürfen nicht tun, was die Gewerkschaft nicht will, weil das offenbar die *Solidarität* sprengen würde. Statt *Solidarität* wird inzwischen – dort, wo es angebracht ist – zunehmend von der Solidargemeinschaft gesprochen, um das entleerte Wort *Solidarität* durch einen Begriff neuen Inhalts zu ersetzen, was auch bitter notwendig ist, es sei denn, man gäbe dem Wort einen neuen Inhalt.

Dabei spielt die Tugend mit dem Namen *Solidarität* erst seit knapp hundertfünfzig Jahren eine prägende Rolle. Über die Jahrhunderte, über die Jahrtausende gar hat diese Verhaltensregel sich immer wieder geschält und den veränderten Situationen in den sich wandelnden Gesellschaften angepaßt. Aristoteles sprach von *Wohlwollen*. Diese Tugend meint die Einstellung gegenüber dem

Mitmenschen, aus der heraus das Gute getan wird: für den anderen um des Guten willen. Aristoteles beschränkte diese sittliche Handlung, bei der nicht nach dem Maß der Zuwendung gefragt wird, auf den Bereich der Freunde. Für einen Wohltäter ist »seine Handlung schön, und so freut er sich an dem, woran seine Handlung ist«[27].

Die Tugend, die den Menschen veranlaßt, aus Uneigennützigkeit zu helfen (selbst wenn er sich durch die Tat besser fühlt), erhielt viele *Bezeichnungen. Güte, Großherzigkeit, Barmherzigkeit, Caritas* wurde sie genannt, und stets bestand zwischen dem Gebenden und dem Empfangenden eine Beziehung, die zwar in den Bereich des Altruismus, der Selbstlosigkeit, gehört, wo der Barmherzige seine eigenen Interessen zugunsten des Empfangenden zurückstellt. Aber dennoch meinen viele Ethiker, ein gewisses Selbstinteresse – und sei es das der Zufriedenheit – sei wohl nicht zu verleugnen. Die moralische Pflicht, wohltätig zu sein, endet, wenn der Empfangende gegenüber dem Großherzigen boshaft ist, ihn beleidigt oder gar in seinen Rechten verletzt.

Die Französische Revolution hob die drei Werte »*Freiheit, Gleichheit, Brüderlichkeit*« hervor, von denen sicherlich die beiden ersten stärkeres Gewicht erhielten als der dritte. Die Brüderlichkeit ist die Weiterentwicklung des *Wohlwollens*. Doch mit ihr fordert die Ethik nicht mehr vom einzelnen die Hilfe für den Schwachen, sondern das Einstehen aller für ihre eigene Gruppe, Gemeinschaft oder Gesellschaft. Nichts anderes bedeutet *Solidarität*. Diese Idee hat sich bewährt und in manchen Gesellschaften dazu geführt, daß nur wenige in der Not keine Hilfe erhalten. Die Sozialversicherung basiert auf dem Gedanken, daß alle in eine gemeinschaftliche Kasse zahlen, die einem hilft, wenn es notwendig ist.

Die *Solidarität* geht von einer Gemeinschaft aus. Dies ist gut, solange der einzelne ein Gefühl, eine Beziehung zu dieser Gemeinschaft hat. Tatsächlich ist dieses Gefühl inzwischen weitgehend geschwunden. Der einzelne meint heute, er zahle an den anonymen Staat für Leistungen, die ihm zustehen. Da sich aber zwischen Bürger und Staat eine große Kluft aufgetan hat, hat der Zahlende das Gefühl, sein Geld sei weg, und er müsse zusehen, wie er mindestens das, was er eingezahlt hat, auch wieder herausbekommen könne. Das aber widerspricht dem Sinn der Solidarität.

Doch mit dem Gefühl für die Gemeinschaft ist das Verständnis für *Solidarität* geschwunden. Denn der Staat steht nach dem heutigen Verständnis des sich ohnmächtig fühlenden Bürgers über der Gemeinschaft. Und Politiker haben – um Wahlen zu gewinnen – den Bürgern immer wieder versprochen, ihnen alle Last (sprich: Verantwortung) für ihr Leben abzunehmen. Damit ist eine vertikale Abhängigkeitsstruktur entstanden, die horizontale ist abgestorben. Vertikal, also unten stehend, bezieht der einzelne die Wohltaten von oben, vom Staat. Horizontal war man auf die Hilfe des sich auf gleicher Ebene befindenden Nächsten, der Familie, der Freunde, der Nachbarn, der Dorfgemeinschaft angewiesen. Die vertikale *Solidarität* ist anonym, aber sicher. Die horizontale *Solidarität* war menschennah, aber nicht so sicher. Wenn der Staat jedoch das Leben des Bürgers vollends versichert, dann verliert das Leben der Gemeinschaft einen wesentlichen Teil seines Sinnes.

Die Notwendigkeit, Verantwortung zu tragen, nimmt der Staat ab, womit das Individuum sich immer mehr aus der Gemeinschaft entfernen kann und darf, denn es benötigt die (häufig als lästig empfundenen) sozialen Abhängigkeiten (wie man inzwischen die Beziehung von Familienmitgliedern untereinander nennt) nicht mehr. Die Kinder brauchen die Eltern im Alter nicht mehr zu versorgen. Kinder, die in Not sind, werden vom Staat und nicht von der Familie aufgefangen: Diese soziale Einrichtung, so wird politisch mit dem Wert »Freiheit« argumentiert, mache sie unabhängig von (familiären) Zwängen, die unzumutbar seien. Doch mit dem Zerfall der Gemeinschaft in Individuen, die nur noch nach Lust und Laune handeln, verliert die Moral immer mehr an Wirkungskraft. Denn sie beruht gerade darauf, daß das Individuum die Gemeinschaft und den Zwang ihrer moralischen Regeln anerkennt.

Um *Solidarität* mit neuem Inhalt zu füllen, so daß sie erneut als Tugend aufleben kann, müssen die Individuen den Sinn für die Gemeinschaft wiederentdecken. Das kann durch ein Gemeinschaftserlebnis geschehen. Nach dem von John F. Kennedy geprägten Motto: »Frag nicht, was dein Land für dich tun kann, frag, was du für dein Land tun kannst«, wäre es sinnvoll, für alle jungen Frauen und Männer ein soziales Pflichtjahr einzuführen, das die Solidarität zum Inhalt hat, da sie ihre Arbeit der Gemeinschaft widmen. Soweit sie nicht ihren Wehrdienst leisten, könnten junge Menschen in diesem einen Jahr – wenn möglich in ihrer Nachbarschaft – Gemeinschaftsaufgaben übernehmen: von der sozialen Hilfe bei einzelnen Personen über Kindergärten, Krankenhäuser zu Umweltaufgaben oder Stadterneuerung bietet sich vieles an. Allerdings sollte dieses Pffichtjahr nicht vom Staat organisiert werden. Zu dieser Gemeinschaftsaufgabe sollten sich Einrichtungen, die in der jeweiligen Nachbarschaft vorhanden sind: Schulen, Kirchen, Handwerkskammern, Gewerkschaften, Handelskammern, Theater oder Museen, zusammenschließen.

Es muß sich allerdings auch der Gedanke durchsetzen, daß die Gemeinschaft, die moralischen Anspruch auf *Solidarität* erheben kann, nicht nur die eigene Gesellschaft oder einen national beschränkten Personenkreis betrifft, sondern die Menschheit insgesamt zu umfassen hat. So hebt Ethik Begriffe wie Ausland oder Ausländer auf. Allerdings kann es hier zu Pflichtenkollisionen kommen, denn es stehen nie ausreichend Mittel zur Verfügung, um allen gerecht zu helfen.

BERTOLT BRECHT

Was nützt die Güte

1
Was nützt die Güte
Wenn die Gütigen sogleich erschlagen werden, oder es werden erschlagen
Die, zu denen sie gütig sind?

Was nützt die Freiheit
Wenn die Freien unter den Unfreien leben müssen?

Was nützt die Vernunft
Wenn die Unvernunft allein das Essen verschafft, das jeder benötigt?

2

Anstatt nur gütig zu sein, bemüht euch
Einen Zustand zu schaffen, der die Güte ermöglicht, und
besser:
Sie überflüssig macht!

Anstatt nur frei zu sein, bemüht euch
Einen Zustand zu schaffen, der alle befreit
Auch die Liebe zur Freiheit
Überflüssig macht!

Anstatt nur vernünftig zu sein, bemüht euch
Einen Zustand zu schaffen, der die Unvernunft der
einzelnen
Zu einem schlechten Geschäft macht!

Voltaire

Die Großmütigen

Es kam die Zeit, da man in Babylon ein großes, alle fünf Jahre wiederkehrendes Fest feierte. Nach altem Brauch wurde jedesmal nach Ablauf dieser Zeitspanne der Name desjenigen Bürgers feierlich verkündet, der inzwischen die hochherzigste Tat vollbracht hatte. Richter waren die Großen des Reiches und die Magier. Der Obersatrap, der die Stadt verwaltete, erstattete über die edelsten Handlungen, die sich während seiner Verwaltungszeit zugetragen hatten, Bericht. Darauf wurde abgestimmt, und der König verkündete das Ergebnis. Aus allen Teilen der Welt strömte das Volk zu dieser feierlichen Veranstaltung herbei. Der Preisgekrönte empfing aus den Händen des Monarchen einen goldenen, mit Edelsteinen verzierten Pokal, wobei der König folgende Worte sprach: »Nimm diesen Preis der Großmut entgegen. Mögen mir die Götter viele Untertanen schenken, die dir gleich sind.«

Dieser denkwürdige Tag war gekommen. Der König erschien auf seinem Thron, umgeben von den Großen des Reiches, den Magiern und den Abgesandten aller Nationen, die an dem Fest teilnahmen, bei welchem der Lorbeer nicht durch die Schnelligkeit der Pferde oder die Kraft des Körpers, sondern durch Tugendhaftigkeit erworben wurde. Mit lauter Stimme verkündete der Obersatrap die Taten, die wert waren, mit diesem unschätzbaren Preis belohnt zu werden. Er sprach jedoch nicht von der Hochherzigkeit, mit der Zadig dem Neidischen das gesamte Vermögen zurückgegeben hatte: Das war keine Tat, die einen solchen Preis verdiente.

Als ersten führte der Obersatrap einen Richter an, der einem Bürger seinen gesamten Besitz abgetreten hatte, weil dieser durch ein Versehen, für das der Richter nicht einmal verantwortlich war, einen bedeutenden Prozeß verloren hatte.

Sodann berichtete er von einem jungen Mann, der seine zukünftige Braut, die er über alles liebte, seinem Freund abgetreten hatte, weil diesen die Liebe zu dem jungen Mädchen fast in den Tod trieb. Obendrein hatte er seiner früheren Braut noch eine ansehnliche Mitgift ausgesetzt.

Schließlich ließ er einen Soldaten vortreten, der im Hyrkanischen Krieg ein wahrhaft leuchtendes Beispiel der Großmut gegeben hatte. Feindliche Soldaten wollten seine Mätresse entführen, was er mit aller Kraft zu verhindern suchte. Plötzlich wurde ihm zugerufen, daß ganz in der Nähe andere Hyrkanier seine Mutter fortschleppten. Weinend ließ er seine Geliebte im Stich, um seine Mutter zu befreien. Als er wieder zurückkehrte, lag seine Geliebte bereits im Sterben. Er wollte sich das Leben nehmen, aber seine Mutter erinnerte ihn daran, daß er ihre einzige Stütze sei, und das gab ihm den Mut, das Leben weiter zu ertragen.

Die Richter schienen sehr für den Soldaten eingenommen zu sein. Da ergriff der König das Wort und sprach: »Die Tat dieses Soldaten und auch die der anderen sind lobenswert, aber ich habe mich nicht darüber gewundert, Zadig dagegen hat mich gestern abend durch eine Tat in Erstaunen versetzt. Vor einigen Tagen habe ich meinen Minister und Günstling Koreb in Ungnaden entlassen, und als ich mich heftig über ihn beklagte, versicherten mir meine Höflinge, ich sei zu nachsichtig gewesen, und einer suchte den anderen in Schmähungen gegen Koreb zu übertreffen. Ich fragte Zadig, wie er über ihn dächte, und er wagte es, Gutes über Koreb zu sagen. Ich gebe zu: Es gibt in unserer Geschichte Beispiele dafür, daß jemand einen Irrtum mit seinem Vermögen bezahlt, seine Geliebte einem anderen überlassen oder seine Mutter der Geliebten vorgezogen hat. Aber ich habe noch nie gehört, daß ein Höfling einem in Ungnade gefallenen Minister, über den sein König sehr erzürnt war, Gutes nachgesagt hat! Ich bewillige jedem der Angeführten für seine großmütige Tat zwanzigtausend Goldstücke, den Pokal aber spreche ich Zadig zu.«

»Sire«, sagte Zadig, »Eurer Majestät allein gebührt der Pokal. Ihr habt die außergewöhnlichste Tat vollbracht, denn Ihr als König seid nicht über einen Sklaven, der Eurer Meinung widersprach, in Zorn geraten.«

Man bewunderte beide, den König und Zadig. Der Richter, der sein Vermögen geopfert, der Bräutigam, der seine Braut mit seinem Freund vermählt hatte, und der Soldat, dem das Wohl seiner Mutter höher stand als das seiner Geliebten – sie alle bedachte der König mit Geschenken, und ihre Namen wurden in das Buch der Großmütigen eingetragen. Zadig aber erhielt den Pokal. Der König erwarb sich den Ruf, ein guter Fürst zu sein, jedoch nicht für lange Zeit. Jener Tag wurde durch sehr ausgedehnte Festlichkeiten gefeiert, die die im Gesetz vorgeschriebene Dauer weit überschritten, und noch heute lebt die Erinnerung daran in Asien fort. Zadig dachte bei sich: »Nun bin ich doch glücklich.« Aber er täuschte sich.

Hans Magnus Enzensberger

Migration führt zu Konflikten

Zwei Passagiere in einem Eisenbahnabteil. Wir wissen nichts über ihre Vorgeschichte, ihre Herkunft oder ihr Ziel. Sie haben sich häuslich eingerichtet, Tischchen, Kleiderhaken, Gepäckablagen in Beschlag genommen. Auf den freien Sitzen liegen Zeitungen, Mäntel, Handtaschen herum. Die Tür öffnet sich, und zwei neue Reisende treten ein. Ihre Ankunft wird nicht begrüßt. Ein deutlicher Widerwille macht sich bemerkbar, zusammenzurücken, die freien Plätze zu räumen, den Stauraum über den Sitzen zu teilen. Dabei verhalten sich die ursprünglichen Fahrgäste, auch wenn sie einander gar nicht kennen, eigentümlich solidarisch. Sie treten, den neu Hinzukommenden gegenüber, als Gruppe auf. Es ist ihr Territorium, das zur Disposition steht. Jeden, der neu zusteigt, betrachten sie als Eindringling. Ihr Selbstverständnis ist das von Eingeborenen, die den ganzen Raum für sich in Anspruch nehmen. Diese Auffassung läßt sich rational nicht begründen. Um so tiefer scheint sie verwurzelt zu sein.

Dennoch kommt es so gut wie nie zu offenen Auseinandersetzungen. Das liegt daran, daß die Fahrgäste einem Regelsystem unterliegen, das nicht von ihnen abhängt. Ihr territorialer Instinkt wird einerseits durch den institutionellen Code der Bahn, andererseits durch ungeschriebene Verhaltensnormen wie die der Höflichkeit gebändigt. Also werden nur Blicke getauscht und Entschuldigungsformeln zwischen den Zähnen gemurmelt. Die neuen Fahrgäste werden geduldet. Man gewöhnt sich an sie. Doch bleiben sie, wenn auch in abnehmendem Grade, stigmatisiert.

Dieses harmlose Modell ist nicht frei von absurden Zügen. Das Eisenbahnabteil ist ein transitorischer Aufenthalt, ein Ort, der nur dem Ortswechsel dient. Die Fluktuation ist seine Bestimmung. Der Passagier ist die Negation des Seßhaften. Er hat ein reales Territorium gegen ein virtuelles eingetauscht. Trotzdem verteidigt er seine flüchtige Bleibe nicht ohne stille Erbitterung.

Jede Migration führt zu Konflikten, unabhängig davon, wodurch sie ausgelöst wird, welche Absicht ihr zugrunde liegt, ob sie freiwillig oder unfreiwillig geschieht und welchen Umfang sie annimmt. Gruppenegoismus und Fremdenhaß sind anthropologische Konstanten, die jeder Begründung vorausgehen. Ihre universelle Verbreitung spricht dafür, daß sie älter sind als alle bekannten Gesellschaftsformen.

Um sie einzudämmen, um dauernde Blutbäder zu vermeiden, um überhaupt ein Minimum von Austausch und Verkehr zwischen verschiedenen Clans, Stämmen, Ethnien zu ermöglichen, haben altertümliche Gesellschaften die Tabus und Rituale der Gastfreundschaft erfunden. Diese Vorkehrungen heben den Status des Fremden aber nicht auf. Sie schreiben ihn ganz im Gegenteil fest. Der Gast ist heilig, aber er darf nicht bleiben.

Nun öffnen zwei weitere Passagiere die Tür des Abteils. Von diesem Augenblick an verändert sich der Status der zuvor Eingetretenen. Eben noch waren sie Eindringlinge, Außenseiter; jetzt haben sie sich mit einem Mal in Eingeborene verwandelt. Sie gehören zum Clan der Seßhaften, der Abteilbesitzer, und nehmen alle Privilegien für sich in Anspruch, von denen jene glauben, daß sie ihnen zustünden. Paradox wirkt dabei die Verteidigung eines »angestammten« Territoriums, das soeben erst besetzt wurde; bemerkenswert das Fehlen jeder Empathie mit den Neuankömmlingen, die mit denselben Widerständen zu kämpfen, dieselbe schwierige Initiation vor sich haben, der sich ihre Vorgänger unterziehen mußten; eigentümlich die rasche Vergeßlichkeit, mit der das eigene Herkommen verdeckt und verleugnet wird.

Ein Rettungsboot, das so viele Schiffbrüchige aufgenommen hat, daß seine Kapazitätsgrenze erreicht ist. Ringsum in stürmischer See schwimmen weitere Überlebende, denen der Untergang droht. Wie sollen sich die Insassen des Bootes verhalten? Die Hände des Nächsten, der sich an das Spülbord klammert, zurückstoßen oder abhacken? Das ist Mord. Ihn aufnehmen? Dann sinkt das Boot mit allen Überlebenden. Dieses Dilemma gehört zum Standard-Repertoire der Kasuistik. Den Moralphilosophen und allen andern, die darüber verhandeln, fällt der Umstand, daß sie auf dem Trockenen sitzen, gewöhnlich gar nicht weiter auf. Doch eben an diesem Als-Ob scheitern alle abstrakten Überlegungen, gleichgültig, zu welchem Schluß sie kommen. An der Gemütlichkeit des Seminars wird der beste Vorsatz zuschanden, weil kein Mensch glaubhaft angeben kann, wie er sich im Ernstfall verhalten würde.

Die Parabel vom Rettungsboot erinnert an das Eisenbahn-Modell. Sie ist seine extreme Zuspitzung. Auch hier treten Reisende so auf, als wären sie Grundbesitzer, nur daß sich das angestammte Territorium, das sie verteidigen, in eine dahintreibende Nußschale verwandelt hat, und daß es nicht mehr um ein bißchen mehr Komfort, sondern um Leben und Tod geht.

Es ist natürlich kein Zufall, daß das Gleichnis vom Rettungsboot im politischen Diskurs über die Große Wanderung wieder auftaucht, und zwar in Form einer Tatsachenbehauptung: »Das Boot ist voll.« Daß dieser Satz faktisch nicht zutrifft, ist noch das wenigste, was an ihm auszusetzen wäre. Ein Blick auf die Umgebung genügt, um ihn zu widerlegen. Das wissen auch alle, die ihn im Munde führen. Es kommt ihnen nicht auf seinen Wahrheitsgehalt an, sondern auf das Phantasma, das er ausdrückt, und das ist allerdings erstaunlich. Offenbar wähnen viele Westeuropäer, daß sie sich in Lebensgefahr befinden. Sie vergleichen ihre Lage mit der von Schiffbrüchigen. Die Metapher wird sozusagen auf den Kopf gestellt. Es sind die Eingesessenen, die sich einbilden, sie wären *boat people* auf der Flucht, Auswanderer vom Zwischendeck oder ausgehungerte Albaner auf einem überfüllten Geisterschiff. Die Seenot, die auf diese Weise halluziniert wird, soll vermutlich ein Verhalten rechtfertigen, das nur in extremen Situationen vorstellbar ist. Die abgehackten Hände aus der Parabel lassen grüßen.

Der Vergleich mit einem Eisenbahnabteil hat etwas Tröstliches, schon weil der Ort der Handlung so übersichtlich ist. Selbst auf dem Schreckensbild des Rettungsbootes sind noch einzelne Menschen zu erkennen. Wie auf Géricaults Gemälde lassen sich individuelle Gesichter, Handlungen, Schicksale unterscheiden. Auf dem Floß der Medusa sieht man achtzehn Personen. In den Statistiken der Gegenwart, mögen sie von Hungernden, von Arbeitslosen oder Flüchtlingen handeln, ist die Million die gängige Münze. Die schlere Vielzahl entwaffnet das Vorstellungsvermögen. Das wissen auch die Hilfsorganisationen und ihre Spendensammler. Deshalb bilden sie immer nur ein einziges Kind mit großen trostlosen Augen ab, um die Katastrophe dem Mitgefühl kommensurabel zu machen. Aber der Terror der großen Zahl ist augenlos. Vor der maßlosen Überforderung versagt die Empathie, und die Vernunft wird ihrer Ohnmacht inne.

Martin Luther

Über die Barmherzigkeit

»Gebt, so wird euch gegeben« (Luk. 6, 38). Das ist ein unangreifbarer Spruch, der die Welt reich und arm macht. Die, welche nichts geben und meinen, dadurch ihren Kindern mehr zu hinterlassen, die werden nichts übrigbehalten. Diese Krankheit wird alles verderben, wie es vielen Reichen geschieht und bald geschehen wird. Das Sprichwort bleibt wahr: Unrecht Gut gedeihet nicht, kommt an den dritten Erben nicht.

*

Großmut spendet weniger Rat als Hilfe.

Luv de Vauvenargues

Friedhelm Hengsbach

Gemeinsinn und Solidarität – Durch moralische Appelle nicht hervorzuzaubern

»Gemeinsinn« und »Solidarität« klingen zwar wie austauschbare Wörter für ein Gefühl der Zusammengehörigkeit, wenngleich deren Herkunft aus abweichenden Sozialmilieus mitschwingt Aber das Wort »Gemeinsinn« meint das Bewußtsein und Empfinden der Zusammengehörigkeit innerhalb einer Gruppe sowie die Bereitschaft, sich für deren Gemeinwohl einzusetzen; es spiegelt die ordnungsethische Konzeption einer wohlgefügten Gesellschaft. Das Wort »Solidarität« dagegen meint den Zusammenschluß einer gesellschaftlichen Gruppe, die sich strukturell benachteiligt fühlt und von dem gemeinsamen Interesse geleitet ist, ihre Lebenslage und Stellung in der Gesellschaft zu verbessem; es spiegelt die prozeßethische Konzeption einer Gesellschaft, die vom Kräftespiel gegensätzlicher Interessen geprägt ist.

Der Verlust an Gemeinsinn und Solidarität habe ein

erschreckendes Ausmaß angenommen, so klagen Kulturkritiker seit längerem. Zweifellos lassen sich Ursachen einer solchen Entwicklung angeben: ein Individualisierungsschub bisher unbekannter Reichweite und Dynamik, nämlich die Freisetzung des Subjekts aus den sozialen Bindungen der Familie, der Normalerwerbsbiographie und der Klasse, oder der Erlebnishunger einer Generation, die die Entbehrungen der Nachkriegszeit nur vom Hörensagen kennt, oder der wachsende Abstand zwischen der Sehnsucht nach gesellschaftlichen Utopien und dem begrenzten Vermögen, etwas von der Idealwelt im Alltag aufscheinen zu lassen.

Andererseits lassen sich zahlreiche Beispiele der Solidarität angeben. Wie Jugendliche mit Alten und Behinderten umgehen und wie sie um eine wirtschaftliche Entwicklung besorgt sind, die umweltverträglich und nachhaltig ist, deutet an, daß sich unter veränderten Bedingungen neue Formen von Gemeinsinn und Solidarität herausschälen.

Wenn drei Voraussetzungen erfüllt sind, kann die Haltung des Gemeinsinns und der Solidarität entstehen. Einmal darf der Appell an die Solidarität das Eigeninteresse nicht grob verdrängen. In religiösen und sozialen Gebilden ist der Einsatz für ein hochwertiges Ziel häufig derart weit getrieben worden, daß die eigene Person dabei zerstört wurde. So klingt die Forderung berechtigt, daß ein winziges Stück von dem Ideal einer geschwisterlichen Welt bereits im eigenen Alltag erfahrbar sein und daß der Einsatz für Gerechtigkeit bzw. die Liebe zum Nächsten an der Eigenliebe ihr Maß nehmen muß. Zum andern muß die Bereitschaft zur Solidarität vom Erfolg gekrönt sein; wenn das Solidaritätsopfer vom Staat oder der Solidargemeinschaft kassiert wird, ohne daß es den

Adressaten jemals erreicht, schwindet die Solidarität wie der Schnee in der Sonne. Und schließlich ist jede Haltung der Solidarität, die sich von oben nach unten (etwa als Option für die Armen und Schwachen) bekundet, sehr skeptisch zu beurteilen. Solidarität entsteht jeweils von unten, aus einem kollektiven Leidensdruck heraus, allenfalls diagonal von der Seite, wenn die ein wenig Stärkeren sich mit den Schwächeren zusammenschließen, weil sie ahnen, daß sie demnächst zu den Schwachen gehören werden.

Gemeinsinn und Solidarität wurden bisher als persönliche Einstellungen und Haltungen betrachtet. Der systematische Ort einer ethischen Reflexion über Gemeinsinn und Solidarität sind jedoch nicht die individuellen Tugenden, sondem die Regeln struktureller Solidarität, die ein solidarisches Verhalten der Menschen steuern.

Der systematische Ort struktureller Solidarität laßt sich ausdifferenzieren als *Markt*, *Staat* und *Zivilgesellschaft*.

Dem marktwirtschaftlichen Wettbewerb wird die Eigenschaft zugesprochen, daß er über ein anonymes Steuerungsmittel (nämlich Preise und Einkommen) verfügt, das die Bedürfnisse der mit Kaufkraft ausgestatteten Nachfrager und die Produktionsmöglichkeiten der Anbieter aufeinander abstimmt, und daß er durch das Auftreten innovativer und nachahmender Unternehmer zeitweilig Machtmonopole auflöst und eine machtverteilende, egalitäre Wirkung hat. Aber der Wettbewerb erhält sich nicht selbst, sondem muß von außen geschützt werden. Der Markt reagiert bloß auf die Signale der Kaufkraft, deren Ausgangsverteilung bereits festgelegt ist. Und Güter, die wie etwa die natürliche Umwelt dem Ausschließungsprinzip nicht unterliegen, also gemeinsam verbraucht werden können, lassen sich marktwirtschaftlich nicht bereitstellen.

Daraus folgt, daß der Wettbewerb auf dem Markt verläßliche Erwartungen und verbindliche Regeln unverzichtbar voraussetzt. Die fallen jedoch nicht vom Himmel, sondem kommen durch gesellschaftliche Vereinbarungen zustande. Die marktwirtschaftliche Konkurrenz ist folglich ein Produkt gesellschaftlicher Kooperation. Eine solche Kooperation kann einem ökonomischen Kalkül unterliegen. So ist es für den Reichen vorteilhaft, sich mit dem Bedürftigen zu arrangieren, weil er Sicherungsaufwand vermeidet; auch der Arme mag es als vorteilhaft empfinden, sich mit dem Reichen über eine Kompensation zu verständigen, bevor er eine Privatarmee anwirbt, um sich des Vermögens des Reichen gewaltsam zu bemächtigen. Damit die Kooperationsregeln jedoch fair sind und kein Unterwerfungsvertrag, müßten darin möglichst viele Nebenfolgen berücksichtigt und möglichst viele Betroffene eingeschlossen werden. Solche Regeln würden gewährleisten, daß die Wirtschaftsform auf die ganze Welt und auf kommende Generationen übertragbar wäre. Aber wer kann solche Kooperationsregeln formulieren und durchsetzen?

Herkömmlicherweise wird dem Staat als Hoheitsträger die Aufgabe zugewiesen, der unparteiliche Hüter eines objektiven Gemeinwohls zu sein, der jenseits der Einzelinteressen gesellschaftlicher Gruppen das allgemeine Interesse verfolgt. Darüber hinaus setzen sich die Verteidiger der sozialen Marktwirtschaft für eine präzise Arbeitsteilung ein, die den Wirtschaftssubjekten die Funktion zuweist, das einzelwirtschaftliche Rentabilitätsziel im Auge zu behalten, während der Staat den politischen Ordnungsrahmen des Wettbewerbs, des sozialen

Ausgleichs und der ökologischen Konversion festzusetzen hat. Der Staat ist gemaß solchen Ordnungskonzepten der Garant struktureller Solidarität.

Doch solche Erwartungen, die an den modemen Staat gerichtet werden, daß er den Standpunkt des unabhängigen Beobachters und neutralen Maklers einnimmt, sind häufig überzogen. Die Organe einer repräsentativen Demokratie, die sich zu einer Verbände- und Parteiendemokratie verfestigt und in der finanzielle und personelle Verflechtungen von Politikern und Konzernleitungen immer häufiger üblich werden, sind selbst Interessenpartei. Manche Wirtschafts-, Verkehrs- und Landwirtschaftsminister treten wie Lobbyisten der Chemie- und Rüstungsfirmen, der Autoindustrie und des Agrobusiness auf.

Außerdem haben politische Fntscheidungsträger während der 80er Jahre zunächst an die persönliche Leistungsbereitschaft und Eigenverantwortung appelliert, um individuelle Begabungs- und Energiereserven für die Gesellschaft zu mobilisieren. Aber schon bald wurde ein allgemeines Leistungsfieber entfesselt, das auf Olympiakämpfer zugeschnitten war und die Gesellschaft nach Spielregeln ausschließlich für Sieger umgebaut hat. Arbeitnehmerinnen und Arbeitnehmer, Unternehmen, Regionen und Nationen wurden gegeneinander ausgespielt, so daß man schließlich vom »Autokrieg« und vom »Währungskrieg« sprach; der Kult um die angeblichen Leistungsträger geriet mehr und mehr zur Ausgrenzung der Leistungsschwachen. So haben die politisch Verantwortlichen an der beispiellosen Spaltung der Industriegesellschaften und an dem strukturellen Solidaritätsverlust mitgewirkt.

Die verlangte Arbeitsteilung zwischen politischen

Entscheidungsträgern und Wirtschaftssubjekten läßt sich schon deshalb nicht aufrechterhalten, weil Unternehmen, die ihr Gewinnziel eigenständig unter sozial und ökologisch anspruchsvollen Nebenbedingungen definieren können, den größeren Handlungsspielraum, über den sie verfügen, in Anspruch nehmen, um in die öffentliche Debatte über die Markt- und Untemehmensverfassung einzugreifen. Die führenden Konzernmanager sind selbst viel mehr an der Gestaltung der Kooperationsregeln beteiligt, als daß sie diese Rolle einfach auf die politische Klasse abwälzen könnten. Gibt es nun neben diesen beiden kollektiven Akteuren einen weiteren, dem eine Regelungskompetenz der strukturellen Solidarität zuzutrauen ist?

Während des Aufbruchs in Osteuropa vor 1989 und während der kulturellen Veränderungen der westlichen Gesellschaften in den siebziger Jahren ist die Zivilgesellschaft als kollektiver Träger moralischen Lernens und politischer Reformen entdeckt worden. Die Zivilgesellschaft jedoch nicht als abstrakte Größe, sondern als öffentlicher Raum diesseits von Wirtschaft und Staat, als offenes Geflecht freier Initiativen, Gruppen, Vereinigungen, Verbände und Bewegungen. Insbesondere die alten und neuen sozialen Bewegungen haben sich als bemerkenswerte Impulsgeber neuer Kooperations- und Solidaritätsregeln erwiesen. Sie sind aus einer konkreten sozio-ökonomischen Schieflage entstanden, die bestimmte Gruppen der Bevölkerung strukturell benachteiligt und ausgegrenzt hat. Sie haben Mitglieder mobilisiert und zu einem Netzwerk gebündelt, unterschiedliche Aktions- und Organisationsformen geschaffen und gesellschaftliche Gegenmacht aufgebaut. Sie sind mit den politisch herrschenden Kräften in riskante Konflikte um eine andere Verteilung der

Macht eingetreten und haben sich mit diesen über neue Solidaritätsstrukturen verständigt.

Die gesellschaftliche Öffentlichkeit ist dafür das herausragende Medium. Diese macht nämlich die an den Rand abgedrängten, unsichtbar und unhörbar gemachten Themen, Interessen und Gruppen öffentlich. Sie decken beispielsweise den Widerstand auf, der in der zur Schau gestellten demokratischen Gesellschaft und dem gleichzeitigen Schatten der gesellschaftlichen Ausgrenzung besteht. Sie entlarven den angeblichen Vorbildcharakter einer zwar sozial getünchten, aber kapitalistisch gesteuerten Marktwirtschaft. Sie klären die Solidaritätsdefizite einer marktförmigen Industriegesellschaft auf, die sich auf Kosten der Bevölkerungsmehrheit in den Entwicklungsländern bereichert. So wird die gesellschaftliche Öffentlichkeit beeinflußt und auf neue Kooperationsregeln bzw. Solidaritätsstrukturen hin verändert.

Gemeinsinn und solidarisches Handeln lassen sich weder durch vage Kulturkritik noch durch moralische Appelle hervorzaubem. Sie sind überlebensfähig, wenn ihre strukturellen Voraussetzungen erhalten bleiben. Strukturelle Solidarität entsteht »von unten« im Prozeß gesellschaftlicher Konflikte. Sie entsteht »diagonal« durch Interessenausgleich und Verständigung. Und sie resultiert aus dem wechselseitigen Kräftespiel von marktwirtschaftlichem Wettbewerb, staatlicher Gesetzgebung und zivilgesellschaftlicher Öffentlichkeit.

Ernst Tugendhat

Asyl: Gnade oder Menschenrecht?

Selten ist eine politische Auseinandersetzung so niveaulos und mit so großer bewußter oder unbewußter Irreführung der Öffentlichkeit geführt worden, selten war eine politische Auseinandersetzung Ausdruck eines so vollständigen moralischen Bankrotts wie die, die es in den letzten Monaten in unserem Land über das Asylrecht gibt. Es bleibt daher, wenn man hier überhaupt wieder Boden gewinnen will, nichts anderes übrig, als von den Fundamenten auszugehen.

Zu diesem Zweck darf man wohl die Annahme machen, daß die meisten Menschen etwas haben, was man etwas altertümlich als moralisches Gewissen bezeichnen kann. Der Kern von Moral ist das, was man als die Goldene Regel bezeichnet hat, jene uralte Regel, die es in vielen Kulturen gibt und die der Volksmund auf die Formel gebracht hat: was du nicht willst, das man dir tu, das füg auch keinem anderen zu. Positiv gewendet heißt das: verhalte dich zu deinen Mitmenschen so, wie du willst, daß sie sich zu dir verhalten. Daraus ergeben sich eine Reihe Gebote, denen spiegelbildlich Rechte entsprechen. Die fundamentalste dieser Verpflichtungen ist, die Mitmenschen in ihrer Menschenwürde zu achten und, d. h. negativ formuliert, sie nicht zu demütigen. Schon und gerade diese fundamentalste Norm ergibt sich unmittelbar aus der Goldenen Regel selbst: denn jeder von uns möchte in seinem Selbstwertgefühl ernst genommen, als Mensch geachtet werden. Daß wir Menschen in diesem Sinn achten, heißt einfach, daß wir sie überhaupt als Subjekte moralischer Rechte respektieren, und deswegen lassen sich alle anderen moralischen Normen aus dieser Grundnorm herleiten.

Wenn ich also sagte, daß die meisten Menschen wohl ein moralisches Gewissen haben, so meine ich damit, daß sie ein Bewußtsein davon haben, daß sie andere Menschen nicht demütigen dürfen. Wer diese Norm bewußt verletzt, ist entweder ein Monstrum und d. h.: er hat kein moralisches Gewissen –, oder aber er verletzt sich dabei selbst in seinem innersten Kern, denn so eng ist das Bewußtsein der eigenen Menschenwürde mit der Achtung der Menschenwürde der anderen verbunden, daß wir, wenn wir andere mißachten, auch uns selbst nicht mehr achten können.

Weil es also so gefährlich für unsere eigene Selbstachtung ist, andere bewußt zu verletzen, und weil wir doch andererseits so starke Motive haben, uns über die Interessen und die Würde unserer Mitmenschen hinwegzusetzen, Motive der Macht, der Selbstsucht, des Gruppenegoismus, aber auch einfach der Bequemlichkeit, deswegen gelingt es den meisten von uns, das moralische Bewußtsein, das wir haben, mehr oder weniger ins Unbewußte abzuschieben, es zu verdrängen. Wir werden zu Monstern, aber merken es nicht. Es sollte der Sinn jedes moralischen, aber auch politischen Diskurses sein, uns gegenseitig dabei zu helfen, diesem Prozeß der Einschläferung unseres moralischen Gewissens, und d. h. unserer Selbstachtung, entgegenzusteuern.

Auch des politischen Diskurses? Was hat Politik mit Moral zu tun? Oft sehr wenig, aber an sich sehr viel. Je größer die Machtkonzentrationen werden, die ökonomischen und die politischen, desto ohnmächtiger sind wir als Individuen, uns selbst und andere gegen diese Mächte auf individueller Basis zu schützen. Der Staat, der das Gewaltmonopol hat, ist die größte dieser Machtkonzentrationen; von ihm müssen wir daher fordern, daß er sowohl seine eigene Macht wie die Macht der ökonomischen Instanzen zugunsten der Rechte der Individuen einschränkt. Ein Staat ist nur dann legitim, wenn all sein Handeln auf das Wohl und die Menschenwürde der Menschen, die auf seinem Territorium leben, ausgerichtet ist, und zwar aller gleichermaßen.

Aber das ist natürlich nicht nur eine Angelegenheit des Staates als solchem, sondern der Staat ist in einer Demokratie so gut und so schlecht wie die Mehrheit seiner Bürger; und d.h.: die Frage, ob wir uns selbst als moralische Wesen verhalten oder als Monstren, zeigt sich nicht nur in unserem individuellen Umgang, sondern vor allem daran, ob wir vorn Staat verlangen, daß er sich moralisch verhält oder ob wir von ihm verlangen oder auch nur zulassen, daß er sich als Monstrum verhält.

Es sind nun diese moralischen Rechte, die die Individuen gegenüber dem Staat haben, die wir als Menschenrechte bezeichnen: Diejenigen Menschenrechte, die ein Staat in seiner Verfassung ausdrücklich aufführt, bilden die von ihm auch juristisch als bindend anerkannten Grundrechte. Die Grundlage auch dieser Grundrechte im juristischen Sinn ist die Achtung vor der Menschenwürde. Deshalb beginnt die Verfassung der Bundesrepublik sehr richtig in ihrem 1. Artikel mit dem Satz »Die Würde des Menschen ist unantastbar«. Was aber die einzelnen Grundrechte betrifft, die sich aus diesem Grundrechtsprinzip ergeben, so hat es seit den ersten Grundrechtskatalogen, die im Zusammenhang der amerikanischen

Unabhängigkeitserklärung und der Französischen Revolution erstellt wurden, einen historischen Prozeß gegeben. Es wäre jedoch irrig, daraus zu folgern, daß diese Menschenrechte historisch relativ sind. Nur ihre jeweilige Entdeckung war historisch bedingt, abhängig von konkreten Erfahrungen, die die Menschen auf bestimmte Übel und bestimmte Auswirkungen von staatlicher und nichtstaatlicher Macht aufmerksam gemacht haben. Aber das Merkwürdige ist, daß, wenn man einmal auf ein Grundrecht, das bislang nicht anerkannt worden war, aufmerksam geworden ist, es nicht mehr rückgängig zu machen ist. Ein Beispiel aus unserer Zeit ist die Gleichberechtigung der Frauen. Dieses Recht kann jetzt nicht mehr angefochten werden, es scheint ein für allemal anerkannt, wenigstens auf dem Papier. In einem anderen historischen Anerkennungsprozeß von Rechten stecken wir heute mitten drin. Die klassischen Menschenrechte waren allesamt sogenannte Freiheitsrechte wie das Recht auf Unversehrtheit und das Recht auf freie Meinungsäußerung, und die Verfassungen der westlichen Demokratien beschränken sich auf diese Freiheitsrechte. Hier waren historische und wirtschaftliche Vorurteile im Spiel. Die Erfahrung von sozialem Elend gab es schon damals, aber diejenigen, die politisch repräsentativ waren, konnten es sich noch leisten, sich dafür blind zu machen. In der Universalen Erklärung der Menschenrechte der Vereinten Nationen von 1948 sind dann aber auf Druck der kommunistischen Länder, aber auch der Länder der Dritten Welt, die sogenannten sozialen Rechte – wie das Recht auf einen menschenwürdigen Lebensunterhalt und das Recht auf Arbeit – als gleichrangig mit den Freiheitsrechten anerkannt worden, und die Zahl auch westlicher Rechtsgelehrter und Philosophen, die das als wohlbegründet anerkennen, nimmt zu.* Und es sollte heute leicht sein zu sehen, daß Menschen, die von Ressourcen zur Lebenserhaltung durch ökonomische Mächte ausgeschlossen werden und verhungern, oder Menschen, die behindert zur Welt kommen und nicht unterstützt werden, in ihrer Menschenwürde nicht anerkannt werden.

Daß auch das Recht auf Asyl ein Grundrecht ist und nicht der Gnade des aufnehmenden Staates anheimgestellt sein kann, setzt sich heute ebenfalls nur langsam durch. Auch dieser Prozeß beruht auf historischen Erfahrungen. Die Millionen Flüchtlinge, die es nach dem Ende des 2. Weltkrieges gab, waren mit ein Anlaß dafür, daß das Asylrecht in die Erklärung der Menschenrechte der Vereinten Nationen, die freilich deklamatorisch blieb, Eingang fand, und die besonderen Erfahrungen, die in Deutschland in der Nazizeit mit politischer und rassischer Verfolgung gemacht wurden, führten dazu, daß wir den Art. 16 in unserer Verfassung haben, der den Satz enthält: »Politisch Verfolgte genießen Asyl«. Es ist eine Verleumdung des Parlamentarischen Rats, wenn ihm heute häufig unterstellt wird, er wußte nicht, was er tat, und er habe nicht voraussehen können, wieviel Flüchtlinge es einst geben würde, denn es gab damals nicht weniger, und der Unterschied ist nur, daß sie damals nicht aus der Dritten Welt kamen. Wenn der Parlamentarische Rat etwas nicht voraussehen konnte, dann war es das Ausmaß von Chauvinismus, Rassismus und Bequemlichkeit,

---

* Vgl. Paul Sieghart, *The Lawful Rights of Mankind*, Oxford 1985, und Susan Moller Okin, »Liberty and Welfare: Some Issues in Human Rights Theory«, in: J. R. Pennoch und J. W. Chapman (Hrsg.), *Human Rights* (Nomos 23).

das sich nach der kurzen Zeit, in der man gelobte, daß bestimmte Dinge hier nie wieder möglich sein würden, ausgebreitet hat. Die fehlende Sensibilität heute gegenüber dem Schicksal von Flüchtlingen muß erstaunen bei einer Bevölkerung, von der der fünfte Teil – zehn Millionen – das Schicksal von Flucht selbst erlitten hat – ein Zeichen mehr, wie sehr alles, was in jener Zeit erlebt wurde, verdrängt wird.

Daß das Asylrecht international auch heute nur langsam Anerkennung findet, hängt damit zusammen, daß die klassische Konzeption der Grundrechte mit der Vorstellung verbunden war, daß der Staat moralische Pflichten nur gegenüber seinen eigenen Bürgern, also nur nach innen, nicht nach außen habe – eine Vorstellung, die angesichts der zunehmenden internationalen Interdependenzen heute veraltet erscheinen muß. Der amerikanische Rechtsphilosoph Bruce Ackerman hat kürzlich zu bedenken gegeben, daß der Staat nicht wie ein privater Klub aufzufassen sei und daß er kein Recht habe, Ausländern zu verbieten einzuwandern: der bloße Umstand, schon früher dagewesen zu sein, sei ebensowenig wie die Zugehörigkeit zu einer bestimmten Rasse oder Nation ein moralischer Grund, anderen Zugang und Teilhabe zu verweigern.* Heute wird hierzulande häufig erklärt, die Bundesrepublik sei kein Einwanderungsland. Wenn Ackermans Argument stimmt, hätte kein Land das Recht, von sich zu erklären, es sei kein Einwanderungsland.

Nun geht das Recht auf Asyl sehr viel weniger weit als das Recht auf Einwanderung, denn es gilt nur für politisch Verfolgte. Daß dieses Recht wirklich ein moralisches

* Bruce Ackerman, Social Justice in the Liberal State, Yale University Press 1980, §§ 17 ff.

Grundrecht ist und daß es nur historischer Anstöße bedurfte, um darauf aufmerksam zu werden, kann man sich leicht mit Hilfe der Goldenen Regel klarmachen. Man braucht sich nur in die Rolle des politischen Flüchtlings zu versetzen und erkennt sofort, daß man in diesem Fall nicht nur Einlaß finden wollen würde, sondern daß man es als einen Hohn auf die eigene Menschenwürde ansehen müßte, abgewiesen zu werden. Weil viele Mitglieder des Parlamentarischen Rats ein solches Schicksal selbst erlitten haben, erschien ihnen die Notwendigkeit des Asylrechts so evident. Der Zweifler könnte nun sagen: aber da die überragende Mehrheit derer, die heute hier leben, politische Flucht weder erlebt haben noch befürchten, sind sie ihrerseits berechtigt, dieses Recht abzulehnen. Aber das wäre ein Mißverständnis der Goldenen Regel. Die Moral ist nicht ein Versicherungsvertrag. Die Menschenrechte kommen immer den Minderheiten, den Schwächeren oder den politisch Unbequemen zugute, und daher ist es so leicht für diejenigen, die die Macht haben oder zur schweigenden Mehrheit gehören, die Menschenrechte geringzuschätzen. Deswegen ist der Status aller Menschenrechte prekär, aber daran, wie wir uns zu dem Menschenrecht verhalten, das heute noch das ungewohnteste ist, obwohl in der Sache nicht weniger fundiert, zeigt sich, was uns die Menschenrechte insgesamt wert sind.

Bettina Schöne-Seifert

Organentnahme nur mit Zustimmung

Die Kontroversen um ein künftiges deutsches Transplantationsgesetz, in dem vor allem festzulegen ist, unter welchen Bedingungen eine Organentnahme rechtlich zulässig sein soll, nehmen kein Ende. Den Befürwortern einer *Zustimmungs*regelung – der hierzulande üblichen Praxis – stehen die Vertreter einer *Widerspruchs*regelung gegenüber, die eine Zustimmung dann *unterstellen* wollen, wenn kein ausdrücklicher Widerspruch erfolgt ist (so etwa in Belgien, Frankreich, Österreich und der ehemaligen DDR). Die einen sehen mit solcher Unterstellung das Selbstbestimmungsrecht der Spender verletzt; die anderen bestreiten dies und halten ihrerseits eine Zustimmungsregelung für einen Tribut an Gedankenlosigkeit und Gleichgültigkeit potentieller Spender auf Kosten leidender Patienten. Nur darüber, daß – so oder so – eine Einbeziehung der Angehörigen zum Zweck der stellvertretenden Rechtswahrnehmung (nicht aber in eigenem Recht) richtig sei, war man sich bisher weitgehend einig. Im Jahr 1990 kam als aussichtsreicher Kompromiß die *Informations*regelung ins Gespräch: eine auf Angehörige erweiterte Widerspruchsregelung mit zusätzlicher Auflage. Die Angehörigen sollten, ohne Stellung nehmen zu müssen, über eine geplante Organentnahme ausdrücklich informiert werden – was dem Einwand begegnen würde, die Unwissenheit der Angehörigen über Möglichkeit und Notwendigkeit eines Widerspruchs werde ausgenutzt.

Seit etwa zwei Jahren werden die Diskussionen über die Regelung der Organentnahme von Auseinandersetzungen über die *Hirntoddefinition* überlagert. Nach dieser – in den meisten westlichen Ländem längst gesetzlich sanktionierten, bei uns seit 1982 durch ärztliche Richtlinien anerkannten – Definition ist ein Mensch schon dann tot, wenn zwar sein Herz unter künstlicher Beatmung noch schlägt, seine Hirnfunktionen aber für immer erloschen sind. Da »posthume« Organentnahmen in just diesem Zustand erfolgen müssen, stellt sich die Frage nach dem Hirntod vor allem im Zusammenhang mit der Transplantationsmedizin. Die öffentliche Diskussion der Hirntoddefinition ist wichtig und überfällig, das durch sie geschürte Mißtrauen gegen die Transplantationsmedizin hingegen ist besorgniserregend und unnötig. Mit dem Argument, die Hirntoddefinition sei unplausibel, lehnen Kritiker nicht nur jede Widerspruchsregelung ab, sondern propagieren die Einführung einer *engen*, d.h. allein auf den Spender selbst beschränkten Zustimmungslösung – was einen drastischen Rückgang der Organspenden zur Folge haben würde (bei 99 Prozent der potentiellen Spender liegt keine eigene Äußerung vor). Diese Position scheint mir insofem unberechtigt, als eine gelassenere Betrachtung der Dinge erbringen wird, daß die Klassifizierung des Hirntodes als eine von der modernen Medizin produzierte Erscheinungsform des Todes durchaus plausibel ist und daß außerdem diese Frage weitgehend irrelevant ist für die moralische (wenn auch nicht für die rechtliche) Betrachtung von Organentnahmen bei Hirntoten. Denn an deren Sachgehalt ändert sich auch dann nichts, wenn man den Hirntod partout als ein eindeutig abgrenzbares terminales *Sonder*stadium des Lebens klassifiziert. Bei der Suche nach einer angemessenen Spenderegelung hilft die Hirntoddebatte nicht weiter.

Hilfreich könnte indes ein Blick nach Amerika sein. Dort hat vor kurzem der Beirat für Ethik- und Rechtsfragen der Amerikanischen Ärztevereinigung (AMA) einen einschlägigen *Report* veröffentlicht (JAMA 272: 809-812), der von der Delegiertenversammlung der AMA gutgeheißen und verabschiedet wurde. Wie in den alten Bundesländern gilt auch in den Vereinigten Staaten eine Zustimmungsregelung. Dort wie hier bleiben Organspenden – mit nur 15 bis 20 Prozent der potentiell transplantablen Organe – weit hinter dem wachsenden Bedarf zurück. Meist entscheiden stellvertretend die Angehörigen. Anders als hierzulande spielt aber die – dort gesetzlich anerkannte – Hirntoddefinition in der amerikanischen Debatte über Regelungen der Organspende keine Rolle.

Der *Report* befürwortet die Einführung einer Entscheidungspflicht, der zufolge man beim Einreichen seiner Steuererklärung oder beim Ausstellen des Führerscheins eine Erklärung für oder gegen eine eigene posthume Organspende abgeben müßte. Eine solche Regelung – nach einer ersten Umfrage von etwa 90 Prozent der amerikanischen Bevölkerung begrüßt – würde, so wird ausführlich argumentiert, die individuelle Selbstbestimmtheit in dieser wichtigen Frage erhöhen, Angehörige und Ärzte von qualvollen Entscheidungen und Gesprächen entlasten und voraussichtlich die Zahl der Spenden erhöhen. Ein unzulässiger Eingriff in die Privatsphäre sei diese Regelung nicht, die zugunsten der genannten Werte ja nur einen Verdrängungswunsch durchkreuze, den Inhalt der Entscheidung aber freistelle.

Abgelehnt wird jede Form einer Widerspruchsregelung,

auch wenn sie vermutlich zu einem – an sich wünschenswerten – Anstieg der Spendequote führen würde. Denn moralisch gesehen sei am wichtigsten, daß niemals eine Explantation erfolge, obwohl der »Spender« zu den vermuteten 30 Prozent der Bevölkerung gehöre, die dazu eigentlich nicht bereit seien. Um dies zu gewährleisten, müsse eine Widerspruchsregelung, um überhaupt akzeptabel zu sein, auch auf die Angehörigen als Sprachrohr des Verstorbenen erweitert werden. Diese müßten zudem ausdrücklich danach gefragt werden, wie sie die Spendebereitschaft des Verstorbenen einschätzten, und müßten über ihr Widerspruchsrecht ausdrücklich in Kenntnis gesetzt werden. Dieser Vorschlag geht also über die in Deutschland diskutierte »Information« bei geplanten Organentnahmen deutlich hinaus. Mit solchen Vorkehrungen sei es zwar ethisch annehmbar, bei ausbleibendem Widerspruch die Zustimmung des Spenders zu *unterstellen*; nur könne man, was das zu erwartende Resultat angehe, dann auch gleich bei einer erweiterten Zustimmungsregelung bleiben. Hierfür spräche überdies, daß in der Praxis kaum sicherzustellen sei, daß besagte Vorkehrungen tatsächlich getroffen würden.

Diese Argumentation stützt sich auf den Primat individueller Präferenzen der potentiellen Spender. Dieser Primat soll auch dann gelten, wenn die Präferenzen vergleichsweise so schwach sind, daß sie nicht einmal rechtzeitig und ausdrücklich geltend gemacht wurden, und obwohl sie »nur« einen – nicht unbedingt pietätlosen – Umgang mit dem eigenen Leichnam betreffen. Gegen diesen Individualismus lasse sich, konstatiert der *Report*, eine ernst zu nehmende andere, nämlich *kommunitarische* Wertungsposition anführen, die dem gemeinschaftlichen Interesse an Organspenden einen höheren

Rang zubilligt als schwachen Spenderpräferenzen. Danach wäre jemandes Zustimmung zur Organspende nicht ein freizustellender Akt der Nächstenliebe, sondern eine moralische Pflicht zum Wohle anderer, die auf gesetzlicher Ebene eine Widerspruchsregelung sehr wohl rechtfertige. Der *Report* führt hiergegen nicht grundsätzlich den traditionellen amerikanischen Liberalismus in Recht und Ethik an, sondern spezifisch die besondere Bedeutung, die der individuellen Kontrolle zumindest über den eigenen Körper zukomme.

In einem *Leitartikel*, der den Report begleitet, lehnen die Medizinethiker Thomas Murray und Stuart Youngner Widerspruchsregelungen aus denselben Gründen ab. Auch sie befürworten die Einführung der *Entscheidungspflicht* – zunächst probeweise in einigen Bundesstaaten, kritisieren aber nachdrücklich die eingeschränkte Rolle, die der *Report* den Angehörigen zuweist. Um Respekt vor der Autonomie nicht des Spenders, sondern der Angehörigen müsse es nämlich vor allem gehen. Für den verstorbenen Spender sei die Frage der Organentnahrne wohl häufig weniger wichtig als für seine Hinterbliebenen. Wenn es auch bisher zuwenig empirische Forschung über das psychosoziale Umfeld tatsächlicher Transplantations-Entscheidungen gebe, so sei doch aus medizinischen Gründen klar, daß sie fast immer bei *unerwarteten* Todesfällen relativ junger und gesunder Menschen getroffen werden müßten. Gerade deren Angehörige seien dadurch häufig bis ins Mark getroffen, ständen vor dem Zusammenbruch eigener Lebensperspektiven und bräuchten deshalb vielleicht besonders die Möglichkeit ungestörten Abschiednehmens. *Ihre* Selbstbestimmung als Hauptbetroffene müsse in eigenem Recht geschützt werden, statt sie zu bloßen Sprachrohren des Verstorbenen zu machen. Wenn ein potentieller Spender eine posthume Organentnahme verfügt hätte, seine Angehörigen das aber unerträglich fänden, solle man ihnen sogar ein Vetorecht einräumen. Würde denn nicht, so argumentieren Murray und Youngner, auch der betroffene Spender selbst der Ablehnung seiner verzweifelten Angehörigen am Ende das letzte Wort eingeräumt haben, wenn er diese Ablehnung vorausgesehen hätte?

An diesen Stellungnahmen imponieren der gelassene Ton und die sorgfältige, kenntnisreiche Argumentation. Solche Fragen der Sozialethik und -politik müssen mit Blick auf das soziale Klima beantwortet werden. Und dieses ist, in Deutschland wie in den USA, eher von Mißtrauen gegenüber der Medizin und ihren vermeintlichen Machenschaften geprägt als vom Urvertrauen potentieller Patienten oder Organspender. So geringfügig die prinzipiellen moralischen Unterschiede zwischen erweiterter Zustimmungslösung und Widerspruchsregelung bei rechter Handhabung auch sind, empfiehlt sich wohl das Beibehalten einer Zustimmungsregelung als Signal zugunsten individueller Autonomie in diesem besonderen Zusammenhang.

Weiterhin ist es durchaus plausibel, Angehörige von Organspendern nicht nur als Sprachrohre der Spender selbst, sondern als mögliche Hauptbetroffene zu behandeln. Jedenfalls dann, wenn der Spender selbst keine Entscheidung getroffen, sollte man sie jenen überlassen. Vielleicht nicht für die Gesetzgebung, aber doch wohl für die Praxis wäre gar die Einräumung eines (vermutlich selten ausgeübten) Vetorechts zu erwägen.

Schließlich darf bei diesem Plädoyer zugunsten individueller/familiärer Autonomie nicht übersehen werden, wieviel Verzweiflung, Leiden und Sterben allein durch mehr Organspenden verhindert werden könnten. Warum sollten wir nicht – in Ergänzung zu einer Zustimmungsregelung – der Anregung einer *Entscheidungspflicht* über eine eigene Organspende folgen (z. B. mit den Optionen: Ja – Nein – Sollen meine Angehörigen entscheiden)? Und warum nicht Ärzte verpflichten, jede mögliche Explantation zu melden, so daß das professionelle Personal der Transplantationszentren jene Ärzte unterstützen könnte, die sich scheuen, Angehörige um Zustimmung zu bitten? All diese Vorschläge sind ja nicht neu – wo bleiben Schwung und Erfindungskraft, sie umzusetzen? Verstecken wir uns einmal mehr hinter dogmatischen Fronten, statt neue Antworten zu finden auf Fragen, die so schwierig denn doch auch wieder nicht sind?

Karl Jaspers

Solidarität

Wo Menschen wie Staub durcheinander gewirbelt werden, ist Wirklichkeit mit Gewißheit dort, wo Freunde echte Freunde sind in der faktischen Kommunikation ihres Offenbarwerdens und der Solidarität persönlicher Treue.

Aus der Einsamkeit befreit nicht die Welt, sondern das Selbstsein, das sich dem Anderen verbindet. Unsichtbare Wirklichkeit des Wesentlichen ist diese *Zusammengehörigkeit* der *Selbstseienden*. Da es kein objektives Kriterium des verläßlichen Selbstseins gibt, könnte dieses nicht direkt zu Machtgruppen gesammelt werden. Es gibt, wie man gesagt hat, »keinen Trust der anständigen

Leute«. Das ist ihre Schwäche; denn ihre Stärke kann nur in der Unsichtbarkeit bestehen. Es gibt die in keinem Vertrag zu fixierende Bindung, welche stärker ist als nationale, staatliche, parteiliche und soziale Gemeinschaft oder als die Rasse. Nie unmittelbar, wird sie erst in ihren Folgen sichtbar.

Das Beste, was heute geschenkt werden kann, ist diese *Nähe selbstseiender Menschen*. Sie sind sich die Garantie, daß ein Sein ist. In der Welt sind die Gestalten, die als Wirklichkeit mich berührt haben, nicht die Vorübergehenden, die nur gesellig waren, sondern die mir Bleibenden, welche mich zu mir brachten. Wir haben kein Pantheon mehr, aber den Raum der Erinnerung wahrer Menschen, denen wir danken, was wir sind. Es sind uns nicht zuerst entscheidend die nur historisch bekannten Großen, sondern diese in dem Maße, in welchem sie gleichsam wiedererkannt wurden in denen, die uns als Lebende wirklich waren. Diese sind für uns jeweils im sicheren Wissen ihrer Nähe, bleiben ohne Anspruch nach außen, ohne Vergötterung und Propaganda. Sie kommen nicht schon vor unter dem, was öffentlich allgemein und gültig ist, und tragen doch den rechten Gang der Dinge.

Wahrer Adel ist nicht in einem isolierten Wesen. Er ist in der Verbundenheit der eigenständigen Menschen. Sie kennen die Verpflichtung, stets auszuschauen nacheinander, sich zu fördern, wo sie sich begegnen, und bereit zu sein zur Kommunikation, wartend ohne Zudringlichkeit. Ohne Verabredung kennen sie eine Treue des Zusammenhaltens, die stärker ist als Verabredung. Diese Solidarität erstreckt sich noch auf den Feind, wenn Selbstsein mit Selbstsein zu echter Gegnerschaft kommt. Es verwirklicht sich, was etwa in politischen Parteien quer durch alle Trennungen die Solidarität der Besten sein könnte, die sich spürt, auch wenn es nicht zum Ausdruck kommt, weil kein Anlaß ist oder weil die Möglichkeit durch Situationen verbaut ist.

Die Solidarität dieser Menschen hat sich zu *scheiden* von den überall geschehenden faktischen Bevorzugungen aus Sympathie und Antipathie; von der eigentümlichen Anziehungskraft, die alle Mediokrität aufeinander ausübt, weil sie sich wohlfühlt im Ausbleiben hoher Ansprüche; von dem lahmen aber stetig und still wirkenden Zusammenhalten der Vielen gegen die Wenigen. Während alle diese sich sicher fühlen durch die Masse, in der sie sich begegnen und daraus sie ihr Recht ableiten, ist die Solidarität der Selbstseienden zwar unendlich gewisser in der persönlichen Verläßlichkeit bis in die unobjektivierbaren Ausläufer des Verhaltens, aber unsicher in der Welt durch die Schwäche ihrer geringen Zahl und die Ungewißheit des Sichtreffens. Die anderen haben Dutzende von Menschen zu Freunden, die keine sind, diese sind wohl glücklich, wenn sie Einen haben.

Adel der selbstseienden Geister ist *zerstreut* in der Welt. Wer in ihn eintritt, erwählt sich nicht durch Beurteilung, sondern durch Verwirklichung seines eigenen Seins. Die Einheit dieser Zerstreutheit ist wie die unsichtbare Kirche eines *corpus mysticum* in der anonymen Kette der Freunde, von der hier und dort ein Glied durch Objektivität seines Tuns anderem, vielleicht fernem Selbstsein sichtbar wird. In diesem *gestaltlosen Geisterreich* finden sich jeweils Einzelne, die sich in gegenwärtiger Nähe entzünden durch die Strenge ihrer Kommunikation. Sie sind jeweils der Ursprung des höchsten Aufschwungs, der jetzt in der Welt möglich ist. Nur sie gestalten eigentlich Menschen.

Kapitel 7

Mut, Tapferkeit und Zivilcourage

Einleitung

Sie binden sich starke Gummibänder um die Füße und stürzen sich von einem Hubschrauber, vom Eiffelturm oder von Brücken über tiefe, gefährliche Schluchten; sie »surfen« auf S-Bahnen oder klettern auf einen Hochspannungsmast und zünden sich eine Zigarette am Überlandstromkabel an. Das nennen sie – und es sind nicht nur Kinder oder Jugendliche – »*Mut*probe«. Aristoteles würde jene Leute wahnsinnig oder unempfindlich nennen[28], denn mit *Mut* oder *Tapferkeit* hat dies nichts zu tun, sondern es ist ein Angriff auf sich selbst. Zur Ersatzbefriedigung wird der eigene Wille und Körper bis an seine Grenzen geführt. Für Heranwachsende sind diese Abenteuer nichts anderes als Initiationsriten, um in »besondere« Gruppen aufgenommen zu werden, die Familienersatz bedeuten. Sie sollen durch ein eigenes Wir-Gefühl Halt geben. Und über Feindbilder, gegen die sie Gewalt ausüben, finden die Mitglieder ihre vermeintliche Stellung in der Gemeinschaft. Dabei haben sie mit der Gemeinschaft längst gebrochen, weil sie (nach ihrer Meinung) nicht mehr fähig war, ihnen einen akzeptablen Platz zuzuweisen.

Tapferkeit ist heute mit einem altmodischen Sinn belegt, denn in ihm steckt der Gedanke des tapferen Kriegers, und wer Ernst Jüngers Definition von *Mut* liest, dem wird – wenn er bei Vernunft ist – übel. Doch Jünger drückte nur Gefühle aus, die Hunderttausende von Männern in diesem Jahrhundert noch blindlings in den Kugelhagel und Tod rennen ließen. Dabei war es gar nicht tapfer, des

Kaisers oder Hitlers Ruf zu den Waffen zu folgen und, von der Masse eingelullt, zu tun, was verlangt wurde. Tapfer war, wer sich Gedanken machte, ob es sittlich richtig war, solch einem Ruf zu folgen. Und dann möglicherweise nicht durch die Kugel des Franzosen oder Russen, sondern durch den Strick der Nazis das Leben zu verlieren.

Bei Aristoteles lag die *Tapferkeit* als richtiges Maß zwischen Feigheit und Tollkühnheit. *Tapferkeit* und *Mut* werden häufig in einem Atemzug genannt, dennoch sind sie nicht vollends gleich. *Tapferkeit* ist eine sittliche Haltung, die der Mensch erst erwirbt; *Mut* ist eine Eigenschaft, ein Charakterzug, die eine Person von sich aus hat, um etwas zu tun.[29] Während der Gegensatz von *Tapferkeit* sich in der Feigheit findet, die eine Untugend ist, steht dem *Mut* die *Mutlosigkeit* gegenüber. Läßt jemand den *Mut* sinken, so handelt er aus Schwäche.

Tapferkeit und *Mut* sind Eigenschaften, die eine Person das als sittlich richtig erkannte Ziel auch dann anstreben läßt, wenn sie dadurch Nachteile erleiden könnte. Voraussetzung ist, daß der Handelnde verwundbar ist und von möglichen Bedrohungen weiß. Wer nicht weiß, daß er sich in Gefahr begibt, kann auch nicht tapfer widerstehen. Deshalb sind Sagenfiguren wie Siegfried und Roland zwar starke Recken, aber keine Helden im moralischen Sinn. Sie können ihr Schwert gegen Drachen und Feinde gut schwingen, sie vertrauen blindlings ihrem König oder Kaiser, aber gehen die Gefahren naiv, nämlich ohne Furcht, an. Vermutlich ist in der Nibelungensage der »Verräter« Hagen von Tronje der währe Held. Mit Hilfe einer List weiß er Siegfrieds verwundbare Stelle in Erfahrung zu bringen und tötet ihn, aber er tut es aus Treue zu seinem König.

Das größte Opfer, das ein Mensch bringen kann, ist,

sein Leben hinzugeben. Und da dies am ehesten auf Soldaten zutrifft, wurde ihnen schon bei Aristoteles die *Tapferkeit* als Tugend zugeschrieben. Dieser soldatische Klang in dem Wort mag ein Grund dafür sein, daß junge Neonazis in Deutschland eines ihrer Hefte »*Mut*« nennen, so als wären sie die einzig Tapferen, obwohl ihr Verhalten mit moralischem Verhalten nun wirklich nichts gemein hat. Schon eher mit den oben beschriebenen Identifikationsproblemen.

Mut ist heute wohl eine passendere Bezeichnung als *Tapferkeit* für diese Tugend. Und ganz ohne Scheu sollte sie benutzt werden, obwohl – vielleicht infolge der unglückseligen »political correctness« – manch einer statt *Mut* heute lieber das Wort *Zivilcourage* verwendet. (Ist das feige?) *Zivilcourage* bedeutet, in der bürgerlichen Gesellschaft mutig die sittlichen Werte gegenüber anderen, aber auch gegenüber dem Staat zu verteidigen. Wer sich randalierenden Rechtsradikalen entgegenstellt, zeigt ebenso *Mut* und *Zivilcourage* wie derjenige, der als einziger Beamter in einer Polizeiwache dagegen aufmuckt, wenn Prügel oder andere Verstöße vertuscht werden sollen.

Ganz alltägliche Ereignisse verlangen heute schon *Mut*: dem Vorgesetzten die Wahrheit zu sagen. (Voltaires Beispiel von Zadig ist nichts anderes, wenn auch auf einer höheren Ebene –; siehe S. 412ff.) Man mag wirtschaftliche Nachteile befürchten. *Mut* ist, diese Furcht zu überwinden.

Daß in unserer Gesellschaft *Mut* fehlt, das zeigt sich allenthalben. Doch darf man es dem Bürger vorwerfen, wenn die Vorbilder in vielen Bereichen versagen? Welcher Politiker bringt noch den *Mut* auf, notwendige Probleme anzugehen und zu lösen oder gar als sinnvoll erkannte Entscheidungen öffentlich zu vertreten oder gar durchzuführen? Selten genug geschieht es; denn er hat oft unbegründete Angst vor einem möglichen Machtverlust in der eigenen Partei und vielleicht gar vor Wählerschwund.

Mut und *Zivilcourage* muß und kann man erlernen. Dazu ist es für junge Menschen wichtig zu erleben, daß derjenige langfristig höher eingeschätzt wird, der mutig ist und dadurch eine eigene Persönlichkeit wird, statt derjenige, der sich duckt, schweigt und anpaßt. Lernen heißt auch: zunächst durch Beispiele in der eigenen Umgebung und dann durch eigenes Handeln erfahren. Und um richtig einschätzen zu können, was mutig handeln heißt, ist es wichtig zu wissen, daß mutiges Handeln auch heißt, alle Wege und Möglichkeiten in Betracht zu ziehen, die zu dem angestrebten sittlichen Ziel führen. Denn *Mut* und *Zivilcourage* bedeuten nicht, wild draufloszuschlagen.

Wenn es nicht anders geht, so ist es auch erlaubt, Listen zu benutzen, wie man schon bei Homer nachlesen kann. Wenn die *Tapferkeit* versagt, dann ist es ratsam, das Ziel auf Umwegen anzugehen. Als im Jahre 1014 Brian Boru in der Schlacht von Clontarf ein Wikingerheer besiegte, flohen die Geschlagenen, nur der Normanne Thorstein nicht. Er setzte sich nieder und band seine Schuhe zu. Als der irische Anführer Kerthialfad ihn fragte, weshalb er nicht davonliefe, antwortete Thorstein: »Ich käme heute ja doch nicht mehr nach Hause, ich wohne in Island.« Dieser Witz rettete ihm das Leben.

Mit einfachen Listen, die aber viel Mut kosteten, haben sich zu Zeiten der DDR und ihrer Geheimdienste Menschen geweigert, für den Staatssicherheitsdienst zu arbeiten. Da wirkte schon die Ausrede, sie könnten nichts geheimhalten und würden immer über alles reden, um in Ruhe gelassen zu werden – und das, ohne böse Folgen, vor denen sie sich allerdings fürchteten, als sie die List anwandten.

Johann Wolfgang von Goethe

Menschengefühl

Ach, ihr Götter, große Götter,
In dem weiten Himmel droben,
Gäbet ihr uns auf der Erde
Festen Sinn und guten Mut –
O, wir ließen euch, ihr Guten,
Euren weiten Himmel droben.

Feiger Gedanken
Bängliches Schwanken,
Weibisches Zagen,
Ängstliches Klagen
Wendet kein Elend,
Macht dich nicht frei.

Alle Gewalten
Zum Trutz sich erhalten,
Nimmer sich beugen,
Kräftig sich zeigen,
Rufet die Arme
Der Götter herbei.

François de la Rochefoucauld

Moralische Sentenzen

Vollkommene Tapferkeit und erklärte Feigheit sind zwei Extreme, zu denen man selten gelangt. Der Abstand zwischen beiden ist groß und umfaßt alle übrigen Arten des Mutes, die unter sich so ungleich sind wie die Gesichter und Gemütsarten. Es gibt Menschen, die am Anfang eines Treffens Gefahr suchen und nur infolge seiner Dauer nachlassen und des Kampfes überdrüssig werden. Es gibt andere, die zufrieden sind, wenn sie der allgemeinen Ehre genuggetan haben, und die wenig über diese hinaus tun, wieder andere, die nicht immer gleichmäßig ihre Furcht beherrschen können. Es gibt auch solche, die sich manchmal von einer allgemeinen Panik fortreißen lassen, andere stürzen sich in Gefahr, weil sie nicht wagen, auf ihrem Posten auszuharren. Manche sind, durch kleinere Gefahren ermutigt, an größere gewöhnt, dann gibt es auch welche, die dem Säbel, aber nicht den Kugeln, oder den Kugeln, aber nicht dem Säbel standhalten. Alle diese verschiedenen Arten von Mut treffen darin zusammen, daß die Nacht, die die Furcht steigert und große wie kleine Taten zudeckt, Freiheit läßt, sich zu schonen. Noch allgemeiner ist ein anderer Grund, sich zu schonen: Niemand tut, was er tun würde, hätte er die Sicherheit, lebend davonzukommen. So ist es klar, daß die Furcht vor dem Tode der Tapferkeit etwas nimmt.

Max Frisch

Wilhelm Tell für die Schule

Ein leidiger Zwischenfall ereignete sich noch in letzter Stunde – Ritter Konrad von Tillendorf, heute noch berüchtigt unter dem Namen Geßler, ließ sich gerade den zweiten Stiefel geben, als die Meldung kam: Einer habe den Hut auf der Stange nicht gegrüßt! Er seufzte, wie meistens beim Anziehen dieser Stiefel, und man mußte es ihm zweimal melden: Einer habe soeben usw. Es paßte dem dicklichen Ritter gar nicht. Er wollte heute noch bis Immensee. Er sagte kein Wort, so ärgerte ihn dieser Zwischenfall; eine Stunde später wäre der Hut nicht mehr auf der Stange gewesen. Er ließ sich sein Wams geben, dann den Gürtel. Seine Waffenknechte hatten den Mann leider gefaßt. Er zog die Handschuhe an, die sich für dienstliche Auftritte ziemten, und ärgerte sich kaum über den Mann, der vielleicht, wie er hoffte, den Hut auf der Stange einfach übersehen hatte, sondern über sich, daß er nicht im Morgengrauen aufgebrochen war. Er hatte sich verschlafen. Er überlegte, wie die leidige Sache sich kürzestens erledigen ließe. Ohne Publikum wäre es einfach gewesen: Gnade vor Recht. Einen ganzen Tag lang, gestern, war nichts vorgefallen, und einen Einzelfall hochzuspielen, hatte er kein Interesse, der dickliche Ritter, der an diesem Tag noch bis Immensee zu kommen hoffte. Es war Föhn, ein leichter Föhn, der sich aber von Stunde zu Stunde verschlimmern konnte; er dachte schon mit Sorge an die Fahrt über den See. Als er auf den Platz kam, wo der Hut noch auf der Stange hing, wimmelte es schon von Neugierigen. Die Waffenknechte, wichtigtuerisch vor ihrem Ritter, drängten das Publikum mit ihren Lanzen zurück; dabei versuchte niemand den Verhafteten zu befreien; sie wollten nur zuschauen. Wie oft bei solchen Auftritten mit Pferd, gelang es nicht ohne weiteres, das Pferd auf die richtige Stelle zu bringen und in die gewünschte Ruhe, in die gewünschte Richtung usw., es tänzelte, es kam zu Roßäpfeln auch. Als er den Mann mit Armbrust und Bub erkannte, erinnerte er sich sofort, und seine Miene hellte sich auf, der Herr Vogt lächelte gar; offenbar meinte er, der Fall wäre mit Scherz zu erledigen: »Du grüßest überhaupt nicht, ich weiß, das ist deine Art.« Die Waldleute aber blickten finster und rechtschaffen. Obschon er auf dem Pferd saß, daher eine gewisse Übersicht hatte, blieb es ihm unklar, wie die Mehrheit sich zu dem Außenseiter verhielt. Nahmen sie's dem Heuer übel, daß er sich nicht wie die Mehrheit verhielt, oder gefiel er ihnen? Er selber, der Heuer mit der Armbrust auf der Schulter, blickte unsicher nach seinen Landsleuten, statt auf die Frage zu antworten, wie er heiße. Ein anderer drängte sich aus dem Haufen hervor, ein kleiner Bauer mit rotem Kopf und drohenden Fäusten. Auf die Frage, was diesen Mann so sehr erregte, trat Stille ein; alle schienen es zu wissen – vielleicht war's der flüchtige Bauer aus Altzellen, den die Urner sofort in ihren Haufen zurückzogen ... Es galt jetzt, die eigenen Waffenknechte abzuhalten von irgendeiner Dummheit, wie sie Bewaffneten leicht unterläuft; es braucht wenig, daß Bewaffnete sich bedroht fühlen. Daher verlangte der dickliche Ritter mit einer scharfen Stimme, die er sonst nicht hatte: Ruhe, Hände weg, Ruhe! bevor er sich wieder an den Heuer wandte, der inzwischen auch eine grimmige Miene zeigte. Warum er den Hut nicht grüße, lautete die ritterliche Frage. Der Heuer aber, umringt von seinen Landsleuten mitten auf dem Platz von Altdorf, wo heute sein Denkmal steht, brachte kein Wort heraus, auch nicht auf die entgegenkommende Frage, ob er vielleicht den Hut auf der Stange einfach nicht gesehen habe. Er war es nicht gewohnt, Rede und Antwort zu stehen vor einem Publikum, blickte weniger auf den Herrn Vogt, der vermutlich schon etwas ungeduldig wurde, als auf seine Landsleute, denn mit diesen mußte er weiterleben. Er wolle heute noch bis Immensee! sagte der dickliche Ritter, um die Antwort des Heuers zu beschleunigen. Vergeblich. Dieser hatte einen rötlichen Bart und Sommersprossenhaut, vermutlich ein Choleriker, der es in der Gesellschaft auch nicht immer leicht hatte. Warum er eigentlich immer eine solche Armbrust auf der rechten Schulter trage, fragte Ritter Konrad, um ihn zum Sprechen zu bringen. Vergeblich auch dies. Einige schienen zu grinsen. Die Spannung, was dem Herrn Vogt sonst noch alles einfallen könnte, war jetzt so groß, daß sie sich auf das Pferd übertrug, und der Tillen (wie möglicherweise sein Spitzname lautete) konnte es nur mit schroffen Griffen zügeln, was einem Reiter unweigerlich den Anschein eines Wüterichs gibt. Erschrocken sagte jetzt der Mann mit der Armbrust: »Lieber Herr, es ist ungevärd und nit uß Verachtung geschechen, verzichend mirs, wär ich witzig, so hießi ich nit der Tell* bitt umb

---

* *Das weiße Buch von Sarnen*, das den Namen des Schützen zum erstenmal schriftlich überliefert, zeigt wechselnde Schreibart: Thael, Thall, Tal, Tallen, dagegen nennt es den berühmten Fels: »Tellenblatten.« Der überlieferte und auch von Friedrich Schiller benutzte Ausspruch des Freiheitshelden: »denn wäre ich witzig (besonnen), und ich hiessi anders und nit der Tall« ist nur als Wortspiel verständlich, wenn man nämlich den Übernamen des Schützen ableitet von »dahlen, dallen, tallen«, das heißt: einfältige und kindische Dinge reden und tun.

Gnad, es soll nit mehr geschehen.« Ein Versehen also; der dickliche Ritter glaubte es gerne, da sich das Verfahren dadurch verkürzte, und streichelte sein Pferd, um es zu besänftigen. Die Leute von Uri hingegen waren enttäuscht von dieser untertänigen Rede, das spürte der Heuer und verbesserte sich: er sei ein freier Mann und grüße keinen Habsburger-Hut! Der dickliche Ritter streichelte noch immer sein Pferd, lächelte sogar. Nämlich es hing kein Habsburger-Hut auf dieser Stange, sondern ein kaiserlicher, dem Reverenz zu erweisen war auch in einem reichsfreien Tal wie Uri. Das wußte die Mehrheit, nur der brave Heuer offenbar nicht. Es waren ja auch, wie man zugeben mußte, etwas komplizierte Verhältnisse damals. Eigentlich war die Sache jetzt erledigt – nur der Armbrust-Vater, da er hatte belehrt werden müssen und die öffentliche Blamage nicht auf sich sitzen lassen konnte, verbesserte sich nochmals: Auch den Hut des Kaisers täte er nicht grüßen, nie und nimmer, ein freier Urner usw. Das war unnötig, aber gesagt. Der Mann hatte plötzlich einen roten Kopf, sagte es sogar noch einmal und lauter als zuvor. Vielleicht spürte er ebenfalls den Föhn.* Einige sagten: Gott stehe ihm bei! Andere warteten wortlos auf seine Verhaftung. Auch der Bub spürte, daß sein verwirrter Vater irgendeinen Schnitzer begangen hatte, und wollte ihm beistehen, indem er den Vater rühmte: er treffe den Vogel im Flug. Das war im Augenblick nicht gefragt. Als der Herr Vogt auf seinem Pferd gar nichts sagte, im Augenblick ratlos, wie er mit dem Sonderling zu Rande kommen sollte, sagte der Bub, sein Va-

* Es ist statistisch erwiesen, daß bei Föhn (Fallwind, Erwärmung durch Druck) Störungen des psychischen Gleichgewichtes auftreten, Reizbarkeit usw., Häufung von Verkehrsunfällen und Ehekrisen, sogar Selbstmord.

ter treffe den Apfel auf dreißig Schritt. Auch das war eigentlich nicht gefragt – irgendwie hielt es Konrad von Tillendorf für einen rettenden Witz: dann solle der Armbrust-Vater doch seinem vorlauten Bub, der ihm, nämlich dem dicklichen Ritter, auf die Nerven ging, einmal einen Apfel vom Kopf schießen*! Das sagte er, indem er schon die Zügel straffte, um vom Platz zu reiten – er begriff gar nicht, warum das Fräulein von Bruneck, das immer noch zugegen war, zu flehen anfing: Herr Konrad! Sie nahm es ernst. Sie redete von Gott. Hinzu trat jetzt Pfarrer Rösselmann, um es ebenfalls ernst zu nehmen. Schon lange hatte man auf irgendeine Ungeheuerlichkeit gewartet, nun hatte man sie: Vater muß Kind einen Apfel vom Kopf schießen! Alle drängten sich, das wollten sie gesehen haben: Vater muß Kind einen Apfel vom Kopf schießen. Der Heuer selbst, als er sich im Mittelpunkt öffentlichen Mitleids sah, konnte kaum anders: er nahm einen Pfeil aus dem Köcher, legte ihn auf seine Armbrust, um seinen Landsleuten zu zeigen, daß er kein Schwätzer war. Offenbar hörte er nicht, was der Herr Vogt unterdes-

---

* Es ist nicht anzunehmen, daß der Vogt, wer immer er war, die Toko-Erzählung des *Saxo Grammaticus* kannte. »Nach dem dänischen Chronisten Saxo Grammaticus (gestorben 1204) rühmte der Gefolgsmann Toko sich seiner Schießkunst und mußte deshalb auf Befehl des Dänenkönigs Harald Blauzahn (10. Jahrhundert) einen Apfel vom Haupte seines Sohnes schießen. Eine unmittelbare Übernahme aus dem Geschichtswerk Saxos, wie sie früher allgemein behauptet wurde, ist unwahrscheinlich, da es nicht handschriftlich, sondern einzig im Erstdruck von 1514 vorliegt.« (Karl Meyer, ebenda) Außer der Geschichte von Toko gibt es die Geschichte von Heming Aslakson, isländisch, sowie englische, estnische und finnische Sagen mit demselben Motiv des Apfelschusses. Vgl. hierzu Helmut de Boor: »Die nordischen, englischen und deutschen Darstellungen des Apfelschusses«, in *Quellenwerk zur Entstehung der Schweizerischen Eidgenossenschaft*, III, Chroniken, Band 1, 1947.

sen sagte, niemand hörte es; er merkte bloß, daß er in der Verwirrung etwas vergessen hatte, und nahm den Pfeil nochmals von seiner Armbrust, hielt ihn zwischen den Zähnen, während er die Armbrust spannte mit Hilfe des Fußes (wie neulich bei Amsteg), dann legte er den Pfeil wieder auf seine Armbrust, bevor ein Apfel gefunden war. Das blöde Lächeln des dicklichen Ritters, der immer noch dachte, er habe einen Witz gemacht, erbitterte natürlich die Waldleute; wieder war's jener Bauer aus Altzellen, der in seiner Wut kaum zu halten war, er, der schon einmal einen Vogt eigenhändig erschlagen hatte. Auch der junge Ulrich von Rudenz, Neffe des Freiherrn von Attinghausen, redete jetzt im Namen des Volkes, im Namen seiner Grundhörigen, während der Herr Vogt nur an seinen Handschuhen herumzupfte, offenbar meinte, er habe die einfache Lösung: Begnadigung mangels Apfel. Der Bub aber, als er seinen Vater im öffentlichen Mittelpunkt sah, tat das Seine: fand tatsächlich einen grünen Apfel in seiner Hosentasche.* Schon wurde die Gasse gebildet; der Armbrust-Vater kniete, bevor die Gasse gebildet war. Das war der Augenblick für Pfarrer Rösselmann, der jetzt ebenfalls kniete und um Erbarmen flehte mit gefalteten Händen, nachdem der Herr Vogt, erschrocken über den Lauf der Dinge, bereits zweimal gesagt hatte: Spaß beiseite! Gerade der Spaß aber

---

* »Aber ist es zum vornherein wirklich ein Apfel? Wieder stimmen darin Saxo und Ths. (die Thidreks-Saga) überein, während Hem. (Hemmingsthattr) abweichend die Nuß als Ziel setzt. Eindr. (Eindrida-Thattr ilbreids) den künstlichen Brettstein. Doch darf auch hier das Zusammenklingen der beiden ältesten Quellen mit der deutsch-englischen Gruppe (Henning Wulf, Teil, William) die Entscheidung bringen: wir halten den Apfel für das älteste Ziel.« (Helmut de Boor, ebenda)

empörte die Waldleute; sie beteten zu Gott, daß der Apfelschuß gelinge*. Beinahe war es zu spät, als Ritter Konrad oder Grisler von seinem Pferd sprang; der kniende Schütze zielte bereits mit gekniffenem Auge, als Ritter Konrad oder Grisler zu ihm trat und den Pfeil von seiner zitternden Armbrust nahm, wortlos – dieser Urner wäre imstande gewesen und hätte auf den grünen und ziemlich kleinen Apfel geschossen bloß um seiner Schützenehre willen**. Das war ein peinlicher Augenblick für alle: für den dicklichen Ritter, der plötzlich die Regie verloren hatte, sowie für das betende Publikum, nicht zuletzt aber für den Schützen, der sich verhöhnt fühlte. Sein Hals war wie geschwollen, seine Armbrust noch immer gespannt, er blickte irr und unheimlich, als der Herr Vogt, verlegen um das rechte Wort in diesem Augenblick, den schönen Pfeil betrachtete und zurückgab; die Frage, ob er solche Pfeile selber herstelle, wo er denn wohne, ob er viele Kinder habe usw., blieb ohne Antwort – es waren auch nur

---

* In allen Versionen der nordischen Sage, wie auch in der schweizerischen, gelingt der Apfelschuß; eine abweichende Version, z. B. daß Tell nicht erst sein Kind gefährdet, sondern auf den unmenschlichen Vogt schießt, liegt nicht vor, ebensowenig wie eine Version mit tödlichem Fehlschuß auf das Kind, auch keine Version, wo das empörte Volk die unmenschliche Veranstaltung gewalttätig sabotiert.

** Die Schießkunst wird heute noch in der Schweiz gepflegt, wie sehr auch das Gewehr an militärischer Bedeutung eingebüßt haben mag, und gehört zum Volkstum; es gibt kaum ein Dorf ohne einen Schützenverein; noch in der ersten Hälfte des 20. Jahrhunderts erringen die Eidgenossen mehrmals die Weltmeisterschaft in allen drei Stellungen (stehend, kniend, liegend) sowohl mit dem Stutzer wie mit dem Armeegewehr; erst in jüngster Zeit wurden sie hauptsächlich von Amerikanern und Finnen und Sowjetrussen in diesem Sport, der für den Schweizer mehr ist als nur ein Sport, übertroffen.

Verlegenheitsfragen –, der Mann schien taub vor Grimm und blieb auf den Knien, obschon der Apfelschuß nicht verlangt war*, nur der vorlaute Bub ermunterte noch immer seinen Vater, er habe gar keine Angst, sein Vater treffe den Vogel im Flug usw. Einige verließen bereits den Platz, als der Herr Vogt, jetzt wieder zu Pferd, etwas unwillig fragte: »Was willst du denn mit diesem zweiten Pfeil?« Manche waren später der Meinung, es sei anders zugegangen: der Schütze habe von Anfang an einen zweiten Pfeil in den Goller gesteckt, um sich am Vogt zu rächen, falls der Meisterschuß nicht gelungen wäre. Der dickliche Ritter meinte aber nicht den Pfeil, der im Goller steckte, das war ja der Pfeil, den er eigenhändig von der Armbrust genommen und dem Schützen zurückgegeben hatte; er sah, daß der Schütze jetzt einen zweiten Pfeil aus dem Köcher nahm und auf die Armbrust legte; daher seine Frage: »Was willst du denn mit diesem zweiten Pfeil?**« Der Mann errötete, als er den ersten Pfeil in seinem Goller erblickte, und wußte keine rechte Antwort; er wußte jetzt selber nicht, warum er, um seinen Meister-

---

* Haben Historiker des 19. Jahrhunderts (vor allem Eutych Kopp und Albert Rilliet) Zweifel an der Geschichtlichkeit der Tell-Figur geäußert, so hat Gottfried Keller, der Dichter und Staatsschreiber sich nicht beirren lassen: »Auch den Tell geben wir nicht auf und glauben an einen handlichen, rat- und tatkräftigen Schützen, der sich zu jener Zeit zu schaffen machte und unter seinen Mitbürgern berühmt war. Den Apfelschuß freilich geben wir preis, obschon man auch hier noch sagen könnte: sind nicht in neuester Zeit, als direkte Nachahmung des Tellenschusses, von verwegenen Gesellen und Renommisten, z.B. in Amerika, dergleichen Schützenstücklein verübt worden? Wenn wir nicht irren, so hat in den letzten Jahren ein Pfälzer aus purem Übermut mit der Pistole einen Apfel vom Kopfe geschossen.« D. h. der Umstand, daß der Apfelschuß nicht verlangt war, kann nicht dahin ausgelegt werden, daß es den betreffenden Urner überhaupt nicht gegeben habe.

schuß zum Trotz zu zeigen, nicht diesen Pfeil genommen hatte, sondern einen zweiten. Konrad von Tillendorf verstand wohl seine Verwirrung, verlangte aber, daß er jetzt beide Pfeile in den Köcher steckte und sich erhob – er war frei ... Leider hatten die beiden Waffenknechte gehört, was der Mann, um seinen Landsleuten doch Eindruck zu machen, eben gesagt hatte: er nämlich habe schon gewußt, was er wollte mit dem anderen Pfeil im Goller, nämlich er hätte den Vogt erschossen, jawohl, vor aller Augen***. Einen Augenblick lang zögerte der dickliche Ritter, ob er den Choleriker fragen sollte: Hast du das gesagt? Dieser aber hätte kaum widerrufen können, ohne vor seinen Landsleuten lebenslänglich als Angeber zu gelten, und wenn er nicht verleugnete und nicht bestritt,

---

** Laut Überlieferung ist die erste Antwort, die Wilhelm Tell gibt, durchaus besonnen, nämlich eine Ausrede: »Es wäre also des Schützen Gewohnheit.« (Chronik des Aegidius Tschudi) Erst auf die Garantie hin, die ihn seines Lebens versichert, erfolgt das mutige Wort, er hätte notfalls den Vogt niedergeschossen. In der Tat fehlt es nicht an Verschiedenheiten der Sagen, wie Karl Meyer betont; der dänische Toko versucht es nicht mit einer Ausrede, sondern antwortet sogleich mit dem Trutzwort. Während Toko aber auf sein Trutzwort, er habe die weiteren Pfeile dem König selbst zugedacht, noch eine weitere Tollkühnheit zu leisten hat, nämlich die Ski-Fahrt über einen Fels hinunter (was etwa der nordischen Disziplin des Ski-Sprunges entspricht), wobei Toko glücklich davonkommt, endet wiederum die norwegische Fassung der Apfelschuß-Sage damit, daß Egill für dasselbe Trutzwort nicht bestraft wird: »Aber der König schätzte dies an ihm und alle fanden, daß er eine kühne Sprache führe.«

*** Vgl. hierzu Peter Bichsel, *Des Schweizers Schweiz*, 1969: »Ich kann mir einfach nicht vorstellen, daß die alten Eidgenossen idealere Gestalten waren als mein Nachbar und ich«, womit wohl der Dichter, wie schon Gottfried Keller, der Wahrheit nahekommt, sind doch Drohungen solcher Art, insbesondere auf Ausländer bezogen, heute noch an Stammtischen zu hören.

was die Waffenknechte gehört haben wollten, so wäre es in der Tat, wie jedermann fürchtete, ohne Gericht und Kerker kaum noch zu erledigen gewesen. So war es Zeit und ratsam, diesen Mann jetzt abzuführen*. Die Waffenknechte packten zu, und da sie's in mittelalterlicher Manier taten, nämlich ohne Fußtritte und ohne Knüppelei, aber mit der Kraft ihrer Arme, fanden es die Waldleute sehr ungerecht. Was hatte dieser Vater mit der Armbrust und dem Kind denn getan? Viele hatten die nachträgliche Drohung mit dem zweiten Pfeil gar nicht gehört, andere nahmen sie nicht allzu ernst**. Es war aber neun Uhr vormittags, und Ritter Konrad von Tillendorf, wie schon gesagt, wollte heute noch bis Immensee –

---

* Während *Das weiße Buch von Sarnen* lediglich die Verhaftung und die Drohung des Vogtes (»er wollte ihn an einen Ort legen, wo er Sonne und Mond nimmer wiedersehen werde«) meldet, ergänzt der spätere Chronist Aegidius Tschudi: »damit ich vor dir sicher sig«, was die Maßnahme des Vogtes plausibel macht; immerhin hat Tell eine hypothetische Morddrohung ausgesprochen.

** Auch in einem Rechtsstaat wäre auf das Verhalten hin, wie die Chronisten es schildern, mit einer Maßregelung zu rechnen; sehr viel bescheidenere Anrempelungen (ohne Drohung mit Mord) beispielsweise gegenüber einem Lehrer oder Richter im Amt werden geahndet, geschweige denn gegenüber einem Major, Oberst usw. Das überlieferte Tell-Wort ist denn auch nie das Maß unserer Rede-Freiheit geworden.

Hermann Hesse

Mut und Charakter

Als ich etwa fünfzehn Jahre alt war, verblüffte uns einmal einer unserer Lehrer mit der Behauptung, der Selbstmord sei die größte moralische Feigheit, die der Mensch begehen könne. Ich hatte bis dahin eher dazu geneigt zu glauben, daß ein gewisser Mut, ein gewisser Trotz und Schmerz dazu gehöre, und hatte für die Selbstmörder eine mit Grauen gemischte Hochachtung empfunden. So war der mit dem Anspruch eines Axioms vorgetragene Spruch des Lehrers mir wirklich für den Moment eine Verblüffung, ich stand dumm und ohne Erwiderung vor diesem Spruch, er schien ja alle Logik und alle Moral für sich zu haben. Doch hielt die Verblüffung nicht lange vor, ich kehrte bald dazu zurück, auch meinen eigenen Gefühlen und Gedanken wieder zu glauben, und so sind die Selbstmörder mir zeitlebens beachtenswert, sympathisch und irgendwie, wenn auch auf düstere Weise, ausgezeichnet erschienen, Beispiele eines menschlichen Leidens, dem die Phantasie jenes Lehrers nicht nachkam, und eines Mutes und Trotzes, den ich nur lieben konnte. Auch sind in der Tat die Selbstmörder, die ich gekannt habe, lauter zwar problematische, aber wertvolle, überdurchschnittliche Menschen gewesen. Und daß sie außer der Courage, sich die Kugel in den Kopf zu schießen, auch noch die Courage und den Trotz gehabt hatten, sich den Lehrern und der Moral unbeliebt und verächtlich zu machen, konnte mein Mitgefühl nur erhöhen.

Leute mit Mut und Charakter sind den andern Leuten immer sehr unheimlich.

Es kommt einzig auf den Mut an. Er geht auch dem Tapfersten oft verloren, dann neigen wir zum Suchen nach Programmen, nach Sicherheiten und Garantien. Der Mut bedarf der Vernunft, aber er ist nicht ihr Kind, er kommt aus tieferen Schichten. *Hermann Hesse*

Heinrich Graf von Lehndorff-Steinort*

Am Vorabend seiner Verurteilung und Hinrichtung mit gefesselten Händen geschrieben

3. September 1944

Mein Geliebtestes auf der Welt!
Dieses wird wohl der letzte Brief sein, den Du auf dieser Welt von mir bekommst. Obwohl meine Gedanken seit unserer Trennung Tag und Nacht um Dich kreisen und mein Herz Bände füllen könnte, fällt es mir doch schwer, diesen Brief zu schreiben. Ich befürchte, mit allem Deinem armen geprüften Herzen nur neue Last aufzubürden. Trotzdem – Du Engel – sollst Du alles wissen und erfahren, wie ich die letzten Wochen gelebt, gedacht und gefühlt habe. Bestimmt stellt man sich, ohne selbst so etwas erlebt zu haben, alles viel schlimmer vor als es ist,

* Geboren am 22. Juni 1909; hingerichtet am 4. September 1944.

wenn die Dinge Tatsache geworden sind und es ein Ausweichen nicht mehr gibt. Meine hierfür glückliche Natur und vor allem die Hilfe von Gott, um die ich Ihn immer gebeten und die Er mir in reichem Maß gegeben hat, haben mich alle Belastungen in einer Weise überstehen lassen, wie ich es vorher nie für möglich gehalten hätte. Es vollzieht sich eine völlige Wandlung, wobei das bisherige Leben allmählich ganz versinkt und gänzlich neue Maßstäbe gelten. Du hast dabei sogar durchaus auch Deine kleinen Freuden und ich habe auch Momente gehabt, wo ich richtig vergnügt war. Die Anlässe sind nur eben ganz andere geworden. Ein nettes Wort von einem mitfühlenden Menschen, die Erlaubnis zu lesen und zu rauchen, gelegentlich der Vorführung zu einer Vernehmung ein paar Schritte über einen sonnigen Hof machen zu können und solcher Kleinigkeiten vielerlei, erfreuen einen ganz genauso wie früher eine große Unternehmung oder ein freudiges Ereignis. Da ich meistens etwas Hunger hatte, freute ich mich über ein Stück trockenes Brot oder auf die dünne Suppe geradeso wie früher auf ein dickes Jagddiner. Und es schmeckt dann mindestens ebenso. Mein Geliebtes – ich schildere Dir das so ausführlich, damit du nicht denkst, Dein Heini hätte die 6 Wochen dicht an der Verzweiflung an die Zellenwand gestarrt oder sei wie ein gefangenes Tier im Käfig auf und ab gewandert. So darfst Du Dir bitte diese Zeit nicht vorstellen. Natürlich, mein Einzigstes, hat es auch sehr bittere und traurige Stunden gegeben, wo die Gedanken dann ihre eigenen Wege gingen und ich alle Kraft zusammennehmen mußte, um nicht nachzugeben und die Haltung zu bewahren. Ich glaube es aber geschafft zu haben. Und auch diese Stunden waren nicht umsonst und sicherlich notwendig, um mich dorthin zu führen, wo ich heute stehe. Ich könnte diesen Zustand nicht besser erklären als mit dem Wort aus der Bibel: »Fürchte Dich nicht, glaube nur.«

Bevor ich nun mich mit Dir, mein Geliebtes, über uns unterhalte, muß ich noch auf zwei Sachen eingehen und Dir erklären, weil ich nicht möchte, daß Du über ihre Motive nicht genau unterrichtet bist. Ich habe zwei große Torheiten begangen. Einmal die Flucht aus Berlin. Es war mehr oder weniger ein spontaner und undurchdachter Einfall, der zur Durchführung kam, als sich plötzlich eine günstige Gelegenheit bot. Ich hatte vor, in die Conower Gegend zu gelangen, um dort auf einem der Güter unterzuschlüpfen. Ich hatte mir nicht überlegt, daß ich den Betreffenden wahrscheinlich mit hineingerissen hätte. Es ist daher wahrscheinlich gut, daß ich kurz vor Feldberg von der Landwacht wieder gefangen wurde. Denn, wie ich höre, waren die dortigen Güter schon alle bewacht. Weißt Du – mich überkam so ein starker Drang nach der Freiheit, daß ich einfach nicht anders konnte, als einfach abzuhauen. Diese vier Tage Dir zu schildern in ihren Einzelheiten würde zu weit führen. Jedenfalls hatte ich vier Tage die Freiheit, bin nachts gewandert, habe am Tage in Wäldern geschlafen, von Beeren, Milch und rohem Gemüse gelebt, genau wie die ausgerissenen russischen Gefangenen. Es ging mir an sich herrlich, und ich genoß die Freiheit mit jeder Faser. Einen Haken hatte die Sache allerdings, und das waren meine Halbschuhe, in die natürlich sofort Sand kam und ich mir daher in Kürze die Zehen so wund gelaufen hatte, daß ich wirklich nur unter größter Energieentfaltung mich langsam weiterschleppen konnte. Wäre das nicht gewesen, hätte man mich auch nicht gefaßt. Jedenfalls nicht vor dem Ziel. Aber wer weiß, wozu es gut war. Ich wurde dann von dem netten Förster, der mich angehalten hatte, noch verpflegt und dann von der Polizei nach Berlin zurückgebracht. So weit betrifft die Sache nur mich. Wie ich aber erfahren habe, hat meine Flucht sich auch auf Euch ausgewirkt. Mein Einzigstes, das hatte ich mir natürlich nicht überlegt. Der Gedanke, Dir und anderen geliebten Menschen zu allem anderen auch noch hierdurch Leid zugefügt zu haben, ist mir ganz furchtbar. Ich weiß aber, Ihr werdet mir diese Unüberlegtheit verzeihen.

Nun die zweite Sache, mein Engel, für die ich Dich auch um Verständnis bitten muß, die bis ins letzte zu erklären aber wesentlich schwerer ist: an dem Tage, als ich morgens um vier Uhr gefaßt wurde und dann nach einer nicht schönen Zwischenstation in einem SS-Lager bei Fürstenwalde gegen 11 Uhr im Gefängnis in der Albrechtstraße abgeliefert und sofort einer Vernehmung unterzogen wurde, war ich auf einmal mit meinen Nerven wirklich fertig. Die vier Tage wenig gegessen, die Anstrengungen wegen meiner Füße, die Aufregung der Gefangennahme, die Überführung nach Berlin und das erste Verhör, in dem mir sofort klar war, daß es über mich nichts mehr zu verheimlichen gab, weil durch Aussagen bereits alles bekannt war, gab mir einen derben Schock. Nach dem Verhör sollte ich dann etwas schlafen und dann alles schriftlich niederlegen, was ich in dem »Fall« nicht nur von mir (denn das stand ja schon fest), sondern auch über alle anderen Freunde und Kameraden wußte. Als ich aufwachte, nun kam die ganze Müdigkeit und Desperatheit erst richtig nach, stand der Gedanke, nun auch noch andere durch meine Aussagen hereinzureißen, als ein einfach unüberbrückliches Hindernis vor mir. Infolge meines Zustandes fühlte ich mich nicht mehr stark genug, diesem Ansturm zu widerstehen, andererseits sagte ich mir, daß ich jede Achtung vor mir selbst verlieren würde, wenn ich hierin nachgäbe. Aus dieser verzweifelten Verfassung heraus, halb nicht mehr mit kontrollierten Sinnen, versuchte ich dann dem allen ein Ende zu machen, indem ich mir die Pulsader öffnen wollte. Ganz dazu kam es nicht, weil es bemerkt wurde. Geliebtes – bitte glaube mir, schon am nächsten Tag war mir diese Handlung völlig unfaßlich, und ich kann auch heute noch nicht verstehen, daß ich diesen Gedanken überhaupt erwogen habe. Er liegt mir so fern. Und glaube mir bitte weiter, daß, wenn ich diesen Schritt tat, es bestimmt mit keinem Gedanken in Rücksicht auf mich, sondern nur im Hinblick auf andere geschah. Mein Liebes, ich mußte Dir das berichten, denn Du sollst und mußt die Zusammenhänge genau kennen. Du hast mich bisher in allem verstanden, und ich traue fest darauf, daß Du auch in dieser Sache nur richtig nachempfinden kannst. Innerlich habe ich diesen Zwischenfall sehr schnell überwunden, weil ich ihn irgendwie gar nicht als zu mir gehörig ansah. So – mein geliebtester Schatz – jetzt fühle ich mich erleichtert, nachdem Du alles weißt.

Nun zu uns beiden – mein armer über alles geliebter Mensch. Irgendwie geht doch alles, was sich ereignet hat, über das Fassungsvermögen hinaus. Daß wir inzwischen ein viertes Kind haben, ich es erst acht Tage danach erfahren habe und diesen kleinen Menschen, der doch von mir stammt, nie im Leben sehen werde, kann ich einfach nicht begreifen. Daß alles gutgegangen und Du gesund bist, ist mir der einzigste Trost. Gib dem kleinen Wurm einen zarten Kuß auf sein Bäckchen von seinem unbekannten Papi. Sie wird am wenigsten unter all diesen Traurigkeiten leiden!

Geliebtes, wenn ich Dir zu Anfang schrieb, daß es

auch schwere Stunden für mich gegeben hat, so waren es in der Hauptsache die, in denen ich mich mit dem Schicksal meiner so heißgeliebten kl. Familie beschäftigte. Ich kann eigentlich gar nicht daran denken. Wollen wir uns jetzt nicht alles im Einzelnen ausmalen! Du weißt es so gut wie ich, und helfen kann ich Euch doch gar nicht. Mein Geliebtes, das ist das Entsetzliche an meiner Lage, Euch hilf- und schutzlos zurückzulassen, ohne auch nur mit einem Ratschlag helfen zu können. Ich zerbreche mir den Kopf, aber wie soll ich Dir einen vernünftigen Rat geben, wo ich doch die herrschenden Umstände gar nicht kenne. Meine einzige Zuversicht ist mein Glaube an Dich, an Deinen Mut und an Dein in der Not starkes Herz. Vollends wahnsinnig würde ich werden, wenn ich auch nur mit einem Gedanken es für möglich hielte, daß Du mir innerlich einen Vorwurf machen könntest. Du wirst immer davon überzeugt sein, daß ich nicht leichtfertig Eure Zukunft zerstört habe, sondern einer Idee diente, von der ich geglaubt habe, daß sie eine Rücksicht auf Familie und Privates nicht rechtfertige. Der liebe Gott und das Schicksal haben gegen mich entschieden, aber ich nehme die felsenfeste Überzeugung mit ins Grab, daß Du mich deswegen mit keinem Gedanken richten wirst. Man darf sich auch nicht überlegen, wie es wäre, wenn man anders gehandelt hätte, denn über diesen Überlegungen wird man ganz mürbe. Man kann nichts Geschehenes ungeschehen machen. Weißt Du – Geliebtes – es ist mir in den letzten Wochen so unbedingt klargeworden, daß all unsere Schritte und unser Geschick letztlich nur vom lieben Gott geleitet werden. Auch in meiner Lage habe ich von Anfang an das ganz bestimmte Gefühl gehabt, daß alles nach Gottes Willen abrollt. Einen schönen Spruch lege ich Dir ans Herz wegen seiner Wahrheit: »Sorget nicht, sondern lasset in allen Dingen eure Bitten im Gebet und Flehen mit Danksagung vor Gott kundwerden.«

Und werden unsere Bitten nicht erfüllt, so müssen wir uns sagen, daß Gottes Wege nicht unsere Wege sind und wir nie wissen können, was für uns das Beste ist. Mein Engel, ich werde Dir in dieser Form fremd sein, aber glaube nur, diese Wochen haben mich wirklich *gläubig* gemacht und ich bin unendlich dankbar dafür. Der christliche Glaube und der Glaube an ein »himmlisches Reich« sind das Einzigste, was einem in der Not hilft. Ach, mein Liebes – wie oft habe ich an unsere gemeinsamen Versuche gedacht und wie unendlich gerne würde ich jetzt mit Dir über alles sprechen. Der Weg dorthin führt aber wohl nur über Leid, und es muß erst einmal alles gewaltsam von einem gerissen werden. Erst dann kann man eine neue Kreatur werden.

Was für ein sündiger Mensch ich bisher war, ist mir erst jetzt klargeworden. Es ist sehr viel verlangt, daß der liebe Gott mir das alles verzeiht, wo ich doch erst zu Ihm gefunden habe, wo die wirkliche Not begann. Aber ich habe Ihn oft darum gebeten und glaube, daß Er mich erhört hat. Jedenfalls werde ich in diesem Glauben sterben und ohne Furcht und Angst. »Wachet, steht im Glauben, seid männlich und seid stark« soll mich bis zuletzt leiten. Es ist mein Einsegnungsvers. Eine große Hilfe war mir, daß ich in Königsberg und in Berlin mir eine Bibel beschaffen konnte, die meine Hauptlektüre war. Das ist mein Wunsch und guter Rat an Dich, mein Geliebtes, versuche ernsthaft, ein wirklicher Christ zu werden. Es ist bestimmt die stärkste Waffe, die man haben kann. Wenn man will und immer wieder darum bittet, versagt sich einem der liebe Gott auch nicht. Dir bestimmt nicht, denn Dein Herz ist so gut. Mein Liebes, ich habe Dir auch dieses alles so ausführlich geschildert, weil ich will, daß Du alles, was mich bis zu meinem letzten Tag bewegt hat, genau weißt.

Ich bin übrigens nirgends wirklich schlecht behandelt worden und habe überall Menschen gefunden, die gut zu mir waren und sich aus ehrlichem Mitgefühl um mich sorgten. Manchmal war ich richtig gerührt darüber. Es gibt überall böse, aber auch viele gute Menschen. Weißt Du, ich habe so oft an unsere Gespräche gedacht, worin Du mich anhalten wolltest, mehr geistige als irdische Schätze zu sammeln. Wie hast Du nur recht gehabt! Wo sind alle irdischen Schätze hin? Vergangen wie eine Dampfwolke! Das liebe Steinort ...

Mein Geliebtes, ich kann das alles nur andeuten, hätte natürlich noch viel mehr zu sagen, aber ich kann schon kaum mehr schreiben und kann ja auch nicht alles in diesem einen Brief sagen, und ich darf jetzt nicht sentimental werden. Der Gedanke, daß wir beide, die wir doch so ganz zusammengehören, uns nun nie, nie wieder auf dieser Erde sehen werden, ist für mich unfaßlich. Sieben herrliche Jahre haben wir zusammengelebt. Du bist auch jetzt niemals von mir gewichen. Ich habe immer das feste Gefühl gehabt, daß Du neben mir hergehst, und mit diesem Gefühl werde ich bis zur letzten Sekunde bleiben. Wir wollen dankbar sein für alles, was wir aneinander und miteinander gehabt haben. Für Dich, Geliebtes, ist ja alles viel, viel, schlimmer als für mich. Für meine Person, dessen sollst Du gewiß sein, fürchte ich den Tod nicht. Ich fürchte ihn nur im Hinblick und im Gedanken an Dich und unsere geliebten süßen Kinder. Wie wirst Du ihnen das nur alles erklären? Sie sind ja gottlob noch sehr jung und werden das wohl so ganz nicht verstehen. Wer weiß, was überhaupt die Zukunft bringt! Um eins bitte ich

Dich. Du wirst die nächste Zeit sehr traurig sein, das weiß ich ich und kann es Dir doch nicht ersparen. Ich weiß, daß Du mich bestimmt nicht vergessen wirst. Aber wenn Ihr von mir sprecht, tut es mit frohem Sinn und nicht so gewiß traurig verhalten, wie man das meistens erlebt, wenn von Toten gesprochen wird. Ich habe mein kurzes Leben fröhlich (vielleicht zu fröhlich) durchlebt und möchte, daß man mich auch so in Gedanken behält. Du wirst verstehen, wie ich das meine! – Kein Mensch kann sagen, wie Dein Leben nun weitergehen wird. Wo ich auch bin, werde ich immer für Dich beten. Gebe Gott, daß Dir größeres Leid erspart wird. Du bist das Allerliebste, was ich auf dieser Welt zurücklasse. Hätten wir uns doch wenigstens noch einmal sehen und umarmen können. Es war nicht möglich! Bitte, bitte, zergräme Dich nur nicht um mein Schicksal. Ich weiß, daß man sich, wenn einem ein lieber Mensch aus der Welt gegangen ist, genau vorzustellen versucht, wie alles im einzelnen war und was er durchgemacht. Ich habe Dir ja schon gesagt: ich habe keine Furcht, ich bin innerlich mit mir fertig, ich werde stolz und aufrecht allem entgegensehen. Gott bitten, daß Er mir Seine Kraft nicht entzieht, und mein letzter Gedanke wirst Du und meine Kinder sein. »Des Todes rührendes Bild steht nicht als Ende dem Frommen und nicht als Schrecken dem Weisen.«

Ich will mich weder als Frommen noch als Weisen bezeichnen, sehe das Ende aber in diesem Sinne. (Diesen hübschen Vers sagte mir heute mein Verteidiger.)

Einzigstes – Du glaubst nicht, wie schwer es mir fällt, diesen Brief und damit unser letztes Gespräch zu beenden, aber mal muß es sein. Wir werden uns über den Tod hinaus so liebbehalten, wie wir uns im Leben geliebt haben. Dieser Brief wird Dir weh tun, aber ich mußte doch noch einmal alles mit Dir besprechen. Der liebe Gott beschütze Dich und unsere Kinder auf all Euren Wegen. Es umarmt Euch und liebt Euch über alles auf der Welt

Euer Peps und Dein Heini

Werner Finck

Melde mich zurück

[1945]

Unbeschreibliches Gefühl, nach so vielen Jahren wieder schreiben und widersprechen zu dürfen! Das heißt, schreiben durfte ich ja!

Ich meine das Schreiben als solches, das Schreiben an sich oder an mich oder auch an andere. Auch war es mir erlaubt, Gedichte, Romane, Theaterstücke, ja selbst staatsfeindliche Pamphlete zu schreiben. Aber ich durfte nichts veröffentlichen. Nein, nein, seit dem Jahre des Heils 1939 durfte nichts mehr von mir erscheinen; das war ausgeschlossen wie ich aus der Reichskulturkammer.

Je toter ich aber geschwiegen wurde, um so lebendiger wurden die Gerüchte um mich. Manche davon kann ich zur Freude, manche zur Betrübnis meiner Freunde berichtigen. So ist mein Tod sehr wahrscheinlich eine Erfindung. Genaueste Nachforschungen, die ich im eigensten Interesse betrieben habe, ergaben das Gegenteil. Ich bin also, denke ich. (Sum ergo cogito.)

Es trifft auch nicht zu, daß ich ein aktiver Gegner des dutzendjährigen Reiches war, sonst wäre es mir wahrscheinlich auch nicht mehr möglich, das Gerücht meines Todes zu dementieren. Der passive Widerstand hat mir schon Unannehmlichkeiten genug gebracht.

Auch sind viele der tollkühnen Witze, die über mich verbreitet wurden, nicht wahr oder mindestens stark übertrieben. Möglich, daß dieses Eingeständnis meiner Beliebtheit in gewissen Kreisen Abbruch tut, aber ich opfere den billigen Ruhm gerne, wenn ich der bei uns so unterernährten Wahrheit wieder etwas zu Ansehen verhelfen kann. (Oh, wieviel Blut- und Bodenschande ist mit ihr getrieben worden!)

War ich nun ein zaghafter Held? Oder ein mutiger Angsthase? Auf alle Fälle ging ich niemals weiter als bis zur äußersten Grenze des gerade noch Erlaubten. Hier aber zog ich über die Narrenkappe des wortkargen Scherzes noch die Tarnkappe der vielsagenden Pause: Das machte die Angriffsspitze unsichtbar. Gegen die sie gerichtet war, die merkten nichts. Erst das schadenfrohe Gelächter meiner Freunde, die damit, ohne es zu wollen, meine Feinde wurden, ließ sie stutzig werden. Nie war die Kunst der geschliffenen politischen Spitze lebensgefährlicher als damals, niemals aber auch so reizvoll. Deshalb hat mich auch das Nachdenken über meine Möglichkeiten in einem wahrhaft demokratischen Staate etwas beunruhigt. Denn wenn man wieder alles frei heraussagen kann, was man denkt, wenn der schwindelnde Abgrund unter dem Seil, darauf die Worte halsbrecherisch balancieren müssen, abgeschirmt durch das Sicherheitsnetz einer liberalen Gesetzgebung: wird dann einer der vielen noch zuschauen wollen, denen früher das gleichgeschaltete Hasenherz stehenblieb, wenn man die Balance zu verlieren schien?

Aber, Gott sei Dank dafür, die Entwicklung war gar nicht so ungünstig, wie ich gefürchtet hatte: Gibt es nicht auch jetzt noch genug, über das zu sprechen gefährlich ist, zum Beispiel das zu sagen, was im vorigen Satz gesagt wurde? Diese Frage ist ein Entfernungsmesser.

Wie das zu verstehen ist? So: Ich will wissen, wie weit wir uns schon von den Methoden der autoritären Regierung entfernt und wieviel wir bis zur Erreichung aller demokratischen Rechte noch zurückzulegen haben. Wird nun die oben schüchtern gestellte Frage aus diesem meinem ersten Nachkriegsartikel entfernt, so stehen wir der Vergangenheit noch beängstigend nahe. Läßt man sie aber: Könnte es dann eine charmantere Beweiserbringung geben, daß die neuen Mächte es mit unserer Freiheit ernster meinen als die alten?

Haben wir eigentlich noch Humor? lautete einmal eine selbstmörderische Umfrage des »Berliner Tageblatt«:

»Doch, doch, wir haben. Oder wen meinen Sie mit wir? Wenn Sie uns meinen, unter uns haben wir Humor. Aber ob die über uns auch Humor haben?« Durch diese Antwort kamen meine endgültigen Verbote ins Rollen. Haben wir eigentlich schon das Recht der freien Meinungsäußerung? Ja? Nein? Nicht zutreffend? Und was kommt durch diese Frage ins Rollen?

Ich habe schon lange nicht mehr soviel gefragt. Wahrscheinlich bin ich angesteckt.

Ja, ja, der Bürger trägt jetzt wieder die ganze allgemeine Beantwortung für das Wohl und Wehe des Staates. Seine Zeit ist wieder voll ausgefüllt wie der Fragebogen, der sie ihm wegnimmt.

Ich aber, der Fragwürdigste aller überhaupt in Frage kommenden Kommenden, kann gar nicht genug Formulare erhaschen: Selbst noch in dieser Formulierung bleibt es ein unbeschreibliches Gefühl: wieder schreiben und widersprechen zu dürfen!

Hannelore Kleinschmid

Der Mut zum Nein – Ein Bericht über Menschen, die sich der Stasi verweigerten

Martin Schubert:
Bei uns in der Nachbarschaft ist also ein Objekt, das hat vorher die Polizei unterhalten. Sie hat dort Schulungen gemacht, und es bahnte sich an, daß dieses Objekt durch die Staatssicherheit übernommen werden sollte. Da haben wir natürlich immer rumgeflachst, daß wir jetzt – da hier nicht viele Häuser im Ort sind – das Ausbildungsobjekt werden, daß hier alles verwanzt wird und wir immer abgehört werden, bis sich eines Tages zwei junge Herren einfanden an der Haustür, die um einen Termin baten. Ich zückte meinen relativ leeren Terminkalender und vergab ganz hochwichtig einen Termin. Sie sagten aber dann schon, daß sie von der Staatssicherheit kämen und mit mir etwas besprechen wollten. Ich habe meine Kollegen gefragt, unter denen auch ein paar – mal vorsichtig formuliert – Chaoten waren, ob sie was ausgefressen haben, auf was ich mich jetzt einstellen müsse von meiner Seite als Leiter.

Martin Schubert ist Revierförster in der Försterei Alt-Brieselang, die schon Theodor Fontane vor etwa hundert Jahren in seinen *Wanderungen durch die Mark Brandenburg* beschrieben hat. Die beiden Herren vom Ministerium für Staatssicherheit kamen zum vereinbarten Termin zu dem jungen Förster. Das war 1986.

Martin Schubert:
Sie haben sich hier ins Zimmer gesetzt. Wir hatten damals schon, weil wir ein kleines Kind hatten, so ein Babyphon. Das war ja nicht erlaubt, denn es ist wie ein kleines Funkgerät. Da hatten wir unsere Späße gemacht, vorher. Wir wollten es am Ofen installieren, damit meine Frau mithören kann, was so alles los ist hier im Raum. Aber das haben wir dann doch gelassen. Zu sehr provozieren wollten wir sie auch nicht. Wenn die sehen, daß ein Kabel aus dem Ofen geht!

Ich habe also mit den beiden Herren ein ganz »normales« Gespräch geführt. Ich konnte damit leben, daß ich die drei Jäger, die ich im Revier hatte, die allgemein bekannt waren, noch einmal aufgezählt habe oder die Hochsitze am Waldrand. Da habe ich gesagt: »Sie brauchen dort bloß langzulaufen und die Hochsitze zu zählen, aber ich kann Ihnen das auch sagen: es sind drei.« Ich dachte immer, jetzt kommt die entscheidende Frage. Sie kommen doch nicht nur, um mit mir belangloses Zeug zu besprechen. Bis zu dem Punkt, daß sie dann plötzlich sagten, sie müßten nochmal wiederkommen.

Als sie zum zweiten Male kamen, wußte ich, jetzt geht es um mich. Was wollen sie? Und das war dann doch schon ein bißchen ein schlechteres Gefühl im Bauch, sage ich mal. Mit meiner Frau hatte ich darüber gesprochen. Ich hatte meine Vermutung geäußert, daß sie mich werben wollen. Und auch im Bekanntenkreis haben wir mal so darüber gesprochen, ja ... Die Frage, war ja klar, daß ich sie verneine, aber irgendwie war es doch ein komisches Gefühl, weil man ja nicht wußte, welche Macht haben die Leute. Haben sie etwas gegen dich in der Hand? Haben sie schon alle Trümpfe ausgespielt, oder kommt jetzt noch was?

Sie haben mir dann so ein paar Sachen gesagt: Sie würden mich informieren, wenn bestimmte Autos über die Grenze kämen, die offensichtlich nach ihrem Wissen vom BND wären, wo die Nummern bekannt wären. Sie wollten verfolgen, wo die langfahren usw. Ich habe versucht, mich rauszureden, und gesagt, ich hätte ja nicht die Zeit, mich auf die Brücke zu stellen und alle Autos zu kontrollieren und die Nummern aufzuschreiben. Dann habe ich noch gefragt, warum sie denn gerade an mich gedacht haben. Angeblich hätten sie keinen anderen gefunden, haben sie gesagt, der hier von den drei Häusern in Frage käme. Das habe ich ja noch eingesehen, habe dann aber trotzdem dankend verneint. Das hört sich jetzt sehr einfach an, aber das war doch innerlich – ich war hochrot, wie mir meine Frau im nachhinein nochmal gesagt hat – ein Konflikt. Es war völlig klar, daß man es nicht macht. Dennoch habe ich mich immer bemüht, mich in den Formulierungen noch so durchzuwinden, um nicht den Eindruck zu erwecken ... na, ich weiß nicht, da hätte man ja auch gleich den Wehrdienst verweigern können, da hätte man ja auch gleich so'n kleinen Märtyrer machen können. Das wollte ich ja irgendwo nicht, ich wollte aber trotzdem das um Gottes willen nicht machen. Es war ein ganz komisches Gefühl.

Konnte das Neinsagen denn so locker geschehen, wie es hier bei Martin Schubert klingt?

Drei Betroffene haben von Anwerbungsversuchen der DDR-Staatssicherheit zwischen 1967 und 1986 berichtet: Martin Schubert, Jahrgang 1960, ist der jüngste, der Journalist Harald Kleinschmid, Jahrgang 1942, der älteste. Andreas Steinbrücker, heute Stadtbaudezernent im thüringischen Rudolstadt, wurde 1950 geboren.

Woher haben sie die Kraft zum Nein genommen?

Der Bundesbeauftragte für die Unterlagen des Staatssicherheitsdienstes der ehemaligen Deutschen Demokratischen Republik, Joachim Gauck, hat in den Stasi-Akten – wie er schreibt – Belege entdeckt über die »Würde der Unterdrückten«.

»*Derartige Unterlagen bewahren auch ein Wissen um Widerstand und Zivilcourage – manchmal bis zum Heldentum ...*

Sie sind natürlich auch Zeugnisse des Scheiterns, Zeugnisse des Kampfes gegen das Scheitern und des schließlichen Unterliegens. Auch im Unterliegen gibt es noch unterschiedliche Arten der Kooperation – eine hinhaltende, eine taktierende, eine bereitwillige und eine übererfüllende Kooperation. Daneben gibt es die Zeugnisse des Widerstandes. Zeugnisse dafür, daß es eine Widerstandsbereitschaft gegeben hat .. .«*

Rund zehntausend inoffizielle Mitarbeiter versuchte das Ministerium für Staatssicherheit Jahr für Jahr zu werben. Jeder fünfte Angesprochene entzog sich dem Ansinnen – wie die Akten der Gauck-Behörde belegen.

Jeder fünfte IM-Kandidat fand den Mut zum Nein, leistete also Widerstand – auf seine Weise. Als Westdeutscher, dem diese Art Mut, sich zu verweigern, nicht abverlangt worden ist, äußerte sich der Publizist Robert Leicht, Chefredakteur der »Zeit«, auf einer Veranstaltung in der Gauck-Behörde am 23. September 1993 zum Thema »Das schwierige Erbe«:

»*Der Mut zum frühen Nein, woher kommt er, wodurch wird er untergraben? Letztlich finde ich die Dinge so erschütternd, weil sie sich eben nicht verstehen lassen. Das fängt an bei dem Brudermord zwischen Kain und Abel, den man auch nicht verstehen kann. Das*

---

* Joachim Gauck. »Die Würde der Unterdrückten«, in Hans Joachim Schädlich (Hrsg.). Aktenkundig, Berlin 1992

einzige, das man vielleicht verstehen kann: Wieviel Glück *manchmal dazu gehört, daß man es selber nicht gemacht hat; wieviel* Zivilcourage *dazu gehört, den ersten* Schritt *zum* Nein *zu tun, den frühesten* Schritt *zum* Nein. *Es ist so verdammt schwer, nach zwanzig* Schritten *noch* Nein *zu sagen. Aber man tröstet sich beim ersten* Schritt, *daß für das* Nein *noch Zeit ist.«*

Die nein sagten in der DDR, waren eine Minderheit. Die Erziehung zum Neinsagen widersprach dem System. Mitmachen war das Gebot. Seitdem die Akten aus dem MfS zugänglich sind, werden laufend Mosaiksteine für das Bild geliefert, daß die Bürger der DDR fast ausnahmslos Stasi-infiltriert und -verseucht gewesen seien: Vorgestern traf der Verdacht Politiker aus Wendezeiten wie Böhme, Schnur und de Maizière oder Manfred Stolpe und Gregor Gysi, gestern international bekannte Schriftsteller wie Heiner Müller, Christa Wolf, Günter de Bruyn, Stefan Heym und heute auch Persönlichkeiten der alten Bundesrepublik – kilometerlang Aktenordner, unzählige Seiten aus Bürokratenhand, eine makabre Hinterlassenschaft, die Unruhe stiftet, Verdacht aufbringt oder Beweise liefert.

Die Frage, warum so viele mitgemacht und sich angepaßt haben, reißt Narben aus der deutschen Vergangenheit auf. Zum zweitenmal seit 1945 wird nach Schuld und Mitschuld, nach den Möglichkeiten zum Widerstand gefragt, wird die Aufarbeitung des Geschehens verlangt. Genau hinzusehen und hinzuhören, ehe man urteilt, ist ein Gebot auf dem Wege zur inneren Einheit der Deutschen. Die Bürger aus den sozialistischen Diktaturen erlebten einen ständigen Zwang sich anzupassen. Vom Kindergarten an wurde ihr Rücken allmählich gebogen. Ihr aufrechter Gang sollte verhindert werden. Die Anpassung wurde zur normalen Haltung, zur Norm. »Das

Ticken der Norm« überschreibt die in Rumänien aufgewachsene Schriftstellerin Herta Müller einen Essay zum Thema Staatssicherheit:

»*Wie oft und leichtsinnig sagen wir das Wort ›normal‹. Wie früh im Leben lernen wir dieses Wort, übernehmen es von den Erwachsenen ... Der Anfang des Wortes ›normal‹ ist in der Diktatur politisch unauffällig. Es stellt sich hinter Begriffe, die viele teilen: Ordnung, Disziplin, Fleiß. Und viele folgen diesem Wort ... Der Widerstand kam aus dem Festhalten an moralischen Vorstellungen von sich selbst. Aus dem Bedürfnis, trotz aller lebenslästigen Konsequenzen anständig zu bleiben ... Beim Verlassen der Norm war die Angst, ins Leere zu stürzen. Viel Angst und kein Mut. Mit Mut ist die schlimmste Wendung, die das eigene Leben beim Verlassen der Norm schon genommen hat, nicht zu fassen. Aber mit Angst. Nur sie macht eigenwillig und stur ...*«

Auf der einen Seite standen die Angepaßten, die sich der »Norm« unterwarfen und – nicht selten – ihr dienten. Aber auf der anderen Seite gab es diejenigen, die zu sich selbst zu stehen versuchten und aus der verlangten »Norm« ausscherten. Wer konnte sich zu DDR-Zeiten ein Ende des SED-Staates vorstellen? Die in ihm lebten, richteten sich im allgemeinen auf Lebensdauer ein. Deshalb bemühte sich mancher, zwischen den eigenen moralischen Maßstäben und der Norm zu jonglieren. Der Gedanke, Menschen zuzuhören, die nein sagten, und nach den Quellen ihres Widerstehens zu forschen, kam mir, als ich die IM-Vorlauf-Akte meines Mannes sah:

»Juni 1966
Hinweis zur Person.
Harald Kleinschmid wurde uns bei einer Sichtung der Ausländerkartei der Abteilung VII bekannt – er ist ledig, sieht gut aus und ist 24 Jahre alt. Zur Zeit studiert er an

der Humboldt-Universität Theaterwissenschaften. Kleinschmid wird mit dem Ziel aufgeklärt und vielleicht auch kontaktiert, um ihn in das Verbindungssystem eventuell später einzubauen. Er ist im Besitz eines Reisepasses.«

Mein Mann kam aus familiären Gründen als Siebzehnjähriger aus Österreich nach Ost-Berlin. Als Ausländer war er dem SED-System von vornherein weniger ausgeliefert als der »normale« DDR-Bürger.

Harald Kleinschmid:
Wenn ich versuche, ehrlich zu sein, und wenn ich versuche, mich in die damalige Zeit hineinzuversetzen, bis zum Jahre 1968 – muß ich sagen –, habe ich doch fast eher ein bißchen meine neutrale Österreich-Haltung auch im Verhältnis zum Staat DDR gehabt, auch wenn mir vieles nicht gefiel. Aber als Österreicher in der DDR brauchte ich mich nicht mit allem, was ich sah, oder glaubte ich, mich nicht mit allem, was ich sah, direkt auseinandersetzen zu müssen.

Harald Kleinschmid, der Österreicher, durfte reisen, fuhr auch nach dem Mauerbau weiterhin regelmäßig nach West-Berlin, schmuggelte den »Spiegel« am Körper über den Checkpoint Charlie. Sein Bild von der Stasi hing mit der besonderen Position zusammen, die ein westlicher Ausländer in der DDR innehatte.

Harald Kleinschmid:
Ich habe die nie als Bedrohung empfunden, wußte aus der Studentenzeit, daß es in jeder Seminargruppe Leute gab, von denen man annehmen konnte, daß sie für die Stasi arbeiteten. Das war sozusagen ein allgemeines Wissen. Es hat sich relativ schnell herausgestellt oder her-

auskristallisiert oder herumgesprochen, wer diese Leute sein könnten. Und ein Vierteljahrhundert später hat sich die damalige Einschätzung in den meisten Fällen sogar bewahrheitet: Die, von denen wir damals geglaubt haben, daß sie bei der Stasi sind, waren zum großen Teil auch bei der Stasi dabei.

Ungefähr ein Jahr nach der zitierten Aktennotiz der Stasi wurde Harald Kleinschmid tatsächlich »kontaktiert«, vermutlich im Zusammenhang mit seiner Ehe mit einer DDR-Bürgerin.

Harald Kleinschmid:
Eines Nachmittags erhielt ich einen Anruf von der Volkspolizei mit dem Hinweis, ich möchte mal zur Klärung eines Sachverhalts – diese Formulierung gab's damals schon – zu ihnen kommen. Auf meine Frage, worum es denn gehe, sagten sie, mit meiner Anmeldung sei irgendwas nicht in Ordnung. Daraufhin erwiderte ich, das müsse ein Irrtum sein. Sie bestanden aber darauf, daß ich zu ihnen käme, und machten einen Termin mit mir aus. Mit meiner Anmeldung war aber alles in Ordnung. Das wußte ich hundertprozentig, und so wußte ich auch, daß es sich nicht um die Volkspolizei handelte, sondern vermutlich um die Stasi. Gleichzeitig wußte ich, daß ich mit der Stasi überhaupt nichts am Hut haben und mich auf keinerlei Gespräche oder Verhandlungen einlassen würde. Deshalb habe ich sowohl meiner Frau und meiner Mutter von diesem Anruf erzählt, als auch den meiner Familie und auch mir bekannten Professor Gerhart Eisler informiert, damals Mitglied des SED-Zentralkomitees und Vorsitzender des Staatlichen Rundfunkkomitees der DDR. Ich habe ihn angerufen und gesagt, daß ich mir

ziemlich sicher sei, das habe nichts mit meiner Anmeldung, sondern irgendwas mit der Staatssicherheit zu tun. Wenn ich bis 16 Uhr nicht wieder zu Hause sei, dann sei ich noch dort, und er möge so nett sein und geeignete Schnitte unternehmen, um mich da wieder herauszuholen. Ich wußte definitiv – und darum auch die diesbezüglichen Vorbereitungen –, daß ich nicht mitmachen würde. Ich wußte natürlich nicht, in welche Richtung das Gespräch laufen würde. Ich war mir keiner »Schuld« bewußt, also war mir ziemlich klar, daß ich nicht erpreßbar sein würde. So hatte ich zwar ein sehr mulmiges Gefühl, aber kein Gefühl der Angst.

Zum Gespräch selber. Wie üblich in der DDR war dort so eine Pförtnerluke. Da mußte ich meinen Ausweis abgeben. Zwei Herren kamen die Treppe herunter zum Eingang. Namen weiß ich nicht mehr, waren sowieso Schall und Rauch. Sie brachten mich in ein kahles Zimmer mit einem kahlen Tisch. Die Herren selber waren nur etwas älter als ich damals, auf den ersten Blick nicht unsympathisch, gut gekleidet für DDR-Verhältnisse, in korrekten grauen oder graugemusterten Anzügen.

Was in der Stasi-Akte steht, deckt sich weitestgehend mit den Erinnerungen Kleinschmids an das Gespräch:

»Berlin, den 3. 6. 67
Abteilung XV
Kontaktaufnahmebericht
Am 9. 5. 67, 15.00 Uhr, wurde durch die Genossen Claus und Heyer der Kontakt zum Kleinschmid, Harald ... aufgenommen.

Einen relativ breiten Umfang nahm das Philosophieren über seinen Stiefvater Arnolt Bronnen ein. Es wurde dessen politisch gute Rolle vor 1945 und nach 1945 hervorgehoben.

Im Gespräch wurde dann übergegangen zum Thema der Kontaktaufnahme. Die Mitarbeiter stellten sich als Angehörige des MfS vor. Es war sofort eine Einigelung des K. und Verschlossenheit deutlich. Er brachte sofort zum Ausdruck, daß er niemals bereit sein wird, irgend etwas zu tun, wo das MfS beteiligt ist ... Zum anderen könnte er die nervliche Belastung nicht verkraften und auch vor seiner Ehefrau nicht schweigen und geheimtun.

Er ließ sich bei diesem Thema auf keinerlei Diskussion ein, sondern betonte, daß er gegen Geheimdienstarbeit prinzipiell eingestellt wäre. Einschätzend kann gesagt werden, daß sich schon während des Gesprächs erkennen ließ, daß K. nicht die geeignete Person für Werberaufgaben ist. Er versteht zu reden und zu formulieren, hatte ein freudliches Wesen – in Klammern: bis zur entscheidenden Frage – Zusammenarbeit mit dem MfS.

Vorschlag:

Es wird vorgeschlagen, das Material zum K. auf Grund der oben angeführten negativen Momente im Archiv der Abteilung XII zur Ablage zu bringen.

Heyer, Unterleutnant«

Über seine Gedanken und Empfindungen während der Unterredung sagt

Harald Kleinschmid:
Natürlich hatte man Herzklopfen, gar keine Frage! Natürlich hat man schweißnasse Hände gehabt. Aber es war wohl eher spannend, es waren keine Angstgefühle. Es war ein Gefühl wie im Krimi. Ich kam mir zeitweise vor wie in einem Krimi – und dieses von außen beobachtend.

Zum Beispiel ein winziges Detail: Zu Beginn des Gesprächs faßte der eine unter den Tisch. Ich registrierte das und dachte nur: »Aha, jetzt schaltet er das Tonbandgerät ein!« Ich war mir zu 99 Prozent sicher, nicht erpreßbar zu sein. Wohl deswegen hatte ich keine Angst.

Das andere Gefühl – aber dabei kann ich zwischen damals und heute nicht mehr trennen – war vielleicht doch ein bißchen Stolz, daß ich mich nicht darauf eingelassen habe.

Als Österreicher hatte Kleinschmid bis zum 17. Lebensjahr ein humanistisches Gymnasium besucht und war anders erzogen worden als die DDR-Schüler. In Ost-Berlin lebte er mit dem Privileg des gültigen Reisepasses. Daß er im Unterschied zu vielen Bürgern des SED-Staates keine Angst vor dem MfS verspürt hat, dürfte mit dieser Sonderrolle zu tun haben.

Harald Kleinschmid:
Bei solchen Entscheidungen spielt eine Vielzahl von Faktoren eine Rolle, sicherlich die Erziehung, das Elternhaus, das Bemühen, sich Bedrängungen nicht zu beugen. Es steckt wahrscheinlich auch im Charakter eines Menschen, ob man gewillt ist, sich anzupassen. Aber es spielen sicherlich auch die gesellschaftlichen Faktoren eine Rolle, also die Tatsache, daß ich selbstverständlich in der damaligen DDR eine gewisse privilegierte Position hatte, daß ich Österreicher war, daß ich nicht alles mitzumachen brauchte und im Unterbewußtsein und manchmal auch im Bewußtsein natürlich bei allen Entscheidungen in der DDR das Hintertürchen hatte: »Also, wenn's dir gar nicht mehr paßt, dann kannst du ja nach Österreich gehen.«

Diese Alternative bot sich DDR-Bürgern nicht. Aufgewachsen unter SED-Regie, erzogen von Eltern und Großeltern, die vor dem Aufbau des Sozialismus das Dritte Reich durchlebt hatten, fiel und fällt es schwer, selbstbestimmt zu handeln. Darauf verwies Joachim Gauck auf der Veranstaltung über »Das schwierige Erbe«, die Stasi-Akten:

»Wenn Sie in meinem Alter sind, sind Sie auch nicht besonders erzogen, selbstbewußt, mutig und selbstbestimmt Ihr Schicksal in die Hand zu nehmen, sondern bis zum Meckern ging es noch, aber zum Neinsagen hat es oft schon nicht richtig gereicht. Wer nicht nein sagen kann, hat es auch schwer, richtig ja zu sagen. Und was ist denn mit Leuten, die nichts dafür können, daß sie 50 Jahre lang daran gehindert worden sind, diese Tugenden des selbstbestimmten Eingreifens in das eigene und in das öffentliche Leben zu erlernen.«

Der Druck des Systems, sich anzupassen, machte jeden eigenständigen Schnitt aus einer angeordneten Reihe heraus zu einer Aktion, die Herzklopfen auslöste.

Martin Schubert, der Sohn der ostdeutschen Schriftstellerin Helga Schubert, erinnert sich:

Wir waren keine Märtyrer. Also haben wir uns mehr oder weniger angepaßt. Als ich in die Schule kam und meine Mutter noch – sagen wir mal – einem normalen Beruf nachging, wurden wir im Unterricht gefragt, ob wir Westfernsehen einschalten. Damals wurde mir vom Elternhaus gesagt, man müsse es ja nicht unbedingt immer bejahen, und im Grunde genommen sahen wir fast gar kein Westprogramm. Das war schon ein kleiner Konflikt für einen Sechsjährigen: Warum darf man das denn nicht sagen? Man hat es aber dann doch versucht, sich durchzuschwindeln.

Oft genug ging es um scheinbare Kleinigkeiten, nicht um Tod oder Leben. Kompromisse wurden gesucht, Schwindeleien bevorzugt, wenn es nicht lohnend erschien zu widerstehen, da der Anlaß zu unbedeutend war. So begann in der DDR schon im Kindergarten die Erziehung zur Doppelzüngigkeit – erinnert sei an die Punkt- oder Strichuhr im West- beziehungsweise Ostfernsehen, nach der die Kleinen gefragt wurden.

Auf einer Tagung der Evangelischen Akademie Berlin-Brandenburg im Dezember 1993 über den von der Stasi geführten »Kampf um die Seele« sagte der Leiter der Außenstelle Gera der Gauck-Behörde, Andreas Schmidt:

»Es gab Menschen, die in der direkten Konfrontation mit Offizieren des MfS den eigenen moralischen Anspruch nicht aufgaben, den Nebenmenschen nicht zielgerichtet zu denunzieren. Einige retteten sich in die strikte Verweigerung der Aussage. Andere blendeten ihr Gewissen bewußt aus oder zogen es vor, den Ahnungslosen darzustellen. Das strategische Postulat der Ehrlichkeit bei der Berichterstattung neutralisierten viele Menschen durch das Gegenteil: Unehrlichkeit. Letztlich resultierte sie aus der Schwäche vieler Menschen, den rigorosen Bruch mit dem MfS zu vollziehen. Verharmlosen, Lügen und Beschwindeln. Unehrlichkeit war die schlaflose Mühe um ein Wort, das den anderen nicht preisgab, verriet. Es gab Menschen, die das strategische Postulat der Konspiration einfach aufgebrochen haben, indem sie Zeitpunkte der geheimen Kontakte bewußt verpaßten, ignorierten, schwänzten. In Schülermanier entledigten sie sich des wuchtigen Drucks eines bevorstehenden Kontaktgespräches durch Ausreden bzw. durch fadenscheinige Vorwände, wie es in der Terminologie des MfS immer wieder hieß. Bus- und

Zugverspätungen, Fahrzeugschaden, Wasserrohrbruch in der Wohnung, Arzttermine, Schlaflosigkeit der Kleinkinder, kurzfristiger Urlaub, Herzattacken von Großmüttern und Großvätern, Kohlenlieferungen wurden als Gründe angeführt, nicht zum Treffen zu erscheinen. Allerdings waren es erfolgreiche Bemühungen, um das Ritual und Gehabe von Konspiration, Disziplin, Pünktlichkeit, Kontaktbereitschaft, Zuverlässigkeit und Verschwiegenheit in der Bedeutungslosigkeit versinken zu lassen. Diese grundlegenden Prämissen des MfS wurden durch ihr Gegenteil aufgehoben. Dekonspiration, Disziplinlosigkeit, Unpünktlichkeit, Unzuverlässigkeit, Redseligkeit waren die Antwort vieler Menschen auf eine gezielte Vereinnahmung durch das MfS. Viele Menschen waren nicht blind für ihre eigene Schwäche, eine radikale Abwendung vom MfS zu vollziehen. Aber diese Schwäche setzte noch lange nicht ihre Kritik darüber außer Kraft, was es heißt, andere zu verpfeifen.«

Wann und wo aber zog der einzelne seine persönliche Grenze, die keinen Kompromiß mehr zuließ? Woher nahmen manche den Mut, sich abzugrenzen, nicht allen Forderungen der Funktionäre zu gehorchen? Wie viele junge Männer stand auch Martin Schubert in der Schulzeit vor der Frage, wie er der angeblich freiwilligen Verpflichtung zu drei Jahren Armeedienst entgehen könnte, ohne sich gleichzeitig den Zugang zum gewünschten Ausbildungsplatz zu verbauen.

Martin Schubert:
Ich wußte, wenn ich mich verweigere, dann verweigere ich meinen beruflichen Werdegang. Man mußte einen Kompromiß finden. Verweigerung ging leider nicht, aber drei Jahre mußten auch nicht sein. Da habe ich von vornherein klargestellt, so lange zur NVA müsse nicht sein, und auch was die SED anging, habe ich mich nach ein paar anfänglichen Werbeversuchen ganz gut drücken

können. Ich weiß zum Beispiel, daß einige Leute durch die Forstwirtschaftsbetriebe richtig unter Druck gesetzt worden sind. Diese Betriebe haben in der Regel zum Studium delegiert, und sie haben den Bewerbern klargemacht, wenn sie studieren möchten, verlangt der Betrieb als Gegenleistung, daß sie in die Partei eintreten. Diejenigen, die sich nicht darauf eingelassen haben, wurden nicht delegiert. Sie haben ein Jahr gewartet und zwei Jahre. Wer dann doch in die SED gegangen ist, hat sozusagen am nächsten Tag seine Zulassung zum Studium erhalten. Ich, wenn ich in dieser Situation gewesen wäre, hätte den Schnitt nicht getan, sondern unter diesen Bedingungen auf das Studium verzichtet und mir etwas anderes gesucht. So weit wäre meine Kompromißbereitschaft nicht gegangen.

Später wurde mir einmal die Pistole auf die Brust gesetzt. Mir wurde erklärt, daß eine gesellschaftliche Aktivität ratsam wäre, wenn ich gemeinsam mit meiner Frau in dem Forstwirtschaftsbetrieb angestellt werden wollte, in dem wir uns beworben hatten. Diese gesellschaftliche Aktivität sei bei mir noch nicht erkennbar. Da habe ich mich ein bißchen unter Druck gesetzt gefühlt. Wir hatten während des Studiums ein kleines Zimmer in Schwerin. Ich habe unserer Vermieterin erzählt: »Stell dir vor, jetzt, wo ich gedacht habe, ich bin über alle Klippen gekommen, wird mir die Pistole auf die Brust gesetzt. Ich bin mit dem Studium fertig. Ich bin Förster, und jetzt soll ich bestimmte Kompromisse eingehen. Das mache ich nicht.« Darum gab es ziemliche Auseinandersetzungen, nicht direkt in der Familie, aber immerhin. Das war ein komisches Gefühl. Die Vermieterin meinte zu mir: »Na, dann kommst du eben zu uns! Ich bin in der Bauernpartei. Als Förster in der Bauernpartei bist du doch gut aufgehoben.«

Im Grunde genommen ist es völliger Quatsch gewesen, aber ich habe nach dem Strohhalm gegriffen. So konnte ich mich rechtfertigen und sagen, es tue mir leid, aber ich sei schon in einer anderen Partei und könne deshalb nicht in die SED eintreten.

In die Bauernpartei einzutreten, bedeutete für Schubert zugleich Verweigerung und Kompromiß. Ein klares Nein fiel den meisten schwer, bedeutete es doch bei bestimmten Fragen das Aus für den »normalen« realsozialistischen Lebensweg. Den Widerspruch zu proben, dafür schuf die Kirche – meist vorsichtig, manchmal zögernd – einen Freiraum. Man brauchte eine angeborene Dickköpfigkeit, die Hilfestellung von Eltern und Freunden oder – wie sich mit den Jahren mehr und mehr herauskristallisierte – das Dach der Kirche, die Junge Gemeinde, um das Anderssein auszuhalten. Jemanden zu finden, der den Rücken für den aufrechten Gang stärkte, bekam in der DDR-Gesellschaft besondere Bedeutung, in der die gesamte Erziehung staatlicherseits auf Mitmachen, auf Zustimmen ausgerichtet war. In der Jungen Gemeinde konnten Jugendliche anders reden als in staatlichen Institutionen. Sie durften die eigene Meinung üben.

Iring Fetscher

Ermutigung zur Zivilcourage
Plädoyer für eine zu wenig beachtete Tugend

Tapferkeit ist eine Tugend, Mut eine natürliche Haltung. Mut kann auf mangelndem Bewußtsein der Gefahr beruhen und wird dann zur Tollkühnheit. Der Tollkühne vernachlässigt seine Pflicht zur Selbsterhaltung. Der Tapfere setzt sein eigenes Lehen für ein Ziel aufs Spiel, von dem er annimrnt, daß es den Wert seines individuellen Lebens übersteigt. Vielleicht sollte man dieses Wort allein für denjenigen reservieren, dessen subjektive Wertschätzung zugleich objektiv »richtig« und human ist. Der Räuber, der sein Leben für die Sache des Raubes, den Erfolg seiner Bande aufs Spiel setzt, wäre dann zwar mutig, aber nicht tapfer. Aber die Grenzen sind nicht immer klar zu bestimmen. Was sollen wir von dem Soldaten sagen, der *glaubte*, ehrlich glauben konnte, sein Mut diene dem Schutze des Lebens seiner Mitbürger und einer gerechten Sache – der sich aber – ein getäuschtes Opfer seiner Regierung – irrte? Darf man ihn nicht tapfer nennen? Tapfer – gewiß. Aber damit wird nur deutlich, daß auch Tapferkeit eine »sekundäre Tugend« ist, eine Tugend, die ihren Wert letztlich erst durch die Ziele erhält, denen sie dient. Man kann die Haltung des Tapferen würdigen und doch bedauern, daß sie – unwissentlich – der schlechten Sache diente. Wertvoll ist an ihr, daß ein Individuum ein Ziel kennt, das über sein begrenztes, beschränktes Dasein hinausreicht. Fragwürdig und kritikbedürftig ist aber die Qualität jenes Zieles. Tapferkeit ist also – wie Mut – nicht unter allen Umständen »ganz gut«. Sie mag gut sein – was das tapfere Individuum anlangt –, sie kann aber zugleich schlecht sein für viele seiner Mitmenschen. Die Tatsache, daß viele – Getäuschte – im Dienste eines verbrecherischen Krieges tapfer waren, hat die Niederlage der Naziarmeen verzögert und die Dauer der Unterdrückung verlängert. Und doch waren jene zweifellos tapfer. Die Mißbrauchbarkeit ist freilich nicht nur dieser einen sekundären Tugend eigentümlich. Sie gilt ebenso für andere: etwa den Fleiß oder die Zuverlässigkeit. Fleiß im Begehen einer Missetat und Zuverlässigkeit in der Zusammenarbeit mit einem Verbrecher sind höchst schädliche Verhaltensweisen ...

Von jenem Mut und jener Tapferkeit, deren ambivalenten Charakter ich eben angedeutet habe, ist die Zivilcourage prinzipiell unterschieden. Bezeichnend schon, daß wir kein deutsches Wort für sie haben. Eine deutsche Dichterin hat einmal von der »Tapferkeit vorm Freunde« gesprochen. Damit meinte sie etwas Verwandtes. Mut und Tapferkeit assoziieren wir meist mit dem Kampf gegen einen Feind. Mut beweist man angesichts der Gefahr, Tapferkeit vorm Feinde. Freilich kann die Gefahr auch von der Natur drohen – bei einer Hochgebirgstour oder beim einsamen Flug in unwirtlichen Gegenden. Die Zivilcourage ist eine ganz besondere Art von Mut. Sie gehört zur »politischen Kultur«, über deren Mängel wir gerade in Deutschland so gerne klagen. In der Demokratie wird sie vielleicht mehr noch benötigt als in monarchischen und aristokratischen Gesellschaften. Aber auch dort brauchte sie nicht zu fehlen.

Gegenüber wem beweisen wir Zivilcourage? Der Untertan konnte sie dem König gegenüber beweisen, indem er ihm offen seine Kritik darlegte. Der Mut bestand hier im Eingehen des Risikos willkürlicher Verhaftung und Verfolgung oder auch nur des Entzugs besonderer Gnade und Förderung. Das erste Beispiel einer solchen Haltung, das mir als Schüler in der Zeit des »Dritten Reiches« einen tiefen Eindruck gemacht hat, war ein Brief, den *François Salignac de Lamothe Fénelon*, Erzieher des Duc de Bourgogne und Erzbischof von Cambrai, 1694 an seinen König Ludwig XIV. sandte. Auch wenn an der Authentizität des Briefes (bzw. der Verfasserschaft), der erst 1825 im Druck erschien, Zweifel angemeldet worden sind, bleibt er für mich eins der bedeutendsten Dokumente der Zivilcourage zur Zeit des Absolutismus. Vergleichbar in unseren Tagen nur den Schreiben eines Andrej Sacharow oder der Verfasser der »Charta 77« in der Tschechoslowakei. Ich fand diesen Brief seinerzeit in einer Anthologie von Charles Ploetz (Manuel de Littérature Française, Berlin 1898) und nahm an, daß der Herausgeber damals schon ähnliche deutsche Verhältnisse im Auge gehabt haben dürfte, wie sie einem 1938 begegneten. Dort las ich:

»Seit etwa 30 Jahren haben Eure führenden Minister alle althergebrachten Grundsätze des Staates erschüttert und über den Haufen geworfen, um Euere Autorität auf den Gipfel zu treiben, lag doch diese Autorität in ihren Händen. Nicht mehr vom Staat war die Rede noch von seinen Ordnungen, sondern nur vom König und seinem Wohlgefallen. Man hat Euere Einkünfte und Euere Ausgaben ins Ungemessene gesteigert. Man hat Euch bis in den Himmel gehoben, um sagen zu können, vor Euch sei die Größe all Eurer Vorgänger zusammen nichts gewesen, d. h. Ihr habt ganz Frankreich arm gemacht, um am Hofe einen ungeheuerlichen und nicht mehr gutzumachenden Luxus einzuführen. Sie haben Euch auf den Ruinen des Staates aufbauen wollen, als ob Ihr groß werden könntet dadurch, daß Ihr Euere Untertanen vernichtet, auf denen Euere Größe sich gründet ... Sie haben weder in der inneren Verwaltung des Staates noch in den Beziehungen zum Ausland ein anderes Gesetz gekannt, als dies alles, was Ihnen Widerstand leistete, zu bedrohen, zu zerschmettern und zu vernichten. Sie haben nur zu Euch gesprochen, um von Euch jedes Verdienst fernzuhalten, das das ihre in den Schatten stellen könnte. Sie haben Euch wie einen Gott daran gewöhnt, immerfort übersteigertes Lob zu empfangen, das Ihr, um Eurer Ehre willen, mit Entrüstung hättet zurückweisen sollen. *Man hat Euren Namen verabscheuungswürdig werden lassen und die ganze französische Nation allen unseren Nachbarn unerträglich gemacht.* (...) Das reicht aus, Sire, um festzustellen, daß Ihr Euer ganzes Leben außerhalb des Weges der Wahrheit und Gerechtigkeit, folglich auch außerhalb des Weges des Evangeliums, verbracht habt. So viele abscheuliche Wirren, die ganz Europa seit mehr als 20 Jahren in Bestürzung versetzt haben, so viel vergossenes Blut, so viel erregte Skandale, so viel geplünderte Provinzen, so viele eingeäscherte Städte und Dörfer – all das sind die unseligen Folgen dieses Krieges von 1672, der zu Eurem Ruhm und zur Schande der Gazettenmacher und Ordenshersteller geführt wurde. Prüfet, ohne Euch zu schmeicheln, zusammen mit ehrenhaften Beratern, ob Ihr all das behalten dürft, was Ihr zufolge der Verträge, die Euren Feinden durch einen so schlecht begründeten Krieg aufgezwungen wurden, in Euren Besitz gebracht habt...«

Gewiß, das Priesterkleid und seine Würde mögen Fénelon geschützt haben, aber dennoch gehörte Mut dazu, einen Monarchen von solch unumschränkter Machtfülle in solchem Ton anzusprechen und ihm so ins Gewissen zu reden. Daß Fénelon dabei die Hauptschuld den schlechten Ratgebern des Monarchen zuschiebt, ist eine Argumentationsfigur, wie sie – bis zum heutigen Tage – in konstitutionellen Monarchien üblich ist. »The King can do no wrong« – heißt es z. B. in England. Aber die *Ratgeber* des Königs können schlecht sein, sich irren und Fehler machen. Sie sind daher dem Parlament verantwortlich und können durch dessen Mehrheit gestürzt oder zur Rechenschaft gezogen werden. Der König aber darf dann nichts anderes tun als das, was ihm seine Minister raten. Davon sind wir freilich im Zeitalter Ludwigs XIV. meilenweit entfernt. Um etwas zu erreichen, muß sich Fénelon daher direkt an den König wenden. Er kann ihn nur gewinnen, wenn er seine Irrtümer und Verbrechen zum erheblichen Teil den schlechten Ratgebern anlastet. Es bleibt noch immer genug an direktem Tadel zurück. So des Königs Duldung eines an Idolatrie grenzenden »Persönlichkeitskultes«, so die Verletzung aller traditionellen Rechte und Überlieferungen des Königreiches, die Mißachtung der Lehren des Evangeliums. Das alles offen auszusprechen war in einer Zeit, da der König durch einen einfachen »lettre de cachet« jedermann verhaften lassen konnte, keine Kleinigkeit. – In Monarchien (absolutistischen) und Diktaturen läßt sich der Adressat zivilcouragierten Verhaltens eindeutig und auf den ersten Blick bestimmen: es ist der jeweilige Machthaber. Gegenüber wem aber beweisen wir in der liberalen Demokratie Zivilcourage?

Gewiß, auch in der Demokratie gibt es noch »Vorgesetzte«, »Behörden«, einschüchternde Amtsinhaber, vor deren Drohgebärde Zivilcourage am Platze sein kann. Aber der eigentliche »Souverän« ist doch jetzt das Volk, die öffentliche Meinung oder das, was als solche gilt. Zivilcourage muß daher in erster Linie auf einem anderen Felde bewährt werden als in der Monarchie oder unter der Diktatur. Zivilcourage ist nicht das gleiche wie der oft apostrophierte »Mut zu unpopulären Entscheidungen«, den man Abgeordneten oder Regierungen wünscht. Sie hat aber gewisse Verwandtschaft mit ihm. Zivilcourage ist eine Haltung einzelner Bürger, nicht von Mitgliedern der Regierung. Sie kann bewiesen werden in der Fähigkeit und Bereitschaft, Vorurteile, die in einer Bevölkerung weit verbreitet sind, in Frage zu stellen; gegen den Strom der »öffentlichen Meinung« zu schwimmen; den Zorn eines mächtigen Zeitungsverlegers zu riskieren (wenn es darum geht, eine Verwirrung stiftende, Leser manipulierende Aussage zu kritisieren); dem Konformitätszwang einer Gruppe zu widerstehen und die davon abweichende persönliche Einsicht oder Überzeugung offen einzubekennen. All das sind Äußerungen, zu denen Zivilcourage gefordert ist. Zivilcourage ist – psychoanalytisch ausgedrückt – ein Beweis von »Ichstärke«. Wer Zivilcourage an den Tag legt, muß nicht immer im Recht sein. Ohne Menschen, die der Zivilcourage fähig sind, geht aber die Freiheit zugrunde.

In einer Gesellschaft, in der kein Mut, keine Zivilcourage mehr erforderlich ist, um abweichende Auffassungen und Einsichten zu formulieren, herrscht was Herbert Marcuse »repressive Toleranz« genannt hat. »Alles ist erlaubt« und »alles ist gleichgültig«, weil sich die Mächtigen und Einflußreichen so sicher wähnen, daß sie sich um »Meinungen« und »Einsichten« nicht zu kümmern brauchen. »Sage was immer Du willst, es wird sich doch nichts ändern«, scheint die Maxime einer solchen Gesellschaft zu sein. Freiheit kehrt sich in absolute Beliebigkeit, Toleranz in totale Gleichgültigkeit um. Damit ist das eine Extrem bezeichnet, dem die Konsumgesellschaft unserer Tage bedenklich nahekommt. Das andere Extrem bilden jene Gesellschaften, in denen schon Mut dazu gehört, eine bestimmte Art von Kunst zu loben oder ein Gedicht mit ungewöhnlichen Metaphern zu publizieren. In der einen wird Zivilcourage überflüssig, in der anderen wird sie überfordert. *Bertolt Brecht* hat auf etwas ähnliches angespielt als er im »Galilei« den Satz prägte: »unglücklich das Land, das Helden nötig hat«. Die Reflexion über die Bedingungen, unter denen Zivilcourage möglich und nötig ist, hat uns auf den Zustand der Gesellschaft, der politischen Verhältnisse geführt. Es gibt und gab Gesellschaften, in denen Zivilcourage weder möglich noch notwendig war, geschlossene Stammesgesellschaften, die das Leben jedes Einzelnen vollständig den Sitten, Ritualen, Gewohnheiten und Normen des Ganzen unterwarfen. Das Ausbrechen aus diesen Normen wird dort mit dem – oft zum Tode führenden – Ausschluß geahndet. Am anderen Ende steht die von Moden bewegte Massengesellschaft, der sich der Einzelne um seines Überlebens und Vorwärtskommens willen freiwillig anpaßt und die den »Zivilcouragierten« als Exzentriker und Außenseiter toleriert und mißachtet.

Zivilcourage ist nur dort möglich, wo »Ichstärke«, personale Unabhängigkeit zumindest als allgemein akzeptierte Forderung noch lebendig ist und wo das Beispiel des mutigen Einzelnen daher Verhältnisse in Bewegung bringen, Einfluß und Macht in Frage stellen kann, weil Hunderte und Tausende von diesem Beispiel angesprochen werden. Ohne den zivilen Mut einzelner Bürger gehen freiheitliche Institutionen zugrunde oder werden wertlos.

Weit davon entfernt, den unterwürfigen Untertan zu

produzieren, könnte christliche Glaubensgewißheit sehr wohl dazu beitragen, jene Festigkeit des Herzens und jene zivile Tapferkeit zu bewirken, die den Einzelnen befähigt, der vernünftigen Einsicht und seinem Gewissen zu folgen (nicht ohne es selbstkritisch geprüft zu haben) und den Mächten Widerstand zu leisten, vor denen Furchtsamere sich ducken. Historisch war das freilich keineswegs immer so, und oft genug wurde die »Gottesfurcht« zur Verstärkung der Furcht vor irdischen Machthabern benützt oder mißbraucht. Was einst nur in christlichen »Fürstenspiegeln« stand, müßte aber heute in einem »Bürgerspiegel« geschrieben stehen. Glaubensgewißheit und Gottesfurcht könnten die Grundlage für zivilen Mut abgeben. Selbst wenn die Meinung oder Überzeugung irrig ist, für die sich der Zivilcouragierte engagiert, wird sein Verhalten weniger ambivalent bleiben als das des »Tapferen« (im Sinne kriegerischer Tüchtigkeit). Voraussetzung ist freilich, daß sich genügend andere mutige Zivilisten finden, die seine Auffassung korrigieren. Zivilcourage ist eine notwendige Bürgertugend, aber sie sollte in einer Gesellschaft möglichst weit verbreitet sein und sich mit Toleranz und demokratischer Gesinnung paaren. Die Zivilcourage ist eine leise Tugend und keine »dekorative«, aus diesem Grunde und weil sie den Herrschenden so wenig gefällt, wird von ihr weniger gesprochen als von kämpferischer Tapferkeit. Zivilcourage ist die Haltung Einzelner, die durch ihr Vorbild andere aufwecken und ermutigen können. Tapferkeit wird meist in der Gemeinschaft geübt, auch wenn Einzelne als »Helden« aus ihr herausragen. Der Tapfere schlägt zu, der Zivilcouragierte stellt in Frage und klagt an, wobei er den Gegenschlag ebenso riskieren muß wie der Tapfere. Die Waffe des einen ist materiell, sein Mut physisch, die des anderen spirituell, sein Mut vor allem ein seelischer. Beide Haltungen können sehr wohl in einem Menschen verbunden sein. Mir scheint jedoch, daß es mehr Zivilcouragierte geben dürfte, die auch tapfer sein können als umgekehrt. Und das wäre mein letztes Argument im Plädoyer für eine zu wenig beachtete Tugend.

Kapitel 8

Toleranz

Einleitung

Auch die *Toleranz* wurde erst spät als Tugend definiert. Heute wird sie aber so häufig beschworen – etwa wenn wieder einmal Neonazis Ausländer, Juden oder Behinderte in Deutschland gejagt, mißhandelt oder gar umgebracht haben –, daß man den Eindruck gewinnt, die Tugend der *Toleranz* sei eine Floskel und bedeute nur, Menschen anderer Geburt und Kultur oder anderen Glaubens neben sich zu dulden. Das aber ist ein großer Irrtum.

Hinter dem Begriff *Toleranz* versteckt sich eine wesentliche intellektuelle und gesellschaftliche Frage: Wie gehe ich mit meinen eigenen Vorstellungen und Überzeugungen, mit dem, was ich denke, für richtig halte, kurz, wie gehe ich mit der Wahrheit – wie die Philosophen sie umschreiben – um? Bei den alten Griechen und Römern lebten viele Götter nebeneinander, aber keiner beanspruchte für sich die alleinige Wahrheit. Auf diese Weise war fast jeder in seinem Glauben weitgehend frei. Nur die an einen Gott glaubenden und eine absolute Wahrheit beanspruchenden Juden und Christen wurden verfolgt, wohl auch, weil sie eine vermeintliche Gefahr für die bestehende kulturelle und politische Ordnung darstellten.

Erst mit der Expansion der monotheistischen Religionen (Judentum, Christentum und Islam) wird die Frage: Wer besitzt die Wahrheit?, zum Problem. Nachdem der von der Kirche Roms vertretene Glaube in Europa zur Staatsreligion geworden war, führte die Intoleranz über die Jahrhunderte hinweg zu Kreuzzügen und Massenmorden, schrecklichster Folter und Verbrennungen Andersgläubiger auf dem Scheiterhaufen.

Erst weit nach der Reformationszeit wurde *Toleranz* als sittliche Verhaltensregel zusammen mit der religiösen Neutralität des Staates gefordert. Das schönste Beispiel für eine solche Haltung ist die Ringparabel aus Lessings »Nathan der Weise«. Hier wird die Duldung verschiedener Religionen nebeneinander damit begründet, daß keiner der drei Söhrie beweisen kann, wer den echten, den wahren Ring besitzt. Doch den religiös, politisch, sittlich Andersdenkenden zu dulden und gewähren zu lassen, bedeutet nur Gleichgültigkeit, selbst dann, wenn dieses Dulden mit Freundlichkeit verbunden wäre. Toleranz im ursprünglichen Sinn des Wortes erfordert hingegen mehr.

Das Ziel der *Toleranz* ist der friedliche Umgang mit der Wahrheit. Und das setzt voraus, daß man erstens selbst über eine Überzeugung, eine Erkenntnis verfügt; zweitens verlangt *Toleranz*, daß die Wahrheit des anderen nicht nur geduldet wird, sondern sie soll auch noch als gleichberechtigt anerkannt werden. *Toleranz* ist also schon allein deshalb eine schwierige Tugend, weil sie Vernunft voraussetzt, Wissen und die Fähigkeit zur Erkenntnis. Da es aber keine absolute Wahrheit gibt, vertritt jeder seine eigene Ansicht. Das führt dazu, daß sich viele verschiedene Überzeugungen gegenüberstehen. Die Tugend der *Toleranz* gibt nur das rechte Maß vor, wie Personen, die unterschiedliche Religionen, Überzeugungen, eben Wahrheiten vertreten, miteinander umgehen sollen.

Toleranz verlangt, daß jeder bereit ist einzugestehen, daß seine Wahrheit nur relativ ist. Tatsächlich hat sich fast jede Erkenntnis – auch die der größten Wissenschaftler – als fehlbar erwiesen, und sei es erst nach

Hunderten von Jahren. Wer den anderen anerkennt, muß in Anspruch nehmen, daß in der eigenen Wahrheit genauso viele Fehler enthalten sein können, wie er sie in der anderen vermutet. Das fällt allen Menschen – auch den angeblich Weisen – schwer, denn Fehler gibt niemand gern zu. Damit werden viele persönliche Gefühle (Eitelkeiten, Ängste usw.) getroffen. Die moderne Definition von *Toleranz* fordert dennoch, daß wir unsere Einstellung zu den eigenen Fehlern verändern. Bevor wir den anderen beurteilen, müssen wir lernen, uns selbst in Frage zu stellen. Damit wird die *Toleranz* eine Tugend, die Selbstüberwindung verlangt und aggressive Triebe zurückdrängt.

Wenn *Toleranz* aber den richtigen Umgang mit Wahrheit zum Ziel hat, dann reicht es noch nicht aus, daß man die persönliche Erkenntnis in Frage stellt und bereit ist, eigene Fehlerhaftigkeit einzugestehen, vielleicht gar nach Fehlern in der privaten Einstellung zu suchen, sondern wahre *Toleranz* geht weiter: Sie bleibt nicht passiv und duldet, sondern sie wird aktiv und handelt. Das bedeutet, daß man mit Vertretern anderer Wahrheiten einen Gedankenaustausch über deren Sichtweisen aufnimmt. Denn erst durch das Gespräch über Wahrheiten und Fehler fördert *Toleranz* das Verstehen und führt dazu, daß Meinungsverschiedenheiten friedlich ausgetragen werden und Streitigkeiten nicht in gewalttätige Auseinandersetzungen ausarten. Und das muß ein Teil des moralischen Erziehungsprogramms von Kindern und Jugendlichen sein.

Toleranz ist allerdings kein Selbstzweck. Nur wenn alle die gleichen Voraussetzungen hätten, um nach der Wahrheit zu suchen, und wenn sie dann auch mit gleicher Intensität dieser sittlichen Handlungsweise folgten, wäre diese Tugend eine unbeschränkte moralische Pflicht. Die *Toleranz* darf allerdings gegenüber Intoleranten mißachtet werden, auch dann, wenn andere sittliche Ziele sonst nicht erreicht werden können. So wird seit einigen Jahren gegen die Tötung von bestimmten Walarten von Umweltorganisationen ein starker öffentlicher Protest – auch mit Gewalt gegenüber Walfängern – ausgeübt. Dies hat dazu geführt, daß die über Jahrhunderte bestehende *Toleranz* gegenüber Angehörigen dieses Berufsstandes eingeschränkt und ihnen Fangquoten aufgezwungen wurden. Dies ist richtig, solange die Tatsachen – die Bedrohung von Walarten – stimmen.

Dagegen wird manchmal toleriert, was nicht geduldet werden soll. Aber es kann geschehen, daß es an Information und politischer Macht fehlt, um wirksam zu protestieren. Toleriert wird etwa die Aufrüstung von Ländern der Dritten Welt mit einem gewaltigen Waffenarsenal, das diese Staaten in den finanziellen Ruin treibt und ihnen die finanziellen Mittel für notwendige Sozialvorhaben nimmt, gleichzeitig aber die lokalen Diktatoren – wie etwa Mobutu – zu Milliardären mit Konten in der Schweiz macht. Sie sind die Raubritter des Nachkolonialismus. Dies dürfte nicht geduldet werden, weil durch die Habgier der Industriestaaten Hunderttausende von Menschenleben aufs Spiel gesetzt werden.

Habgier ist ein großer Feind der Moral. Sie führt immer wieder dazu, daß Vorgänge hingenommen werden, auf die mit aller Härte reagiert werden müßte. So darf es etwa gegen Fanatiker keine Rücksicht geben. Und wenn eine aus religiösen Fanatikern zusammengesetzte Staatsführung wie im Iran einen Schriftsteller wie Salman Rushdie wegen eines Romans zum Tode verurteilt, ihn – wie im Mittelalter – für vogelfrei erklärt und auch noch eine Kopfprämie auslobt, dann sollte dle Folge sein, daß demokratische Staaten ihre wirtschaftlichen und politischen Beziehungen auf das allernötigste Mindestmaß beschränken. Aber selbst jene Politiker tun es nicht, die bei jedem Brandanschlag auf das Haus eines Ausländers lauthals *Toleranz* fordern. Sie wissen vielleicht nicht, was sich hinter dieser Tugend verbirgt.

Toleranz – ein Fremdwort?

Toleranz sollte eigentlich nur eine vorübergehende Gesinnung sein: sie muß zur Anerkennung führen. Dulden heißt beleidigen. *Johann Wolfgang von Goethe*

Was die wahre Freiheit und den wahren Gebrauch derselben am deutlichsten charakterisiert, ist der Mißbrauch derselben. *Georg Christoph Lichtenberg*

Toleranz ist:

- die Tugend des Mannes, der keine Überzeugungen hat. *Gilbert Keith Chesterton*
- das unbehagliche Gefühl, der andere könne am Ende doch recht haben. *Robert Lee Frost*
- die Nächstenliebe der Intelligenz. *Jules Lemaitre*
- eine Eigenschaft, die dem Reichen zu erklären erlaubt, Armut sei keine Schande. *Robert Lembke*

– ein anderes Wort für Gleichgültigkeit.

William Somerset Maugham

– die Fehler der anderen entschuldigen. *Arthur Schnitzler*

Gotthold Ephraim Lessing

Nathan der Weise: Die *Ringparabel*

SALADIN (So ist das Feld hier rein!) – Ich komm' dir doch
Nicht zu geschwind zurück? Du bist zu Rande
Mit deiner Überlegung. – Nun so rede!
Es hört uns keine Seele.

NATHAN Möcht' auch doch
Die ganze Welt uns hören.

SALADIN So gewiß
Ist Nathan seiner Sache? Ha! das nenn'
Ich einen Weisen! Nie die Wahrheit zu
Verhehlen! für sie alles auf das Spiel
Zu setzen! Leib und Leben! Gut und Blut!

NATHAN Ja! ja! wann's nötig ist und nutzt.

SALADIN Von nun
An darf ich hoffen, einen meiner Titel,
Verbesserer der Welt und des Gesetzes,
Mit Recht zu führen.

NATHAN Traun, ein schöner Titel!
Doch, Sultan, eh' ich mich dir ganz vertraue,
Erlaubst du wohl, dir ein Geschichtchen zu
Erzählen?

SALADIN Warum das nicht? Ich bin stets
Ein Freund gewesen von Geschichtchen, gut
Erzählt.

NATHAN Ja, *gut* erzählen, das ist nun
Wohl eben meine Sache nicht.
SALADIN Schon wieder
So stolz bescheiden? – Mach'! erzähl', erzähle! (...)
NATHAN Vor grauen Jahren lebt' ein Mann in Osten,
Der einen Ring von unschätzbarem Wert
Aus lieber Hand besaß. Der Stein war ein
Opal, der hundert schöne Farben spielte,
Und hatte die geheime Kraft, vor Gott
Und Menschen angenehm zu machen, wer
In dieser Zuversicht ihn trug. Was Wunder,
Daß ihn der Mann in Osten darum nie
Vom Finger ließ; und die Verfügung traf,
Auf ewig ihn bei seinem Hause zu
Erhalten? Nämlich so. Er ließ den Ring
Von seinen Söhnen dem geliebtesten;
Und setzte fest, daß dieser wiederum
Den Ring von seinen Söhnen dem vermache,
Der ihm der liebste sei; und stets der liebste,
Ohn' Ansehn der Geburt, in Kraft allein
Des Rings, das Haupt, der Fürst des Hauses werde. –
Versteh mich, Sultan.
SALADIN Ich versteh' dich. Weiter!
NATHAN So kam nun dieser Ring, von Sohn zu Sohn,
Auf einen Vater endlich von drei Söhnen;
Die alle drei ihm gleich gehorsam waren,
Die alle drei er folglich gleich zu lieben
Sich nicht entbrechen konnte. Nur von Zeit
Zu Zeit schien ihm bald der, bald dieser, bald
Der dritte, – sowie jeder sich mit ihm
Allein befand, und sein ergießend Herz
Die andern zwei nicht teilten, – würdiger
Des Ringes; den er denn auch einem jeden

Die fromme Schwachheit hatte, zu versprechen.
Das ging nun so, solang es ging. – Allein
Es kam zum Sterben, und der gute Vater
Kömmt in Verlegenheit. Es schmerzt ihn, zwei
Von seinen Söhnen, die sich auf sein Wort
Verlassen, so zu kränken. – Was zu tun? –
Er sendet in geheim zu einem Künstler,
Bei dem er, nach dem Muster seines Ringes,
Zwei andere bestellt, und weder Kosten
Noch Mühe sparen heißt, sie jenem gleich,
Vollkommen gleich zu machen. Das gelingt
Dem Künstler. Da er ihm die Ringe bringt,
Kann selbst der Vater seinen Musterring
Nicht unterscheiden. Froh und freudig ruft
Er seine Söhne, jeden insbesondre;
Gibt jedem insbesondre seinen Segen, –
Und seinen Ring, – und stirbt. – Du hörst doch, Sultan?

SALADIN (*der sich betroffen von ihm gewandt*)
Ich hör', ich höre! – Komm mit deinem Märchen
Nur bald zu Ende. – Wird's?

NATHAN Ich bin zu Ende.
Denn was noch folgt, versteht sich ja von selbst. –
Kaum war der Vater tot, so kömmt ein jeder
Mit seinem Ring, und jeder will der Fürst
Des Hauses sein. Man untersucht, man zankt,
Man klagt. Umsonst; der rechte Ring war nicht
Erweislich; –
(*nach einer Pause, in welcher er des Sultans Antwort erwartet*)
Fast so unerweislich, als
Uns itzt – der rechte Glaube.

SALADIN Wie? das soll
Die Antwort sein auf meine Frage? ...

NATHAN Soll

Mich bloß entschuldigen, wenn ich die Ringe
Mir nicht getrau' zu unterscheiden, die
Der Vater in der Absicht machen ließ,
Damit sie nicht zu unterscheiden waren.

SALADIN Die Ringe! – Spiele nicht mit mir! – Ich dächte,
Daß die Religionen, die ich dir
Genannt, doch wohl zu unterscheiden wären.
Bis auf die Kleidung, bis auf Speis' und Trank!

NATHAN Und nur von seiten ihrer Gründe nicht. –
Denn gründen alle sich nicht auf Geschichte?
Geschrieben oder überliefert! – Und
Geschichte muß doch wohl allein auf Treu'
Und Glauben angenommen werden? – Nicht? –
Nun, wessen Treu' und Glauben zieht man denn
Am wenigsten in Zweifel? Doch der Seinen?
Doch deren Blut wir sind? doch deren, die
Von Kindheit an uns Proben ihrer Liebe
Gegeben? die uns nie getäuscht, als wo
Getäuscht zu werden uns heilsamer war? –
Wie kann ich meinen Vätern weniger
Als du den deinen glauben? Oder umgekehrt. –
Kann ich von dir verlangen, daß du deine
Vorfahren Lügen strafst, um meinen nicht
Zu widersprechen? Oder umgekehrt.
Das nämliche gilt von den Christen. Nicht? –

SALADIN (Bei dem Lebendigen! Der Mann hat recht.
Ich muß Verstummen.)

NATHAN Laß auf unsre Ring'
Uns wieder kommen. Wie gesagt: die Söhne
Verklagten sich; und jeder schwur dem Richter,
Unmittelbar aus seines Vaters Hand
Den Ring zu haben. – Wie auch wahr! – Nachdem
Er von ihm lange das Versprechen schon

Gehabt, des Ringes Vorrecht einmal zu
Genießen. – Wie nicht minder wahr! – Der Vater,
Beteurte jeder, könne gegen ihn
Nicht falsch gewesen sein; und eh' er dieses
Von ihm, von einem solchen lieben Vater,
Argwohnen lass': eh' müss' er seine Brüder,
So gern er sonst von ihnen nur das Beste
Bereit zu glauben sei, des falschen Spiels
Bezeihen; und er wolle die Verräter
Schon auszufinden wissen; sich schon rächen.

SALADIN Und nun, der Richter? – Mich verlangt zu hören,
Was du den Richter sagen lässest. Sprich!

NATHAN Der Richter sprach: Wenn ihr mir nun den Vater
Nicht bald zur Stelle schafft, so weis' ich euch
Von meinem Stuhle. Denkt ihr, daß ich Rätsel
Zu lösen da bin? Oder harret ihr,
Bis daß der rechte Ring den Mund eröffne? -
Doch halt! Ich höre ja, der rechte Ring
Besitzt die Wunderkraft beliebt zu machen;
Vor Gott und Menschen angenehm. Das muß
Entscheiden! Denn die falschen Ringe werden
Doch das nicht können! – Nun; wen lieben zwei
Von Euch am meisten? – Macht, sagt an! Ihr schweigt?
Die Ringe wirken nur zurück? und nicht
Nach außen? Jeder liebt sich selber nur
Am meisten? – O, so seid ihr alle drei
Betrogene Betrüger! Eure Ringe
Sind alle drei nicht echt. Der echte Ring
Vermutlich ging verloren. Den Verlust
Zu bergen, zu ersetzen, ließ der Vater
Die drei für einen machen.

SALADIN Herrlich! herrlich!

NATHAN Und also, fuhr der Richter fort, wenn ihr

Nicht meinen Rat, statt meines Spruches, wollt:
Geht nur! – Mein Rat ist aber der: ihr nehmt
Die Sache völlig wie sie liegt. Hat von
Euch jeder seinen Ring von seinem Vater:
So glaube jeder sicher seinen Ring
Den echten. – Möglich; daß der Vater nun
Die Tyrannei des *einen* Rings nicht länger
In seinem Hause dulden wollen! – Und gewiß;
Daß er euch alle drei geliebt, und gleich
Geliebt: indem er zwei nicht drücken mögen,
Um einen zu begünstigen. – Wohlan!
Es eifre jeder seiner unbestochnen
Von Vorurteilen freien Liebe nach!
Es strebe von euch jeder um die Wette,
Die Kraft des Steins in seinem Ring' an Tag
Zu legen! komme dieser Kraft mit Sanftmut,
Mit herzlicher Verträglichkeit, mit Wohltun,
Mit innigster Ergebenheit in Gott
Zu Hilf'! Und wenn sich dann der Steine Kräfte
Bei euern Kindes-Kindeskindern äußern:
So lad' ich über tausend tausend Jahre
Sie wiederum vor diesen Stuhl. Da wird
Ein weisrer Mann auf diesem Stuhle sitzen
Als ich; und sprechen. Geht! – So sagte der
Bescheidne Richter.

SALADIN Gott! Gott!

NATHAN Saladin,
Wenn du dich fühlest, dieser weisere
Versprochne Mann zu sein: ...

SALADIN (*der auf ihn zustürzt und seine Hand ergreift, die er bis zu Ende nicht wieder fahren läßt*) Ich Staub? Ich Nichts?
O Gott!

NATHAN Was ist dir, Sultan?

SALADIN Nathan, lieber Nathan!
Die tausend tausend Jahre deines Richters
Sind noch nicht um. – Sein Richterstuhl ist nicht
Der meine. – Geh! – Geh! – Aber sei mein Freund.
NATHAN Und weiter hätte Saladin mir nichts
Zu sagen?
SALADIN Nichts.
NATHAN Nichts?
SALADIN Gar nichts. – Und warum?
NATHAN Ich hätte noch Gelegenheit gewünscht,
Dir eine Bitte vorzutragen.
SALADIN Braucht's
Gelegenheit zu einer Bitte? – Rede!
NATHAN Ich komm' von einer weiten Reis', auf welcher
Ich Schulden eingetrieben. – Fast hab' ich
Des baren Gelds zuviel. – Die Zeit beginnt
Bedenklich wiederum zu werden; – und
Ich weiß nicht recht, wo sicher damit hin. –
Da dacht' ich, ob nicht du vielleicht, – weil doch
Ein naher Krieg des Geldes immer mehr
Erfordert, – etwas brauchen könntest.
SALADIN (*ihm steif in die Augen sehend*) Nathan! –
Ich will nicht fragen, ob Al-Hafi schon
Bei dir gewesen; – will nicht untersuchen,
Ob dich nicht sonst ein Argwohn treibt, mir dieses
Erbieten freierdings zu tun: ...
NATHAN Ein Argwohn?
SALADIN Ich bin ihn wert. – Verzeih mir! –
Denn was hilft's?
Ich muß dir nur gestehen, – daß ich im
Begriffe war –
NATHAN Doch nicht, das Nämliche
An mich zu suchen?

SALADIN Allerdings.
NATHAN So wär'
Uns beiden ja geholfen! – Daß ich aber
Dir alle meine Barschaft nicht kann schicken,
Das macht der junge Tempelherr. Du kennst
Ihn ja. Ihm hab' ich eine große Post
Vorher noch zu bezahlen.
SALADIN Tempelherr?
Du wirst doch meine schlimmsten Feinde nicht
Mit deinem Geld auch unterstützen wollen?
NATHAN Ich spreche von dem einen nur, dem du
Das Leben spartest …
SALADIN Ah! woran erinnerst
Du mich! – Hab' ich doch diesen Jüngling ganz
Vergessen! – Kennst du ihn? – Wo ist er?
NATHAN Wie?
So weißt du nicht, wie viel von deiner Gnade
Für ihn, durch ihn auf mich geflossen? Er,
Er mit Gefahr des neu erhaltnen Lebens,
Hat meine Tochter aus dem Feur gerettet.
SALADIN Er? Hat er das? – Ha! darnach sah er aus.
Das hätte traun mein Bruder auch getan,
Dem er so ähnelt! – Ist er denn noch hier?
So bring' ihn her! – Ich habe meiner Schwester
Von diesem ihren Bruder, den sie nicht
Gekannt, so viel erzählet, daß ich sie
Sein Ebenbild doch auch muß sehen lassen! –
Geh, hol' ihn! – Wie aus einer guten Tat,
Gebar sie auch schon bloße Leidenschaft,
Doch so viel andre gute Taten fließen!
Geh, hol' ihn!

Günther Anders

Freiheit der Religionen

In Gesellschaft mit jüdischem, christlichem und mohammedanischem Studenten

Als die Wörter »*Toleranz*« und »*Freiheit der Religionen*« immer wieder, und immer wieder selbstgefällig, verwendet worden waren, machte ich offenbar ein bedenkliches Gesicht.

»Ja, sind Sie denn nicht auch für Freiheit der Religionen«, fragte da der jüdische Student. »Und nicht auch für Toleranz?« fragten die zwei anderen.

Pause.

»Nun?«

»Den Religionen«, antwortete ich, »die wir bekennen – ich persönlich bekenne keine –, gehören wir kaum je aus freien Stücken an, sondern durch den Zufall, daß wir gerade in diese, und in keine andere, hineingeboren worden sind. Unsere Zugehörigkeit ist also *ein Stück Unfreiheit*. Und das um so mehr, als ja die dogmatischen und ritualen Systeme, die unsere Religionen darstellen, durchweg unsere Freiheit beschneiden: uns nämlich vorschreiben, was wir zu glauben oder nicht zu glauben, zu verehren oder zu verabscheuen, zu tun oder zu unterlassen haben – kurz: sie selbst sind *Systeme der Unfreiheit*.

Die drei blickten einander verquält an, fanden aber kein Gegenargument.

»Wenn nun«, fuhr ich fort, »›*Freiheit der Religionen*‹« gewährleistet wird, so bedeutet das mithin, daß es uns erlaubt wird, bei denjenigen Systemen der Unfreiheit, in die wir durch Geburt, also unfrei, hineingeraten sind, zu verbleiben, und andererseits, daß die diese Systeme verkörpernden Organisationen, also die Kirchen, die *Freiheit* genießen, *ihre spezifischen Freiheitsberaubungen zu praktizieren*. Das Ganze läuft unter dem Namen ›*Toleranz*‹. Könnt Ihr finden, daß das mit Freiheit sehr viel zu tun hat?«

Pause.

»Aber ich gehöre doch *gerne* meiner Religion an!« widersprach schließlich einer von ihnen.

Das Eis war gebrochen.

»Und ich meiner!« rief der zweite solidarisch.

»Und ich meiner!«

Ich nickte. »Eben!« schloß ich. »Daß man selbst *das* hat erreichen können, das ist die Klimax der Unfreiheit!«

Ignatz Bubis

Hoffen auf eine intensiver gelebte Toleranz
Zum Grundwert einer demokratischen Gesellschaft

Wenige Begriffe haben im öffentlichen Gespräch der letzten Jahre und Jahrzehnte eine derartige Prominenz erlangt wie das Wort »Toleranz«. Wenn man allein von der Häufigkeit des Wortgebrauchs ausgehen wollte, könnte man schon beinahe auf eine feste Verankerung des hinter dem Begriff stehenden Wortsinnes im Bewußtsein dieser

Gesellschaft schließen. Toleranz ausüben – wer verlangte es denn nicht? Und Toleranz einfordern – wer täte es denn nicht? Der Grundkonsens über den hohen Stellenwert dieses Schlüsselwortes der Demokratie ist so weitverbreitet, wie er nicht hinterfragt ist. Die Toleranz lohnt und verdient deshalb ein neues Nachdenken.

Die Wortbedeutung des Fremdwortes »Toleranz« umfaßte – ich darf dies in Erinnerung rufen – ausgehend vom lateinischen »tolerantia« – ursprünglich die »Duldung«, auch die »Duldsamkeit«, besonders in Sachen der Vernunft und des Glaubens. Der Blick auf das zugrundeliegende Verbum »tolerare« enthüllt das Wortfeld »ertragen, dulden, leiden, gestatten«, »tolerant« bedeutete »duldend, duldsam« und meinte dies entsprechend vor allem in Religionssachen. Es liegt, wenn wir den sprachlichen Hintergrund berücksichtigen, auf der Hand, daß sich mit der Toleranz stets auch ein »Leid« verbindet. Der eine leidet darunter, daß man ihn (nur) dulden will, der andere, daß er eine Sache – oder eine andere Person – erdulden, ertragen muß.

Der Weg der Toleranz von einem »Leid« zu einer Tugend, von einem Unwert zu einem Wert, war schwierig, schmerzhaft und nicht immer erfolgreich. Das mag seine Ursache in erster Linie darin haben, daß Toleranz in der europäischen Geschichte lange Zeit die Forderung einer machtlosen Minderheit an eine mächtige Mehrheit war. Man wäre ein schlechter Kenner der menschlichen Natur, würde man nicht begreifen wollen, wie schwer es den Inhabern einer Macht – eigentlich: jeder Macht – fällt, auch nur auf einen kleinen Teil davon freiwillig zu verzichten.

Um so schwerer wog diese Forderung, als sie zuerst gerade in religiösen Dingen erhoben wurde. Die von der Staatskirche abweichenden Glaubensgenossen wollten ungehinderte Glaubensausübung und Gemeinschaftsbildung ja ausgerechnet von denjenigen zugesichert haben, deren Machtanspruch sie durch ihre Abweichung in Frage gestellt hätten. Wir wissen, daß dies nirgendwo – und schon gar nicht so ohne weiteres – glatt vonstatten ging.

Die Duldung ihres Glaubens durch die christliche Staatskirche samt der dazu gehörenden staats-, privat- und kirchenrechtlichen Verhältnisse durch besondere Toleranzedikte erfolgte in Österreich im Jahre 1781, in Preußen gar erst 1847. Dabei darf man nicht vergessen, daß – obwohl das Christentum aus dem Judentum hervorgegangen war – die jüdische Religion durch diese Edikte lediglich zu einer tolerierten (und noch lange nicht zu einer gleichberechtigten) Glaubensgemeinschaft aufrückte. Die dadurch bedingte untergeordnete rechtliche Stellung bereitete der zahlenmäßig immer kleinen jüdischen Minderheit unablässiges tiefes Leid. Wer will, kann leicht nachlesen, welche unendlichen Mühen jüdische Menschen auf sich nahmen, um vom Stadium der Duldung in das der Gleichberechtigung übergehen zu können.

Es war in all diesen Jahren nicht nur der jüdischen Minderheit (an deren Schicksal ich hier beispielhaft erinnere) bewußt, daß wahre Menschenwürde nicht in einem Staats- und Regierungssystem zu finden sein würde, das »Andere« nur hinnimmt oder duldet. Auch viele Katholiken und Protestanten wußten, daß genau an dieser Stelle der Rubikon floß, jenseits dessen die ersehnte Demokratie zu Hause war. Die Anerkenntnis der Tatsache, daß Individuen überhaupt Rechte neben denen des Staates haben könnten, fiel allgemein schwer. Wie viele – oder vielmehr: wie wenige – Menschen mögen damals geahnt haben, daß diese scheinbar nur juristische Frage eines

Tages zu einem genuinen Wert per se werden, ja ein demokratisches Gemeinwesen geradezu definieren würde?

Es ist für einen wie wir in Freiheit lebenden Zeitgenossen am Ende dieses ungeheuerlichen 20. Jahrhunderts beinahe unmöglich geworden, die Bedingungen und Mühseligkeiten nachzuvollziehen, die zu seiner ihm selbstverständlich erscheinenden Freiheit geführt haben. Die religiös bestimmte Entwicklungsgeschichte des Toleranzgedankens mag dem heutzutage betont westlich gesinnten »Normalbürger« aus dem Bewußtsein geschwunden sein. Er genießt wie selbstverständlich die Vorzüge eines freiheitlichen und demokratischen Rechtsstaats und tut gewiß recht daran.

Dennoch darf und muß in unserer Zeit rasant zunehmender Individualisierung der ethisch – und damit religiös – begründete Hintergrund demokratischen Seins und Handelns im öffentlichen Gespräch gehalten werde. Die Väter und Mütter des Grundgesetzes wußten sehr wohl, auf welches Gelände sie sich begaben, als sie ihrem (man darf ruhig sagen: grandiosen) Werk das Bewußtsein einer »Verantwortung vor Gott und den Menschen« voranstellten. Die Grundrechte der Handlungsfreiheit, der Freiheit der Person, der Gleichheit vor dem Gesetz, der Glaubens-, Gewissens- und Bekenntnisfreiheit, nicht zuletzt der Meinungsfreiheit erwachsen alle aus der unantastbaren Würde des Menschen, dem Ebenbild seines Schöpfers.

Toleranz – die »Duldung«, die der Stärkere (der einzelne, die Gruppe, der Staat) gegen den in Religion, Weltanschauung, Abstammung, Nationalität, Hautfarbe und Geschichte anders gearteten Schwächeren übt – stellt einen unverzichtbaren Grundwert in einer demokratischen politischen Gesellschaft dar. Von der Toleranzidee führte eine gerade Linie zu den politischen Forderungen der Emanzipation und der Gleichberechtigung der Bürger. Diese Linie setzte sich bis zum heute (zumindest in der Theorie) beinahe universell akzeptierten Katalog der Menschenrechte fort.

Wenn wir also die Toleranz aus all diesen, ich meine: guten, Gründen bejahen, sollten wir auch darüber sprechen, wie wir es mit der Intoleranz halten sollten. Verdient die Unduldsamkeit unsere Duldung? Haben diejenigen, die anderen Menschen das Recht auf ein selbstdefiniertes Dasein absprechen, sie gar als »Volksfremde« ausgrenzen, haben diese Gegner demokratischer Verhältnisse ein grundgesetzlich verbrieftes Anrecht auf Duldung? Müssen wir sie gewähren lassen, oder werden wir selber intolerant, wenn wir uns gegen sie stellen?

Ich meine, daß wir als Nutznießer eines langen, oft tragischen Kampfes um die Menschenrechte uns nicht von den Feinden der Demokratie in die »Toleranz-Intoleranz-Falle« locken lassen sollten. Natürlich müssen bei der Abwehr der Intoleranz – ganz gleich, in welcher intellektuell noch so verbrämten Form sie daherkommt – die Regeln unseres Rechtsstaats beachtet werden. Doch keine dieser Regeln lautet: Ihr sollt Euch alles gefallen lassen. Darum verlangt richtig verstandene Toleranz von uns auch ein entschiedenes Eintreten für sie.

Der eigentliche Grundwert der Toleranz für unsere demokratische politische Gesellschaft besteht darin, daß sie uns lehrt, vom Stadium der beiläufigen Duldung ins Stadium der selbstbewußten Bejahung des anderen, unseres Nächsten, überzugehen. Wir können nur hoffen, daß uns eine neue, eine tiefer verstandene und intensiver gelebte Toleranz erst noch bevorsteht.

Wenn man drei in hohem Grade rechtschaffene Menschen A, B, C zusammenbrächte, wovon der eine ein Protestant, der andere ein Katholik und der dritte etwa ein Fichtianer wäre, und man sie genau prüfte, so würde man finden, daß sie alle drei ungefähr denselben Glauben an Gott haben, aber keiner den ganz, zu welchem er sich bekennen würde, wenn er bekennen müßte, in Worten versteht sich. Denn es ist ein großer Vorteil für die menschliche Natur, daß die tugendhaftesten Menschen kaum recht sagen können, warum sie tugendhaft sind; und indem sie ihren Glauben zu predigen glauben, so predigen sie ihn eigentlich nicht. *Georg Christoph Lichtenberg*

Marianne Heuwagen

Das Fach »Wir-Gefühl«

Berlin, im März – So ganz sicher konnte Uta Klein nun wirklich nicht sein, ob das hochgepriesene und auch von ihr so geschätzte Unterrichtsmaterial gegen Ausländerfeindlichkeit tatsächlich die gewünschte Wirkung erzielt. Aber dann hat die Grundschullehrerin diesen Zettel gefunden, den einer ihrer Schüler der Klasse 6d der Humboldt-Hain-Grundschule in Berlin-Wedding einem türkischen Klassenkameraden zugeschoben hatte. »Ich habe gar nicht gewußt, daß Du so nett sein kannst«, stand da drauf, »ich dachte, Du kannst nur kloppen.« Der Zettel war nach einer jener Übungen aufgetaucht, in denen die Schüler Toleranz spielerisch erlernen, in denen sie ein

»Wir-Gefühl« entwickeln und das Anderssein als Bereicherung erfahren sollen.

Diesmal war es darum gegangen, daß die Kinder das Hochzeitsfest ihrer Eltern beschreiben und erklären sollten, wie ihre Familien Feste feiern. Den Kindern hat das großen Spaß gemacht, einige brachten sogar Photos aus dem Familienalbum mit. In der Klasse 6d müssen Kinder ganz verschiedener Nationen miteinander auskommen, aus der Türkei, aus Polen, dem Libanon und Deutschland. Und sogar die beiden moslemischen Mädchen, die stets Kopftücher tragen und bis dahin eher isoliert waren, haben mitgemacht. »Die sind zum erstenmal überhaupt aus sich herausgekommen«, sagt Lehrerin Uta Klein, »das war für mich der beste Beweis, daß es funktioniert.«

Vier Wochen lang ist das erst vor kurzem erschienene Lernprogramm »Das sind wir« in der Klasse 6d der Humboldt-Hain-Grundschule ausprobiert worden. Ein Filmteam hat der Lehrerin und ihren Schülern dabei über die Schultern geschaut. So entstand ein 30 Minuten langer Videofilm, der jetzt auch anderen Schülern und Lehrern vermitteln soll, wie das Programm »Das sind wir« funktionieren kann. Das Konzept für dieses interkulturelle Lernprogramm ist ursprünglich vom Anne-Frank-Haus in Amsterdam Ende der achtziger Jahre entwickelt worden. Das Anne-Frank-Haus versucht, die Sehnsüchte und Hoffnungen des von den Nazis ermordeten jüdischen Mädchens als eine Aufforderung für das gelungene Zusammenleben einer multikulturellen Gesellschaft umzusetzen. »In diesen Materialien stehen nicht die Probleme des multikulturellen Zusammenlebens wie Haß und Gewalt im Vordergrund«, sagt Hans Westra, der Direktor des Anne-Frank-Hauses, »sondern die positiven Perspektiven.«

Als deutsche Lehrer das Haus besuchten, erzählt der Direktor, hätten sie das Programm für die neun- bis 13jährigen Kinder kennengelernt und überlegt, wie das für deutsche Kinder umgesetzt werden kann. Mit dem Pädagogisch-Theologischen Institut und dem Institut für Lehrerfortbildung in Hamburg ist dann die deutsche Version ausgearbeitet worden. Patin des Projekts, das der Bertelsmann-Verlag mit 300 000 Mark unterstützt, wurde Cornelia Schmalz-Jacobsen, die Beauftragte der Bundesregierung für die Belange der Ausländer. »Mich hat der positive Ansatz überzeugt«, sagt sie, »dies ist keine Pädagogik mit moralischem Zeigefinger.« Jedenfalls hat neulich ein Schüler gemeint: »Mir ist das ganz egal, ob mein Freund Ausländer ist oder nicht, für mich ist das mein Freund.«

Anstelle des moralisierenden Tons wird Verständnis über Identifikation angestrebt. Die soll den Kindern durch ganz persönliche Geschichten von Gleichaltrigen vermittelt werden. In dem Lesebuch erzählt die schwarzhäutige Olivia, daß sie für eine Reise mit ihrer Handballmannschaft nach Dänemark ein Visum benötigt. Die Türkin Gülcihan berichtet, wie sie ihre Eltern zum Kauf eines Hosenanzugs überredet. Und der russische Junge Filipp beschreibt, wie er den gelben Gürtel bei der Karateprüfung erhalten hat. Es sind Geschichten aus dem Alltag, mit denen sich jedes Kind, ganz gleich welcher Herkunft, identifizieren kann. Durchwoben sind die Erzählungen von sprachlichen Einwürfen der jeweiligen Landessprache.

Vor allem die Sprachübungen, hat Uta Klein beobachtet, hätten eine positive Wirkung. Besonders gern haben die Kinder gedichtet und sogar die Gedichte in der Klasse vorgetragen. Mit den Schülern der Klasse 6d hat sie ein paar Sätze auf türkisch, polnisch und arabisch eingeübt. Früher hat es in der Klasse oft geheißen: »Sprich deutsch, du bist doch in Deutschland.« So ein Satz fällt heute schon lange nicht mehr.

Andreas Englisch

Haß läßt sich überwinden
Das Lehrstück Südtirol

Besonders Eisverkäufer und Gastwirte in den Dörfern Südtirols sind dafür bekannt, daß sie ihre deutschsprachigen Siedlungen vor den Gästen als »absolut frei von Italienern« zu rühmen pflegen. Daß sie selbst einen italienischen Paß in der Tasche haben, stört die deutschsprachige Mehrheit in Südtirol dabei wenig. Daß die Südtiroler ihre tendenzielle Herablassung für alles Italienische offen innerhalb Italiens zur Schau stellen können, ist einer der größten Erfolge der italienischen Politik.

Der Schmiergeldskandal, der Italiens Traditionsparteien in Rekordzeit zerstörte, ließ nahezu vollkommen vergessen, daß die italienische Politik der vergangenen Jahre auch außergewöhnliche Erfolge zu verzeichnen hat. Einer dieser »Erfolge« ist gerade 50 Jahre alt geworden: die Südtiroler Volkspartei SVP.

Als am 22. April 1946 die Südtiroler 160000 Unterschriften präsentierten, um den Anschluß an Österreich zu verlangen, ahnte das Nachkriegs-Italien, daß ein ernstes ethnisches Problem in Südtirol entstanden war. Die deutschsprachige Mehrheit, die rund zwei Drittel der Bevölkerung stellt, hatte die Abtretung Südtirols an Italien als Konsequenz des Ersten Weltkrieges im Jahr 1919 nie verwunden. Nicht akzeptieren konnte die Bevölkerung auch das Nein der Pariser Friedenskonferenz aus dem Jahr 1946 auf das Begehren des Wiederanschlusses an Österreich.

Wie während der Entwicklung anderer ethnischer Konflikte in Europa war der Schritt vom Protest der Sprach- und Kulturgemeinschaft der Südtiroler bis hin zum bewaffneten Kampf nur kurz. Am 12. Juni 1961 war der erste Tote zu beklagen. Dann ging es Schlag auf Schlag.

Ein harter Kern Südtiroler Terroristen bildete sich:

20. Oktober 1962: Ein Bombenattentat fordert zwei Menschenleben in einem Zug, 20 Passagiere werden verletzt.

3. September 1964: Zwei Carabinieri werden erschossen, vier verletzt.

26. August 1965: Wieder sterben zwei Carabinieri.

25. Juli 1966: Zwei Soldaten werden erschossen.

30. September 1967: Zwei Polizisten sterben bei Anschlag.

Am 21. September 1959 hatte Bruno Kreisky die Südtirolfrage vor der UNO erörtern lassen und Autonomie für Südtirol gefordert. Italien fühlte sich gedrängt, warf den Österreichern eine aktive Unterstützung der Terroristen vor.

Doch in dieser verfahrenen Situation geschah so etwas wie ein Wunder. Auf beiden Seiten begann trotz der vielen Toten nicht der Haß, sondern Verständnis zu wachsen. Ministerpräsidenten wie Giulio Andreotti, Francesco Cossiga und Aldo Moro setzten den weitreichendsten Minderheitenschutz der Welt durch. Neben Italienisch wurde Deutsch Amtssprache. Über eine Proporz-Regelung wurde der deutschsprachigen Mehrheit die Selbstverwaltung gestattet. Rom gewährte einen sehr weitreichenden Schutz für die Südtiroler Kultur und Traditionen. Zudem bekam die Region Südtirol massive Finanzmittel, die auf die Bevölkerung umgerechnet weit großzügiger ausfielen als in vergleichbaren Regionen.

Das Rezept, Toleranz zu zeigen, funktionierte ausgezeichnet. Sobald Rom Verständnis zeigte, gingen die Attentate rasch zurück. Da die militanten Gruppen noch nicht sehr groß waren und zunehmend Rückhalt in der Bevölkerung verloren, kam es nie wieder zu Anschlägen, die ernsthaften Schaden anrichteten oder Menschenleben kosteten.

Als Verhandlungspartner während dieses Prozesses bot sich Rom die Südtiroler Volkspartei. Jahrzehntelang erreichte sie Stimmenanteile von mehr als 60 Prozent und präsentierte als konservativ ausgerichtete Zentrumspartei die gemäßigte, von einer Autonomie träumende Mehrheit.

Rom bewies so viel Toleranz, daß sich die SVP bereits 1992 eingestehen mußte, sie habe alle Ziele, für die sie gekämpft hatte, nunmehr erreicht. Am 8. Mai 1993 stimmte die SVP über ein neues Grundsatzprogramm ab, das alles bisher Erreichte festschrieb.

Herbert Marcuse

Repressive Toleranz

Toleranz ist ein Selbstzweck. Daß die Gewalt beseitigt und die Unterdrückung so weit verringert wird, als erforderlich ist, um Mensch und Tier vor Grausamkeit und Aggression zu schützen, sind die Vorbedingungen einer humanen Gesellschalt. Eine solche Gesellschaft existiert noch nicht; mehr denn je wird heute der Fortschritt zu ihr hin aufgehalten durch Gewalt und Unterdrückung. Als Abschreckungsmittel gegen einen nuklearen Krieg, als Polizeiaktion gegen Umsturz, als technische Hilfe im Kampf gegen Imperialismus und Kommunismus, als Methoden zur Befriedung in neokolonialistischen Massakern werden Gewalt und Unterdrückung gleichermaßen von demokratischen und autoritären Regierungen verkündet, praktiziert und verteidigt, und den Menschen, die diesen Regierungen unterworfen sind, wird beigebracht, solche Praktiken als notwendig für die Erhaltung des Status quo zu ertragen. Toleranz wird auf politische Maßnahmen, Bedingungen und Verhaltensweisen ausgedehnt, die nicht toleriert werden sollten, weil sie die Chancen, ein Dasein ohne Furcht und Elend herbeizuführen, behindern, wo nicht zerstören.

Diese Art von Toleranz stärkt die Tyrannei der Mehrheit, gegen welche die wirklichen Liberalen aufbegehrten. Der politische Ort der Toleranz hat sich geändert: während sie mehr oder weniger stillschweigend und verfassungsmäßig der Opposition entzogen wird, wird sie hinsichtlich der etablierten Politik zum Zwangsverhalten. Toleranz wird von einem aktiven in einen passiven Zustand überführt, von der Praxis in eine Nicht-Praxis: ins Laissez-faire der verfassungsmäßigen Behörden. Gerade vom Volk wird die Regierung geduldet, die wiederum Opposition duldet im Rahmen der verfassungsmäßigen Behörden.

Toleranz gegenüber dem radikal Bösen erscheint jetzt als gut, weil sie dem Zusammenhalt des Ganzen dient auf dem Wege zum Überfluß oder zu größerem Überfluß. Die Nachsicht gegenüber der systematischen Verdummung von Kindern wie von Erwachsenen durch Reklame und Propaganda, die Freisetzung von unmenschlicher zerstörender Gewalt in Vietnam, das Rekrutieren und die Ausbildung von Sonderverbänden, die ohnmächtig und wohlwollende Toleranz gegenüber unverblümtem Betrug beim Warenverkauf, gegenüber Verschwendung und geplantem Veralten von Gütern sind keine Verzerrungen und Abweichungen, sondern das Wesen eines Systems, das Toleranz befördert als ein Mittel, den Kampf zum Dasein zu verewigen und die Alternativen zu unterdrücken. Im Namen von Erziehung, Moral und Psychologie entrüstet man sich laut über die Zunahme der Jugendkriminalität, weniger laut über die Kriminalität immer mächtigerer Geschosse, Raketen und Bomben – das reifgewordene Verbrechen einer ganzen Zivilisation.

Einem dialektischen Satz zufolge bestimmt das Ganze die Wahrheit – nicht in dem Sinne, daß das Ganze vor oder über seinen Teilen ist, sondern in der Weise, daß seine Struktur und Funktion jede besondere Bedingung und Beziehung bestimmen. So drohen in einer repressiven Gesellschaft selbst fortschrittliche Bewegungen in dem Maße in ihr Gegenteil umzuschlagen, wie sie die

Spielregeln hinnehmen. Um einen höchst kontroversen Fall anzuführen: die Ausübung politischer Rechte (wie das der Wahl, das Schreiben von Briefen an die Presse, an Senatoren usw., Protestdemonstrationen, die von vornherein auf Gegengewalt verzichten) in einer Gesellschaft totaler Verwaltung dient dazu, diese Verwaltung zu stärken, indem sie das Vorhandensein demokratischer Freiheiten bezeugt, die in Wirklichkeit jedoch längst ihren Inhalt geändert und ihre Wirksamkeit verloren haben. In einem solchen Falle wird die Freiheit (der Meinungsäußerung, Versammlung und Rede) zu einem Instrument, die Knechtschaft freizusprechen. Und doch (und nur hier zeigt der dialektische Satz seine volle Intention) bleiben das Vorhandensein und die Ausübung dieser Freiheiten eine Vorbedingung für das Wiederherstellen ihrer ursprünglichen oppositionellen Funktion, vorausgesetzt, daß die Anstrengung, ihre (oft selbstauferlegten) Beschränkungen zu überschreiten, intensiviert wird. Im allgemeinen hängen Funktion und Wert der Toleranz von der Gleichheit ab, die in der Gesellschaft herrscht, in welcher Toleranz geübt wird. Toleranz selbst bleibt umfassenderen Kriterien unterworfen: ihre Reichweite und Grenzen lassen sich nicht gemäß der jeweiligen Gesellschaft definieren. Mit anderen Worten: Toleranz ist nur dann ein Selbstzweck, wenn sie wahrhaft allseitig ist und von den Herrschern so geübt wird wie von den Beherrschten, von den Herren wie von den Knechten, von den Häschern wie von ihren Opfern. Solch allseitige Toleranz ist nur dann möglich, wenn kein wirklicher oder angeblicher Feind die Erziehung und Ausbildung des Volkes zu Aggressivität und Brutalität erforderlich macht. Solange diese Bedingungen nicht herrschen, sind die Bedingungen der Toleranz »belastet«: sie werden geprägt und bestimmt von der institutionalisierten Ungleichheit (die sicher mit verfassungsmäßiger Gleichheit vereinbar ist), das heißt von der Klassenstruktur der Gesellschaft. In einer derartigen Gesellschaft wird Toleranz de facto eingeschränkt auf dem Boden legalisierter Gewalt oder Unterdrückung (Polizei, Armee, Aufseher aller Art) und der von den herrschenden Interessen und deren »Konnexionen« besetzten Schlüsselstellung.

Diese im Hintergrund wirkenden Beschränkungen der Toleranz gehen normalerweise den expliziten und juristischen Beschränkungen voraus, wie sie festgelegt werden durch Gerichte, Herkommen, Regierungen usw. (zum Beispiel »Notstand«, Bedrohung der nationalen Sicherheit, Häresie). Im Rahmen einer solchen Sozialstruktur läßt sich Toleranz üben und verkünden, und zwar 1. als passive Duldung verfestigter und etablierter Haltungen und Ideen, auch wenn ihre schädigende Auswirkung auf Mensch und Natur auf der Hand liegt; und 2. als aktive, offizielle Toleranz, die der Rechten wie der Linken gewährt wird, aggressiven ebenso wie pazifistischen Bewegungen, der Partei des Hasses ebenso wie der der Menschlichkeit. Ich bezeichne diese unparteiische Toleranz insofern als »abstrakt« und »rein«, als sie davon absteht, sich zu einer Seite zu bekennen – damit freilich schützt sie in Wirklichkeit die bereits etablierte Maschinerie der Diskriminierung.

Die Toleranz, die Reichweite und Inhalt der Freiheit erweiterte, war stets parteiisch intolerant gegenüber den Wortführern des unterdrückenden Status quo. Worum es ging, war nur der Grad und das Ausmaß der Intoleranz. In der festgefügten liberalen Gesellschaft Englands und der Vereinigten Staaten wurde Rede- und Versammlungsfreiheit selbst den radikalen Gegnern der Gesellschaft gewährt, sofern sie nicht vom Wort zur Tat, vom Reden zum Handeln übergingen.

Indem sie sich auf die wirksamen, im Hintergrund stehenden Beschränkungen verließ, schien die Gesellschaft allgemeine Toleranz zu üben. Aber bereits die liberalistische Theorie hatte die Toleranz unter eine wichtige Bedingung gestellt: sie sollte »nur für Menschen in der Reife ihrer Anlagen gelten«. John Stuart Mill spricht nicht nur von Kindern und Minderjährigen; er führt näher aus: »Als Prinzip ist Freiheit nicht anwendbar auf einen Zustand vor der Zeit, in der die Menschheit die Fähigkeit erlangte, sich durch freie und gleiche Diskussion fortzuentwickeln.« Vor jener Zeit dürfen die Menschen noch Barbaren sein, und »der Despotismus ist eine im Umgang mit Barbaren legitime Regierungsform, vorausgesetzt, daß sie darauf abzielt, jene höher zu entwickeln, und die Mittel dadurch gerechtfertigt sind, daß sie tatsächlich zu diesem Ziel führen.« Mills oft zitierte Worte enthalten eine wenig bekannte Implikation, von der ihr Sinn abhängt: den inneren Zusammenhang von Freiheit und Wahrheit. Es gibt einen Sinn, in dem Wahrheit der Zweck der Freiheit ist und die Freiheit durch Wahrheit bestimmt und umgrenzt werden muß. In welchem Sinn kann nun Freiheit um der Wahrheit willen sein? Freiheit ist Selbstbestimmung, Autonomie – das ist fast eine Tautologie, aber eine Tautologie, die sich aus einer ganzen Reihe synthetischer Urteile ergibt. Sie unterstellt die Fähigkeit, daß man sein eigenes Leben bestimmen kann: daß man imstande ist zu entscheiden, was man tun und lassen, was man erleiden und was man nicht erleiden will. Aber das Subjekt dieser Autonomie ist niemals das zufällige, private Individuum als das, was es gegenwärtig oder zufällig gerade ist; vielmehr das Individuum als ein menschliches Wesen, das imstande ist, frei zu sein mit den anderen. Und das Problem, eine solche Harmonie zwischen der individuellen Freiheit und dem Anderen zu ermöglichen, besteht nicht darin, einen Kompromiß zwischen Konkurrenten zu finden oder zwischen Freiheit und Gesetz, zwischen allgemeinem und individuellem Interesse, öffentlicher und privater Wohlfahrt in einer *etablierten* Gesellschaft, sondern darin, die Gesellschaft *herbeizuführen*, worin der Mensch nicht an Institutionen versklavt ist, welche die Selbstbestimmung von vornherein beeinträchtigen. Mit anderen Worten, Freiheit ist selbst für die freiesten der bestehenden Gesellschaften erst noch herzustellen. Und die Richtung, in der sie gesucht werden muß, und die institutionellen und kulturellen Veränderungen, die dazu beitragen können, dieses Ziel zu erreichen, sind – zumindest in der entwickelten Zivilisation – *begreiflich*, das heißt, sie lassen sich identifizieren und entwerfen auf der Basis der Erfahrung, durch Vernunft.

Im Wechselspiel von Theorie und Praxis werden wahre und falsche Lösungen unterscheidbar – niemals im Sinne bewiesener Notwendigkeit, niemals als das Positive, sondern nur mit der Gewißheit einer durchdachten und vernünftigen Chance und mit der überzeugenden Kraft des Negativen. Denn das wahrhaft Positive ist die Gesellschaft der Zukunft und deshalb jenseits von Definition und Bestimmung, während das bestehende Positive dasjenige ist, über das hinausgegangen werden muß. Doch die Erfahrung und das Verständnis der bestehenden Gesellschaft können durchaus identifizieren, was nicht zu einer freien und vernünftigen Gesellschaft führt, was die Möglichkeiten ihrer Herbeiführung verhindert oder verzerrt. Freiheit ist Befreiung, ein spezifischer geschichtlicher Prozeß in Theorie und Praxis und hat als solcher sein Recht und Unrecht, seine Wahrheit und Falschheit.

Die Ungewißheit der Chance bei dieser Unterscheidung setzt die geschichtliche Objektivität nicht außer Kraft, sie erfordert jedoch Denk- und Ausdrucksfreiheit als Vorbedingungen, den Weg zur Freiheit zu finden – sie erfordert *Toleranz*. Diese Toleranz kann allerdings nicht unterschiedslos und gleich sein hinsichtlich der Inhalte des Ausdrucks in Wort und Tat; sie kann nicht falsche Worte und unrechte Taten schützen, die demonstrierbar den Möglichkeiten der Befreiung widersprechen und entgegenwirken. Solche unterschiedslose Toleranz ist gerechtfertigt in harmlosen Debatten, bei der Unterhaltung, in der akademischen Diskussion; sie ist unerläßlich im Wissenschaftsbetrieb, in der privaten Religion. Aber die Gesellschaft kann nicht dort unterschiedslos verfahren, wo die Befriedung des Daseins, wo Freiheit und Glück selbst auf dem Spiel stehen: hier können bestimmte Dinge nicht gesagt, bestimmte Ideen nicht ausgedrückt, bestimmte politische Maßnahmen nicht vorgeschlagen, ein bestimmtes Verhalten nicht gestattet werden, ohne daß man Toleranz zu einem Instrument der Fortdauer von Knechtschaft macht.

Kapitel 9

Zuverlässigkeit und Treue

Einleitung

Wie an so vielen moralischen Begriffen haftet auch an dem Wort Treue der Staub vergangener Zeiten. Der treue Diener ist ein Untertan, der für den – manchmal auch unkontrollierten – Herrscher starr und unerbittlich sein Leben riskiert. Briefe zeichnete man einst mit der Floskel »Ihr treu ergebener ...«.

Treue, moderner, aber nicht ganz treffend, auch als *Zuverlässigkeit* bezeichnet, ist dennoch ein Schlüsselwort der Ethik. Sie ist nämlich der Grund, weshalb Ethik und Moral, Werte und Tugenden überhaupt einen Sinn haben. Denn *Treue* ist nicht nur ein notwendiger Halt, die Garantie für einen gewissen Bestand, während alles um einen herum sich ändert; sie ist auch die Voraussetzung für die Zukunft, denn ohne *Treue* ist Hoffnung nicht denkbar. Deshalb muß diese Tugend wieder lebendig gemacht und ihr Sinn aufgefrischt werden.

Erste Voraussetzung für *Treue* ist Gegenseitigkeit. Ich kann niemandem gegenüber treu sein, der diese *Treue* nicht erwidert. Also kann *Treue* nicht absolut sein. Denn jeder muß auch überlegen, ob es moralisch richtig ist, dem Gegenüber oder der Gemeinschaft treu zu sein. *Treue* »schwört« man. Das haben die Soldaten der Wehrmacht und auch die SS-Männer getan, die einen Treueschwur auf Adolf Hitler leisteten. Doch in jede Beziehung kann sich Mißtrauen einschleichen, das von Gefühlen geleitet wird und die Vernunft untergräbt, weshalb die Grundlage jeder *Treue* das Vertrauen ist. Der einmal abgegebene Eid auf den Führer war für diejenigen, die das Vertrauen verloren hatten und sich zum Widerstand bekannten, ein großes ethisches Problem: Durften sie ihn brechen? Sie durften es nicht nur, sie waren dazu sogar moralisch verpflichtet! Allerdings war es von vornherein moralisch falsch, sich an den Führer treu zu binden. Voraussetzung für Treue ist also kritisches Überprüfen.

Vertrauen heißt: Ich weiß, wie etwas beschaffen ist, deshalb kann ich mich darauf verlassen und dies als Grundlage für einen Plan, eine Handlung nehmen. Das Vertrauen sichert also den Bestand, es gibt uns einen Sockel, auf dem wir fest und sicher stehen. Voraussetzung für Vertrauen wiederum ist Wissen und Erinnern. Denn nur an Erfahrungen, an Tatsachen aus der Vergangenheit kann man die Gründe für sein Vertrauen festmachen.

Eine Redewendung lautet: »Ich will mir selbst treu sein.« Grundlage dieses Vorsatzes kann nur sein, daß ich schon eine Position bezogen habe, die ich weiter verfolgen möchte. Das aber heißt nichts anderes, als daß ich schon eine eigene Identität entwickelt habe, die ich nicht verlassen will. Ihr will ich auch in Zukunft treu sein. Und da knüpft ein weiteres Element an die *Treue* an. Wenn ihre Grundlage das Vertrauen ist, dann ist ihr Ziel die Zukunft, genauer: die Hoffnung. Denn die Zukunft selbst kennen wir nicht. Wir können nur Ziele in der Zukunft anstreben. Hoffnung ist deshalb nie rückwärts, sondern stets nach vorn gerichtet. Hoffen kann nur die Person, die dem Bestand der Normen und der sittlichen Vorgaben traut. Der Bestand ist das Vertrauen in die Grundlage. Davon ausgehend garantiert die *Treue* ein berechenbares Verhalten in der Gegenwart. Und sie ermöglicht dadurch, daß sie berechenbar ist, einen Glauben an die Zukunft.

Die *Treue* bildet also ein wesentliches Gerüst für unser

Dasein, und wenn sie zu wanken beginnt, werden wir unsicher. Nun befinden sich die Gesellschaften der westlichen Industriestaaten in einem Zustand, den sie eine Sinn- oder Wertekrise nennen. Junge Menschen stellen sich deshalb tatsächlich die Frage, ob sie Kinder in die Welt setzen sollten, wo doch die Zukunft so ungewiß sei. Die Angst vor der Zukunft hat die Hoffnung auf die Verwirklichung des Glücks – was als höchstes Ziel aller Ethik bezeichnet wird – verdrängt. Damit aber gerät alles moralische Handeln ins Wanken. Die Angst vor der Zukunft liegt im Verlust des Vertrauens begründet.

Das hat mehrere Ursachen: Der Glauben an die Gemeinschaft löst sich zunehmend auf. Mißtrauen hat sich ausgebreitet, und jeder sieht in dem anderen nur noch einen Egoisten. Ein paradoxer Zustand ist eingetreten. Die Not, unter der die Menschen bisher über die Jahrtausende gelitten haben, ist weitgehend durch einen bisher ungeahnten Wohlstand abgelöst worden, so daß eine gesunde Grundlage für den Aufbau einer schönen Zukunft gegeben wäre, würde das Vertrauen nicht schwinden. Dieses Mißtrauen äußert sich nicht nur gegenüber der Politik, den staatlichen Einrichtungen, sondern auch gegenüber der Gesellschaft selbst. Gerade den Deutschen, die wegen des Dritten Reichs und der fabrikmaßigen Vernichtung von Millionen Menschen in Gaskammern Schwierigkeiten haben, Vertrauen aus der Geschichte zu ziehen, fällt der Glaube an eine gute Zukunft schwer.

War die Atombombe während des Kalten Krieges Quelle existentieller Angst, so sind es heute zalhreiche andere Gründe. Das Vertrauen darauf, daß Politik ein Garant für sinnvolle Maßnahmen sei, die die Grundlage für eine bessere Zukunft bilden könnten, ist genauso geschwunden wie die Hoffnung, der Mensch werde mit der

Natur so vernünftig umgehen, daß die Flüsse rein, die Luft sauber, die Wälder und Felder wieder gesund erblühen. Der Umbruch in der Wirtschaft und der jahrelang nicht schwindende hohe Sockel von Arbeitslosigkeit beunruhigt besonders den, der jung ist und noch lernt, aber auch den, der alt wird und die Entlassung fürchtet. Die Angst wird noch dadurch beflügelt, daß auf den einzelnen Menschen immer mehr Bilder und Meldungen einstürzen, die er nicht beurteilen kann. Wer jedoch kein Vertrauen in Staat und Gesellschaft mehr hat, der verliert den Glauben an die Hoffnung, und er zweifelt am Sinn der Zukunft. Die Individuen müssen deshalb lernen, mit Informationen umzugehen: ihnen nicht blind zu glauben, sondern sie kritisch abzuwägen, ja ihnen zu mißtrauen.

Wer über die Jahre hinweg einen bestimmten Teil der Presse gläubig verfolgt, den überschwemmen – besonders wenn das Sommerloch beginnt – jedes Jahr neue Katastrophen: Herpes zerstört die Liebe, Cholesterin beendet frühzeitig das Leben, die Eiszeit setzt ein, Aids löscht die Bevölkerung von ganz Afrika aus, die Eiszeit kommt doch nicht, sondern das Gegenteil tritt ein: In Schweden werden bald Palmen wachsen. Und dann bleibt immer noch die Angst vor dem Atom, nun nicht mehr so stark vor den Bomben, sondern vor Kraftwerken und deren Müll.

Zur Entspannungspolitik zwischen Ost und West gehörte der Begriff »vertrauensbildende Maßnahmen«. Den gilt es in der Gesellschaft anzuwenden, um wieder eine Basis für T*reue* und Hoffnung zu schaffen. Jungen Menschen, die in einer von Mißtrauen geprägten Gesellschaft heranwachsen, fällt es schwer, eine eigene Identität aufzubauen und eines Tages jemand zu sein, der von sich sagen kann: »Ich bleibe mir selber treu.«

JOHANN WOLFGANG VON GOETHE

Für ewig

Denn was der Mensch in seinen Erdeschranken
Von hohem Glück mit Götternamen nennt,
Die Harmonie der Treue, die kein Wanken,
Der Freundschaft, die nicht Zweifelsorge kennt,
Das Licht, das Weisen nur zu einsamen Gedanken,
Das Dichtern nur in schönen Bildern brennt
Das hatt' ich all, in meinen besten Stunden,
In Ihr entdeckt und es für mich gefunden.

Weite Welt und breites Leben,
Langer Jahre redlich Streben,
Stets geforscht und stets gegründet,
Nie geschlossen, oft geründet,
Ältestes bewahrt mit Treue,
Freundlich aufgefaßtes Neue,
Heitern Sinn und reine Zwecke:
Nun! man kommt wohl eine Strecke.

Friedrich Schiller

Die Bürgschaft

Zu Dionys, dem Tyrannen, schlich
Damon, den Dolch im Gewande;
Ihn schlugen die Häscher in Bande.
»Was wolltest du mit dem Dolche, sprich!«
Entgegnet ihm finster der Wüterich.
»Die Stadt vom Tyrannen befreien!«
»Das sollst du am Kreuze bereuen.«

»Ich bin«, spricht jener, »zu sterben bereit
Und bitte nicht um mein Leben,
Doch willst du Gnade mir geben,
Ich flehe dich um drei Tage Zeit,
Bis ich die Schwester dem Gatten gefreit,
Ich lasse den Freund dir als Bürgen,
Ihn magst du, entrinn ich, erwürgen.«

Da lächelt der König mit arger List
Und spricht nach kurzem Bedenken:
»Drei Tage will ich dir schenken.
Doch wisse! Wenn sie verstrichen, die Frist,
Eh du zurück mir gegeben bist,
So muß er statt deiner erblassen,
Doch dir ist die Strafe erlassen.«

Und er kommt zum Freunde: »Der König gebeut,
Daß ich am Kreuz mit dem Leben
Bezahle das frevelnde Streben,
Doch will er mir gönnen drei Tage Zeit,
Bis ich die Schwester dem Gatten gefreit,
So bleib du dem König zum Pfande,
Bis ich komme, zu lösen die Bande.«

Und schweigend umarmt ihn der treue Freund
Und liefert sich aus dem Tyrannen,
Der andere ziehet von dannen.
Und ehe das dritte Morgenrot scheint,
Hat er schnell mit dem Gatten die Schwester vereint,
Eilt heim mit sorgender Seele,
Damit er die Frist nicht verfehle.

Da gießt unendlicher Regen herab,
Von den Bergen stürzen die Quellen,
Und die Bäche, die Ströme schwellen.
Und er kommt ans Ufer mit wanderndem Stab,
Da reißet die Brücke der Strudel hinab,
Und donnernd sprengen die Wogen
Des Gewölbes krachenden Bogen.

Und trostlos irrt er an Ufers Rand,
Wie weit er auch spähet und blicket
Und die Stimme, die rufende, schicket,
Da stößet kein Nachen vom sichern Strand,
Der ihn setze an das gewünschte Land,
Kein Schiffer lenket die Fähre,
Und der wilde Strom wird zum Meere.

Da sinkt er ans Ufer und weint und fleht,
Die Hände zum Zeus erhoben:
»O hemme des Stromes Toben!
Es eilen die Stunden, im Mittag steht
Die Sonne, und wenn sie niedergeht
Und ich kann die Stadt nicht erreichen,
So muß der Freund mir erbleichen.«

Doch wachsend erneut sich des Stromes Wut,
Und Welle auf Welle zerrinnet,
Und Stunde an Stund entrinnet.
Da treibt ihn die Angst, da faßt er sich Mut
Und wirft sich hinein in die brausende Flut
Und teilt mit gewaltigen Armen
Den Strom, und ein Gott hat Erbarmen.

Und gewinnt das Ufer und eilet fort
Und danket dem rettenden Gotte,
Da stürzet die raubende Rotte
Hervor aus des Waldes nächtlichem Ort,
Den Pfad ihm sperrend, und schnaubet Mord
Und hemmet des Wanderers Eile
Mit drohend geschwungener Keule.

»Was wollt ihr?« ruft er, für Schrecken bleich,
»Ich habe nichts als mein Leben,
Das muß ich dem Könige geben!«
Und entreißt die Keule dem nächsten gleich:
»Um des Freundes willen erbarmet euch!«
Und drei mit gewaltigen Streichen
Erlegt er, die andern entweichen.

Und die Sonne versendet glühenden Brand,
Und von der unendlichen Mühe
Ermattet sinken die Kniee.
»O hast du mich gnädig aus Räubershand,
Aus dem Strom mich gerettet ans heilige Land,
Und soll hier verschmachtend verderben,
Und der Freund mir, der liebende, sterben!«

Und horch! da sprudelt es silberhell,
Ganz nahe, wie rieselndes Rauschen,
Und stille hält er zu lauschen,
Und sieh, aus dem Felsen, geschwätzig, schnell,
Springt murmelnd hervor ein lebendiger Quell,
Und freudig bückt er sich nieder
Und erfrischet die brennenden Glieder.

Und die Sonne blickt durch der Zweige Grün
Und malt auf den glänzenden Matten
Der Bäume gigantische Schatten;
Und zwei Wanderer sieht er die Straße ziehn,
Will eilenden Laufes vorüberfliehn,
Da hört er die Worte sie sagen:
»Jetzt wird er ans Kreuz geschlagen.«

Und die Angst beflügelt den eilenden Fuß,
Ihn jagen der Sorge Qualen,
Da schimmern in Abendrots Strahlen
Von ferne die Zinnen von Syrakus,
Und entgegen kommt ihm Philostratus,
Des Hauses redlicher Hüter,
Der erkennet entsetzt den Gebieter:

»Zurück! du rettest den Freund nicht mehr,
So rette das eigene Leben!
Den Tod erleidet er eben.
Von Stunde zu Stunde gewartet' er
Mit hoffender Seele der Wiederkehr,
Ihm konnte den mutigen Glauben
Der Hohn des Tyrannen nicht rauben.«

»Und ist es zu spät, und kann ich ihm nicht
Ein Retter willkommen erscheinen,
So soll mich der Tod ihm vereinen.
Des rühme der blutge Tyrann sich nicht,
Daß der Freund dem Freunde gebrochen die Pflicht,
Er schlachte der Opfer zweie
Und glaube an Liebe und Treue.«

Und die Sonne geht unter, da steht er am Tor
Und sieht das Kreuz schon erhöhet,
Das die Menge gaffend umstehet,
An dem Seile schon zieht man den Freund empor,
Da zertrennt er gewaltig den dichten Chor:
»Mich, Henker!« ruft er, »erwürget!
Da bin ich, für den er gebürget!«

Und Erstaunen ergreifet das Volk umher,
In den Armen liegen sich beide
Und weinen für Schmerzen und Freude.
Da sieht man kein Auge tränenleer,
Und zum Könige bringt man die Wundermär,
Der fühlt ein menschliches Rühren,
Laßt schnell vor den Thron sie führen.

Und blicket sie lange verwundert an.
Drauf spricht er: »Es ist euch gelungen,
Ihr habt das Herz mir bezwungen,
Und die Treue, sie ist doch kein leerer Wahn,
So nehmet auch mich zum Genossen an,
Ich sei, gewährt mir die Bitte,
In eurem Bunde der Dritte.«

MADAME LEPRINCE DE BEAUMONT

Die Treue, sie ist doch kein leerer Wahn

Üb immer Treu und Redlichkeit
Bis an dein kühles Grab
Und weiche keinen Finger breit
Von Gottes Wegen ab!
Dann suchen Enkel deine Gruft
Und weinen Tränen drauf,
Und Sommerblumen, voll von Duft,
Blühn aus den Tränen auf.

L. H. *Ch. Hölty*

Vor allem eins: Dir selbst sei treu.

Polonius in Shakespeares »Hamlet«

Beglückt, wer Treue rein im Busen trägt,
Kein Opfer wird ihn je gereuen!

Johann Wolfgang von Goethe, »Faust«

Wüßte ich nicht, daß die Treue so alt ist wie die Welt, so würde ich glauben, ein deutsches Herz habe sie erfunden.

Heinrich Heine, »Die Harzreise«

Der ist in tiefster Seele treu,
Wer die Heimat liebt wie du.

Theodor Fontane, »Archibald Douglas«

Die Treue des Herrschers erzeugt und erhält die Treue seiner Diener.

Otto Fürst von Bismarck

Denn die Liebe muß mit Treue
Recht fest verbunden sein.

Volkslied

Auf Erden gibt's nicht bessern Fund
Als treues Herz und stillen Mund.

Sprichwort

Otto F. Bollnow

Die Treue

Formen der Treue

Die Treue kann sich wiederum in sehr verschiedenen Formen und auf sehr verschiedenen Gebieten zeigen. Wir orientieren uns zunächst ganz vorläufig auf dem Felde der verschiedenen Möglichkeiten, um damit die tiefer zum Wesen der Sache vordringende Analyse vorzubereiten. Treu ist, so sagten wir, der Mensch, sofern er eine eingegangene Bindung über die Zeiten hinweg und selbst unter veränderten Umständen durchhält. So gibt es z. B. einen treuen Diener seines Herrn. So ist es jedenfalls eine geläufige Formel. Aber wir spüren bald die eigentümliche Schwierigkeit. Man kann z. B. nicht von einem treuen Angestellten sprechen. Ein Angestellter kann ehrlich, zuverlässig, in jeder Weise tüchtig sein, aber das Verhältnis, in dem er Angestellter ist, ist andrer Art als das Verhältnis, in dem der Mensch treu ist. In dem vertraglich festgelegten und jederzeit kündbaren Verhältnis fehlt das Totale der menschlichen Bindung. Und auch ein Diener – sofern es heute im echten Sinn überhaupt noch einen gibt – kann nur treu sein, sofern es sich um ein den Menschen in seiner Tiefe ergreifendes Gefolgschaftsverhältnis handelt. Das Beispiel war nur insofern verwendbar, als es sich hier um einen Rest einer andern, einer feudalen Gesellschaftsordnung handelt. Ähnlich ist es auch beim Beamten. Dieser konnte noch unter übersehbaren Verhältnissen einem Menschen treu sein, insofern er durch einen konkreten menschlichen Bezug an ihn gebunden war. Auf Treue beruhte etwa das mittelalterliche Herrschaftssystem. In einem anonymen demokratischen Staatswesen ist der Beamte vielleicht nicht weniger zuverlässig, aber von Treue zu sprechen hat seinen Sinn verloren, sobald sie nicht mehr vom konkreten persönlichen Bezug getragen wird. Wenn man von Pflichttreue spricht, verschiebt man die Frage schon auf eine andre Ebene.

Treu im konkreten menschlichen Verhältnis ist vor allem der Freund dem Freunde. Schillers »Bürgschaft« ist das Hohelied der Freundestreue, und selbst der Skeptiker muß hier zugeben, daß die Treue »doch kein leerer Wahn« ist. Ein treuer Freund ist ein solcher, auf den man sich auch in Zeiten der Not verlassen kann. Das Gegenteil von Treue ist der Verrat. Und Verrat braucht nicht in einem aktiven heimtückischen Tun zu bestehen, er kann auch darin schon liegen, daß man einem Freund in der Not nicht beisteht oder daß man sich nicht zu ihm bekennt, sondern ihn verleugnet, wo man sich mit dem Bekenntnis zu ihm zu kompromittieren glaubt. So hat bekanntlich Petrus den Herrn dreimal verraten. Und dennoch ist noch eines zu unterscheiden: Auch Freundschaften können auseinandergehen, man kann sich entzweien, man kann sich auch langsam auseinanderentwickeln. Das kann in manchen Fällen notwendig sein; das kann in andern Fällen beklagenswerte Unbeständigkeit sein und so durchaus eine Verfehlung, aber Untreue im prägnanten Sinn ist das noch nicht; diese entsteht vielmehr erst dort, wo ich dem Freund die Stütze, auf die er einen Anspruch hat, entziehe und ihn, wie die Sprache sagt, »fallenlasse«. Daher wird verständlich, daß sich die Treue erst in den Zeiten der Not bewährt. Diese Treueverpflichtung hat immer etwas Unbedingtes, und sie gilt auch über eine sonst vielleicht eingetretene Entfremdung hinaus.

Treue gibt es endlich in der Liebe und in der Ehe, und hier vielleicht sogar in der reinsten Form. Doch ist diese von den Dichtern aller Zeiten in einem solchen Ausmaß verherrlicht worden, daß hier dem nichts mehr hinzuzufügen ist. Indem wir damit diese erste Überschau vorläufig abbrechen, können wir schon vier Züge als wesentlich hervorheben:

1. Treue ist immer die Festlegung des Menschen für die Zukunft, und zwar so, daß er die in der Vergangenheit eingegangene Bindung über die Zeiten hinweg und selbst unter veränderten Bedingungen durchhält.

2. Treue ist immer ein Verhältnis zum konkreten andern Menschen. Vom Sachlichen her lassen sich wohl

andre Formen der Verpflichtung, aber keine eigentliche Treue begründen.

3. Treue ist stets ein Verhältnis, das den Menschen in seinem innersten Kern erfaßt. Nur wo der Mensch in seiner ganzen menschlichen Substanz in ein Verhältnis eingeht, kann er im eigentlichen Sinn treu sein.

4. Treue hat überall den Charakter der Unbedingtheit und Unwandelbarkeit. Sie ist ihrem Wesen zufolge »ewige Treue«, und es gibt grundsätzlich keine andre Treue als eine solche ewige Treue. Dabei kann die Treue in einem besonderen Treuegelöbnis, in einem Eid, einem Schwur, einem feierlich gegebenen Versprechen zum Ausdruck kommen und dadurch in eine sakrale Ebene gehoben werden, ja der Wille zur Treue drängt gradezu nach einer solchen äußeren Bekundung, aber das ist keineswegs notwendig, und das Treueverhältnis kann auch unausgesprochen bleiben. Darum sehen wir auch zunächst von dieser Komplikation ab, um später noch einmal gesondert darauf zurückzukommen.

An einer Stelle müssen wir freilich vorsichtig sein: Wenn hier das gewichtige Wort von der Ewigkeit der Treue aufgenommen wird, so liegt der Verdacht nahe, daß damit ein von den Liebenden im Enthusiasmus des Augenblicks gesprochenes Wort unkritisch in die nüchterne Wirklichkeitsanalyse übernommen worden ist; denn faktisch ist sicher die ewige Liebe ebensooft geschworen worden, wie später dieser Schwur wieder gebrochen ist, und die versprochene Ewigkeit der Treue enthält noch ein schweres Problem: Wie ist der Mensch als ein lebendiges wandelbares Wesen überhaupt einer solchen überzeitlichen Festlegung fähig? Ja wieweit ist er überhaupt dazu berechtigt, so über seine Zukunft zu verfügen? Der Mensch entwickelt sich in einer für ihn selbst nicht voraussehbaren Weise. Jugendfreunde beispielsweise können sich im späteren Leben nach so verschiedenen Seiten hin entwickeln, daß ihnen damit der Boden für eine verstehende Nähe entzogen ist, und ein äußeres Festhalten an der Treue würde in Widerspruch zur inneren Notwendigkeit dieser Entwicklungsstufe führen. Innere Wahrhaftigkeit und äußere Treue können so in Widerspruch miteinander geraten. Dieser Widerspruch gehört zum inneren Gesetz des Lebens selbst, und wir werden noch darauf zurückkommen müssen. Trotzdem ist die Wendung von der Ewigkeit der Treue keine dichterische Übertreibung; denn der Wille zur Unwandelbarkeit liegt notwendig in der Gesinnung der Treue selber enthalten. Sie kann nur echt sein, wenn der in ihr enthaltene Vorgriff in die Zukunft eine ewige Zukunft meint und mit diesem als unbedingt gefaßten Vorsatz in das spätere Leben eintritt. Es gibt eben keine Treue mit Vorbehalten.

Eine letzte Abwandlung der Treue ist wenigstens noch kurz zu erwähnen, weil wir später noch einmal darauf zurückkommen müssen. Man spricht im rechtlichen und kaufmännischen Bereich von »Treu und Glauben«, um ein Verhalten zu bezeichnen, das man vom Menschen auch ohne ausdrückliche vertragliche Festlegung nach der üblichen Auffassung (vor allem bei unvorhersehbarer Veränderung der Umstände) erwarten kann und das dieser selbst umgekehrt von einem erwarten darf. Der Rückgriff auf »Treu und Glauben« dient hier dazu, die im Buchstaben des Gesetzes gebliebenen Unbestimmtheiten durch ein grundsätzlich nicht in Worten festlegbares menschliches Grundverhältnis zu ergänzen. Die Treue, die ich halte, und der Glaube, der mir entgegengebracht wird, sind dabei in sich wechselseitig bedingender Form aufeinander bezogen.

Grenzen der Treue

In dem soeben hervorgehobenen Unbedingtheitscharakter der Treueverpflichtung durchbricht der Mensch die Ebene des Lebens in seiner zeitlichen Wandelbarkeit und gelangt zu etwas Unwandelbarem. Darauf beruht eine eigentümliche Starrheit, die der Treueverpflichtung als etwas Wesentliches anhaftet. Treue gibt es nicht stückweise, man kann nicht mehr oder weniger treu sein, sondern nur entweder ganz oder gar nicht. Die Treue kann nur gewahrt oder gebrochen werden. Ein Drittes gibt es nicht, daher dann auch die eigentümliche Schwere des Treuebruchs.

Ehe wir dieser Frage weiter nachgehen, sind zunächst noch nach einer andern Seite hin Abgrenzungen erforderlich. Wenn soeben in einer gewissen nachlässigen Weise von der eigentümlichen Starrheit der Treue die Rede war, so ist damit ein Wort benutzt, das vom Boden andrer Auffassungen her etwas Abwertendes hat. Das gilt insbesondre von den lebensphilosophischen Anschauungen her. Wo die Lebendigkeit des Lebens als oberster Wert erscheint, da kann eine solche Starrheit nur als Mangel empfunden werden; denn zur Lebendigkeit gehört die Fähigkeit, sich fortwährend zu wandeln und immerfort Neues hervorzubringen. »Nur wer sich wandelt, bleibt mit mir verwandt«, so heißt es in dem bekannten Wort Goethes. Von daher gesehen muß die Forderung einer unwandelbaren Festigkeit als eine Behinderung erscheinen, unter der das wahre Leben verkümmert. So ist es denn zu verstehen, daß bei den verschiedenen Vertretern eines solchen Lebensenthusiasmus die Treue nicht hoch im Kurs steht. Wir brauchen diese Möglichkeiten nicht abstrakt zu konstruieren; denn in den dichterischen Gestaltungen dieses Standpunkts, vom beginnenden Sturm und Drang bis zum modernen Übermenschentum, finden wir genügend Beispiele. So wird (schon aus einem gewissen kritischen Abstand) in Jacobis »Allwill« die Lebensform eines solchen genialischen Helden gezeichnet. Er setzt sich bedenkenlos über gebrochene Herzen hinweg und hinterläßt eine traurige Spur menschlichen Elends, weil er nicht gewillt ist, die aus jeder menschlichen Begegnung entspringende Treueverpflichtung einzuhalten. Das ist nur ein beliebiges Beispiel, aber es ist die notwendige Folge dieses Ansatzes und kehrt in typischer Weise wieder, wo überhaupt das Ideal der Lebendigkeit des Lebens die Führung in der Ausprägung eines charakteristischen Ethos gewinnt. Es gibt in diesem Sinn eine typisch lebensphilosophische Treulosigkeit. Meist wird allerdings die eigentümliche Schwierigkeit des Konflikts von dieser Seite ideologisch überdeckt und dadurch in ihrer ganzen Schwere verheimlicht, daß man der äußeren Treue eine höhere innere Treue, nämlich die Treue zum eignen Wesen gegenüberstellt. Die Treue zu sich selber stehe höher als die Treue zum andern, und um sich selber nicht untreu zu werden, müsse man den andern bedenkenlos fallenlassen, wo er die eigne Lebensentfaltung zu behindern droht. Auf den dabei zugrundeliegenden Irrtum kommen wir noch zurück.

Neben der lebensphilosophisch motivierten Treulosigkeit gibt es noch eine andere typisch wiederkehrende Form, nämlich die existentiell bedingte Treulosigkeit. Daß es so etwas gibt, möchte zunächst verwunderlich erscheinen; denn dem existentiellen Ethos ist an sich ein ähnlicher Unbedingtheitscharakter zu eigen, und dieser scheint auch einen entsprechenden Unbedingtheitscharakter der Treueverpflichtung zu bedingen. Aber grade wenn der Existentialismus die Unbedingtheit des Einsatzes so stark betont, so liegt darin ein Zug, der in einer bedenklichen Weise zur Treulosigkeit hindrängt. Wenn der Existentialist sich nämlich in jedem Augenblick unbedingt entscheiden und sich rückhaltlos einsetzen will, dann muß er auch bereit sein, in jedem neuen Augenblick die früher getroffene Entscheidung wieder zu verwerfen. Grade der Unbedingtheitscharakter der im Augenblick zu vollziehenden Entscheidung schließt die Stetigkeit aus, die die Voraussetzung der Treue ist, und so entsteht dann die typische Form des existentiellen Abenteurertums, wie sie in den dichterischen Gestaltungen von Jünger bis Malraux so faszinierend dargestellt ist. Der Existentialist ist untreu, und zwar grade nicht aus Schwäche und Gedankenlosigkeit, sondern aus dem innersten Kern seines Ethos heraus: Um in jedem Augenblick ganz zu sein, muß er in jedem Augenblick die ganze Vergangenheit abwerfen können und nur auf der Schneide des schwindelnden Augenblicks existieren. Dem moralisierenden Anspruch steht in ihm das gute Gewissen eines sehr hochgespannten eignen Ethos gegenüber. Wenn wir diese Verhältnisse auflösen wollen, müssen wir also noch auf tiefere Zusammenhänge zurückgreifen. Wie verträgt sich, so fragen wir, die Unbedingtheit der Treue mit der Wandelbarkeit des Lebens?

Albert Schweitzer

Über die Treue

– Offenbarung Joh. 2,10: Sei getreu bis an den Tod, so will ich dir die Krone des Lebens geben. –

Ich kann nicht definieren, was heißt »treu«, denn die eigentliche Bedeutung des Wortes fängt erst an, wo alles Erklären in Ausdrücken aufhört; und doch wissen wir alle aus unserem Innersten heraus, was es besagen will: Alles, was wir Gutes an Erkennen und Wollen haben, bedeutet nichts und führt zu nichts, wenn es nicht gehärtet ist in dem Gedanken der Treue. Wie man bei jedem Metall sucht, es zu härten, und nicht sagen kann, wie es kommt, daß das Metall, das vorher weich und biegsam war, gehärtet hundertmal so stark ist als vorher, so kann man es nicht erklären, wie es mit dem Menschen geht, daß alles, was er zu geben vermag, erst dann wirklich stark ist, wenn es gehärtet ist in der *Treue*.

Zuerst heißt es: *Treu gegen sich selbst sein*. Es ist keine Romanphrase, die Treue gegen sich selbst, sondern Ihr wißt, es ist etwas Zwingendes, was sich in uns abspielt und fort und fort wiederholt; jede Untreue gegen unser inneres Wesen ist ein Fleck auf unserer Seele, und wenn wir untreu sind, dann wird unsere Seele zerrissen, und langsam verbluten wir darüber. Denn Harmonie und Kraft ist nur in unserem Leben, wenn das Äußere ist wie das Innere, wenn diese große Wahrhaftigkeit zwischen unserem tiefsten und reinsten Sehnen und dem Willen im Leben uns innere Einheit gibt.

Treu gegen uns selbst und treu gegen die Menschen. Es ist ein bekanntes Wort: Sei treu gegen die Menschen, so wie sie gegen dich sind, womit es gleichsam es uns leicht zu machen sucht, wenn wir nicht treu sind, indem es uns zeigt, wie die Menschen mit uns umgehen, und uns fragt: Warum willst du anders mit ihnen sein wie sie mit dir? Vergelte einem jeden, wie du selber bekommst! Und doch wehe uns, wenn wir auf diese Stimme hören! Denn die Stimme IN uns sagt: Treu sein will heißen: Mit den Menschen, die wir kennen, in einer inneren Weise verbunden sein, daß wir über allem Kleinlichen stehen, was uns das alltägliche Leben bringen kann, und wissen, daß immer dieses edelste Verstehen, das wir in einzelnen Augenblicken miteinander erfahren durften, uns eint über alles andere hinaus. *Treu sein gegen Menschen* will ferner heißen: Seine Verantwortung fühlen in allem und jedem den Menschen gegenüber, ob sie uns nahe stehen oder fern. Auf den ersten Blättern der Heiligen Schrift steht das furchtbare Wort, womit der Mensch sich entschuldigen kann: Soll ich meines Bruders Hüter sein? Dieses Wort geht durch die ganze Geschichte der Menschheit und durch das Leben eines jeden von uns und jeder hat damit zu kämpfen, daß er sagt: Mein Horizont ist abgeschlossen und der und jener geht mich nichts an, für das und das habe ich keine Verantwortung – und er rechnet sich alles zusammen mit seiner Vernunft! Aber innerlich sagt die Treue: Das ist nicht wahr, sondern wir sind verantwortlich für alles, was wir tun *können* an Menschen und für Menschen, ob sie uns bekannt sind oder nicht. Wie es uns Jesus in seiner ergreifenden Weise ans Herz gelegt hat, wenn er sagt, daß jeder, der unser bedarf unser Nächster ist; daß wir nichts tun an einem Menschen, das nicht ihm selber getan ist und von ihm vergolten werden soll. Und in dieser tiefen Treue, die den Menschen das Leben nicht leicht, sondern schwer macht durch die Verantwortung, die es auf sie legt, und die Unruhe, die es ihnen gibt, so ihre Vernunft Ruhe finden würde: In dieser Treue wollen wir sein gegen nah und fern.

Und treu im Beruf sein will nicht heißen, äußerlich treu sein in der Verrichtung der Pflichten, sondern treu in allem, was wir auf Erden ausrichten können, treu in jenem höheren Sinne, daß wir wissen: Über all unser Vermögen und Können sind wir selber nicht Herr, sondern es ist, wie unsere Gaben und unsere Gesundheit, ein Pfand, das uns gegeben ist, und damit wir hausen als solche, die wissen, es gehört nicht ihnen, sondern die Rechenschaft darüber ablegen müssen in ihrem Leben, was sie damit getan haben, daß wir unser Dasein führen nicht als solche, die sagen: Das gehört nur uns, davon nehmen wir so viel wie wir brauchen zu unserem Glück, zu dem, was uns frommt, sondern als solche, die da wissen und in dieser Erkenntnis immer reifer werden, daß das Kostbarste im Leben das ist, daß wir nicht für uns selber leben, sondern für das, was geschehen muß für die Menschen und für die Wahrheit und für das Gute.

Kapitel 10

Demut und Bescheidenheit, Fleiss und Geduld

Einleitung

Hochachtung bringt man einer Person entgegen, die als »wahrhaftig und gerecht, mutig und zuverlässig, demütig und bescheiden, fleißig und geduldig« bezeichnet wird. Denn in einem solchen Menschen haben sich viele löbliche Eigenschaften versammelt, die ihn als eine sittlich herausragende Persönlichkeit erscheinen lassen. Beschränkt man sich aber in der Beschreibung auf die letzten vier Begriffe und nennt jemanden nur »demütig und bescheiden, fleißig und geduldig«, so wird zwar kein negativer, aber doch auch kein besonders günstiger Eindruck entstehen, weil diese Charakterisierung eher auf eine geduckte Figur paßt, die brav und untertänigst die angeordneten Aufgaben erledigt. Das zeigt, daß die Haupttugenden, die für sich allein bestehen können, besser wirken, wenn andere Tugenden sie hilfreich unterstützen.

Tugenden gleichen sich eben nicht in ihrer Bedeutung und Wirkungsweise. Schon die griechischen Philosophen machten Unterschiede. Sie hielten die vier Kardinaltugenden »Besonnenheit und Weisheit, Gerechtigkeit und Tapferkeit« für die wichtigsten, während später für die christliche Kirche »Glaube, Hoffnung und Liebe« an erster Stelle standen. Mitte des 17. Jahrhunderts erschien die Ethik des französischen Philosophen Arnold Geulinex, der darin einen neuen Katalog von vier weltlichen Kardinaltugenden entwarf: Fleiß und Gehorsam, Gerechtigkeit und Demut. Allerdings bezog er den Fleiß nicht auf die Arbeit, sondern meinte damit die Tugend, die eine Person veranlaßt, sich selbst zu prüfen.

Mit der Aufklärung bildeten die »bürgerlichen« Tugenden den sittsamen Gegensatz zum Verhalten des Adels. Allerdings verloren sie im 19. Jahrhundert ihre Glaubwürdigkeit, weil sie erstarrten und in der Erziehung der Kinder eher zur Unterordnung, denn zur sittlichen Einordnung dienten. Heute hat die Bezeichnung »bürgerliche Tugend« einen negativen Touch, weil sie mit obrigkeitstreu gleichgesetzt wird. Wenn Demut und Bescheidenheit, Fleiß und Geduld dennoch in diesen Band Eingang finden, dann zum einen, um zu zeigen, daß in ihnen mehr steckt als die »bürgerliche« Definition, und zum zweiten, um darzustellen, daß es neben den hohen Tugenden auch die dienenden gibt, die nicht allein stehen.

Kein Mensch ist nur einer Tugend verpflichtet, sondern alle Tugenden zusammen ergeben erst »das Bild einer Moral«. Die dienenden Tugenden sind keine Eigenschaften, die in erster Linie das Handeln selbst bestimmen. Sie beeinflussen die Haltung eines Menschen. Das Wort Fleiß zum Beispiel hat in den Jahrhunderten seine Bedeutung verändert. Luther benutzt es in seiner Bibelübersetzung im Sinn von *Eifer*. Heute wird Fleiß mit Arbeit, Beruf, Leistung in Verbindung gebracht. Die Arbeit unterscheidet den Menschen vom Tier. In erster Linie bestimmt man Arbeit als Zweck zur Sicherung des Lebensunterhalts und zur Verbesserung der Lebensbedingungen. Allerdings steckt darin auch das Moment der Selbstverwirklichung durch Arbeit.[30] Und jede Arbeit wird von ihrem eigenen Berufsethos geleitet.

»Nimm's mit Ruhe und Gelassenheit«, empfahl man früher dem, der eine aufregende Nachricht erhielt. Doch zumindest die Gelassenheit gehört zu den Tugenden, die für unsere Generation in der Abstellkammer gelandet sind. Heute hat man den Eindruck, alles müsse rasch gehen, weil das Wirtschaftsleben dem gesamten Dasein Hektik auferlegt. Auch bei den elektronischen Medien ist Eile wichtiger als Gelassenheit, was dazu führt, daß Informationen schnell, wenn es geht direkt (»live«!), aber nicht unbedingt richtig vermittelt werden. Dabei wäre gerade Ruhe Ausdruck jener Sicherheit und Zuverlässigkeit, mit der etwa eine Nachricht überprüft werden sollte, bevor sie in den Äther gesendet wird. Geduld steht stützend hinter der Ruhe, indem sie die Hoffnung ausstrahlt, die in der Ruhe steckende Sorgfalt werde durch das Ergebnis belohnt.

Natürlich sind Wortspiele mit Demut oder Bescheidenheit beliebt. Demut sei keine Tugend, sagen manche, schließlich bedeute demütigen nichts anderes, als jemanden in den Staub zu treten. »Bescheiden« ist in der heutigen Umgangssprache ein etwas freundlicheres Wort für »beschissen«.

Zu Zeiten Wilhelm Buschs aber gehörte die Erziehung zur Bescheidenheit wie auch zu Fleiß, Reinlichkeit und Artigkeit (also Höflichsein) zum Rüstzeug der Pädagogik:

»Sei recht artig und bescheiden,
denn das mag der Onkel leiden.«

Die Kehrseite war nur, daß diese Art von Dressur des gut gehorchenden jungen Menschen mithalf, den Weg ins nationale Unheil zu bereiten.

Demut hat jedoch nichts mit dem Verhältnis von Menschen untereinander zu tun. Sie bezieht sich allein auf die Einstellung des sittlich denkenden Menschen zu sich selbst. Genauso wie hier Pflicht und Gehorsam im sittlichen Sinn benutzt werden, gilt es nach Definitionen von Demut und Bescheidenheit, Fleiß und Geduld zu suchen, die den moralischen Anspruch rechtfertigten.

Sowohl die Bescheidenheit als auch die Demut sind Tugenden des rechten Maßes. Sie verlangen vom Menschen, daß er nicht »vermessen« sei. Der Gegensatz von Bescheidenheit ist Maßlosigkeit. Wer hingegen bescheiden ist, kennt das rechte Maß, sei es im äußeren wie im inneren Verhalten. Er protzt nicht, weder in seiner Kleidung noch in seinem Verhalten. Er beschränkt sich in allem – im Gegensatz zum Hochmütigen und Eingebildeten, der sich mehr dünkt als andere Menschen und dies auch ausdrückt. Trotzdem kann ein bescheidener Mensch durchaus stolz sein.

Als das Bürgertum den Adel ablöste, gehörte es zur bürgerlichen Bescheidenheit, sich dezent statt protzig zu kleiden. Nicht die Kleider sollten den Menschen ausmachen, sondern sein Verhalten. Daher rührt die dunkle Kleidung der Männer. Doch gerade in den letzten Jahrzehnten haben der Überfluß und die Suche nach einer äußerlichen Selbstverwirklichung des Individuums dazu geführt, daß Mode und teure Kleidung wachsende Bedeutung erhalten haben. Immer unbescheidener trägt man Kleidung, die auf den ersten Blick zeigt, wieviel sie gekostet hat. Und weil Eltern immer weniger Wert auf Bescheidenheit legen, werden auch ihre Kinder und Kindeskinder zu dem falschen Glauben erzogen, Protzen drücke einen Teil ihrer Identität aus. Für Schulkinder wird es immer wichtiger, mit den modischen Accessoires ausgestattet zu sein. Wer nicht die neue wertvolle Modejacke, Hose oder die Schuhe nach dem letzten Schrei trägt, gilt weniger. Scheinbar bestimmt Mode den Stellenwert des Menschen in seiner Gruppe. Und weil niemand ausgeschlossen werden will, versucht jeder mitzuhalten. Falls die Eltern aber nicht genügend Geld haben, machen die Kinder entweder Schulden, oder sie stehlen.

Bescheidenheit muß, wie alles sittliche Verhalten, gelehrt werden. Deshalb wäre es sinnvoll, an Schulen darauf zu achten, daß alle Kinder bescheiden gekleidet sind. In manchen Ländern ist eine einheitliche Schulkleidung längst üblich, um Unterschiede, die rein materialistisch begründet sind, nicht sichtbar werden zu lassen. So trugen Schulkinder in Frankreich bis in jüngere Zeit einen grauen Kittel, der zwar nicht schön, aber uniform war. Heute werden Schüler in Frankreich von den Erziehern aufgefordert, nur dezent und in gedecktem Blau oder Grau in den Unterricht zu kommen. Dieses Vorbild könnte als Modell für die Erziehung zur Bescheidenheit dienen.

Die Demut geht noch einen Schritt weiter als die Bescheidenheit. Auch sie hat nichts mit Unterwürfigkeit zu tun, sondern mit dem Erkennen seiner eigenen Position als Mensch. Ursprünglich war Demut eine religiöse Tugend, denn sie bestimmte das Verhältnis des Menschen gegenüber Gott. Wo Gott nicht mehr die Grundlage von Moral ist, sondern die Einsicht des zur Vernunft begabten Menschen, ist Demut das Verhältnis des Menschen zum Tod.

Es gibt etwas, das über jedem Menschen steht, wo auch immer und unter welchen großartigen oder mühseligen Bedingungen er lebt. Das ist der Tod. Jeder Mensch wird sterben, seine Existenz und all sein Streben sind also begrenzt. Das Wissen um seine Endlichkeit sollte die Haltung einer jeden Person gegenüber den Mitmenschen und der Welt bestimmen. Der französische Philosoph André Comte-Sponville sieht im Humor sogar eine Ergänzung der Demut, zumindest dann, wenn jemand Humor hat und die Fähigkeit, sich selbst weniger wichtig zu nehmen.[31] Wer das jedoch nicht wahrhaben will, ist dumm. Und Dummheit ist ein Mangel an Demut, meint der polnische Schriftsteller Andrzej Sczypiorski (vgl. S. 565 ff.).

Da es keinen vollständigen Katalog der Tugenden gibt, lassen sich noch viele finden, die in diesem Band nicht aufgeführt sind. Die Höflichkeit oder gar der Humor könnten hier auch noch als dienende Tugenden Platz finden. Die Höflichkeit hat in den letzten Jahren gerade in Deutschland wenig Zuspruch erhalten, denn sie galt als untertäniges Verhalten. Höflichkeit ist jedoch Respekt, den man einem anderen bezeugt. Und der Respekt vor dem anderen ist die Grundvoraussetzung jeder Moral.

Marie Luise Kaschnitz

Demut

Mir aufgelauert entdeckt
Die Blüten Falschgeld
Die ich unter die Leute bringe
Und die falschen Papiere
Mit denen ich reise
Und das falsche Zeugnis
Das ich ablege ehe
Der Morgen kräht
Und das falsche Spiel
Das ich treibe
Mit wem
Mit mir

Rotwelsch entziffert
Letzthin
Im Jahr der ruhigen Sonne
Blutsenkung erhöht
Und gewußt
Es ist Zeit für Demut.

Andrzej Szczypiorski

Dummheit ist ein Mangel an Demut

Ich bin ein Kind des zwanzigsten Jahrhunderts und wurde durch dieses Jahrhundert geprägt. Das ist ein Jahrhundert der Dummheit und des Verbrechens. Vielleicht war es nie anders, aber ich tröste mich damit, daß der Mensch früher seiner eigenen Freiheit und der Gleichheit unter den Menschen näher war als in unseren Zeiten.

Ich habe einmal einen Satz geschrieben, der mir sehr gefällt und in dem ich wirklich einen tiefen Sinn unserer Natur finde. Ich schrieb: Nicht der ist frei, der ist, sondern der, der frei sein will. Die Sehnsucht nach der Freiheit hat einen höheren Wert als die Freiheit selbst, mit der wir nicht viel anfangen können. In dem Sinne werden das Gefühl der Unfreiheit, die Enge der Existenz, die Beschränkungen der Realität, die mich einengen, ein Wert an sich, denn sie lehren mich, der Herausforderung des Schicksals gewachsen zu sein, gegen das Schicksal zu ringen, um die eigene Würde, und damit die Sehnsucht nach einer besseren Welt, zu erhalten.

Die Begrenztheit der Existenz ist also ein Wert. Ein Wert ist der Widerspruch der Welt, die sich meinem Begehren nicht unterzieht, die meine Träume nicht erfüllt, meine Sehnsucht nicht befriedigt, mir Glück, Ruhe, Geborgenheit abspricht und mich ununterbrochen zur Überlegung zwingt, daß ich unvollkommen, unvollständig, verstümmelt bin. Eben darin finde ich die Kraft, die mich das eigene Schicksal in einem ständigen Kampf gestalten läßt, bei dem Widerspruch der Materie der Welt, ehrlich gesagt – auch mit Leid. Ohne Leid sehe ich keinen Sinn des Seins. Das ist eine äußerst pessimistische Ansicht, aber ich glaube, daß sie auf die Anerkennung gewisser banaler Tatsachen zurückzuführen ist, auf das Faktum, daß ich ein Teil der Natur bin.

Die Menschen waren früher weder so dumm noch so unehrlich wie in unserem zwanzigsten Jahrhundert. Ich denke, daß es nicht schwerfällt, die Ursache der Dummheit aufzuzeigen, die übrigens innerhalb der letzten Generationen die größten Verbrechen verursachte, die die Menschen jemals begangen haben.

Ich denke, daß ich die Demut gegenüber der Wirklichkeit verloren habe. Ich ließ mich von der Illusion verleiten, daß ich die Realität nach meinem Willen und Belieben gestalte.

Dostojewski schrieb: »Wenn es Gott nicht gibt, ist alles erlaubt.« Dostojewski meinte den christlichen Gott, aber dies kann weiter interpretiert werden. Wenn es nichts Mächtigeres als den Menschen gibt, was ihn übersteigt, was über ihn entscheidet, was ihn untertan macht – dann gibt es auch keine Normen und Grenzen der menschlichen Willkür. Denn selbst für den Erzatheisten, der den Glauben an Gott verachtet, muß es etwas über dem Menschen geben, was über sein Schicksal entscheidet.

Ich meine den Tod. Ich meine das Bewußtsein unserer Sterblichkeit. Ich bin ein Wesen, das seinen Anfang und sein Ende hat. In dem Sinne habe ich meine einmaligen Sonnen und Sterne, meine eigenen Bäume, meinen Regen, Geschmack und Duft, die niemand anders auf der Welt hat, denn mit mir werden auch sie zu bestehen aufhören, und das bedeutet, daß es eine Grenze meiner Welt gibt. Darüber hinaus bleibt mir nur die Wahl zwischen Gott und dem Nichts übrig. Diese Wahl ist eine Frage des Charakters, der Erziehung, Kultur, Tradition, der intellektuellen Reife, des Muts oder der Feigheit. Aber eines bleibt für den Menschen selbstverständlich: daß es nämlich eine Grenze, ein Ende seiner Person gibt.

Dieser Gedanke ist am wichtigsten, denn er lehrt uns Demut. Dummheit ist ein Mangel an Demut. Das zwanzigste Jahrhundert hat die Demut verloren. Das zwanzigste Jahrhundert glaubt – wohl zum erstenmal in der Geschichte der Menschheit –, daß der Mensch unbedingt glücklich sein müsse, daß er glücklich sein solle. Ehrlich gesagt, klingt das für mich völlig idiotisch. Warum soll ich glücklich sein, wenn ich morgen sterbe? Und die Tatsache, daß ich sterben werde, unterliegt keinem Zweifel.

Ich überrede niemanden, daß er sich mit dem Gedanken über den Tod martert. Ich überrede zu etwas sehr Einfachem und Selbstverständlichem. Zur Einsicht, daß ich schwach, begrenzt, zum Tode verurteilt bin und mich deswegen – voller Demut – darüber freuen soll, was die Welt gibt, ohne das aggressive Begehren, sich die Welt unterzuordnen, denn dies ist immer mit der Unterordnung anderer Menschen verbunden.

Im zwanzigsten Jahrhundert wollten die Nazis – im

Sinne ihres eigenen philosophischen Unsinns –, daß die Deutschen glücklich seien und der Rest der Welt ihrem Willen untergeordnet wurde. In der Folge wurden ganze Völker in Öfen verbrannt.

Im zwanzigsten Jahrhundert wollten die Kommunisten – im Sinne ihres eigenen philosophischen Unsinns –, daß die Arbeitswelt glücklich sei und der Rest der Welt ihnen untergeordnet würde. In der Folge kamen Millionen Menschen in Gulags um, Millionen wurden in den Abgrund einer schrecklichen Unfreiheit gestürzt und geistig verstümmelt.

Das zwanzigste Jahrhundert wollte nach der Erfahrung des Faschismus Hitlers und des Stalinismus, daß die Demokratie und der entwickelte Kapitalismus alle Bestrebungen der menschlichen Person befriedigen würden. Im Grunde wurde – wohl als Folge jener schrecklichen Erfahrung – verkündet, daß es den Tod nicht gäbe. Es genügt, Fernsehen zu schauen, um festzustellen, daß es so ist. Das Fernsehen zeigt die Welt der gedankenlosen Wesen, die beim Anblick der Zahnpasta Colgate oder eines Waschpulvers mit einem glücklichen Lächeln die Zähne fletschen. Alle sind fröhlich, satt, lächeln, sind mit sich beschäftigt, alle freuen sich, singen, machen Sex, machen Kohle, essen Hamburger, tragen Jeans – und sind unsterblich. Und da alles nicht ausgezeichnet sein kann, wird im Fernsehen auch eine Welt der Gewalt, des Bluts, der Grausamkeit und des Todes gezeigt, die uns aber nicht betrifft, sondern sich ausschließlich am Glasbildschirm abspielt, in einer fiktiven Welt, irgendwo in einem Ruanda oder einem Sarajevo, und in Wirklichkeit gibt es Ruanda und Sarajevo nicht. Das ist ein künstliches Blut, das sind Leichen aus einer Märchenwelt. Der Mensch stirbt, wie bekannt, nicht. Der Mensch hat, wie bekannt,

Geld und erwartet im Leben Zerstreuung, starke Emotionen sowie Glück.

Ein polnischer Satiriker schrieb vor Jahren: Die Erfahrung lehrt uns, daß in der Regel die anderen sterben. Die anderen – ja. Wir – nicht.

Das zwanzigste Jahrhundert begann – infolge eines blinden Vertrauens in den Fortschritt und das Genie der menschlichen Vernunft – zu glauben, daß die menschlichen Möglichkeiten unbegrenzt seien. Dostojewski sagt: Wenn es Gott nicht gibt, ist alles erlaubt. Die Menschen sagen am Ende des zwanzigsten Jahrhunderts: Wenn es keinen Tod gibt, ist alles erlaubt.

Zweifelsohne leben wir in dem Jahrhundert des Untergangs der Werte. Was ehrlich ist, ist dumm.

Ich denke, das Leben ist der fundamentale Wert. Aber es kann nicht getrennt vom Tod betrachtet werden. Erst im Zusammenhang mit dem unabwendbaren Tod wird das Leben zu einem Wert. Es spielt sich ab und entfaltet sich im Schatten des Todes. Der Tod ist es, der ihm den endgültigen Sinn verleiht.

Ich will den Tod überwinden. Die einzige Möglichkeit, die mir in diesem Fall gegeben wurde, ist, mein Zeichen zu setzen, etwas zu hinterlassen, ein Zeichen, das bleiben wird, wenn es mich nicht mehr geben wird.

So dachten die Menschen in früheren Jahren, als sie noch mit Demut der Realität begegneten und wußten, daß die Fortdauer der Existenz im Fortbestand gewisser Taten verwirklicht wird.

Das Bleibende der Taten wird durch die Liebe geprägt. Die Liebe ist der Schlüssel zu meiner Zukunft. Die Kraft des Christentums besteht unter anderem darin, daß es den Menschen beibringt, daß nur die Liebe über den Tod siegen kann. Es ist wahrscheinlich eine Illusion. Aber eine unvergleichbar dynamischere, schönere, kreativere als die Überzeugung, daß ich die mir gegebene Wirklichkeit gestalten müßte, um Glück zu erreichen.

Das Glück an sich ist dumm. Das Glück ist kein Wert. Es ist ein gewisser Gemütszustand – und das ist alles. Klug ist die Liebe, selbst wenn sie Leid und Schmerz bringt. Die Liebe ist kein Gemütszustand, sie ist ein Wert.

Es gibt in dieser Welt Blut, Gewalt, Gemeinheit, Verbrechen, es gibt in ihr auch den Tod wie eine Ware zum Verkaufen. Mehr noch – es gibt sogar Verzweiflung.

Aber es ist keine Traurigkeit vorhanden. Das ist eine fröhliche, alberne Welt, in der die Menschen ihr Ideal des Glücks verwirklichen wollen, und wenn dies nicht gelingt, in Verzweiflung geraten. Aber Verzweiflung ist, anders als Traurigkeit, reflexionslos. Traurigkeit bedeutet Nachdenken, ein intensives Nachdenken über sich und die Welt. Die Verzweiflung ist im Grunde gedankenlos und unvernünftig. Sie führt zur Passivität und zum Untergang, während die Traurigkeit zur Aktivität und zur Suche nach der Rettung bewegt. Wenn nicht nach der Rettung des Lebens an sich, dann nach der Erhaltung des Wertes, den es bildet.

Ich denke, daß eine Welt ohne Traurigkeit und damit ohne Reflexion über das eigene Schicksal und das der anderen, ohne Liebe und den Willen, der Herausforderung seiner eigenen Endlichkeit gerecht zu werden, leerer, dümmer und weniger menschlich ist denn all die Welten des früheren Europa, die vergangen sind.

Manchmal denke ich mir, daß die Menschen früher freier, gleicher und einfach innerlich reicher waren, weil sie sich vor der Dunkelheit, vor dem Gewitter und der Überschwemmung fürchteten, weil sie sich vor der Trockenheit und den Stürmen, vor der Welt fürchteten.

Der ganze Fortschritt ihres Denkens beruhte auf einem sehr schönen Bestreben, sich von gewissen Ängsten zu befreien. Sich weniger zu fürchten, sich etwas mehr zu freuen, sich leichter mit dem Unabwendbaren abzufinden. Sie waren nicht frei, wollten es aber sein.

In dem Sinne ist auch die Freiheit kein Wert für mich, sondern nur ein Zustand des Seins. Der Wert ist das Begehren der Freiheit, die Sehnsucht nach ihr.

Ein polnischer Schriftsteller wiederholte oft in der Gesellschaft: Ich glaube nicht an Gespenster, aber daß es sie gibt, unterliegt keinem Zweifel. Dies klang sehr witzig und wurde beinahe zu einem Bonmot in einigen Kreisen in Warschau.

Dieser Schriftsteller hatte wohl recht. Heute kann behauptet werden: Wenn es keine Gespenster gibt, lohnt es sich trotzdem, daran zu glauben, daß es sie gibt. Und mit diesem Glauben sich in einer dunklen Nacht in den Wald zu einem einsamen Spaziergang zu begeben. Das ist eine kleine und wertvolle Lektion der Demut in der Welt, in der die Menschen geklont werden, Gott im Labor hergestellt wird und viele sich von morgens bis abends einreden, daß der Mensch zum Glück geschaffen wurde. Und es genügt, in der Nacht außerhalb der Stadt in den dunklen Wald zu gehen, um plötzlich auf einem Pfad Hexe, Zwerge, Teufel und sogar die vier Reiter der Apokalypse zu sehen.

Die fiktive Welt des Fernsehens, in der uns der heuchlerische Tod in Sarajevo gezeigt wird, ist dazu nicht nötig. Dazu genügt es, sich in seine eigene Natur zu vertiefen und mit Traurigkeit festzustellen, daß die Welt ein unlösbares Rätsel ist und ich selbst ein dunkles, erschreckendes Rätsel bin, das selbst durch meinen Tod nicht gelöst werden wird.

Ein polnischer Schriftsteller schrieb vor Jahren, als der Stalinismus seine Zähne und Klauen verlor und es in Polen zu einer gewissen politischen Liberalisierung kam: Der Mut wurde billiger, die Vernunft teurer.

Es unterliegt heute keinem Zweifel, daß die Vernunft in Europa teurer geworden ist. Sie wird langsam eine defizitäre Ware.

Ein anderer polnischer Intellektueller sagte: Denken hat eine große Zukunft. Ich habe immer noch eine solche Hoffnung.*

Erich Kästner

Aufforderung zur Bescheidenheit

Wie nun mal die Dinge liegen,
und auch wenn es uns mißfällt:
Menschen sind wie Eintagsfliegen
an den Fenstern dieser Welt.

Unterschiede sind fast keine,
und was wär auch schon dabei!
Nur: die Fliege hat sechs Beine,
und der Mensch hat höchstens zwei.

---

* Diese Rede hielt Andrzej Szczypiorski anläßlich des Erscheinens von Ulrich Wickerts Buch »Der Ehrliche ist der Dumme«.

Johann Wolfgang von Goethe

Derb und tüchtig

Dichten ist ein Übermut,
Niemand schelte mich!
Habt getrost ein warmes Blut
Froh und frei wie ich.

Sollte jeder Stunde Pein
Bitter schmecken mir,
Würd' ich auch bescheiden sein
Und noch mehr als ihr.

Denn Bescheidenheit ist fein,
Wenn das Mädchen blüht,
Sie will zart geworben sein,
Die den Rohen flieht.

Auch ist gut Bescheidenheit,
Spricht ein weiser Mann,
Der von Zeit und Ewigkeit
Mich belehren kann.

Dichten ist ein Übermut!
Treib' es gern allein.
Freund' und Frauen, frisch von Blut,
Kommt nur auch herein!

Mönchlein ohne Kapp' und Kutt',
Schwatz' nicht auf mich ein!
Zwar du machest mich kaputt,
Nicht bescheiden, nein!

Deiner Phrasen leeres Was
Treibet mich davon,
Abgeschliffen hab' ich das
An den Sohlen schon.

Wenn des Dichters Mühle geht,
Halte sie nicht ein:
Denn wer einmal uns versteht,
Wird uns auch verzeihn.

Brüder Grimm

Der Faule und der Fleißige

Es waren einmal zwei Handwerkspursche, die wanderten zusammen und gelobten beieinanderzuhalten. Als sie aber in eine große Stadt kamen, ward der eine ein Bruder Liederlich, vergaß sein Wort, verließ den andern und zog allein fort, hin und her; wo's am tollsten zuging, war's ihm am liebsten. Der andere hielt seine Zeit aus, arbeitete fleißig und wanderte hernach weiter. Da kam er in der Nacht am Galgen vorbei, ohne daß er's wußte, aber auf der Erde sah er unten einen liegen und schlafen, der war dürftig und bloß, und weil es sternenhell war, erkannte er seinen ehemaligen Gesellen. Da legte er sich neben ihn, deckte seinen Mantel über ihn und schlief ein. Es dauerte aber nicht lang, so wurde er von zwei Stimmen aufgeweckt, die sprachen miteinander; das waren zwei Raben, die saßen oben auf dem Galgen. Der eine sprach: »Gott ernährt!« Der andere: »Tu darnach!« Und einer fiel nach den Worten matt herab zur Erde, der andere blieb bei ihm sitzen und wartete, bis es Tag war, da holte er etwas Gewürm und Wasser; erfrischte ihn damit und erweckte ihn vom Tod. Wie die beiden Handwerkspurschen das sahen, verwunderten sie sich und fragten den einen Raben, warum der andere so elend und krank wäre, da sprach der kranke: »Weil ich nichts tun wollte und glaubte, die Nahrung kam doch vom Himmel.« Die beiden nahmen die Raben mit sich in den nächsten Ort, der eine war munter und suchte sich sein Futter; alle Morgen badete er sich und putzte sich mit dem Schnabel, der andere aber hockte in den Ecken herum, war verdrießlich und sah immerfort struppig aus. Nach einer Zeit hatte die Tochter des Hausherrn, die ein schönes Mädchen war, den fleißigen Raben gar lieb, nahm ihn von dem Boden auf, streichelte ihn mit der Hand, endlich drückte sie ihn einmal ans Gesicht und küßte ihn vor Vergnügen. Der Vogel fiel zur Erde, wälzte sich und flatterte und ward zu einem schönen jungen Mann. Da erzählte er; der andere Rabe wär sein Bruder; und sie hätten beide ihren Vater beleidigt, der hätte sie dafür verwünscht und gesagt: »Fliegt als Raben umher; so lang, bis ein schönes Mädchen euch freiwillig küßt.« Also war der eine erlöst, aber den andern, trägen wollte niemand küssen, und er starb als Rabe. – Bruder Liederlich nahm sich das zur Lehre, ward fleißig und ordentlich und hielt sich bei seinem Gesellen.

Beharrlichkeit ist eine Tugend, die weder großen Tadel noch großes Lob verdient, weil sie nichts ist als die Dauer von Launen und Gefühlen, die man sich weder nehmen noch geben kann.

François de la Rochefoucauld

Jedem redlichen Bemühn
Sei Beharrlichkeit verliehn!

Johann Wolfgang von Goethe

Fleiß und Gewissenhaftigkeit sind oftmals dadurch Antagonisten, daß der Fleiß die Früchte sauer vom Baume nehmen will, die Gewissenhaftigkeit sie aber zu lange hängen läßt, bis sie herabfallen und sich zerschlagen.

Friedrich Nietzsche

Gegen die Infamitäten des Lebens sind die besten Waffen: Tapferkeit, Eigensinn und Geduld. Die Tapferkeit stärkt, der Eigensinn macht Spaß, und die Geduld gibt Ruhe. *Hermann Hesse*

Wer ausdauert, erreicht alles. *Theodor Fontane*

Die Talente sind oft gar nicht so ungleich, im Fleiß und Charakter liegen die Unterschiede. *Theodor Fontane*

Johann Wolfgang von Goethe

Lavater hatte eine unglaubliche Geduld, Beharrlichkeit und Ausdauer

(...) Er war seiner Lehre gewiß, und bei dem entschiedenen Vorsatz, seine Überzeugung in der Welt auszubreiten, ließ er sich's gefallen, was nicht durch Kraft geschehen konnte, durch Abwarten und Milde durchzuführen. Überhaupt gehörte er zu den wenigen glücklichen Menschen, deren äußerer Beruf mit dem innern vollkommen übereinstimmt, und deren früheste Bildung, stetig zusammenhängend mit der spätem, ihre Fähigkeiten naturgemäß entwickelt. Mit den zartesten sittlichen Anlagen geboren, bestimmte er sich zum Geistlichen. Er genoß des nötigen Unterrichts und zeigte viele Fähigkeiten, ohne sich jedoch zu jener Ausbildung hinzuneigen, die man eigentlich gelehrt nennt. Denn auch er, um so viel früher geboren als wir, ward von dem Freiheits- und Naturgeist der Zeit ergriffen, der jedem sehr schmeichlerisch in die Ohren raunte: man habe, ohne viele äußere Hülfsmittel, Stoff und Gehalt genug in sich selbst, alles komme nur darauf an, daß man ihn gehörig entfalte. Die Pflicht des Geistlichen, sittlich im täglichen Sinne, religiös im höheren, auf die Menschen zu wirken, traf mit seiner Denkweise vollkommen überein. Redliche und fromme Gesinnungen, wie er sie fühlte, den Menschen mitzuteilen, sie in ihnen zu erregen, war des Jünglings entschiedenster Trieb, und seine liebste Beschäftigung, wie auf sich selbst, so auf andere zu merken. Jenes ward ihm durch ein inneres Zartgefühl, dieses durch einen scharfen Blick auf das Äußere erleichtert, ja aufgedrungen. Zur Beschaulichkeit war er jedoch nicht geboren, zur Darstellung im eigentlichen Sinne hatte er keine Gabe; er fühlte sich vielmehr mit allen seinen Kräften zur Tätigkeit, zur Wirksamkeit gedrängt, so daß ich niemand gekannt habe, der ununterbrochener handelte als er. Weil nun aber unser inneres sittliches Wesen in äußeren Bedingungen verkörpert ist, es sei nun, daß wir einer Familie, einem Stande, einer Gilde, einer Stadt, oder einem Staate angehören; so mußte er zugleich, insofern er wirken wollte, alle diese Äußerlichkeiten berühren und in Bewegung setzen, wodurch denn freilich mancher Anstoß, manche Verwickelung entsprang, besonders da das Gemeinwesen, als dessen Glied er geboren war, in der genausten und bestimmtesten Beschränkung einer löblichen hergebrachten Freiheit genoß. Schon der republikanische Knabe gewöhnt sich, über das öffentliche Wesen zu denken und mitzusprechen. In der ersten Blüte seiner Tage sieht sich der Jüngling, als Zunftgenosse, bald in dem Fall, seine Stimme zu geben und zu versagen. Will er gerecht und selbständig urteilen, so muß er sich von dem Wert seiner Mitbürger vor allen Dingen überzeugen, er muß sie kennen lernen, er muß sich nach ihren Gesinnungen, nach ihren Kräften umtun, und so, indem er andere zu erforschen trachtet, immer in seinen eignen Busen zurückkehren.

Friedrich Nietzsche

Ungeduld

Es gibt einen Grad von Ungeduld bei Menschen der Tat und des Gedankens, welcher sie bei einem Mißerfolge, sofort in das entgegengesetzte Reich übertreten, sich dort passionieren und in Unternehmungen einlassen heißt, – bis auch von hier wieder ein Zögern des Erfolges sie vertreibt: so irren sie, abenteuernd und heftig, durch die Praxis vieler Reiche und Naturen und können zuletzt, durch die Allkenntnis von Menschen und Dingen, welche ihre ungeheuere Wanderung und Übung in ihnen zurückläßt, und bei einiger Milderung ihres Triebes – zu mächtigen Praktikern werden. So wird ein Fehler des Charakters zur Schule des Genies.

Die Ungeduldigen

Gerade der Werdende will das Werdende nicht: er ist zu ungeduldig dafür. Der Jüngling will nicht warten, bis, nach langen Studien, Leiden und Entbehrungen, sein Gemälde von Menschen und Dingen voll werde: so nimmt er ein anderes, das fertig dasteht und ihm angeboten wird, auf Treu und Glauben an, als müsse es ihm die Linien und Farben seines Gemäldes vorweg geben, er wirft sich einem Philosophen, einem Dichter ans Herz und muß nun eine lange Zeit Frohndienste tun und sich selber verleugnen. Vieles lernt er dabei: aber häufig vergißt ein Jüngling das Lernens- und Erkennenswerteste darüber: sich selber; er bleibt zeitlebens ein Parteigänger. Ach, es ist viel Langeweile zu überwinden, viel Schweiß nötig, bis man seine Farben, seinen Pinsel, seine Leinwand gefunden hat! – Und dann ist man noch lange nicht Meister seiner Lebenskunst – aber wenigstens Herr in der eigenen Werkstatt.

Karl Valentin

Habt nur Geduld

(*Zeitgemässe Parodie über ein altes Couplet*) 1942.

Wir leben jetzt im Krieg, das weiss doch jeder Mann
Und jeder weiss, dass man daran nichts ändern kann.
Lebten wir auch wie bekannt – früher im Schlaraffenland,
Wir schicken uns nun drein – und singen den Refrain:
Habt nur Geduld!
Alles kommt einmal wieder,
Wie es im Frieden war
Nur die Geduld nicht verlieren,
S'wird wieder, wie es war.
Dauert es auch noch ein Weilchen,
Ist auch die Welt jetzt nicht schön,
Kommenden Generationen
Wird es um so besser geh'n.

Wie war doch das Oktoberfest so herrlich schön,
Da hat es wie bekannt ist guate »Schmankerln« geb'n
Brat'ne Hendl'n, welch' Genuss – Steckerlfisch und
Cocosnuss
Das war a so a Frass – dazua a Wiesenmass.
Habt nur Geduld! –

Refrain wie oben.

Und alle Frühjahr' lieber Münchner denke dran,
Da ging da drob'n am Nockerberg die Gaudi an.
Schweinswürstl und zwei – drei Mass – war'n für'n
Münchner nur a G'spass
A Maderl noch im Arm – wie wurd's ein'm da so warm.
Habt nur Geduld! –

Refrain wie oben.

ANHANG

Anmerkungen

1 Zit. nach: Alasdair MacIntyre: Der Verlust der Tugend. Zur moralischen Krise der Gegenwart, Frankfurt a. M./New York 1987, 246
2 Otto F. Bollnow: Wesen und Wandel der Tugenden, Frankfurt a. M. 1958, S. 12
3 Siehe Kapitel 8: Tapferkeit
4 Siehe Kapitel 7, Bettina Schöne-Seifert: Organentnahme nur mit Zustimmung, a.a.O.
5 Über Tote sage man nur Gutes.
6 Max Weber u. a.: Soziologie, Weltgeschichtliche Analysen, Politik, Stuttgart 1968
7 Jürgen Habermas: Faktizität und Geltung, Frankfurt a. M. 1992
8 John Rawls, Eine Theorie der Gerechtigkeit, Frankfurt a. M. 1975
9 Friedrich A. von Hayek: Die Illusion der sozialen Gerechtigkeit, Landsberg am Lech 1981
10 McIntyre, a.a.O., S.25
11 Arthur Schopenhauer: Kleinere Schriften. Gesamtausgabe, Bd. III, Stuttgart/Frankfurt a. M. 1988, S. 748
12 Otfried Höffe: Lexikon der Ethik, 4. Aufl. München 1992, S. 62 (mit weiteren Literaturhinweisen)
13 Aristoteles: Die Nikomachische Ethik, 2. Aufl. Zürich/München 1995, S. 133ff.
14 Ebd.
15 Ebd., S. 141
16 Franz Furger: Politik oder Moral?, Solothurn/Düsseldorf 1994, S. 294 f.

17 Max Scheler: Vom Umsturz der Werte. Gesammelte Werke, Bd. III, Bern 1955, S. 13ff.
18 Aristoteles, a.a.O., S. 138
19 MacIntyre, a.a.O., S. 255ff.
20 Aristoteles, a.a.O., VI 18
21 Emile Durkheim: Erziehung, Moral und Gesellschaft. Darmstadt/Neuwied 1973, S. 165
22 John Rawls: Eine Theorie der Gerechtigkeit, Frankfurt a.M., 1975
23 Grundgesetz Art. III in Verbindung mit Art. 1 Abs. 3.
24 Friedrich A. von Hayek: Recht, Gesetzgebung und Freiheit, Landsberg am Lech 1981, Bd. 2, S. 93ff.
25 John Rawls, a.a.O., S. 115ff.
26 Otfried Höffe: Moral als Preis der Moderne, Frankfurt a.M. 1993, S. 271ff.
27 Aristoteles, a.a.O., VIII und IX 5
28 Ebd., III 10
29 Otto F. Bollnow: Wesen und Wandel der Tugenden, Frankfurt a. M. 1973, S. 80ff.
30 Höffe, Lexikon der Ethik, a.a.O., S. 15ff.
31 André Comte-Sponvilie: Petit traité des grandes vertus, Paris 1995, S. 276